汽车发动机构造与维修

AR版　附微课视频

主　编　陈兆俊
副主编　李　敏　张　健
　　　　石梦竹

大连理工大学出版社

图书在版编目(CIP)数据

汽车发动机构造与维修 / 陈兆俊主编. -- 大连：大连理工大学出版社，2021.2
ISBN 978-7-5685-2787-3

Ⅰ.①汽… Ⅱ.①陈… Ⅲ.①汽车－发动机－构造－教材②汽车－发动机－车辆修理－教材 Ⅳ.①U472.43

中国版本图书馆 CIP 数据核字(2020)第 242777 号

大连理工大学出版社出版

地址：大连市软件园路 80 号　邮政编码：116023
发行：0411-84708842　邮购：0411-84708943　传真：0411-84701466
E-mail:dutp@dutp.cn　URL:http://dutp.dlut.edu.cn
大连雪莲彩印有限公司印刷　　　大连理工大学出版社发行

幅面尺寸：185mm×260mm　　印张：19.75　　字数：504 千字
2021 年 2 月第 1 版　　　　　　　2021 年 2 月第 1 次印刷

责任编辑：康云霞　姚春玲　　　　　　责任校对：吴媛媛
封面设计：张　莹

ISBN 978-7-5685-2787-3　　　　　　　　　定　价：55.00 元

本书如有印装质量问题，请与我社发行部联系更换。

前言

随着近年来汽车工业的快速发展，作为汽车心脏的发动机，普遍采用集中电控、缸内直喷、进气增压等新技术，其机械部分结构也随之发生较大的变化，性能越来越优越。对发动机的使用、维护、检测、故障诊断和维修要求越来越高，发动机的维修能力已成为评价汽车专业人才能力的重要方面。

为了满足社会对汽车类高等工程技术人才培养的需求，结合高职汽车类课程改革的要求，我们编写了本教材。本教材的编写力求突出以下特点：

1.从"汽车运用、维修企业岗位要求"分析入手，立足汽车发动机维修能力的培养，突出实用理论对实践的指导。遵循"以汽车发动机起动、运转等机械性能条件为主线、以相关知识为支撑"的编写思路，精练教材内容。

2.融入思政教育，在强化技能的同时，引导学生注重自身素养的培养，崇尚精益求精、不断进取的工匠精神。

3.结合新知识、新技术、新工艺、新方法、新材料的内容，满足汽车市场职业岗位对人才的知识、能力的变化要求，力求与相应的职业资格标准衔接。

4.选用的基本车型具有代表性，力争做到所介绍汽车的先进结构与国内汽车发展保持同步，在内容选择上，以成熟、在用的结构和方法为主。

5."互联网+"创新型教材。本教材配有 AR 资源和微课视频，其中 AR 资源需要下载"大工职教学生版"APP 并安装，然后点击"教材 AR 扫描入口"按钮进入应用，扫描教材中带有 AR 标识的图片，即可开启 3D 学习之旅。

本教材共包括 11 个项目，分别为：汽车与发动机构造整体认知，曲柄连杆机构的认知及检修，配气机构的认知及检修，燃料供给系统的认知及检修，进、排气系统的认知及检修，冷却系统的认知及检修，润滑系统的认知及检修，点火系统的认知及检修，电源系统的认知及检修，起动系统的认知与检修，发动机机械性能测试。

本教材由大连职业技术学院陈兆俊担任主编；大连职业技术学院李敏、张健、石梦竹担任副主编。具体编写分工如下：陈兆俊负责编写项目 1～项目 5、项目 8 及项目 11；李敏负责编写项目 9、项目 10；

张健负责编写项目 6;石梦竹负责编写项目 7。全书由陈兆俊统稿。

  在编写本教材的过程中,我们参考、引用和改编了国内外出版物中的相关资料以及网络资源,在此对这些资料的作者表示诚挚的谢意!请相关著作权人看到本教材后与出版社联系,出版社将按照相关法律的规定支付稿酬。

  本教材可作为高职高专院校汽车专业教材,也可作为职工大学、成人教育相关课程的参考教材。

  由于编者水平有限,书中仍可能会有错漏之处,恳请同行专家及读者批评指正。

编 者

2021 年 2 月

目录

项目 1　汽车与发动机构造整体认知 ····································· 1
　　任务 1.1　汽车总体认知 ·· 2
　　任务 1.2　发动机总体构造认知 ·· 10

项目 2　曲柄连杆机构的认知及检修 ··· 23
　　任务 2.1　曲柄连杆机构整体认知 ··· 24
　　任务 2.2　气缸体的认知及检测 ·· 28
　　任务 2.3　气缸盖与气缸垫的认知及检测 ······························· 35
　　任务 2.4　活塞与活塞销的认知及检测 ··································· 40
　　任务 2.5　活塞环的认知及检测 ·· 47
　　任务 2.6　连杆的认知及检测 ··· 53
　　任务 2.7　曲轴飞轮组的认知及检测 ······································ 58

项目 3　配气机构的认知及检修 ··· 73
　　任务 3.1　气门组认知及检修 ··· 74
　　任务 3.2　气门传动组的认知及检测 ······································ 85

项目 4　燃料供给系统的认知及检修 ··· 101
　　任务 4.1　汽油机燃料供给基础认知 ······································ 102
　　任务 4.2　汽油机电控喷射系统的认知及检测 ························ 109
　　任务 4.3　柴油机燃料供给系统的认知及检测 ························ 124

项目 5　进、排气系统的认知及检修 ·· 155
　　任务 5.1　进气系统认知及检修 ·· 156
　　任务 5.2　排气系统的认知及检修 ··· 162
　　任务 5.3　废气涡轮增压装置的认知及检修 ···························· 167

项目 6　冷却系统的认知及检修 ··· 177
　　任务 6.1　冷却系统的认知 ·· 178
　　任务 6.2　冷却系统的检修 ·· 190

项目 7　润滑系统的认知及检修 ··· 199
　　任务 7.1　润滑系统的认知 ·· 200
　　任务 7.2　润滑系统的检测 ·· 212

项目 8　点火系统的认知及检修 ·················· 221
　　任务 8.1　传统点火系统的认知及检测 ·················· 222
　　任务 8.2　电子控制点火系统的认知 ·················· 233

项目 9　电源系统的认知及检修 ·················· 243
　　任务 9.1　蓄电池的认知及检测 ·················· 244
　　任务 9.2　发电机的认知及检测 ·················· 256

项目 10　起动系统的认知与检修 ·················· 273
　　任务 10.1　起动系统的认知 ·················· 274
　　任务 10.2　起动系统的检测 ·················· 286

项目 11　发动机机械性能检测 ·················· 295
　　任务　发动机机械性能检测 ·················· 296

参考文献 ·················· 309

项目1

汽车与发动机构造整体认知

任务 1.1
汽车总体认知

学习目标

知识目标

1. 了解汽车的分类方法、国产汽车的编号规则；
2. 了解汽车的总体构造、技术参数的含义；
3. 掌握车辆识别代码的含义。

技能目标

1. 能够解析车辆的性能及参数；
2. 能够准确查询车辆识别代码。

素养目标

1. 具备信息查询和维修手册使用的基本能力；
2. 能够与他人密切合作，规范、安全地完成学习任务。

相关知识

一、汽车的定义

汽车是指由动力驱动,具有四个或四个以上车轮的非轨道承载的车辆,主要用于载运人员和/或货物、牵引载运人员和/或货物的车辆,以及特殊用途。

二、汽车的种类

1. 按用途分类

汽车按用途,可分为运输汽车和特殊用途汽车两类。其中运输汽车有轿车、客车、货车、牵引汽车;特殊用途汽车主要用来执行运输以外的任务。

2. 按驱动动力分类

汽车按驱动动力主要分为汽油发动机车辆、柴油发动机车辆、混合动力车辆、电动车辆及燃料电池复合动力车辆,如图 1-1-1 所示。

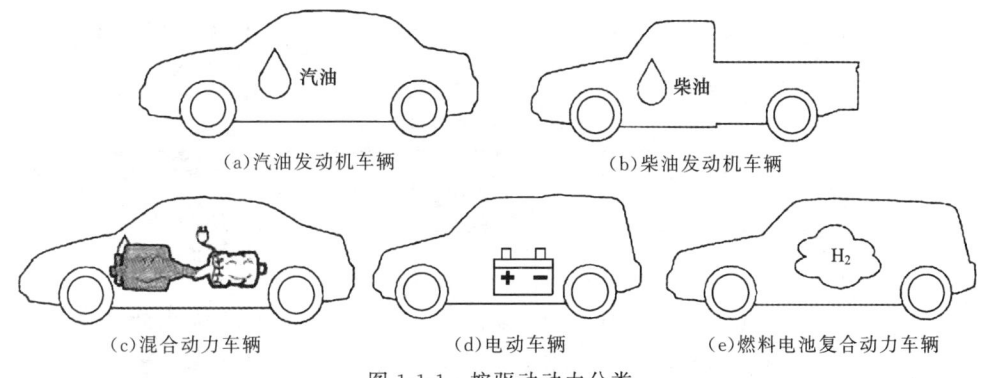

(a) 汽油发动机车辆
(b) 柴油发动机车辆
(c) 混合动力车辆
(d) 电动车辆
(e) 燃料电池复合动力车辆

图 1-1-1 按驱动动力分类

3. 按驱动方式分类

汽车按驱动方式可以分为 FF(发动机前置/前驱动车辆),由于 FF 车辆没有传动轴,乘员室内宽敞舒适;FR(发动机前置/后驱动车辆),由于 FR 车辆的质量分布平衡,具有良好的控制性和稳定性;MR(发动机中置/后驱动车辆),MR 车辆也有较好的控制性能;4WD(四轮驱动),如图 1-1-2 所示。

(a) FF(发动机前置/前驱动车辆)
(b) FR(发动机前置/后驱动车辆)
(c) MR(发动机中置/后驱动车辆)
(d) 4WD(四轮驱动)

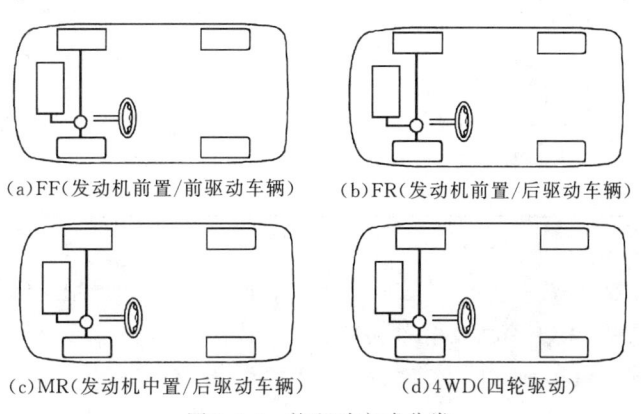

图 1-1-2 按驱动方式分类

三、国产汽车编制规则

我国用简单的汉语拼音字母和阿拉伯数字编号来表示国产汽车的企业代号、车辆类型代号、主要特征参数代号、产品序号和企业自定代号等,如图1-1-3所示。

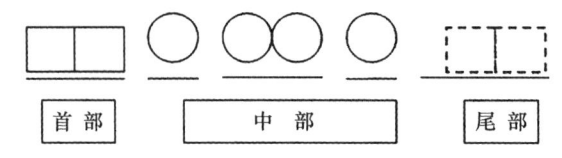

图1-1-3　汽车产品型号编制规则

1. 首部

用两位或三位汉语拼音字母表示企业名称或企业所在地名。如 BJ、SH、TJ 等,分别代表北京、上海、天津等地汽车制造厂。但第二汽车制造厂(简称二汽)用 EQ 表示;第一汽车制造厂(简称一汽)用 CA 表示。这是因为其产品型号的编制在国家标准制定前,故不符合国家标准。

2. 中部

用四位阿拉伯数字表示汽车主要特征。其中第一位数字表示车辆类别代号,第二、三位数字表示汽车主要参数,第四位数字表示产品序号,见表1-1-1。

表 1-1-1　　　　　　　　　　汽车主要特征参数

第一位数字(1~9)表示车辆类别代号		第二、三位数字表示汽车主要参数	第四位数字表示产品序号
1	载货汽车	用两位数字表示车辆的总质量(t),一般取数值的整数部分;当车辆总质量小于 10 t 时,在整数前用"0"占位,如"08"表示车辆总质量在 8~9 t;当车辆总质量在 100 t 以上时,允许用三位数字表示	产品序号可依次使用阿拉伯数字 0,1,2,3,…来表示
2	越野汽车		
3	自卸汽车		
4	牵引汽车		
5	专用汽车		
6	客车	用两位数字表示车辆长度(m),当车辆长度小于 10 m 时,应精确到小数点后一位,并以长度的十倍值表示。如"91"表示客车的长度值在 9.1~9.2 m	
7	轿车	用两位数字表示发动机排量(L),精确到小数点后一位,并以排量的十倍值表示。如"22"表示发动机排量在 2.2~2.3 L	
8	空白	不指代任何类型	
9	半挂车及专用半挂车	两位数字表示汽车的总质量(t)	

3. 尾部

用于在同一种汽车中对变型车与基本车型结构加以区别(如采用不同的发动机、加长轴距等),可用汉语拼音字母和数字表示,由企业制定。例如:

EQ1902 表示第二汽车制造厂生产的第三代中型载货汽车,总质量在 9~10 t(实际总质量为 9 310 kg)。

CA7220表示第一汽车制造厂生产的第一代中级轿车,发动机排量在2.2~2.3 L(实际排量为2.2 L)。

TJ7131U——TJ代表天津汽车制造厂,7代表轿车,13代表发动机排量为1.3 L,1代表该车为第二代产品,U为厂家自定义。

四、车辆识别代码

1. 车辆识别代码(VIN)的定义

VIN为VEHICLE IDENTIFICATION NUMBER的英文缩写,是汽车制造厂为了识别而给一辆车指定在国际上通行的一组字码,相当于机动车的"身份证"。共由17位字母和数字组成(注:VIN码中不包含I、O、Q、U等易与同数字1、0混淆的英文字母)。一车一码具有法律效用,30年内不会重号。其中包括了汽车的生产国别、制造公司或生产厂家、车型系列、车身形式、发动机型号、车型年款、安全防护装置型号、检验数字、装配工厂名称和出厂顺序号码等信息。车辆识别代码(VIN)带有很强的唯一性、通用性、可读性及最大限度的信息承载量和可检索性。

2. 车辆识别代码(VIN)的组成

每种车辆识别代码依次由WMI(世界制造厂识别符号)、VDS(汽车说明部分)和VIS(汽车指示标记部分)三部分组成,总共17个字符。以上海通用车型VIN码为例说明车辆识别代码组成,见表1-1-2。

表1-1-2　　　　　　　　车辆识别代码(VIN)说明

	位置	定义	举例	说明
WMI 世界制造厂识别符号	1—3	表示制造厂、品牌和类型。用来标识车辆制造厂的唯一性。第一位字码是标明一个地理区域的字母或数字;第二位字码是标明一个特定地区内的一个国家的字母或数字;第三位字码是标明某个特定的制造厂的字母或数字	LSG	中国上海通用
VDS 汽车说明部分	4—5	车型和系列	WG WL WK	2.0 L发动机 G,GL(2.5 L发动机) GS,GS+(3.0 L发动机)
	6	车身款式	5	4门轿车
	7	保护装置系统	2	安全带(手动)及驾驶员和乘客座辅助充气式保护装置
	8	发动机类型	C D Z	六缸多点燃油喷射高输出3.0 L(选装件代码LW9) 六缸多点燃油喷射2.5 L(选装件代码LB 8) 直列四缸DOHC 2.0 L(选装件代码L34)
	9	检查数字,校验位,通过一定的算法防止输入错误	—	检查数字(0~9中的任一位或字母X),用于代码核对

(续表)

位置		定义	举例	说明
VIS 汽车指示标记部分	10	车型年份,即厂家规定的型年(Model Year),不一定是实际生产的年份,但一般与实际生产的年份之差不超过1年	3	2003
	11	装配厂	S	上海
	12—17	顺序号,一般情况下,汽车召回都是针对某一顺序号范围内的车辆,即某一批次的车辆	—	—

车辆识别代码中首字符代表的车辆生产国或地区具体见表1-1-3。

表1-1-3　　　　　　　　车辆生产国或地区代码表

国家	代码	国家	代码	国家	代码	国家	代码
美国	1/4	瑞典	Y	中国	L	德国	W
加拿大	2	巴西	9	法国	V	意大利	Z
韩国	K	日本	J	英国	S		

3.查寻车辆识别代码(VIN)

车辆识别代码可以通过以下几个部位查寻得到:

(1)通用位置在仪表板左侧:轿车一般在驾驶员风挡玻璃外侧下方,货车一般在车辆中部车架上。

(2)机动车行驶证上:在车架号一栏一般都打印有VIN码。

(3)其他地方:如保险单上,发动机舱内的各种铭牌上,或车身侧面B柱、行李舱内等贴有车辆识别代码的标签。

五、汽车总体构造

汽车是一件技术密集度相对较高的产品,一般普通的小汽车由2万多个零件组成,当汽车运行时,有超过1 500个零件会同步运转。现代汽车虽然类型很多,具体构造也不尽相同,但它们的基本组成是一致的,都是由发动机、底盘、车身和电气系统四大部分组成。

1.发动机

发动机是汽车的动力装置,其作用是将燃料燃烧产生的热能转变为机械能并通过底盘驱动汽车行驶。现代汽车普遍采用往复活塞式发动机,所用燃料以汽油和柴油为主,图1-1-4所示为汽油发动机汽车,图1-1-5所示为柴油发动机汽车。

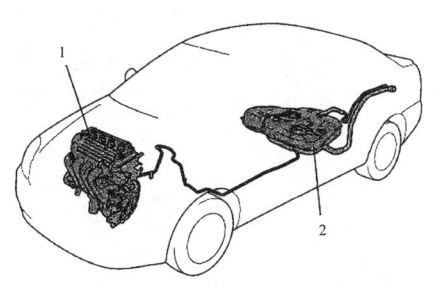

图 1-1-4　汽油发动机汽车
1—发动机；2—油箱

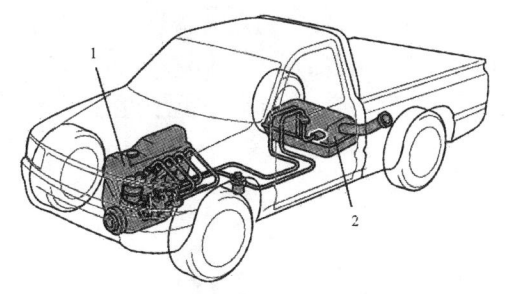

图 1-1-5　柴油发动机汽车
1—发动机；2—油箱

2.底盘

底盘是汽车装配与行驶的基体,其作用是支撑、安装发动机及汽车的其他总成与部件,形成汽车的整体,并接受发动机的动力使汽车行驶。底盘由传动系统(图 1-1-6)、行驶系统(图 1-1-7)、转向系统(图 1-1-8)和制动系统(图 1-1-9)四部分组成。

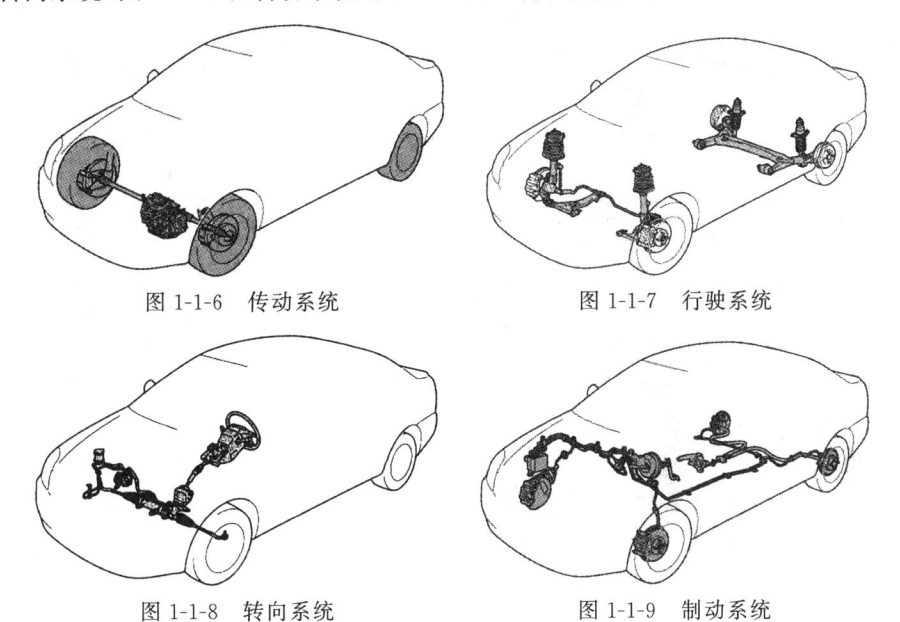

图 1-1-6　传动系统

图 1-1-7　行驶系统

图 1-1-8　转向系统

图 1-1-9　制动系统

3.车身

车身是提供乘客和货物空间的部件,分为承载式(图 1-1-10)和非承载式(图 1-1-11)。大部分小轿车的车身均为承载式,除了提供乘员的空间外,还是车辆其他部件安装的载体。

图 1-1-10　承载式

图 1-1-11　非承载式

4.电气系统

电气系统由电源和用电设备两大部分组成。电源包括蓄电池和发电机。用电设备包括发动机的起动系统、汽油机的点火系统、汽车电子控制装置和照明、信号、仪表、辅助电气等。现代汽车用到越来越多的电子控制技术和智能技术,例如发动机电子控制系统、导航系统、人机交互系统以及网络系统,都属于电子设备的范畴。图 1-1-12 所示为发动机电气部分,图 1-1-13 所示为车身电气部分。

图 1-1-12　发动机电气　　　　图 1-1-13　车身电气

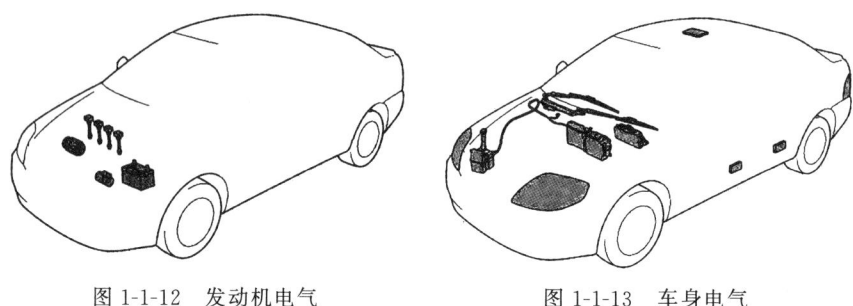

六、汽车主要技术参数

(1)整车装备质量(kg):汽车完全装备好的质量,包括润滑油、燃料、随车工具、备胎等所有装置的质量。

(2)最大总质量(kg):汽车满载时的总质量。

(3)最大装载质量(kg):汽车在道路上行驶时的最大装载质量。

(4)最大轴载质量(kg):汽车单轴所承载的最大总质量。与道路通过性有关。

(5)车长(mm):汽车长度方向两极端点间的距离。

(6)车宽(mm):汽车宽度方向两极端点间的距离。

(7)车高(mm):汽车最高点至地面间的距离。

(8)轴距(mm):汽车前轴中心至后轴中心的距离。

(9)轮距(mm):同一车桥左右轮胎胎面中心线间的距离。

(10)前悬(mm):汽车最前端至前轴中心的距离。

(11)后悬(mm):汽车最后端至后轴中心的距离。

(12)最小离地间隙(mm):汽车满载时,最低点至地面的距离。

(13)接近角(°):汽车前端突出点向前轮引的切线与地面的夹角。

(14)离去角(°):汽车后端突出点向后轮引的切线与地面的夹角。

(15)转弯半径(mm):汽车转向时,汽车外倾转向轮的中心平面在车辆支撑平面上的轨迹圆半径。转向盘转到极限位置时的转弯半径为最小转弯半径。

(16)最高车速(km/h):汽车在平直道路上行驶时能达到的最大速度。

(17)最大爬坡度(%):汽车满载时的最大爬坡能力。

(18)平均燃料消耗量(L/100 km):汽车在道路上行驶时每百公里平均燃料消耗量。

(19)车轮数和驱动轮数($n×m$):车轮数与轮毂数为计量依据,n 代表汽车的车轮总数,m 代表驱动轮数。

图 1-1-14 所示为车辆基本参数尺寸;图 1-1-15 所示为通过性参数。

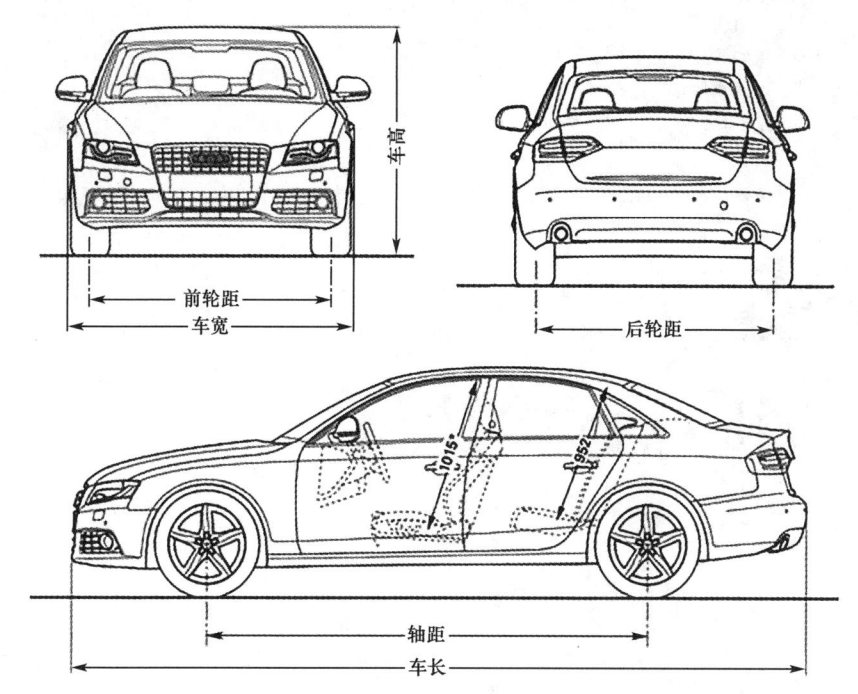

图 1-1-14　车辆基本参数尺寸

图 1-1-15　通过性参数

复习题

1. 现代汽车是如何分类的？
2. 现代汽车由哪几部分组成？
3. 汽车技术参数主要有哪些？它们是如何定义的？

任务 1.2
发动机总体构造认知

学习目标

知识目标

1. 熟悉发动机的总体构造和工作原理。
2. 熟悉发动机基本术语的含义。

技能目标

1. 能够解析发动机的性能及参数;
2. 能够准确查询发动机相关信息。

素养目标

1. 具备查询信息和使用维修手册的基本能力;
2. 能够与他人密切合作,规范、安全地完成学习任务;
3. 养成自主学习、规范操作的工作习惯及环保意识。

相关知识

一、发动机的定义

发动机是汽车的心脏,是汽车的基本组成部分之一,它将化学能转化为机械能,是汽车的动力源。

内燃机的特点是液体或气体燃料与空气混合后在机体内燃烧而产生热能,并将热能转化为机械能。现代汽车应用最广泛的是往复活塞式内燃机。此类型发动机具有热效率高、结构紧凑、体积小、便于拆装、起动性能良好等优点,因其技术先进、可靠性高而被广泛应用。

二、发动机的分类

汽车发动机的种类繁多,一般都按其特征来进行分类,主要分类方法如下:

1. 按活塞运动方式分类

根据活塞运动方式不同,发动机可分为往复活塞式发动机和旋转活塞式(转子式)发动机两种(图 1-2-1)。目前,汽车上装用的一般都是往复活塞式发动机。

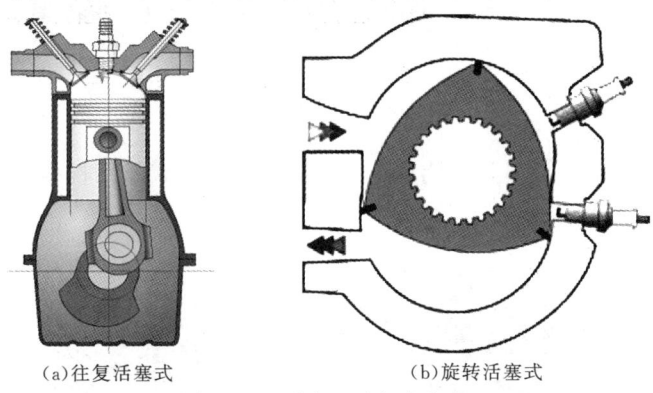

(a)往复活塞式　　(b)旋转活塞式

图 1-2-1　活塞运动方式分类

2. 按完成一个工作循环活塞运行的行程数分类

对往复活塞式发动机,按完成一个工作循环活塞运行的行程数不同,发动机可分为二冲程发动机和四冲程发动机两种(图 1-2-2)。目前,汽车上装用的一般都是四冲程发动机。

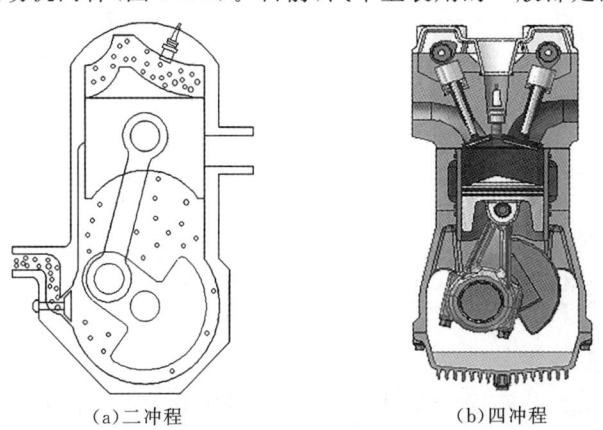

(a)二冲程　　(b)四冲程

图 1-2-2　按完成一个工作循环活塞运行的行程数分类

3.按使用燃料分类

根据发动机所用燃料不同,发动机可分为汽油发动机、柴油发动机和多种燃料发动机等。其中汽油机按其燃料供给方式又可分为化油器式和电控燃油喷射式两种。

4.按混合气着火方式分类

不同的燃料具有不同的性能,发动机根据其所用燃料的性能采用不同的点火方式。按混合气的着火方式,发动机可分为点燃式发动机和压燃式发动机(图1-2-3)。汽车上装用的汽油发动机即为点燃式,柴油发动机则为压燃式。

(a)点燃式　　　　　　　　　(b)压燃式

图1-2-3　发动机按混合气着火方式分类

5.按发动机冷却方式分类

根据冷却方式不同,发动机可分为风冷式发动机和水冷式发动机两种(图1-2-4)。汽车上装用的发动机多数为水冷式。

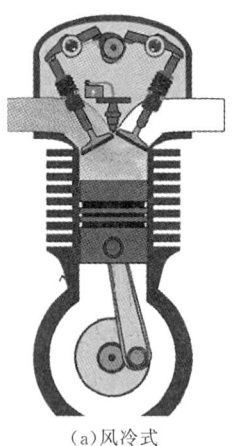

(a)风冷式　　　　　　　　　(b)水冷式

图1-2-4　发动机按发动机冷却方式分类

6.按发动机气缸数分类

根据气缸数量不同,发动机可分为单缸发动机和多缸发动机。汽车上装的一般都是多缸发动机。

7.按气缸布置形式分类

根据发动机气缸布置形式不同,发动机可分为直列式发动机、水平对置式发动机和V型发动机三种(图1-2-5)。

(a)直列式　　　(b)水平对置式　　　(c)V 型

图 1-2-5　发动机按气缸布置形式分类

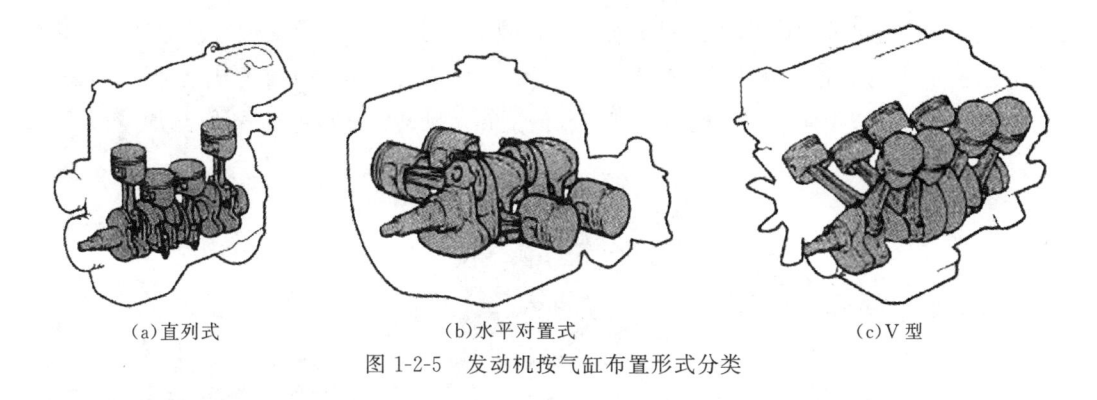

三、发动机的基本结构

现代发动机是极为复杂的机器,图 1-2-6 所示为汽油发动机构造剖视图。发动机由许多机构和系统组成,它们协同完成吸气、压缩、燃烧-膨胀做功、排气过程,实现能量的有效转换。发动机主要包括曲柄连杆机构,配气机构,燃料供给系统,润滑系统,冷却系统,进、排气系统,点火系统,起动系统等几部分。

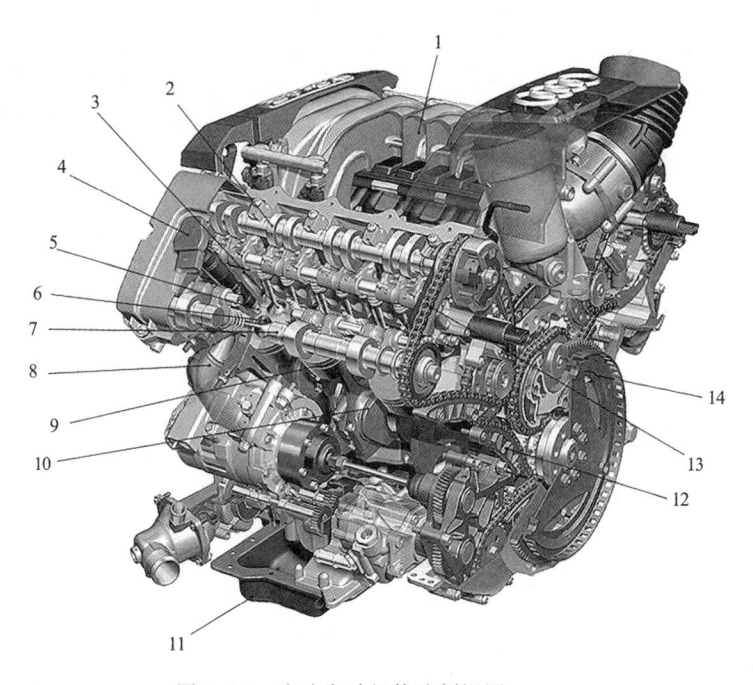

图 1-2-6　汽油发动机构造剖视图

1—进气歧管;2—进气凸轮轴;3—进气门;4—高压点火线;
5—火花塞;6—排气门;7—排气凸轮;8—排气歧管;9—活塞;
10—曲轴;11—油底壳;12—链条导板;13—正时链条;14—飞轮

1.曲柄连杆机构

曲柄连杆机构是发动机实现工作循环、完成能量转换的主要运动机构。它由机体组、活塞连杆组和曲轴飞轮组等构成,如图 1-2-7 所示。在做功行程中,活塞承受燃气压力在气缸内做往复直线运动,再通过连杆转换成曲轴的旋转运动,向外输出动力。而在完成其他工作(进气、压缩和排气)行程中,飞轮释放的能量又把曲轴的旋转运动转换成活塞的直线运动。

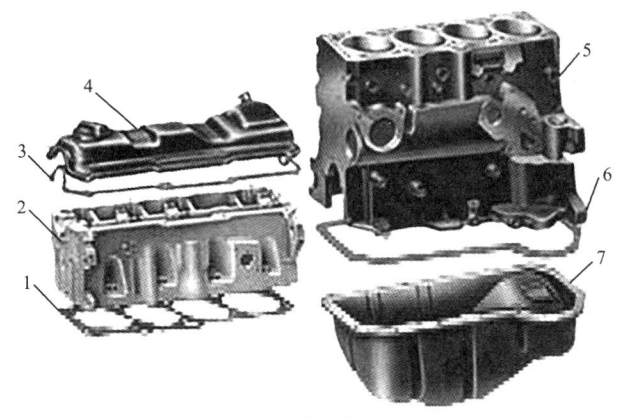

(a)机体组　　(b)活塞连杆组和曲轴飞轮组

图 1-2-7　曲柄连杆机构

1—气缸垫;2—气缸盖;3—衬垫;4—气缸盖罩;5—气缸体;

6—油底壳衬垫;7—油底壳;8—飞轮;9—活塞;10—曲轴

2.配气机构

配气机构的功用是根据发动机的工作顺序和工作过程,定时开启和关闭进气门和排气门,使可燃混合气进入气缸,并使废气从气缸内排出,实现换气过程。配气机构大多采用顶置气门式配气机构,一般由气门组和气门传动组组成,如图 1-2-8 所示。

3.燃料供给系统

燃油供给系统的功用是向发动机燃油喷射系统提供具有一定压力的燃油。目前汽油发动机普遍采用电子燃油喷射技术,其燃油供给系统一般由燃油箱、燃油泵、燃油滤清器、燃油压力调节器、喷油器以及进油管和回油管等组成,如图 1-2-9 所示。

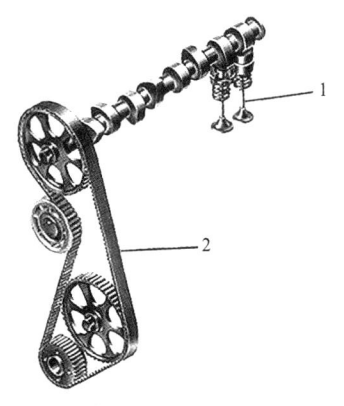

图 1-2-8　配气机构

1—气门组;2—气门传动组;

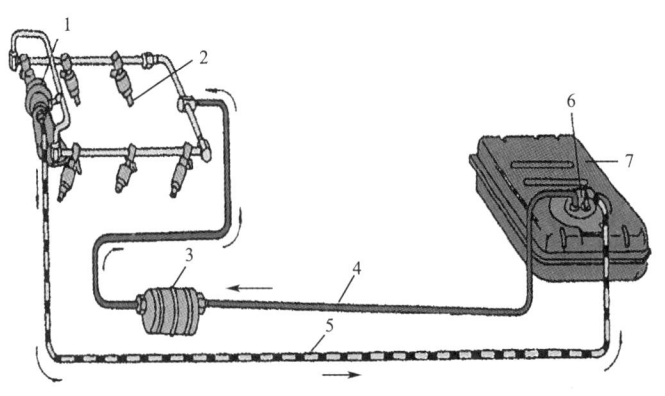

图 1-2-9　燃油供给系统

1—燃油压力调节器;2—喷油器;3—燃油滤清器;

4—进油管;5—回油管;6—燃油泵;7—燃油箱

4.润滑系统

润滑系统的功用是向相对运动的零件表面输送定量的清洁润滑油,以实现运动表面的油液润滑,减小摩擦阻力,减轻零件的磨损,并对零件表面进行清洗和冷却。润滑系统通常由润滑油道、机油泵、机油滤清器和机油压力开关等组成,如图1-2-10所示。

5.冷却系统

发动机工作过程中产生的热量会使发动机的温度越来越高,如果不及时疏散热量,将导致发动机无法工作。冷却系统的功用是将缸内受热零件吸收的部分热量及时散发出去,保证发动机在最适宜的温度状态下工作。冷却系统外围部件主要由散热器、冷却风扇、冷却液温度传感器、储液罐以及水管等组成,如图1-2-11所示。

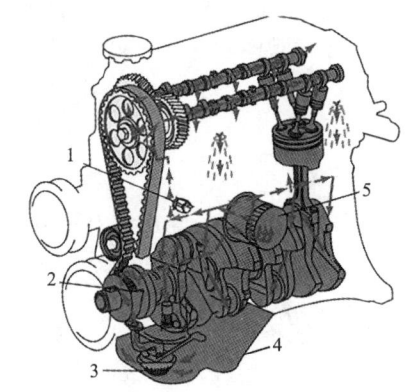

图1-2-10 润滑系统

1—机油压力开关;2—机油泵;
3—集滤器;4—油底壳;5—机油滤清器

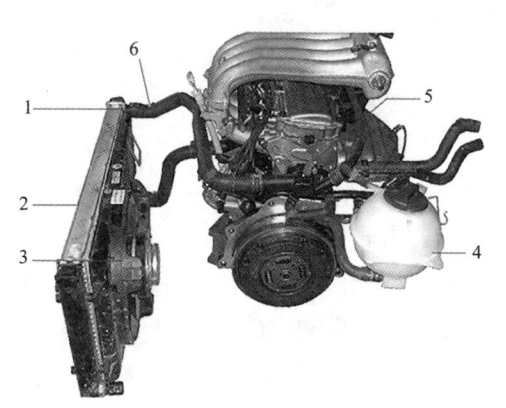

图1-2-11 冷却系统

1—冷却液进水管;2—散热器;3—冷却风扇;
4—储液罐;5—冷却液温度传感器;6—水管

6.进、排气系统

发动机工作需要可燃混合气,可燃混合气是空气和燃油按照一定比例混合形成的能够燃烧的混合气。可燃混合气中的空气由进气系统提供,燃油由燃油供给系统供给。

普通发动机的进气系统一般由空气滤清器、节气门、进气歧管、喷油器、排气管等组成,如图1-2-12所示。空气从进气口被吸入空气滤清器进行过滤,然后洁净的空气通过进气软管、节气门和进气歧管进入气缸。为了提高发动机的性能和降低排放污染,有些发动机在进气系统上采用了一些先进的进气控制技术,例如机械增压、涡轮增压、可变进气歧管等。

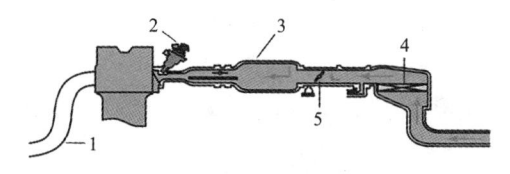

图1-2-12 进气系统

1—排气管;2—喷油器;3—进气歧管;4—空气滤清器;5—节气门

发动机排气系统的功用是将空气和燃油的混合气燃烧后产生的废气排出气缸,同时还具有净化和过滤排气的作用。其组成主要包括排气歧管、氧传感器、三元催化器、排气管以及排气消声器等,如图1-2-13所示。

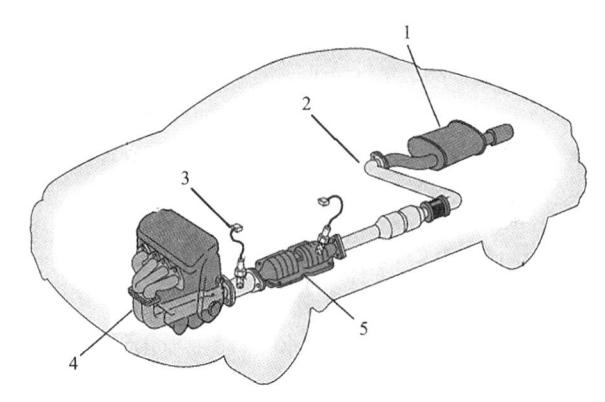

图 1-2-13 排气系统

1—排气消声器；2—排气管；3—氧传感器；4—排气歧管；5—三元催化器

7.点火系统

在汽油机中,气缸内的可燃混合气是由电火花点燃的,因此在汽油机的气缸盖上装有火花塞,火花塞头部伸入燃烧室内,能够按时在火花塞电极间产生电火花。

传统分电器点火系统通常由蓄电池、点火开关、电阻、分电器、点火线圈、高压线和火花塞等组成,如图 1-2-14 所示。目前汽油发动机大都采用控制精度高、响应速度快的无分电器电子控制点火系统。有些发动机点火系统采用集成点火线圈,取消了分缸高压线。

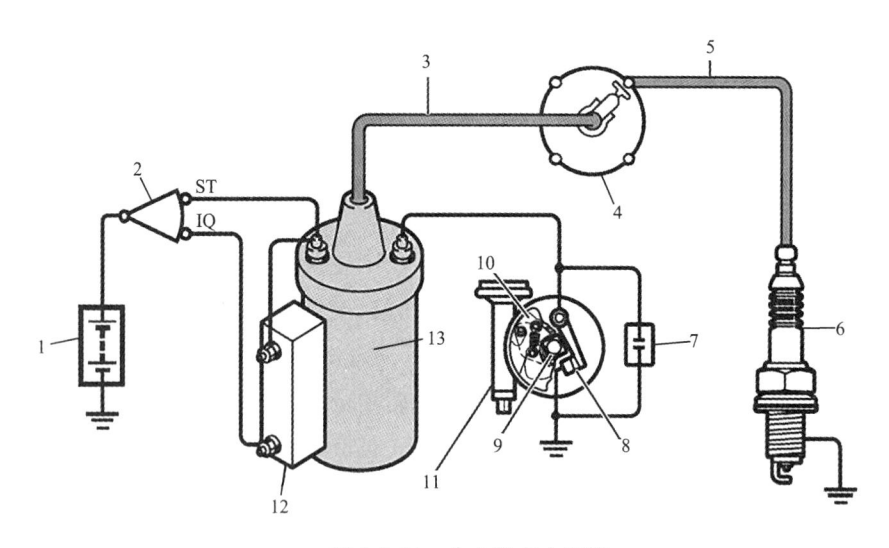

图 1-2-14 分电器点火系统

1—蓄电池；2—点火开关；3—高压线；4—分电器；5—高压线；6—火花塞；7—电容器；
8—断电器触点；9—凸轮；10—离心式点火提前装置；11—真空提前点火装置；12—电阻；13—点火线圈

电子控制点火系统一般由蓄电池、点火开关、发动机控制模块(或点火控制模块)、点火线圈、火花塞,以及传感器等部件组成,如图 1-2-15 所示。

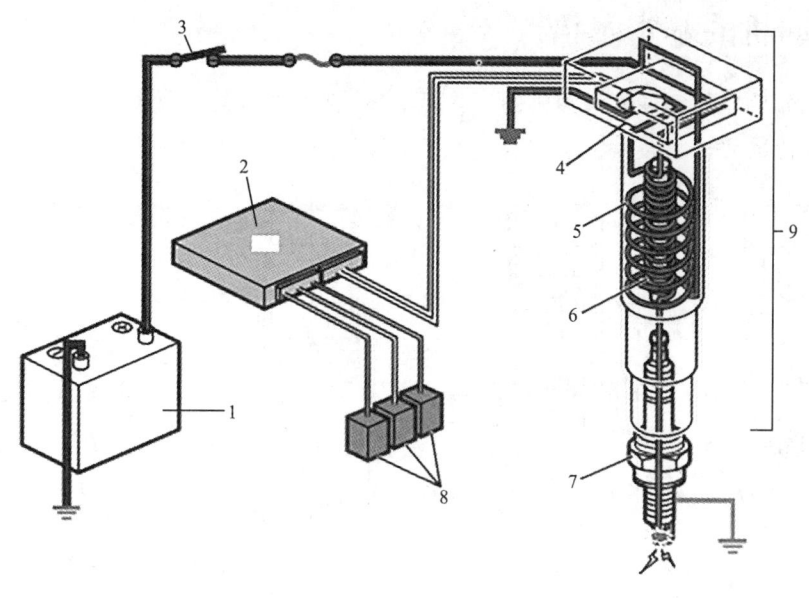

图 1-2-15　电子控制点火系统

1—蓄电池；2—控制模块；3—点火开关；4—点火器；5—初级线圈；
6—次级线圈；7—火花塞；8—传感器；9—点火线圈（带点火器）

8.起动系统

发动机由静止状态转换到旋转工作状态，必须先用外力转动发动机的曲轴，使活塞做往复运动，气缸内的可燃混合气燃烧膨胀做功，推动活塞运动使曲轴旋转，发动机才能自行运转做功，工作循环才能自动进行。因此，曲轴在外力作用下开始转动到发动机自动怠速运转的全过程，称为发动机的起动过程。完成起动过程所需的装置，称为发动机的起动系统。

发动机起动系统主要由蓄电池、起动机和起动控制电路等组成，起动控制电路包括点火开关、起动继电器、熔丝、线束连接器以及导线等，起动系统控制电路如图 1-2-16 所示。

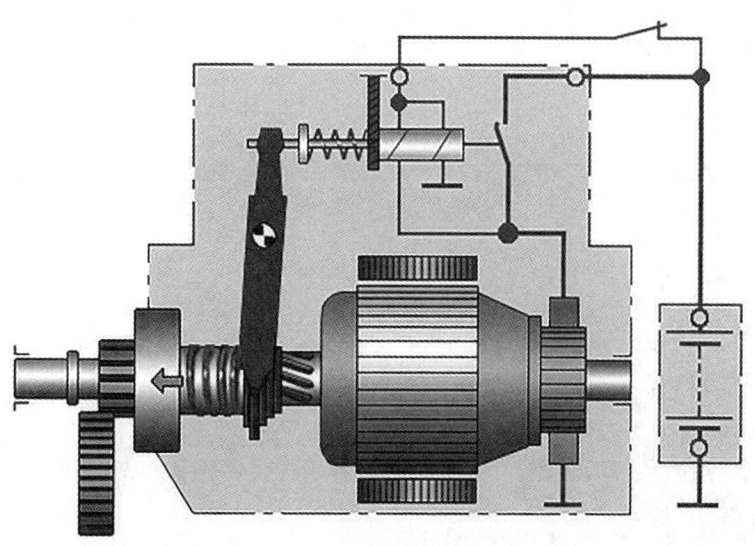

图 1-2-16　起动系统控制电路

四、发动机的基本术语

图 1-2-17 所示为单缸四冲程汽油机的工作示意图,活塞在气缸内做往复直线运动,曲轴在曲轴箱内做旋转运动。

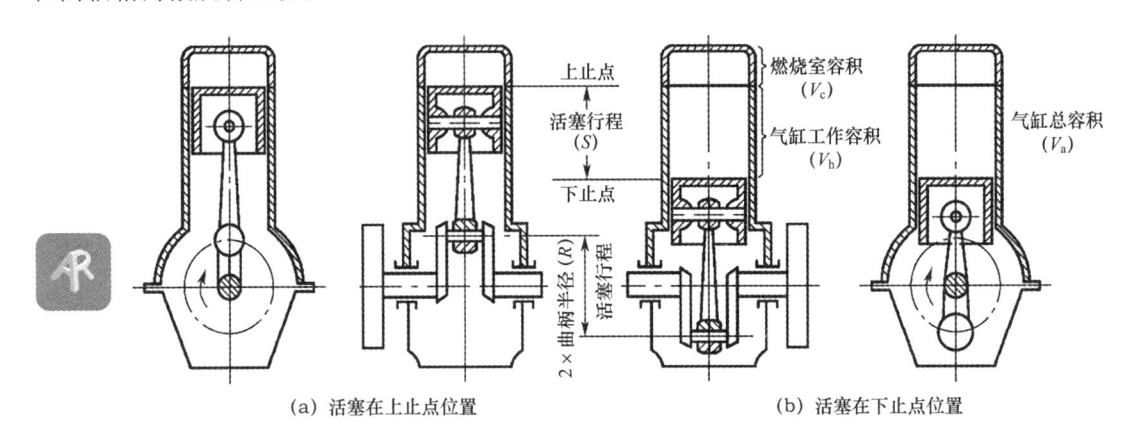

图 1-2-17 单缸四冲程汽油机的工作示意图

1. 上止点

活塞在气缸里做往复直线运动时,活塞向上运动到最高位置,即活塞顶部距离曲轴旋转中心最远的位置,称为上止点。

2. 下止点

活塞在气缸里做往复直线运动时,活塞向下运动到最低位置,即活塞顶部距离曲轴旋转中心最近的位置,称为下止点。

3. 活塞行程

活塞从一个止点到另一个止点移动的距离,即上、下止点之间的距离称为活塞行程,一般用 S 表示。对应一个活塞行程,曲轴旋转 180°。

4. 曲柄半径

曲轴旋转中心到曲柄销中心之间的距离称为曲柄半径,一般用 R 表示。通常活塞行程为曲柄半径的两倍,即 $S=2R$。

5. 气缸工作容积

活塞从一个止点运动到另一个止点所扫过的空间容积,称为气缸工作容积。一般用 V_h 表示

$$V_h = \frac{\pi D^2 S}{4} \times 10^{-6}$$

式中　　D——气缸直径,mm;
　　　　S——活塞行程,mm。

6. 燃烧室容积

活塞位于上止点时,活塞顶部与气缸盖之间的容积称为燃烧室容积,一般用 V_c 表示。

7. 气缸总容积

活塞位于下止点时,其顶部与气缸盖之间的容积称为气缸总容积,一般用 V_a 表示。显而易见,气缸总容积就是气缸工作容积和燃烧室容积之和,即

$$V_a = V_c + V_h$$

式中　V_a——气缸总容积，L；
　　　V_h——气缸工作容积，L；
　　　V_c——燃烧室容积，L。

8. 发动机排量

多缸发动机各气缸工作容积的总和，称为发动机排量。一般用 V_L 表示

$$V_L = V_h i$$

式中　V_h——气缸工作容积，L；
　　　i——气缸数目。

9. 压缩比

压缩比是发动机中一个非常重要的参数，压缩比表示气缸内气体被压缩的程度，它是气体压缩前的容积与气体压缩后的容积之比，即气缸总容积与燃烧室容积之比称为压缩比，一般用 ε 表示。通常汽油机的压缩比为 6～10，柴油机的压缩比较高，一般为 16～22；增压发动机的压缩比可以更高。压缩比越大，压缩终了时气缸内气体的压力和温度越高。

10. 工作循环

对于往复活塞式发动机，每进行一次能量转换所经历的一系列连续过程，称为发动机的一个工作循环。

五、发动机的基本工作原理

汽车发动机主要以四冲程发动机为主，为使发动机产生动力，将可燃混合气经过压缩后使之燃烧产生热能，以气体为工作介质，推动活塞和连杆使曲轴旋转，将热能转变为机械能，最后再将燃烧后的废气排出气缸，发动机完成一个工作循环。该循环周而复始地进行，发动机便产生连续的动力。四冲程发动机的一个工作循环包括四个活塞行程，即进气、压缩、做功（也称为燃烧）和排气。四冲程发动机的每个气缸进行这种循环的时间不同，各缸做功行程错开，可使发动机输出功率连续平稳。

1. 四冲程汽油机的工作原理

四冲程汽油机的运转是按进气行程、压缩行程、做功行程和排气行程的顺序不断循环往复进行的，如图 1-2-18 所示。

(1) 进气行程

活塞从上止点向下止点运动，进气门打开，如图 1-2-18（a）所示。进气过程开始时，活塞位于上止点，气缸内残存有上一循环未排净的废气，因此，气缸内的压力稍高于大气压力。

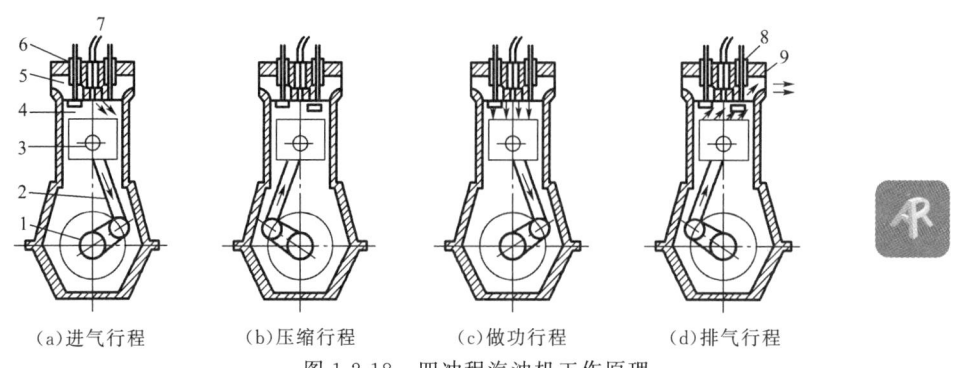

图 1-2-18　四冲程汽油机工作原理

(a)进气行程　(b)压缩行程　(c)做功行程　(d)排气行程

1—曲轴；2—连杆；3—活塞；4—气缸；5—进气道；6—进气门；7—喷油器；8—排气门；9—排气道

随着活塞下移,气缸内容积增大,压力减小,当压力低于大气压时,在气缸内产生真空吸力,可燃混合气通过进气门被吸入气缸,直至活塞向下运动到下止点。

在进气过程中,受空气滤清器、进气管道、进气门等阻力影响,进气终了时,气缸内气体压力略低于大气压,为 0.075～0.090 MPa,同时受到残余废气和高温机件加热的影响,气体温度达到 370～400 K。实际汽油机的进气门是在活塞到达上止点之前打开,并且延迟到下止点之后关闭,以便吸入更多的可燃混合气。

(2)压缩行程

曲轴继续旋转,活塞从下止点向上止点运动,这时进气门和排气门都关闭,气缸内成为封闭容积,可燃混合气受到压缩,压力和温度不断升高,当活塞到达上止点时压缩行程结束,如图 1-2-18(b)所示。此时气体的压力和温度主要随压缩比的大小而定,可燃混合气压力可达 0.6～1.2 MPa,气体温度可达 600～700 K。压缩比越大,压缩终了时气缸内的压力和温度越高,则燃烧速度越快,发动机功率也越大。但压缩比太高容易引起爆燃。所谓爆燃就是由于气体压力和温度过高,可燃混合气在没有点燃的情况下自行燃烧,且火焰以高于正常燃烧数倍的速度向外传播,造成尖锐的敲缸声,这会使发动机过热,功率下降,汽油消耗量增加及机件损坏。轻微爆燃是允许的,但强烈爆燃对发动机是很有害的。

(3)做功行程

做功行程包括燃烧过程和膨胀过程,在这一行程中,进气门和排气门仍然保持关闭,如图 1-2-18(c)所示。当活塞位于压缩行程接近上止点(即点火提前角)位置时,火花塞产生电火花点燃可燃混合气,可燃混合气燃烧后放出大量的热使气缸内气体温度和压力急剧升高,最高压力可达 3～5 MPa,最高温度可达 2 200～2 800 K,高温高压气体膨胀,推动活塞从上止点向下止点运动,通过连杆使曲轴旋转并输出机械功,除了用于维持发动机本身继续运转外,其余用于对外做功。随着活塞向下运动,气缸内容积增加,气体压力和温度降低,当活塞运动到下止点时,做功行程结束,气体压力降低到 0.3～0.5 MPa,气体温度降低到 1 300～1 600 K。

(4)排气行程

可燃混合气在气缸内燃烧后生成的废气必须从气缸中排出去以便进行下一个进气行程。当做功接近终了时,排气门开启,进气门仍然关闭,靠废气的压力先进行自由排气,活塞到达下止点再向上止点运动时,继续把废气强制排出到大气中去,活塞越过上止点后,排气门关闭,排气行程结束,如图 1-2-18(d)所示。实际汽油机的排气行程也是排气门提前打开,延迟关闭,以便排出更多的废气。由于燃烧室容积的存在,不可能将废气全部排出气缸。受排气阻力的影响,排气终止时,气体压力仍高于大气压力,为 0.105～0.115 MPa,温度为 900～1 200 K。

曲轴继续旋转,活塞从上止点向下止点运动,又开始了下一个新的循环过程。可见四冲程汽油机经过进气、压缩、做功、排气四个行程完成一个工作循环,这期间活塞在上、下止点往复运动了四个行程,曲轴旋转了两圈。

2.四冲程柴油机的工作原理

四冲程柴油机和四冲程汽油机的工作过程相同,每一个工作循环同样包括进气、压缩、做功和排气四个行程,柴油机使用的燃料是柴油,由于柴油与汽油有较大的差别,柴油黏度大,不易蒸发,自燃温度低,因此可燃混合气的形成、着火方式、燃烧过程以及气体温度和压力的变化都和汽油机不同,下面主要分析一下柴油机和汽油机在工作过程中的不同点。

四冲程柴油机在进气行程中与汽油机所不同的是柴油机吸入气缸的是纯空气而不是可燃混合气,在进气通道中没有节气门,进气阻力小,进气终了时气体压力略高于汽油机,气体温度略低于汽油机。进气终了时气体压力为 0.078 5～0.093 2 MPa,气体温度为 300～370 K。

压缩行程压缩的是纯空气,在压缩行程接近上止点时,喷油器将高压柴油以雾状喷入燃烧室,柴油和空气在气缸内形成可燃混合气并着火燃烧。柴油机的压缩比比汽油机的压缩比大很多,压缩终了时气体温度和压力都比汽油机高。压缩终了时,气体压力为 3.5～4.5 MPa,气体温度为 750～1 000 K,超过了柴油机的自燃温度(约 500 K),柴油便立即自燃,且此后一段时间内边喷油、边燃烧,气缸内压力、温度急剧升高,推动活塞下行做功。由于柴油机是压缩后自燃着火的,不需要点火,故柴油机又称为压燃机。

柴油机燃烧过程中气缸内出现的最高压力要比汽油机高得多,可高达 6～9 MPa,最高温度也可高达 2 000～2 500 K。做功终了时,气体压力为 0.2～0.4 MPa,气体温度为 1 200～1 500 K。柴油机的排气行程和汽油机一样,废气同样经排气管排入到大气中去,排气终了时,气缸内气体压力为 0.105～0.125 MPa,气体温度为 800～1 000 K。

柴油机与汽油机比较,柴油机的压缩比高,热效率高,燃油消耗率低,因此,柴油机的燃料经济性能好,而且柴油机的排气污染少,排放性能较好。但它的主要缺点是转速低,质量大,噪声大,振动大,制造和维修费用高。在其发展过程中,柴油机不断发扬其优点,克服缺点,提高转速,得到了更广泛的应用。

复习题

1.汽车发动机的基本术语有哪些?
2.四冲程汽油机由哪几个部分组成?
3.简述四冲程汽油机的工作原理。

任务实施　汽车总体认知

一、操作内容

1. 汽车基本结构认知。

2. 汽车基本部件认知。

3. 汽车识别代码查询。

二、操作工单

1. 车辆识别代码：_____

2. 车辆生产年份：_____；车辆生产厂：_____

3. 车辆特征描述：_____
_____
_____

4. 发动机特征描述：
_____
_____
_____

三、技术要求和标准

1. 数据标准参考维修手册。

2. 注意操作安全。

项目2

曲柄连杆机构的认知及检修

任务 2.1
曲柄连杆机构整体认知

学习目标

知识目标
1. 了解曲柄连杆机构的功用；
2. 熟悉曲柄连杆机构的组成。

技能目标
能够对曲柄连杆机构的受力进行分析。

素养目标
1. 具备查询信息的基本能力；
2. 能够与他人密切合作，规范、安全地完成学习任务。

相关知识

一、曲柄连杆机构的功用和组成

曲柄连杆机构是发动机实现热能与机械能相互转换,用来传递力和改变运动方式的主要机构。其主要功用是将气缸内气体作用在活塞上的力转变为曲轴的旋转力矩,从而使曲轴产生旋转运动而对外输出动力。曲柄连杆机构由机体组、活塞连杆组及曲轴飞轮组三部分组成。

1. 机体组

机体组主要包括气缸体、曲轴箱、气缸盖、气缸套及气缸垫等不动件。

2. 活塞连杆组

活塞连杆组主要包括活塞、活塞环、活塞销及连杆等运动件。

3. 曲轴飞轮组

曲轴飞轮组主要包括扭转减振器、曲轴及飞轮等机件。

在发动机工作过程中,燃料燃烧产生的气体压力直接作用在活塞顶上,推动活塞做往复直线运动,经活塞销、连杆和曲轴,将活塞的往复直线运动转换为曲轴的旋转运动。发动机产生的动力,大部分经曲轴后端的飞轮输出,还有一部分通过曲轴前端的齿轮和带轮驱动发动机其他机构和系统。

二、曲柄连杆机构受力分析

发动机工作时,曲柄连杆机构直接与高温、高压气体接触,曲轴的旋转速度很高,活塞往复运动的线速度相当大。曲柄连杆机构还同时与可燃混合气和燃烧废气接触,并受到化学腐蚀作用,润滑困难。可见,曲柄连杆机构是在高温、高压、高速和化学腐蚀的条件下工作的。同时,曲柄连杆机构在工作时做变速运动,受力情况相当复杂,有气体作用力、往复惯性力、旋转运动的离心力以及相对运动间接触表面的摩擦力等。

1. 气体作用力

在发动机工作循环的每个行程中,气体作用力始终存在且不断变化。做功行程最高,压缩行程次之,进气和排气行程较小,对机件影响不大。以下主要分析做功和压缩两行程中的气体作用力。

在做功行程中,气体压力是推动活塞向下运动的力,燃烧气体产生的高压直接作用在活塞顶部,如图 2-1-1(a)所示。活塞所受总压力为 F_p,它传到活塞销上可分解为分力 F_{p1},通过活塞传给连杆,并沿连杆方向作用在连杆轴颈上。F_{p1} 还可分解为两个分力 R 和 S。沿曲柄方向的分力使曲轴主轴颈与主轴承间产生压紧力;与曲柄垂直的分力 S 除了使主轴颈与主轴承间产生压紧力外,还对曲轴形成转矩 T,推动曲轴旋转。F_{p2} 把活塞压向气缸壁,形成活塞与缸壁间的侧压力,有使机体翻倒的趋势,故机体下部的两侧应支撑在车架上。

在压缩行程中,气体压力是阻碍活塞向上运动的阻力。这时作用在活塞顶部的气体压力 F'_p 也可分解为两个分力和,如图 2-1-1(b)所示。而 F'_{p1} 又分解为 R' 和 S' 两个分力。使曲轴主轴颈与主轴承间产生压紧力;S' 对曲轴造成一个旋转阻力矩 T',企图阻止曲轴旋转。而 F'_{p2} 则将活塞压向气缸的另一侧壁。

(a)做功行程　　　　　　　　　　　(b)压缩行程

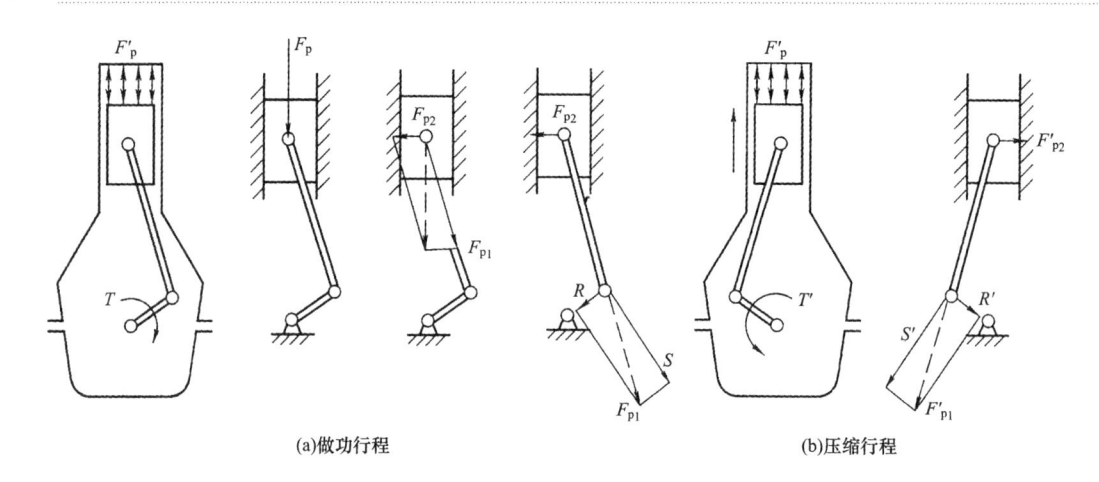

图 2-1-1　气体压力作用情况示意图

在发动机工作循环的任何工作行程中,气体作用力的大小都是随着活塞的位移而变化的,再加上连杆的左右摇摆,使作用在活塞销和曲轴轴颈的表面以及二者的支撑表面上的压力和作用点不断变化,造成各处磨损不均匀。

2. 往复惯性力

往复运动的物体当运动速度变化时,将产生往复惯性力。曲柄连杆机构中的活塞组件和连杆小头在气缸中做往复直线运动,其速度很快且不断变化,当活塞从上止点向下止点运动时,速度变化规律是:从零开始,逐渐增大,临近中间达最大值,然后又逐渐减小至零。即前半行程是加速运动,惯性力向上,以 F_j 表示,如图 2-1-2(a)所示。后半行程是减速运动,惯性力向下,以 F_j' 表示,如图 2-1-2(b)所示。同理,当活塞向上运动时,前半行程是加速运动,惯性力向下,后半行程是减速运动,惯性力向上。

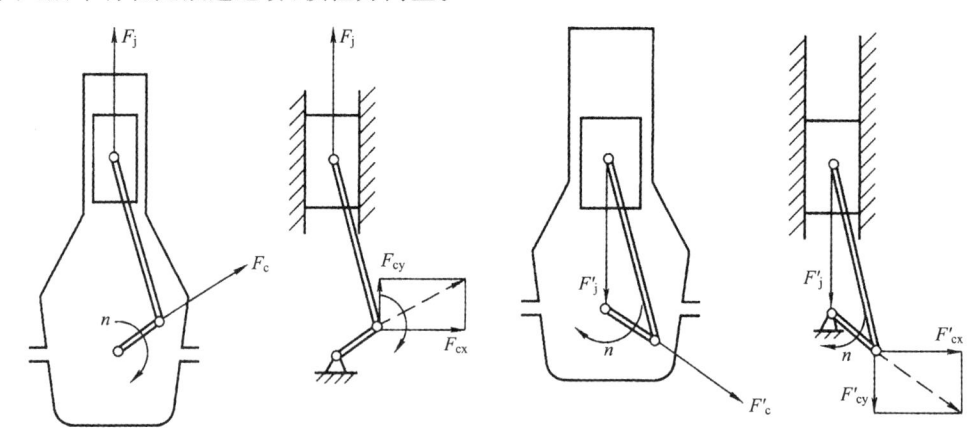

(a)活塞在上半行程的惯性力和离心力　　　(b)活塞在下半行程的惯性力和离心力

图 2-1-2　往复惯性力和离心力作用情况示意图

惯性力使曲柄连杆机构的各零件和所有轴颈承受周期性的附加载荷,加快轴承磨损;未被平衡的变化的惯性力传到气缸体后,还会引起发动机振动。

3. 离心力

物体绕某一中心做旋转运动时,就会产生离心力。在曲柄连杆机构中,偏离曲轴轴线的曲柄、连杆轴颈、连杆大头在绕曲轴轴线旋转时,将产生离心力 F_c,其方向沿曲柄向外,如图 2-1-2 所示。离心力在垂直方向上的分力 F_{cj} 与惯性力 F_j 的方向总是一致的,因而加剧了发动机的上、下振动。而水平方向的分力则使发动机产生水平方向的振动。此外,离心力使连杆大头的轴承和轴颈受到又一附加载荷,增加了它们的变形和磨损。

4.摩擦力

任何一对互相压紧并做相对运动的零件表面之间都存在摩擦力。在曲柄连杆机构中活塞、活塞环、气缸壁之间,曲轴、连杆轴承与轴颈之间都存在摩擦力,它是造成零件配合表面磨损的根源。

上述各种力作用在曲柄连杆机构和机体的各有相关零件上,使它们受到压缩、拉伸、弯曲和扭转等不同形式的载荷。为了保证发动机的可靠工作,减少磨损,在结构上应采取相应措施。

复习题

1.曲柄连杆机构由哪几个部分组成?有何功用?
2.曲柄连杆机构在工作的过程中受到的作用力有哪些?

任务 2.2
气缸体的认知及检测

学习目标

知识目标
1. 熟悉气缸体结构；
2. 熟悉气缸体维护及维修方法。

技能目标
1. 能够进行气缸体拆装；
2. 能够进行气缸体测量。

素养目标
1. 具备查询信息和使用维修手册的基本能力；
2. 能够与他人密切合作，规范、安全地完成学习任务；
3. 养成自主学习、规范操作的工作习惯及环保意识。

相关知识

一、气缸体结构

气缸体是发动机的主体,是安装活塞、曲轴以及其他零件和附件的支撑骨架,气缸体上半部有若干个供活塞在其中运动的圆柱形空腔,称为气缸。下半部为支撑曲轴的上曲轴箱,其内腔为曲轴运动的空间。在上曲轴箱上有主轴承座孔。为了润滑轴承,在侧壁上钻有主油道,前后壁和中间隔板上钻有分油道。气缸体的上、下平面用以安装气缸盖和下曲轴箱,是气缸修理的加工基准。其内部引导活塞做往复运动的圆柱形空腔称为气缸,多个气缸组合成一体即为气缸体,如图2-2-1所示。

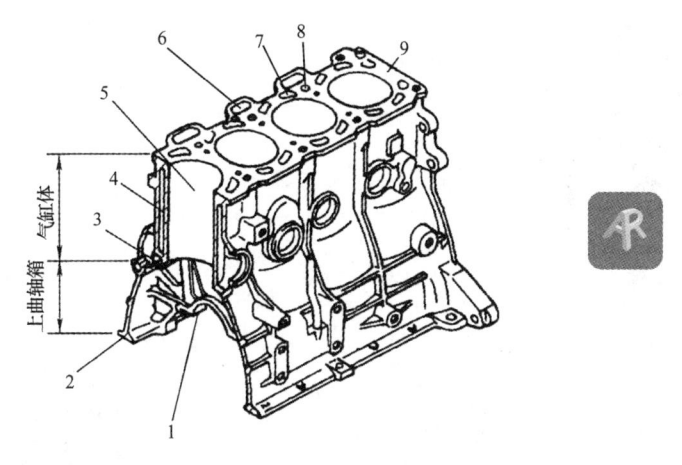

图 2-2-1　气缸体
1—主轴承座；2—机体下平面；3—主油道；4—冷却水套；5—气缸；
6—润滑油回油孔；7—冷却水孔；8—螺栓孔；9—机体上平面

二、气缸体分类

1.按照制造材料不同分类

按照制造材料的不同,气缸体分为铸铁气缸体和铝合金气缸体。

铸铁气缸体强度、刚度及耐磨性能较好,但气缸体比较笨重,散热性差。铝合金气缸体质量轻、散热好,适合于中小型发动机,但其强度、刚度较低,耐磨性较差,成本相对较高。

2.按照气缸体与油底壳安装平面的位置不同分类

按照气缸体与油底壳安装平面的位置不同,气缸体分为平分式、龙门式和隧道式三种类型,如图2-2-2所示。

平分式气缸体的油底壳安装平面和曲轴旋转中心在同一高度,如图2-2-2(a)所示。其机体高度小和质量小,机械加工简单,曲轴拆装较为方便,但刚度、强度较差,且曲轴前后端与油底壳接合处密封性较差,多用于中小型发动机。

龙门式气缸体的油底壳安装平面低于曲轴的旋转中心,如图2-2-2(b)所示。其强度高,刚度好,能承受较大的机械负荷,但结构笨重,工艺性差。

隧道式气缸体的曲轴主轴承孔为整体式,主轴承孔较大,安装曲轴时需要从气缸体后部装入,如图2-2-2(c)所示。其结构紧凑,刚度和强度好,但加工精度要求高,工艺性较差,曲轴拆装不方便。

(a)平分式　　　　　(b)龙门式　　　　　(c)隧道式

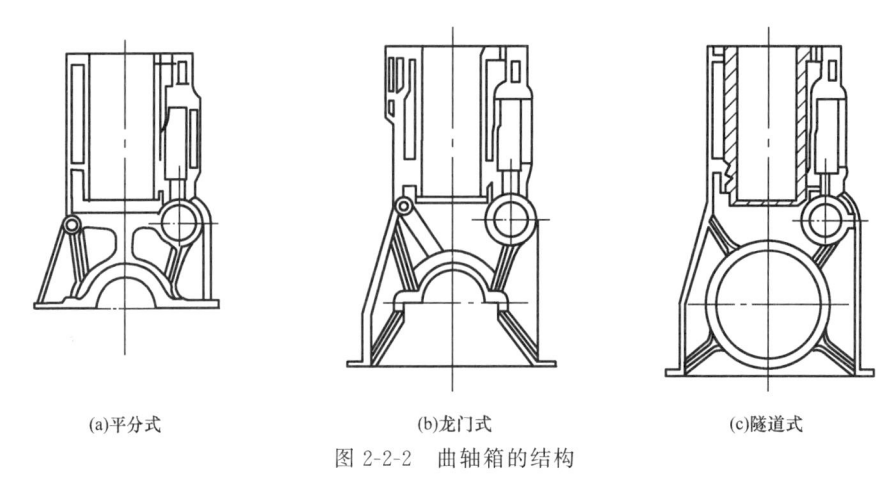

图 2-2-2　曲轴箱的结构

当前有些新型发动机采用分段式缸体,即将气缸体分为上下两部分,采用上下曲轴箱两段式设计,减小了噪声和振动。

3.按照气缸排列方式不同分类

按照气缸排列方式的不同,气缸体一般分为直列式、V 型、W 型、水平对置式,如图 2-2-3 所示。

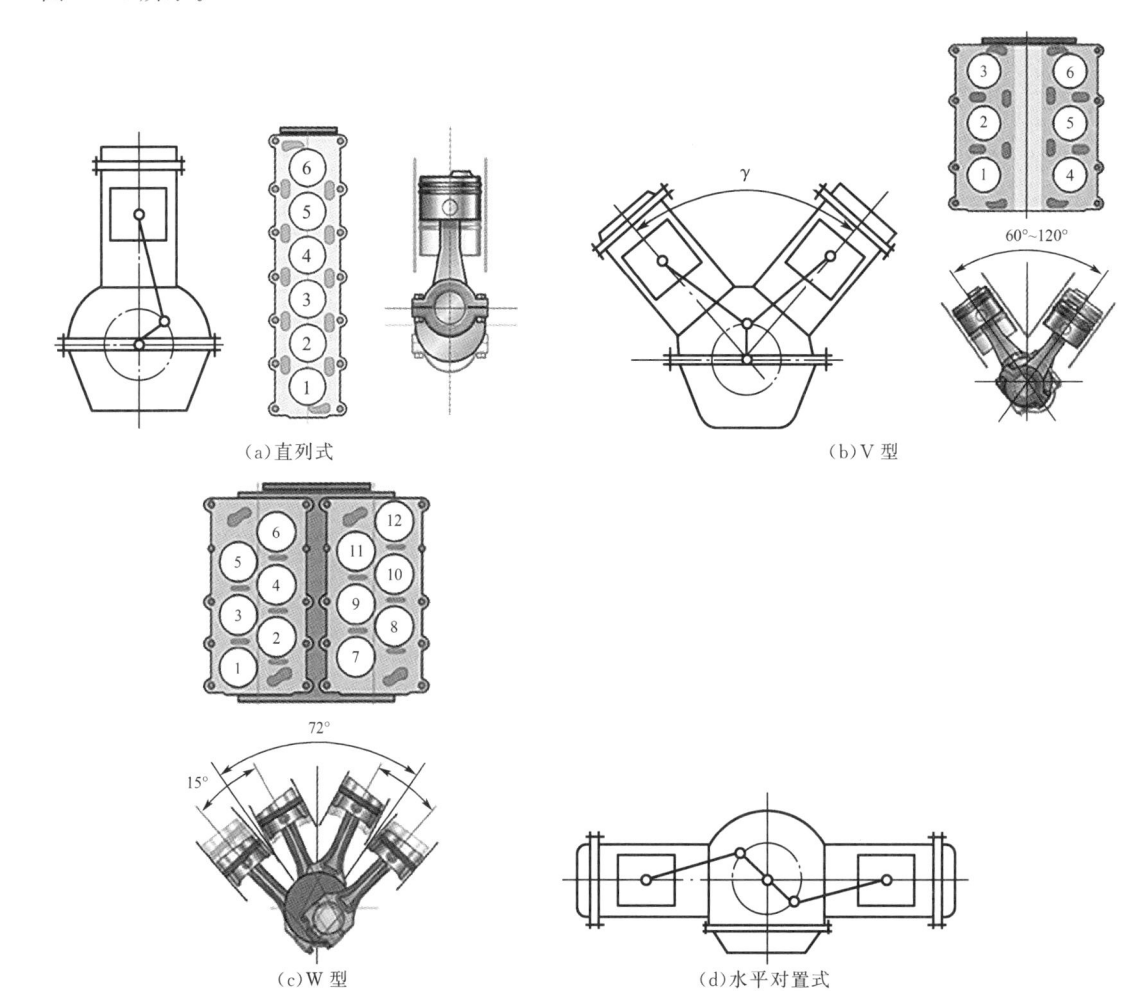

(a)直列式　　　　　　　　　　(b)V 型

(c)W 型　　　　　　　　　(d)水平对置式

图 2-2-3　气缸体排列类型

直列式发动机的各个气缸排成一列,一般是垂直布置的。直列式气缸体结构简单,加工容易,但发动机长度和高度较大。一般六缸以下发动机多采用直列式。

V型发动机的气缸排成两列,左右两列气缸中心线的夹角小于180°(V6发动机一般为90°,V8发动机一般为60°)。V型发动机与直列式发动机相比,缩短了机体长度和高度,增加了气缸体的刚度,减轻了发动机的质量,但加大了发动机的宽度,且形状较复杂,加工困难,一般用于八缸以上的发动机,六缸发动机也有采用这种形式的气缸体。另外,目前一些气缸数量在八缸以上的大功率发动机采用了W型结构,其特点与V型发动机相同。

水平对置式发动机两组气缸的夹角为180°,其活塞在水平方向上进行往复运动,可以很容易地相互抵消发动机在水平方向上的振动,使发动机运转更平稳。而且,水平对置发动机的重心也比直列式发动机和V型发动机要低,从而降低了整车的重心,增强了车辆的行驶稳定性。

三、气缸套

活塞在气缸内高速往复运动,气缸壁承受着活塞环的摩擦力。为了提高耐磨性,有些气缸体采用淬火、镀铬等工艺,还有的发动机直接采用成本高昂的优质复合材料来铸造气缸体。目前广泛应用的是在气缸体内镶入气缸套的结构,活塞不与气缸体接触,而是在气缸套中运动,这种结构大大提高了气缸体的使用寿命,尤其是铝合金气缸体。由于铝合金耐磨性较差,通常需要在气缸体内镶入气缸套。气缸套采用耐磨性较好的合金铸铁或合金钢制造,以延长气缸使用寿命,而气缸体则可使用价格较低的普通铸铁或铝合金材料制造。气缸套根据是否与冷却液相接触,分为干式气缸套和湿式气缸套两种形式,如图2-2-4所示。

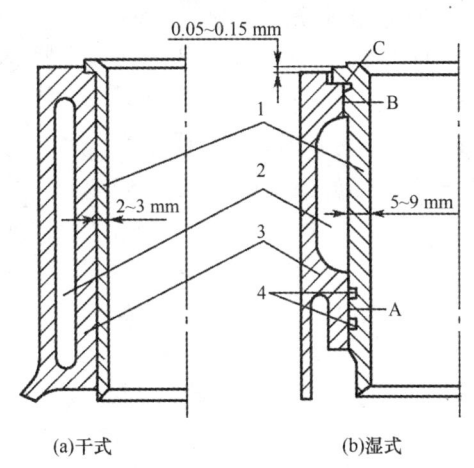

图2-2-4 气缸套的结构
1—气缸套;2—水套;3—气缸体;4—橡胶密封圈
A—下支撑定位带;B—上支撑定位带;C—定位凸缘

1.干式气缸套

干式气缸套安装在气缸套座孔内,其外壁不与冷却液接触。干式气缸套的外圆表面和气缸套座孔内表面均须精细加工,一般采用过盈配合以保证配合精度。由于气缸套自上而下都支撑在气缸体上,所以可以加工得很薄,壁厚一般为2~3 mm,如图2-2-4(a)所示。这种气缸具有整体式气缸的优点,强度和刚度都较好,但气缸套加工比较复杂,内、外表面都需要进行精加工,拆装不方便,散热不良。

2. 湿式气缸套

湿式气缸套与冷却水直接接触,也是被压入气缸体的。冷却水接触到气缸套的中部,由于它只在上部和下部有支撑,所以必须比干式气缸套厚一点,壁厚一般为 5~9 mm,如图 2-2-4(b)所示。为了保证其径向定位,气缸套外表面有两个凸出的圆环带,即上支撑定位带和下支撑密封带,轴向定位利用上端凸缘实现。湿式气缸套的顶部和底部采用橡胶密封件,以防止冷却液从冷却系统中渗出。湿式气缸套具有铸造方便、容易拆卸更换、冷却效果好等特点,但采用湿式气缸套的气缸体刚度差,易出现漏气、漏水现象,湿式气缸套多应用在柴油机上。大多数湿式气缸套压入气缸体后,其顶面高出气缸体上平面 0.05~0.15 mm。这样当紧固气缸盖螺栓时,可将气缸盖衬垫压得更紧,以保证气缸更好地密封和气缸套更好地定位。

四、气缸体端面

发动机气缸体有上下两个端面,在对气缸进行维修加工时,一般也以其上平面或下平面作为定位基准面。上端面安装有用于固定气缸垫和气缸盖的定位销,同时有连通气缸盖和气缸体的水道、润滑油道及回油道。为了保证气缸盖和气缸体之间的密封性,气缸上端面需要有较高的平面度。气缸体下端面与油底壳相连,二者间的接合有的需要密封垫来密封,如果密封不良,将会造成气缸体下端面与油底壳之间的接合处漏油。

五、气缸体水套

水套即发动机气缸周围的冷却液通道。发动机工作时,水套里的冷却液吸收发动机的热量,并从发动机出水口流出,同时水泵将新的冷却液泵进水套。有些发动机将相邻气缸铸造成一体,两个相邻气缸之间不再留有水套,如图 2-2-5 所示。这种结构设计使发动机气缸体的强度增强,但散热效果较差。

气缸体水套中容易沉积水垢,水垢会使传热受阻,影响冷却效果,所以冷却系统中必须添加专用的冷却液,减少水垢的产生。

图 2-2-5 气缸体水套

六、润滑油道

发动机气缸体上加工有许多润滑油道。在加工时,通常使用从气缸体外部钻孔的方式加工润滑油道,如果加工弯曲的油道,通常采用交叉钻孔的方法。完成油道的加工后,所有外部油道加工孔都需封堵。

七、气缸体检测

1. 气缸体平面度检测

检查气缸体上平面的平面度时,在图 2-2-6(a)所示七个方向上放置直尺,并用塞尺测量直尺与气缸体上平面之间的间隙,如图 2-2-6(b)所示,测得的最大值即为气缸体上平面的平面度误差。一般要求气缸体顶平面与底平面的平行度在全长上不应大于 0.05 mm;在整个平面上的平面度应不大于 0.05 mm。超过上述标准应进行修整。

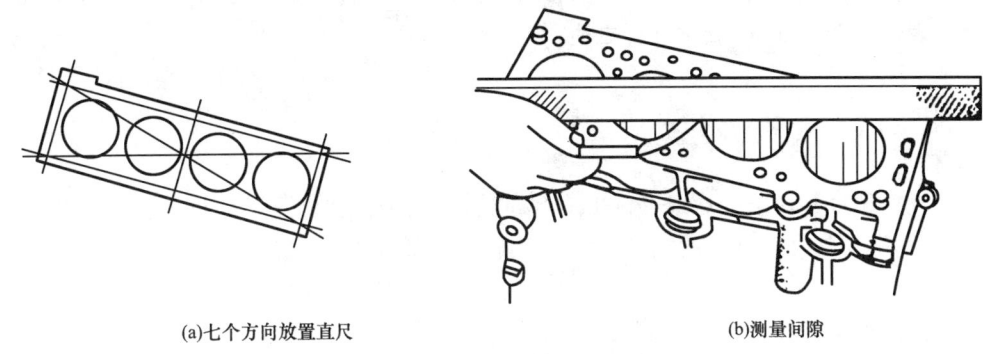

(a)七个方向放置直尺　　　　　　　　　(b)测量间隙

图 2-2-6　气缸体平面度检测

其使用极限:铝合金气缸体一般为 0.25 mm,铸铁气缸体一般为 0.10 mm。气缸体上平面的平面度误差若超过使用极限,应进行磨削或铣削加工,总加工量一般不允许超过 0.30 mm。采用湿式气缸套的气缸体上平面不允许修磨。

2.气缸磨损检测

气缸磨损是有规律的。由于气缸上部润滑较差,而且气缸内燃烧的高压产生在活塞上止点附近,所以气缸的磨损一般呈上大下小的圆锥形,如图 2-2-7 所示。由于活塞在上、下止点间运动时,其侧压力使活塞贴紧气缸的左右两侧,所以气缸在左右两侧方向上(发动机横向)磨损严重,而沿曲轴轴线方向上(发动机纵向)的磨损较轻。

气缸磨损的检测如图 2-2-8 所示。清洁气缸壁上的油污和积炭后,在气缸的上、中、下三个不同的高度及气缸的纵向和横向两个方向的六个部位,用量缸表测量气缸直径,然后根据测量结果计算出气缸的最大磨损量、圆度和圆柱度。

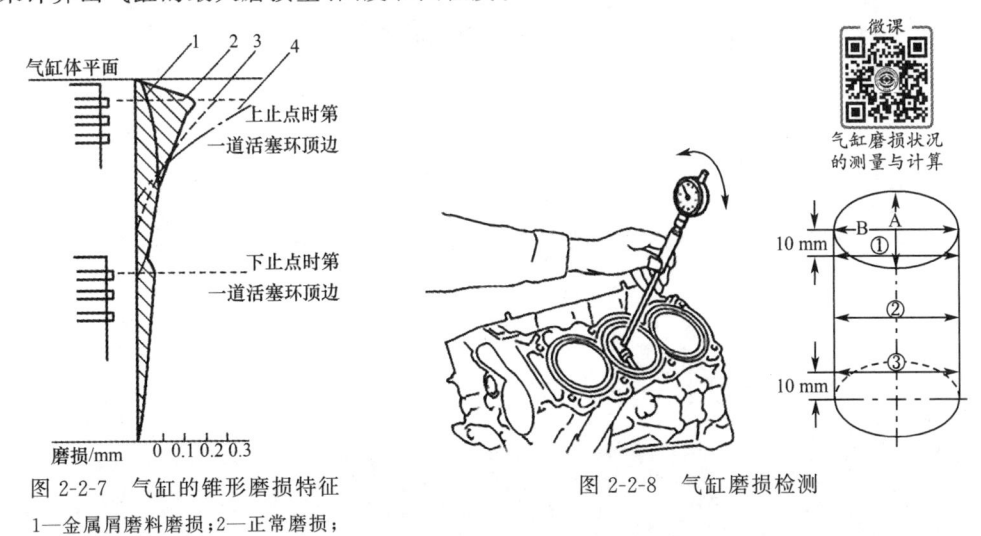

图 2-2-7　气缸的锥形磨损特征
1—金属屑磨料磨损;2—正常磨损;
3—灰尘磨损;4—酸性腐蚀磨损

图 2-2-8　气缸磨损检测

圆度误差表明同一横截面上的磨损程度。其数值是同一横截面上不同方向测得最大与最小直径差值的一半。气缸圆度公差:汽油机一般为 0.05 mm;柴油机一般为 0.065 mm。

圆柱度误差表明沿气缸轴向截面上的磨损程度。其数值是被测气缸任一方向所测得的最大与最小直径差值的一半。气缸圆柱度公差：汽油机一般为 0.20 mm；柴油机一般为 0.25 mm。

气缸磨损若未超过其使用极限,可更换活塞环继续使用。若气缸磨损超过使用极限,应进行镗磨修理或镶套修理,必要时进行更换。

八、气缸维修等级

气缸磨损超过允许限度后或缸壁上有严重的刮伤、沟槽和麻点,均应将气缸按修理级别镗削加大,并选配与气缸相符的加大尺寸的活塞及活塞环,以恢复正确的几何形状和正常的配合间隙。

1. 发动机气缸修理尺寸级别

各种车型发动机的修理尺寸级别并不相同,按照惯例是以每级 0.25 mm 为计算单位来划分的,共计 6 级。但实际上常用的仅为 0.50 mm、1.00 mm、1.50 mm 3 级,但随着发动机使用寿命的大幅度延长,新型发动机的修理尺寸级别多数为 1～2 级,详见相关车型的修理手册。

2. 修理尺寸的选择

气缸的修理尺寸可按下式进行计算

$$修理尺寸 = 气缸最大直径 + 镗、珩磨余量$$

镗、珩磨余量通常取 0.10～0.20 mm,计算出的修理尺寸应与修理级数相对照,若与某一修理级数相符,可按某级数修理;若与修理级数不相符,比如计算出的修理尺寸在 2 级修理级数之间,则应按其中大的修理级数进行气缸的修理。

复习题

1. 曲柄连杆机构有何功用？其组成分几部分？
2. 气缸体有哪些结构特点？
3. 曲轴箱有哪几种结构类型？
4. 如何检查气缸磨损？如何确定气缸修理尺寸级别？
5. 气缸套有几种类型？镶套应注意什么？
6. 如何检查气缸体上平面的平面度误差？如何修理？

任务 2.3
气缸盖与气缸垫的认知及检测

学习目标

知识目标
1. 了解气缸盖的结构；
2. 了解气缸盖维修方法。

技能目标
1. 能够进行气缸盖平面度检查；
2. 能够进行气缸盖正确拆装。

素养目标
1. 具备查询信息和使用维修手册的基本能力；
2. 能够与他人密切合作，规范、安全地完成学习任务；
3. 养成自主学习、规范操作的工作习惯及环保意识。

相关知识

一、气缸盖的功用

气缸盖主要用来封闭气缸上部,与活塞顶构成燃烧室,并作为凸轮轴和摇臂轴以及进排歧管的支撑。发动机运行时,由于气缸盖承受燃烧室内混合气体燃烧时产生的高温和气门开闭时产生的振动,因此为提高其强度和刚度,气缸盖一般采用铝合金或铸铁等耐高温、耐磨损的材料铸造而成。

现在越来越多的发动机采用铝合金气缸盖,因其具有质量轻、易浇铸、散热好等特点。气缸盖是气门机构的安装基体,与气缸及活塞顶部组成燃烧室。气缸盖上端面与气门室盖相接,下端面通过气缸垫与气缸体上端面连接,并由气缸盖螺栓固定。气缸盖的上部钻有火花塞安装孔、喷油器安装孔,侧面铸有进、排气通道孔,内部还加工有气门导管及冷却液通道。若凸轮轴安装在气缸盖上,则气缸盖上还加工有凸轮轴轴承孔或凸轮轴轴承座及润滑油道。

二、气缸盖的类型

常见发动机气缸盖有整体式和分体式两种类型。整体式气缸盖的所有气缸共用一个气缸盖,如图 2-3-1 所示。整体式气缸盖广泛应用在小排量发动机上,一些大排量发动机的气缸盖则采用分体式。

图 2-3-1 整体式气缸盖

三、燃烧室

活塞位于上止点时,气缸盖上相应的凹形与活塞顶部所形成的空间称为燃烧室。燃烧室的形状对发动机的性能影响很大。燃烧室应尽量紧凑,减少热能损失,同时要保证在压缩终了时,使可燃混合气具有一定的涡流运动,提高可燃混合气的燃烧速度,确保其及时、充分燃烧。

汽油发动机燃烧室主要有以下几种形状,如图 2-3-2 所示。

1. 楔形燃烧室

楔形燃烧室结构比较紧凑,气门相对于气缸轴线倾斜,进气道比较平直,气流导流较好,进气阻力小,充气效率高,压缩行程能形成挤气涡流,燃烧速度较快,燃烧质量较好。

2. 盆形燃烧室

盆形燃烧室结构简单,进气道弯度较大,压缩行程能形成挤气涡流;气门与气缸轴线平行,盆的形状狭窄,气门尺寸受限,换气质量较差;燃烧速度较低,燃烧质量较差。

3. 半球形燃烧室

半球形燃烧室结构更加紧凑,燃烧室表面积与其容积之比最小。进、排气门呈两列倾斜布置,气门直径较大,气道较平直,换气容易;火花塞位于燃烧室的中部,火焰传播距离较短,燃烧速度高,动力性及经济性都比较好,应用比较广泛。

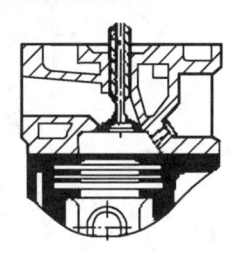

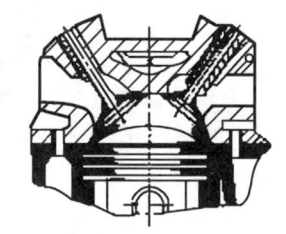

(a) 楔形燃烧室　　(b) 盆形燃烧室　　(c) 半球形燃烧室

图 2-3-2　燃烧室的形状

四、进、排气道

进气道是空气进入发动机机体、通向气缸的一段通道,排气道是由排气门到排气歧管之间的通道,如图 2-3-3 所示。为了获得更好的进、排气效率,大多数发动机的进、排气道对称分布在气缸盖的两侧。这样分布可以防止排气高温影响进气温度,因为进气温度升高,将会减少发动机进气量,从而降低发动机的输出功率。受气缸盖结构的影响,通常两个气缸共用一个进气道或排气道。

五、气缸盖的水套

发动机气缸盖上加工有很多较大的通孔,方便冷却液从气缸体流向气缸盖,如图 2-3-4 所示。这些冷却液通道也被称为水套。铸造气缸盖时,必须保证这些冷却液通道畅通,气缸盖铸造完成后,需将这些通道打通,去除铸造时残留的金属,最后通过膨胀螺塞或软性螺塞将通孔堵住,将发动机内部冷却液通道与外部隔开。

图 2-3-3　进气道与排气道
1—进气道;2—排气道;3—水道

图 2-3-4　水套

六、气缸垫

气缸垫位于气缸盖与气缸体之间,用来填补气缸体和气缸盖之间的微观孔隙,保证接合面处有良好的密封性,进而保证燃烧室的密封,防止漏气、漏水和漏油。其结构如图2-3-5所示。

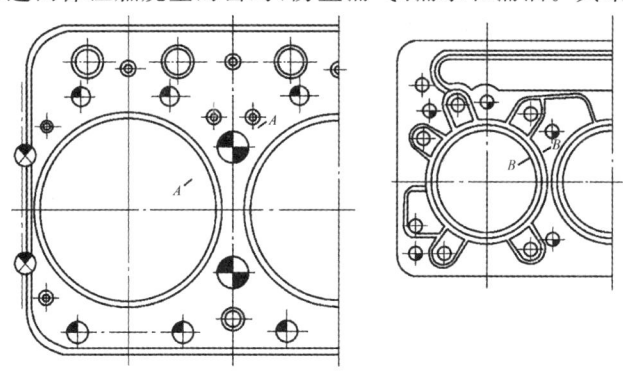

图 2-3-5 气缸垫的结构

1.金属-石棉垫

金属-石棉垫外包铜皮和钢皮,且在气缸口、水道孔、油道孔周围卷边加强,内填石棉(常掺入铜屑或钢丝,以加强导热)。如图2-3-6(a)所示。

2.金属骨架-石棉垫

金属骨架-石棉垫以编织的钢丝网或有孔钢板为骨架,外覆石棉,只在气缸口、水道孔、油道孔处用金属包边。如图2-3-6(b)所示。

3.无石棉气缸垫

气缸口密封部位由5层薄钢板组成,并设计成正圆形,没有石棉夹层,从而消除了气囊的产生。在水道孔和油孔处均包有钢护圈,以提高密封性。如图2-3-6(c)所示。

4.纯金属气缸垫

纯金属气缸垫由单层或多层金属片(铜、铝或低碳钢)制成,用于某些强化发动机。如图2-3-6(d)所示。

气缸垫在安装时,应注意以下事项:金属皮的金属-石棉垫,气缸口金属卷边一面应朝向易修整的接触面或硬平面,因卷边一面会对与其接触的平面造成压痕变形;若气缸垫标明了安装方向,则必须按要求安装。

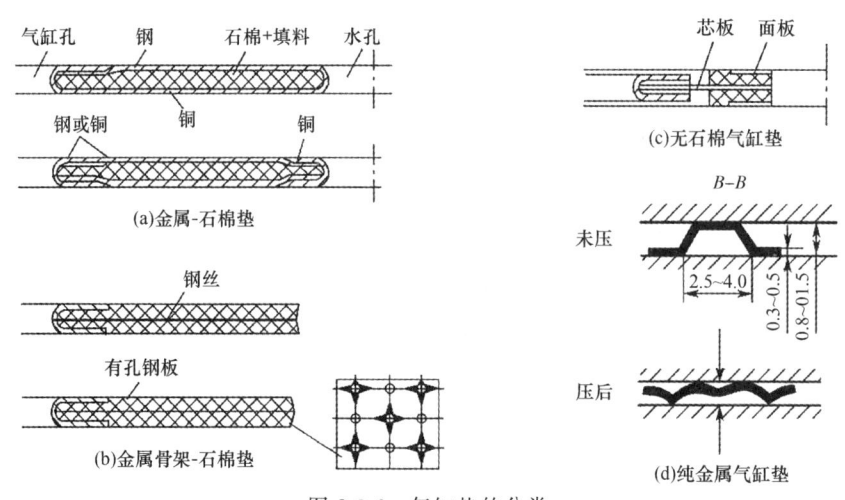

图 2-3-6 气缸垫的分类

七、气缸盖检测

1. 清理燃烧室积炭

发动机使用过程中,可燃混合气在燃烧室内燃烧后可能会留下积炭,尤其是在可燃混合气较浓时。燃烧室的积炭积累过多,将会减小燃烧室的容积,改变发动机的压缩比,同时积炭具有吸附汽油的性能,这会影响可燃混合气的空燃比,影响发动机正常工作。清除燃烧室积炭的方法很多,通常采用溶剂溶解与刀具刮削相结合的办法。

2. 气缸盖平面度检测

气缸盖平面变形多发生在与气缸体的接合面上,会影响密封性,其原因一般是热处理不当、缸盖螺栓拧紧力矩不均或放置不当。检查方法与气缸体上平面变形检查基本相同,如图2-3-7所示。测量时,需要先将气缸盖平面清理干净,然后用塞尺测量直尺与气缸盖平面之间接合部位的间隙,此间隙即为气缸盖平面度误差。检查时应将直尺放在气缸盖平面的五个纵横交叉位置分别进行测量,以得出准确的测量值,平面度误差一般不能超过0.05 mm,否则应进行修理或更换。

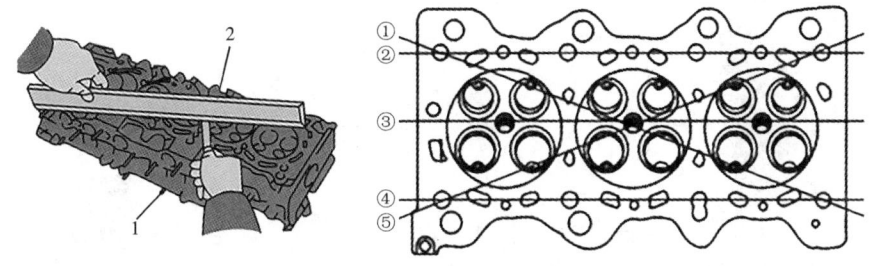

图 2-3-7 气缸盖平面度检测
1—塞尺;2—直尺(刀口尺)

3. 气缸盖的拆装

为避免气缸盖变形,拆卸气缸盖时,气缸盖螺栓应按由四周向中央的顺序,分2~4次逐渐拧松,气缸盖螺栓拆装顺序如图2-3-8所示。

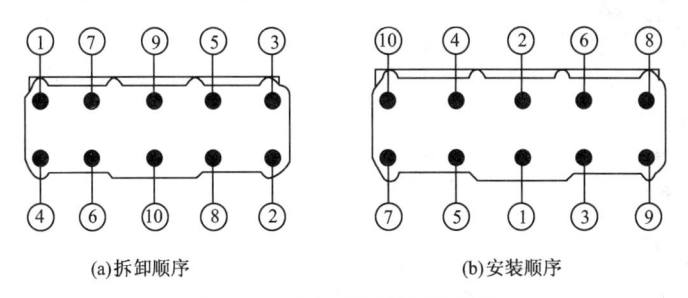

(a)拆卸顺序　　(b)安装顺序

图 2-3-8 气缸盖螺栓拆装顺序

安装气缸盖时,按与拆卸相反的顺序分次逐渐拧紧气缸盖螺栓,拧紧力矩必须符合原厂规定。

复习题

1. 气缸盖和气缸垫各有何功用?拆装时应注意什么?
2. 气缸盖检测有哪些项目,如何检测?
3. 燃烧室的形式有哪些?各有何特点?

任务 2.4
活塞与活塞销的认知及检测

学习目标

知识目标
1. 熟悉活塞与活塞销的功用；
2. 熟悉活塞与活塞销的结构特点；
3. 了解活塞与活塞销的检测方法。

技能目标
1. 能够进行活塞与活塞销的拆装；
2. 能够进行活塞的检查与测量。

素养目标
1. 具备查询信息和使用维修手册的基本能力；
2. 能够与他人密切合作,规范、安全地完成学习任务；
3. 养成自主学习、规范操作的工作习惯及环保意识。

相关知识

一、活塞的功用

活塞的功用主要是承受气缸中气体的压力,并将此压力通过活塞销传给连杆,以推动曲轴旋转,如图 2-4-1 所示。此外,活塞的顶部还与气缸盖和气缸共同组成燃烧室。

二、活塞的结构

活塞一般都用铝合金材料铸造或锻造而成,其构造如图 2-4-2 所示,主要由活塞顶部、活塞头部和活塞裙部三部分组成,在活塞裙部的上部有活塞销座。

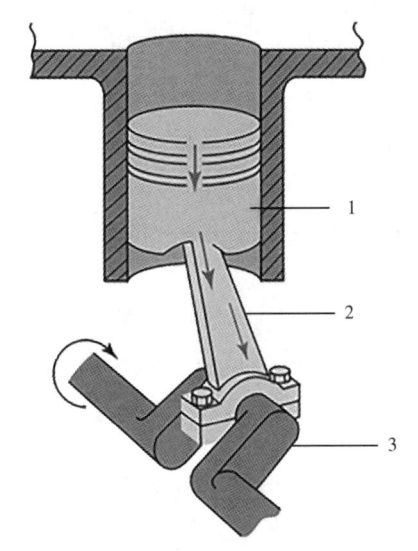

图 2-4-1 活塞连杆的运动
1—活塞;2—连杆;3—曲轴

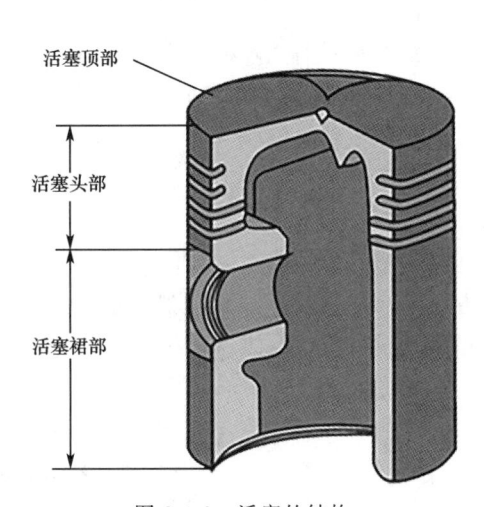

图 2-4-2 活塞的结构

1.活塞顶部

活塞顶部是燃烧室的组成部分,承受高温气体的压力。活塞顶部的形状通常有平顶、凸顶和凹顶三种,如图 2-4-3 所示。平顶活塞吸热面积小,制造工艺简单,广泛应用于汽油发动机。凸顶活塞强度和刚度较高,可以增大压缩比,但吸热面积大,应用于二冲程发动机较多。凹顶活塞上加工或铸造的凹槽主要用来配合压缩比,另一个作用是当正时皮带断裂时保持活塞与气门之间有足够距离,避免相互撞击。如果没有凹槽,有些发动机当正时皮带断裂时,活塞就会在上止点附近撞击气门,造成损失。

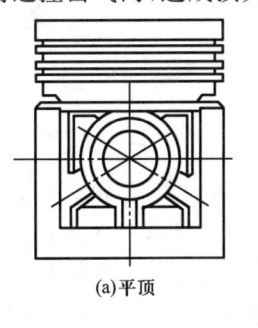

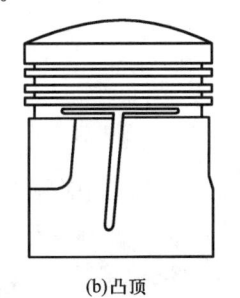

(a)平顶　　　(b)凸顶　　　(c)凹顶

图 2-4-3 活塞顶部的形状

活塞顶部一般都刻有识别标记,如图 2-4-4 所示,用以显示活塞装配方向、活塞质量及活塞尺寸等。维修、更换活塞时应严格按照标记要求进行。

图 2-4-4　活塞顶部的识别标记

2. 活塞头部

活塞头部是指活塞环槽以上的部分,其作用主要有三个:一是承受气体压力,并将压力通过活塞销座、活塞销传给连杆;二是与活塞环一起实现气缸的密封;三是将活塞顶部吸收的热量通过活塞环传到气缸壁。

活塞头部加工有安装活塞环的环槽,一般有 3～4 道环槽,最下面一道环槽安装油环,其他环槽安装气环。

油环环槽底部一般加工有回油孔,以便使气缸壁上多余的润滑油通过活塞内腔流回曲轴箱。有些油环环槽的底部是一条较窄的槽,除回油作用外,还有减少活塞头部向裙部传递热量的作用,称之为隔热槽,隔热槽也可设在活塞裙部。

3. 活塞裙部

活塞环槽以下的部分称活塞裙部,其作用是为活塞在气缸内做往复运动导向和承受侧向压力。活塞裙部要有一定的长度和足够的面积,以保证可靠的导向。活塞裙部的销孔用于安装活塞销。

发动机工作时,由于气体压力和活塞销座处较多金属的影响,活塞裙部沿活塞销轴线方向膨胀量较大。活塞裙部变形规律如图 2-4-5 所示。

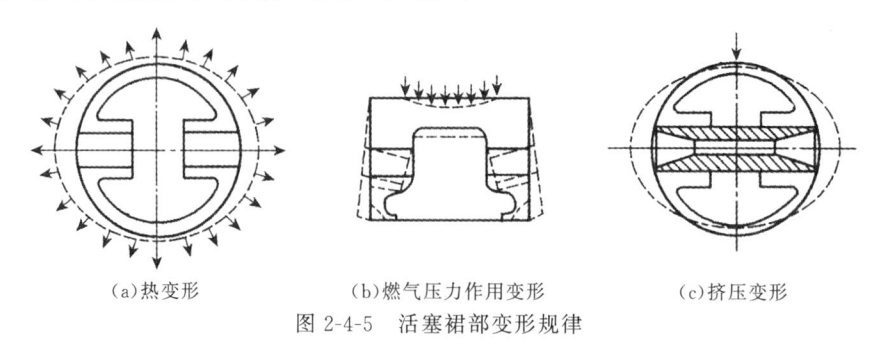

(a)热变形　　　(b)燃气压力作用变形　　　(c)挤压变形

图 2-4-5　活塞裙部变形规律

依据活塞的受热、受力变形和材料分布情况,在结构上采取以下相应预防措施。

在常温下,活塞裙部截面形状呈椭圆形,如图 2-4-6 所示,椭圆形长轴垂直于活塞销方向,其目的是保证在热态下活塞与气缸的配合间隙均匀。

此外,发动机工作中,由于活塞的温度从上到下逐渐降低,膨胀量逐渐减小,所以在常温下,活塞裙部直径上小下大,如图 2-4-7 所示。

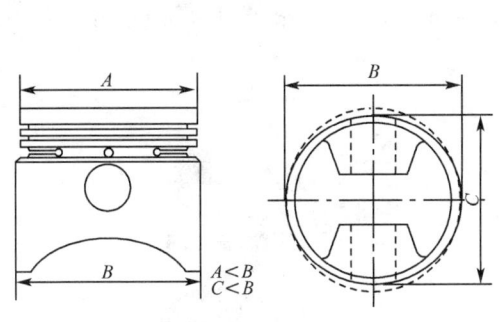

图 2-4-6 活塞裙部截面形状

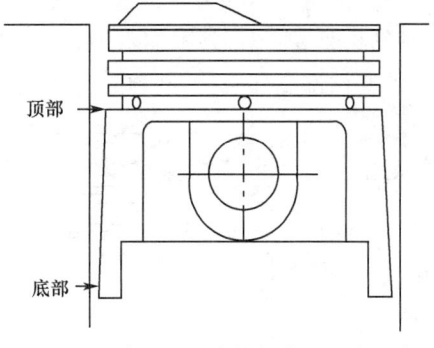

图 2-4-7 常温下活塞裙部直径上小下大

有些活塞裙部除设有隔热槽外,还有膨胀槽,如图 2-4-8 所示。膨胀槽可使活塞裙部具有一定的弹性,在低温时与气缸的配合间隙较小,且高温时又不致在气缸中卡死。膨胀槽必须斜切,不能与活塞轴线平行,以防导致气缸磨损不均匀。为防止切槽处裂损,在隔热槽和膨胀槽的端部都必须加工止裂孔。活塞裙部开槽会降低其强度和刚度,一般只适用于负荷较小的发动机。

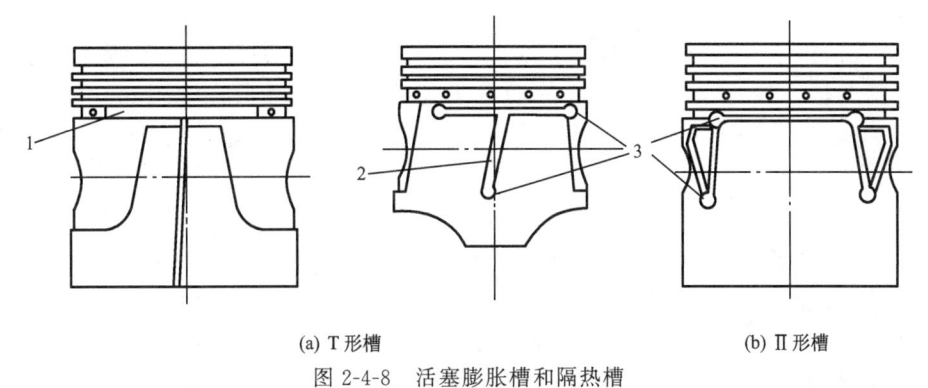

(a) T 形槽　　　　　　(b) Ⅱ 形槽

图 2-4-8 活塞膨胀槽和隔热槽
1—隔热槽;2—膨胀槽;3—止裂孔

为限制活塞裙部的膨胀量,有些活塞在销座中镶铸有膨胀系数较低的恒范钢片(恒范钢是含镍的低碳合金钢,其膨胀系数为铸铝的 1/10),如图 2-4-9 所示。

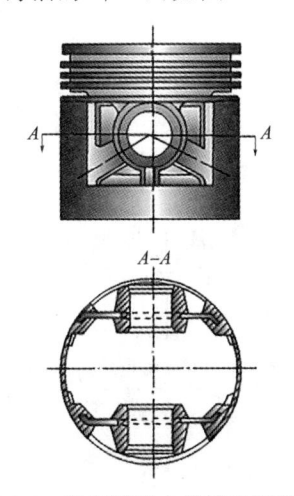

图 2-4-9 活塞销座中镶铸的恒范钢片

按裙部结构形式,活塞可分为全裙式、半拖板式[图2-4-10(a)]和拖板式[图2-4-10(b)]三种。全裙式活塞的裙部为一个薄壁圆桶。半拖板式活塞的裙部下端沿销座轴线方向去掉一部分,这种结构是在行程较小的发动机上为防止活塞与曲轴上的平衡重相碰而设计的;若将非承压面的活塞裙部全部去掉,则称之为拖板式。

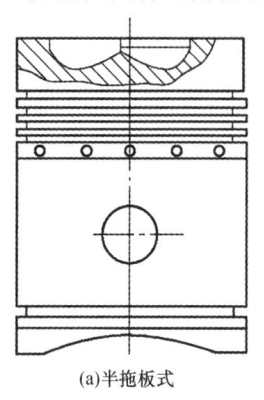

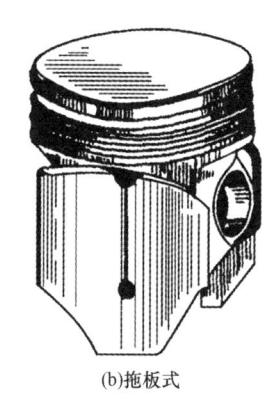

(a)半拖板式　　(b)拖板式

图 2-4-10　活塞裙类型

4.活塞销座

活塞销座位于活塞裙部的上部,加工有座孔,用以安装活塞销。有些活塞销座孔内加工有卡环槽,以便安装活塞销卡环,防止活塞销工作时轴向窜动。为减小活塞销座处受热后的变形量,有些活塞销座附近的活塞裙部外表面制成 0.5～1.0 mm 的凹陷,形成"冷却窝"。在活塞内腔的活塞销座与活塞顶部之间一般铸有加强肋,以提高活塞的刚度。

活塞销座孔轴线通常向活塞轴线左侧(由发动机前方看)偏移 1～2 mm,称为活塞销偏置,如图 2-4-11 所示,目的是防止活塞在受气体压力较大的压缩上止点换向时,撞击气缸壁而产生"敲缸"。活塞销偏置作用原理如图 2-4-12 所示,活塞在压缩上止点,由右侧与气缸壁接触向左侧与气缸壁接触过渡时,由于活塞销偏置使活塞倾斜,左侧下端先与气缸壁接触,随着做功行程活塞向下止点移动,活塞承受向左的侧向力增大,活塞左侧上端逐渐靠向气缸壁,从而减轻了活塞换向时对气缸壁的撞击。

活塞销轴线　活塞轴线

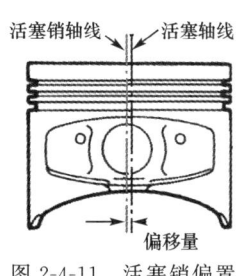

偏移量

图 2-4-11　活塞销偏置

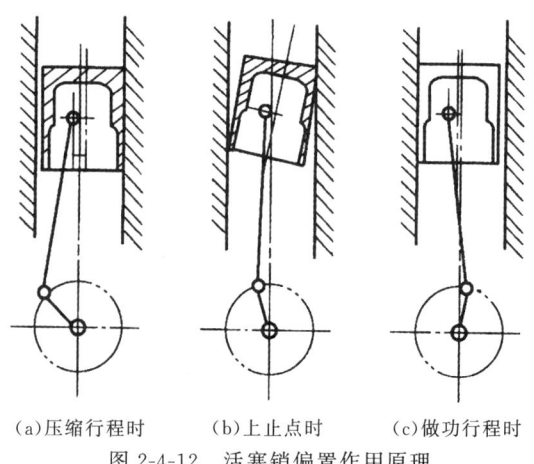

(a)压缩行程时　(b)上止点时　(c)做功行程时

图 2-4-12　活塞销偏置作用原理

三、活塞销

1.活塞销的功能及构造

活塞销的功能是连接活塞和连杆小头,将活塞承受的气体作用力传给连杆。活塞销在高温下承受周期性冲击载荷,本身又做摆转运动,润滑条件差。活塞销应具有足够的强度和刚度,表面有韧性、耐磨,质量轻。因此,活塞销一般采用低碳钢或低碳合金钢制成,外表面经渗碳淬火处理以提高硬度,精加工后进行磨光,有较高的尺寸精度和表面光洁度。

为了减轻质量,活塞销一般做成空心圆柱,其内孔有三种形状,圆柱形、两段截锥与一段圆柱组合形和两段截锥形,如图 2-4-13 所示。圆柱形孔结构简单,加工容易,但从受力角度分析,中间部分应力最大,两端较小,所以这种结构质量较大,往复惯性力大。为了减小质量,减小往复惯性力,活塞销做成两段截锥形孔,接近等强度梁,但孔的加工较复杂。组合形孔结构的优缺点介于二者之间。

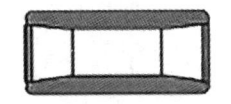

(a)圆柱形　　(b)两段截锥与一段圆柱组合形　　(c)两段截锥形

图 2-4-13　活塞销形状

(2)活塞销的连接方式

活塞销与活塞销座孔及连杆小头衬套孔的连接配合有两种方式:全浮式和半浮式,如图 2-4-14 所示。

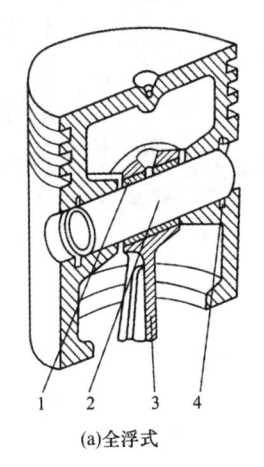

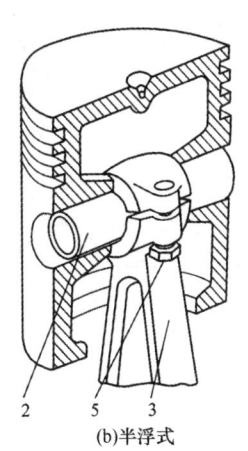

(a)全浮式　　(b)半浮式

图 2-4-14　活塞销的连接方式

1—连杆衬套;2—活塞销;3—连杆;4—卡环;5—紧固螺钉

①全浮式

在发动机正常工作温度下,活塞销、连杆小头和活塞销座之间都是间隙配合,活塞销能在连杆衬套和活塞销座中自由摆转,因而增大了实际活动接触面,减小了磨损而且使磨损均匀。为防止活塞销的窜动刮伤气缸壁,在活塞销两端装有弹簧挡圈限位。这种全浮式连接方式应用的比较广泛。

②半浮式

在发动机工作时,活塞销中部与连杆小头为过盈配合,活塞销与活塞销座孔为间隙配合,活塞销只能在两端销座孔内浮动。采用这种连接,活塞销不会做轴向窜动,不需要卡环定位,也不需要连杆衬套。

3.活塞销的选配

发动机工作时,活塞销承受较大的冲击载荷,活塞销与销座和连杆衬套的配合间隙超过一定数值时,将会产生异响。一般在更换活塞的同时更换活塞销。选配活塞销的原则:同一台发动机应选用同一厂牌、同一修理尺寸的成组活塞销;活塞销表面应无锈蚀和斑点,质量差不得超过±10 g。

全浮式活塞销的装配方法:由于铝合金活塞销座的膨胀量大于活塞销,为了保证其正常的工作间隙,在冷态装配时活塞销与活塞座孔应为过渡配合。装配时,先将活塞放水或油中,在加热至温度为343~363 K后取出,然后迅速将涂有润滑油的活塞销推入活塞座孔。

四、活塞检测、选配与拆装

1.活塞直径的检测

常见方法是用千分尺测量活塞裙部直径。如图2-4-15所示,将在此位置测得的数据与气缸磨损最大部位的测量值相减,并用所得差值与配缸间隙值相比较,即可确定该活塞是否可用。

2.活塞的选配

在同一系列发动机中,其活塞的结构不一定相同,因此在选装活塞时,必须根据发动机的类型选用对应类型的活塞。否则,会引起发动机燃烧不良,工作粗暴,经济性和动力性下降。活塞的选配应按气缸的修理尺寸来确定,通常加大尺寸数值标注在活塞顶部。要求:同一发动机上同一组活塞的直径差不得大于0.020 mm;同一台发动机内各活塞的质量差不得超过活塞质量的3%。

3.活塞的拆装

发动机工作中,活塞与气缸进行了良好的自然磨合,在拆装时不允许各缸活塞互换。因此,从气缸内拆出活塞时,必须注意活塞顶部有无缸位标记,如果没有应做缸位标记。

图2-4-15 测量活塞裙部直径

活塞的方向一般不能装错,在活塞顶部有箭头、缺口标记的通常应朝向发动机前方,裙部有膨胀槽的应朝向承受侧压力较小的一侧。

复习题

1.活塞有何功用?其组成包括哪几部分?有何结构特点?
2.活塞连杆组的拆装应注意什么?
3.活塞与气缸选配的目的是什么?如何进行选配?
4.活塞销的支撑形式有几种?各有何特点?

任务 2.5
活塞环的认知及检测

学习目标

知识目标
1. 熟悉活塞环的功用；
2. 熟悉活塞环的结构特点；
3. 了解活塞环的检测方法。

技能目标
1. 能够进行活塞环的拆装；
2. 能够进行活塞环的检查与测量。

素养目标
1. 具备查询信息和使用维修手册的基本能力；
2. 能够与他人密切合作，规范、安全地完成学习任务；
3. 养成自主学习、规范操作的工作习惯及环保意识。

相关知识

一、活塞环的功用

活塞环的功用如下：密封燃烧室，防止高压气体从活塞处泄漏；刮除气缸壁多余机油，并在气缸壁涂抹一层均匀的油膜；将活塞的热量传递到缸壁上，并通过冷却系统进行散热。活塞环分为气环和油环两种类型，气环位于活塞上部，油环位于气环之下，如图 2-5-1 所示。

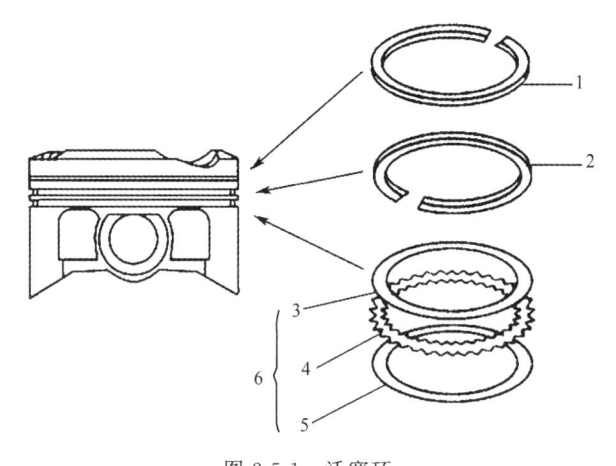

图 2-5-1 活塞环

1,2—气环；3—油环刮片(上)；4—衬簧；5—油环刮片(下)；6—油环

二、活塞环的构造与密封原理

活塞环在高温、高压、高速和润滑极为困难的条件下工作，尤其是第一道环的工作条件最为恶劣。因此，活塞环一直是发动机上使用寿命较短的零件。活塞环工作时受到气缸中高温、高压燃气的作用，同时在气缸内随活塞一起做高速运动，加上高温下机油润滑性能变低，使环的润滑条件变坏，难以保证良好的润滑，因而磨损严重。另外，由于气缸壁长期磨损后形成的锥度和不圆度，活塞环随活塞往复运动时，沿径向一张一缩动作，使环受到交变应力而容易疲劳折断。因此活塞环应弹性好、强度高、耐磨损。

活塞环材料多采用优质灰铸铁、球墨铸铁或合金铸铁，组合式油环还采用弹簧钢片制造。活塞环的工作表面一般进行多孔镀铬或喷钼。多孔镀铬，多孔性铬层硬度高，并能存储少量机油，减缓活塞环与气缸壁的磨损，喷钼可以提高活塞环的耐磨性。

1. 气环密封原理

气环用来封闭燃烧室，防止可燃混合气通过活塞与气缸壁间的缝隙进入曲轴箱。活塞环在自由状态下不是正圆形，其外廓尺寸比气缸直径大，当活塞环装入气缸后，在其自身的弹力作用下环的外圆面与气缸壁紧贴从而形成垂直密封面，也称为第一密封面。

如图 2-5-2 所示，当活塞上、下运动的过程中，活塞环运动的惯性力和气体压力的作用，使活塞环紧贴活塞环槽的上端面或下端面形成水平密封面，也称为第二密封面。同时，气体压力对活塞环的背面也产生作用力，使环更紧地贴在气缸壁上，形成对第一密封面的第二次密封。因为做功行程时，环的背压力远大于环的弹力，所以密封效果主要取决于第二次密封，但如果环的弹力不够,在环与气缸壁之间就会漏气,削弱第二次密封,因此,活塞环弹力形成的密封也是形成第二次密封的保证。

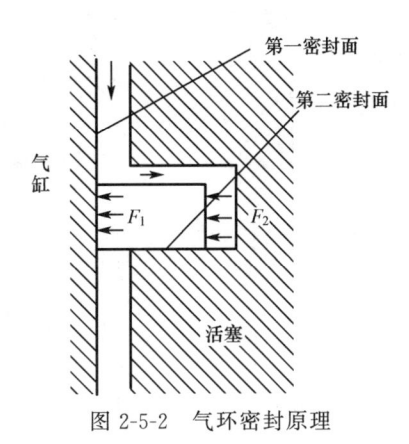

图 2-5-2 气环密封原理

采用多道活塞环,且环的开口相互错开,形成迷宫式漏气通道,所以气体在通道内的流动阻力很大,气体压力下降迅速,最后漏入曲轴箱内的气体就非常少了,一般仅为进气量的 0.2%～1.0%。

2. 活塞环的类型

气环的截面对于气缸的密封和润滑影响很大,不同的发动机对气环密封性的要求也不同,其气环的截面也有差异。气环根据其截面形状分为矩形环、锥面环、桶面环、梯形环和扭曲环,如图 2-5-3 所示。

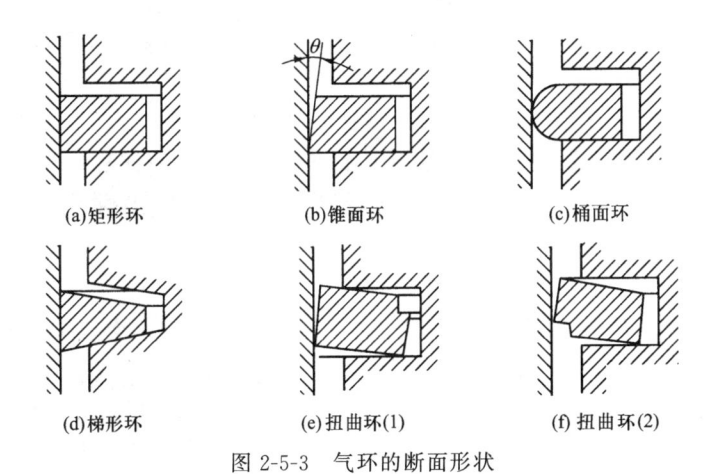

图 2-5-3 气环的断面形状

(1) 矩形环

矩形环的剖面是矩形,结构简单,与气缸壁接触面积大,散热好,但易泵油。活塞环的泵油过程如图 2-5-4 所示。活塞环泵油是当活塞带着环下行时(进气行程),环靠在环槽的上方,环从缸壁上刮下的机油充入环槽下方[图 2-5-4(a)]。当活塞带着环上行时,环靠在环槽的下方,同时将机油挤压到环槽上方[图 2-5-4(b)],如此反复将机油泵到活塞顶部。泵油现象增加了机油的消耗,使火花塞因沾油不易跳火;燃烧室积炭增多,燃烧性能变坏;环槽内易形成积炭,挤压活塞环而失去弹性影响密封性;加剧气缸磨损。为减少泵油危害,矩形环的使用受到限制,一般用于第一道活塞环。

(a)活塞下行　　(b)活塞上行

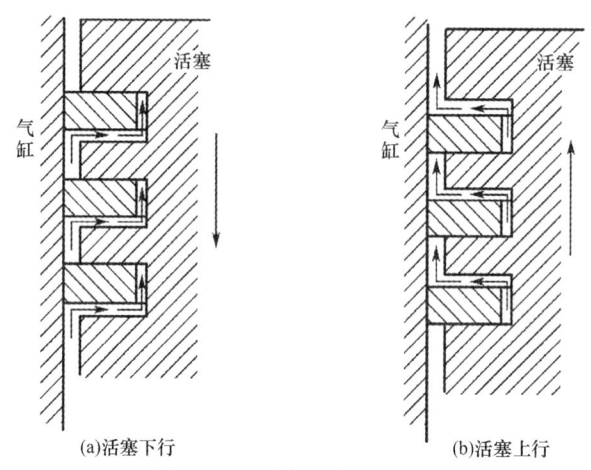

图 2-5-4　活塞环的泵油过程

（2）锥面环

锥面环外圆面上加工有一个很小的斜角，锥面环的外圆呈锥形，环与气缸壁线接触，提高表面接触压力，利于磨合和密封。下行有刮油作用，上行有布油作用，并可以形成楔形油膜。锥面环传热性较差，一般用于第二、第三道环槽上。安装锥面环时，斜面角不能倒装，否则会引起严重的窜油现象。

（3）桶面环

桶面环的表面形状多呈凸圆弧形。当桶面环上下运动时，均能与气缸壁形成楔形空间，使机油容易进入摩擦面，从而使磨损大为减少。桶面环与气缸是圆弧接触，接触面积小，所以密封性提高。它的缺点是凸圆弧表面加工较困难。桶面环较多应用在高负荷柴油机的第一道环。

（4）梯形环

梯形环两侧面是倾斜的。梯形环随着活塞上下运动时，在活塞侧压力的作用下左右换向时，环的侧隙和背隙将不断变化，能将环槽中的胶状油焦挤出，防止积炭生成。常用于热负荷较大的柴油机的第一道环。

（5）扭曲环

扭曲环包括正扭曲环和反扭曲环，正扭曲环是在矩形环的内圆上边缘或外圆下边缘切口，而反扭曲环是在矩形环的内圆下边缘或外圆上边缘倒角。扭曲环装入气缸后，由于环的弹性内力不对称作用而产生断面倾斜，从而使环的边缘与槽的上、下端面接触，提高了表面接触应力，减弱活塞环在环槽内上下窜动而造成的泵油作用，同时增加了密封性。扭曲环常用于第二道气环，安装时，必须注意环的断面形状和方向，不能装反。

油环可分为整体式和组合式两种，如图 2-5-5 所示。油环没有背压，为提高整体式油环对缸壁的压力，增加刮油次数，在其外缘上切有环槽，槽底开有若干回油用的小孔或窄槽。汽油发动机通常使用组合油环，组合油环由上、下两个刮片和中间的衬环组成。衬环具有弹性和张力，其外围直径比气缸的内圆直径略大一些，可将刮片紧紧压向气缸壁。这种油环重量小，回油通路大，刮油效果明显。

3.活塞环的间隙

为了防止活塞环受热膨胀卡死在气缸内，活塞环设计有三种间隙，即活塞环侧隙、背隙和端隙，如图 2-5-6 所示。活塞环对三隙的要求非常高，三隙过大会导致密封性变差；三隙过小，活塞环受热膨胀可能会在环槽内形成卡滞,导致发动机故障。

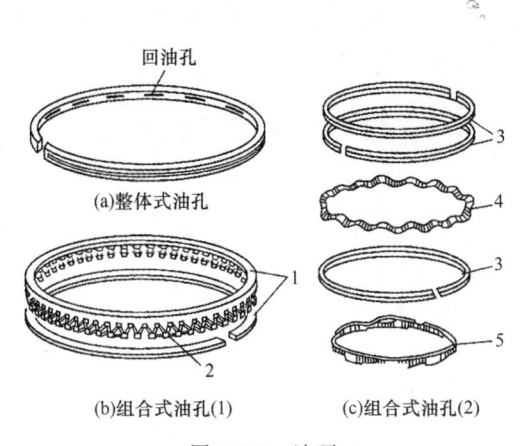

图 2-5-5 油环
1,3—刮片;2,4,5—衬簧

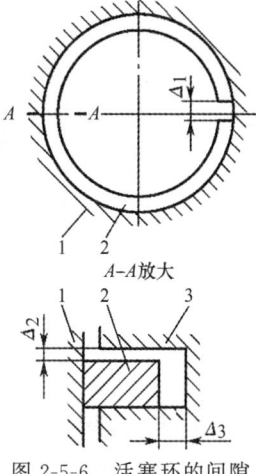

图 2-5-6 活塞环的间隙
1—气缸;2—活塞环;3—活塞
Δ_1—端隙;Δ_2—侧隙;Δ_3—背隙

(1)端隙 Δ_1:端隙又称为开口间隙,是活塞环在冷态下装入气缸后,该环在上止点时环的两端头之间的间隙。一般为 0.25~0.50 mm。

(2)侧隙 Δ_2:侧隙又称边隙,是指活塞环装入活塞后,其侧面与活塞环槽之间的间隙。第一环因工作温度高,间隙较大,一般为 0.04~0.10 mm,其他环一般为 0.03~0.07 mm。油环的侧隙较气环小。

(3)背隙 Δ_3:背隙是活塞及活塞环装入气缸后,活塞环内圆柱面与活塞环槽底部的间隙,一般为 0.50~1.00 mm。油环背隙较气环大,以增大存油间隙,利于减压泄油。

三、活塞环的拆装

拆装气环应使用专用卡钳,如图 2-5-7 所示。手工拆装活塞环时,应先用布包住活塞环开口端部,然后用两手拇指使活塞环开口张大,但应注意,不要使活塞环开口两端上下错开,以免活塞环变形或折断。

气环一般都标有标记来指示安装方向,安装时必须将有标记的一面朝向活塞顶部。若活塞环装反,则会导致漏气和窜油。

组合式油环的安装顺序是衬簧、上刮油钢片、下刮油钢片。衬簧接头处不能重叠过多,安装后两刮油钢片开口应相对并与衬簧接头错开90°。

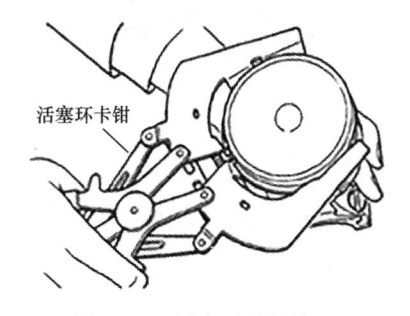

图 2-5-7 活塞环的拆装

活塞环开口方向的布置直接影响气缸的磨损和密封性,为了避免可燃混合气从活塞环的开口间隙中漏出去,在装配时应将各道气环的开口方向互相错开一定的角度。开口方向的布置形式很多,如图 2-5-8 所示。除全裙式活塞外,一般活塞环开口不应与活塞销对正,同时开口应尽量避开做功时活塞与气缸壁接触的一侧。

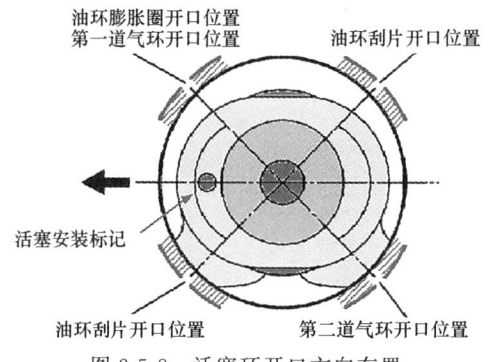

图 2-5-8　活塞环开口方向布置

四、活塞环的检测

1. 端隙检测

先将活塞环平整地置于气缸内,用活塞头将活塞环推平(对未加工的气缸应推到磨损最小处),然后用塞尺插入活塞环开口处进行测量,如图 2-5-9(a)所示。如有必要,可对活塞环端面进行研磨。

2. 侧隙检测

将活塞环放在环槽内,围绕环槽转动一周,应能自由转动。然后用塞尺测量,确定其是否符合要求,如图 2-5-9(b)所示。

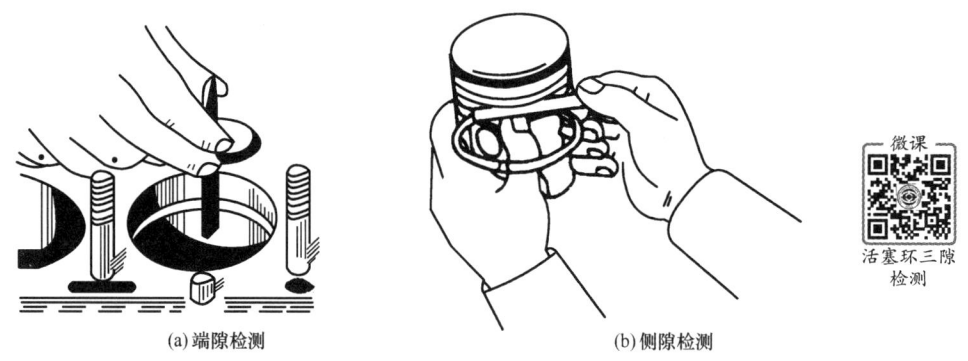

图 2-5-9　活塞环的端隙与侧隙检测

3. 背隙检测

将活塞环装入活塞内,以环槽深度与活塞环径向厚度的差值来衡量。测量时,将环落入环槽底部,再用深度游标卡尺测出环外圆柱面沉入槽岸的数值,该数值一般为 0~0.35 mm。

复习题

1. 活塞环分几种?有何功用?安装时应注意什么?
2. 活塞环的泵油原理是什么?
3. 活塞环的三隙是什么?

任务 2.6
连杆的认知及检测

学习目标

知识目标
1. 了解连杆的功用与结构；
2. 了解连杆的检查方法。

技能目标
1. 能够进行连杆拆装；
2. 能够进行连杆检测。

素养目标
1. 具备查询信息和使用维修手册的基本能力；
2. 能够与他人密切合作，规范、安全地完成学习任务；
3. 养成自主学习、规范操作的工作习惯及环保意识。

相关知识

一、连杆的功用

连杆组连接着活塞组与曲轴飞轮组,其功用是将活塞承受的气体压力传给曲轴,使活塞的往复直线运动变为曲轴的旋转运动。

二、连杆的结构

连杆由连杆小头、连杆杆身和连杆大头三部分组成,如图 2-6-1 所示。连杆大头包括连杆轴承、轴承盖、连杆螺栓及螺母等部件;连杆小头包括连杆衬套及连杆销孔。

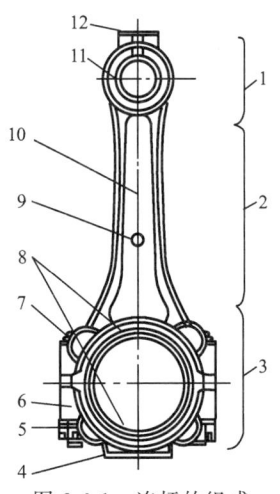

图 2-6-1 连杆的组成

1—连杆小头;2—连杆杆身;3—连杆大头;4,9—装配标记(朝前);5—螺母;6—轴承盖
7—连杆螺栓;8—连杆轴承;10—连杆体;11—连杆衬套;12—连杆销孔

1.连杆小头

连杆小头孔用来安装活塞销,以连接活塞。在全浮式连接的连杆小头孔内有耐磨的青铜衬套或铁基粉末冶金衬套。为了润滑衬套,连杆小头和衬套上一般铣有储存飞溅润滑油的油槽或油孔,小头油孔正好通在两衬套之间的间隙中,润滑油可以由油孔进入衬套内表面,润滑衬套和活塞销。有的在连杆杆身内部钻有纵向的压力油通道,以对小头进行压力润滑。

2.连杆杆身

连杆杆身通常做成"工"字形断面,从而在质量尽可能小的情况下提高其抗弯强度。连杆杆身质量小,大圆弧过渡,且上小下大。如果连杆小头采用压力润滑,则杆身中部加工有连通大、小头的油道。

3.连杆大头

汽油机一般采用分开式连杆大头,连杆大头的连杆轴承是分开的,与杆身分离的一半称为轴承盖,二者靠连杆螺栓连接为一体。

连杆大头是配对加工的,没有互换性,也不可翻转 180°安装,故在其侧面标有配对和质量分组记号。连杆轴承盖一般用两根螺栓紧固,连杆螺栓或螺母必须可靠锁定,否则会造成发动机严重损坏。连杆螺栓一般用优质合金钢或优质碳素钢或冷镦成形,安装时必须可靠紧固,按原厂规定的力矩,分多次均匀拧紧,并可靠锁止。为防止连杆轴承转动和轴向移动,一般在连杆大头分离面加工有定位凹槽,与轴承上的定位凸键相配合。

连杆大头与连杆盖按切分面方向可分为平切口和斜切口两种,采用最多的是平切口。有些负荷较大的柴油发动机连杆,由于连杆大头直径比气缸直径大,为拆装时能使连杆通过气缸,连杆大头与连杆盖切分面采用斜切口形式。斜切口的连杆盖与连杆大头一般不依靠连杆螺栓与螺栓孔配合定位,有的在连杆盖的螺栓孔内压装一个定位套与连杆大头螺栓孔配合定位,有的则在切分面上采用锯齿定位、定位套定位、定位销定位或止口定位,如图2-6-2所示。

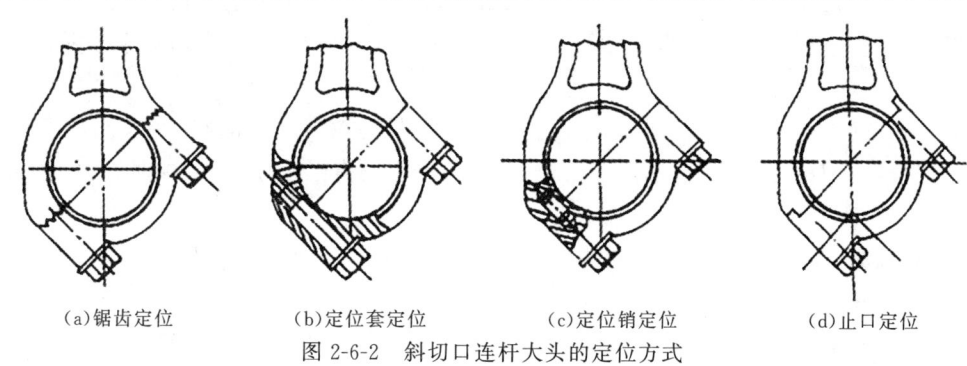

(a)锯齿定位　　(b)定位套定位　　(c)定位销定位　　(d)止口定位

图 2-6-2　斜切口连杆大头的定位方式

随着技术的进步,连杆分离面采用涨断工艺越来越普遍,与传统切削加工工艺不同,它需要对连杆大头孔的断裂线处先加工出两条应力集中槽(或在毛坯时就做出沟槽),最终把轴承盖从连杆本体上涨断而分离开来,涨断工艺连杆分离面如图 2-6-3 所示。

连杆分离面采用涨断工艺后,可确保连杆与连杆盖的分离面完全啮合,改善了轴承盖与连杆分离面的接合质量。由于其分离面可完全啮合,装配连杆与连杆盖时不再需要精确定位,大大降低了加工成本。

图 2-6-3　涨断工艺连杆分离面

三、连杆轴承

连杆轴承俗称小瓦,如图 2-6-4 所示。连杆轴承装在连杆大头内,保护连杆轴颈及连杆大头孔。连杆轴承要求有足够的强度、良好的减摩性和耐腐蚀性。连杆轴承由钢背和减摩合金层组成。钢背由 1.0～3.0 mm 厚的低碳合金钢制成,具有足够的强度,可以承受冲击负荷,具有合适的刚度,可以和轴承孔良好贴合。在钢背的内圆面上浇铸 0.3～0.7 mm 厚的耐磨合金层,用于减少摩擦阻力、加速磨合并保持油膜。

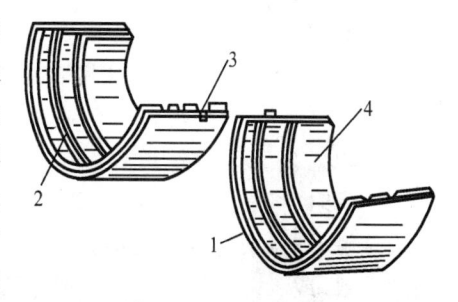

图 2-6-4　连杆轴承
1—钢背;2—油槽;3—凸键;4—耐磨合金层

连杆轴承装入连杆大头时应有一定的过盈,使轴承背面与连杆大头内孔紧密贴合,具有较好的承载能力和导热能力。为了防止连杆在工作中发生转动或轴向移动,连杆大头的内孔加工有连杆轴承定位凹槽,安装时轴承背面的凸键卡在凹槽中,使连杆轴承正确定位。另外,其内表面还加工有润滑油孔和油槽,油孔用来润滑轴承,油槽用来储存润滑油,以保证可靠的润滑。有些连杆轴承及连杆大头还加工有径向小油孔,从油孔中喷出的油可使气缸壁得到更好的润滑。

四、连杆的检测

1.连杆的拆装

连杆大头内孔是与连杆盖配对装合后加工的,而且连杆装配后的质量在出厂时都有较严格的控制,为此,连杆和连杆盖的组合不能装错,一般都刻有配对标记(常用数字),拆装时必须注意。

连杆上的喷油孔和偏位连杆都有方向性,同时为保证连杆大头和连杆小头与配合件的配合位置,连杆的杆身上刻有朝前标记,并在连杆大头侧面刻有缸位序号,装配时不可装反,也不可装错缸位。

连杆螺栓必须根据维修手册中扭矩规格的要求拧紧。带开口销的,不可漏装开口销。

2.连杆变形的检测

连杆变形主要是弯曲和扭曲,如图 2-6-5 所示。其主要危害是导致气缸、活塞和连杆轴承异常磨损。对采用全浮式连接的活塞销,连杆弯曲可能会引起活塞销卡环脱出。

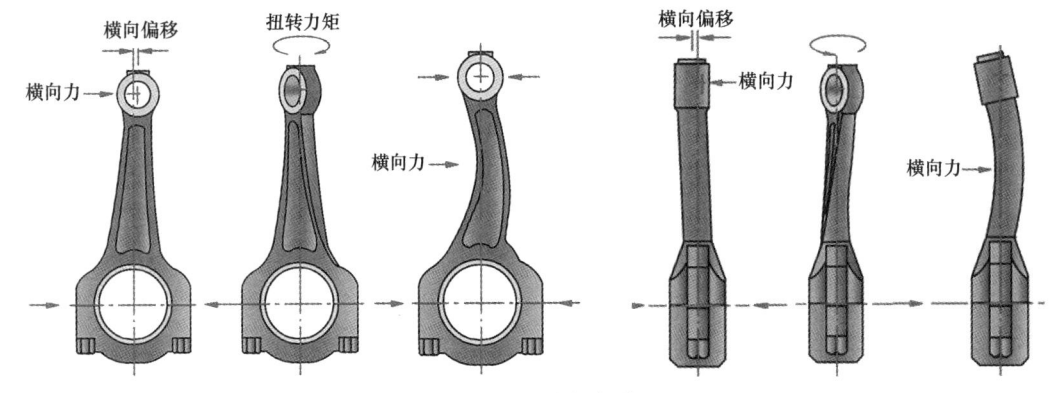

图 2-6-5　连杆变形

连杆变形的检测在连杆校验仪上进行,如图 2-6-6 所示。检查时,先将轴承盖装好,不安装连杆轴承,并按规定的力矩将连杆螺栓拧紧,同时将芯轴装入连杆衬套的承孔中,然后将连杆大头套装在支撑轴上,通过调整螺钉使支撑轴扩张,将连杆固定在校验仪上。测量工具是一个带有 V 形槽的三点规。三点规上的三个点构成的平面与 V 形槽的对称平面垂直,下面两个测点的距离为 100 mm,上测点与两个下测点连线的距离也是 100 mm。

测量时,将三点规的 V 形槽靠在芯轴上并推向校验平板。若三点规的三个测点都与校验平板接触,则说明连杆不变形。若上测点与校验平板接触,两个下测点不接触且与校验平板的间隙一致,或者两个下测点与校验平板接触,而上测点不接触,则表明连杆弯曲,可用塞尺测出测点与校验平板之间的间隙,即连杆在 100 mm 长度上的弯曲度,如图 2-6-7(a)所示。若只有一个下测点与校验平板接触,另一个下测点与校验平板不接触,且间隙为上测点与检验平板的间隙的 2 倍,则此时下测点与校验平板的间隙,即为连杆在 100 mm 长度上的扭曲度,如图 2-6-7(b)所示。

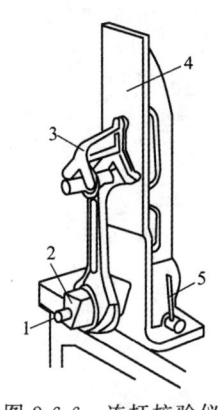

图 2-6-6 连杆校验仪
1—调整螺钉；2—菱形支撑轴；3—量规；
4—检验平板；5—锁紧支撑轴板杆

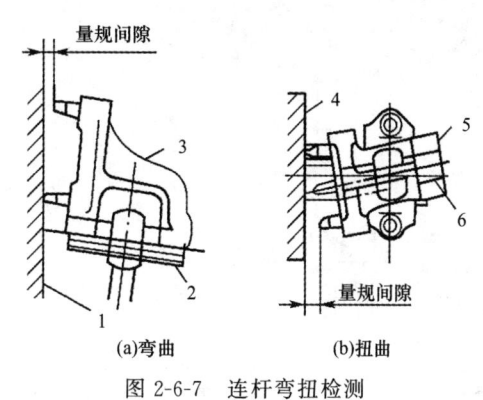

图 2-6-7 连杆弯扭检测
1,4—检测器平面；2,6—活塞销；3,5—量规

(a)弯曲　(b)扭曲

在测量连杆变形时，有时会同时存在弯曲和扭曲，即一个下测点与校验平板接触，另一个下测点的间隙不等于上测点间隙的 2 倍，这时下测点与校验平板的间隙为连杆的扭曲度，而上测点间隙与下测点间隙一半的差值为连杆的弯曲度。

复习题

1. 连杆结构有哪些特点？
2. 连杆大头分离面定位方式有哪些？
3. 连杆弯扭变形如何检测？

任务 2.7
曲轴飞轮组的认知及检测

学习目标

知识目标
1. 了解曲轴与飞轮的作用及结构特点；
2. 熟悉曲轴的检查方法；
3. 了解曲轴轴承结构及检查方法。

技能目标
1. 能够进行曲轴飞轮组拆装；
2. 能够进行曲轴与轴承检测。

素养目标
1. 具备查询信息和使用维修手册的基本能力；
2. 能够与他人密切合作，规范、安全地完成学习任务；
3. 养成自主学习、规范操作的工作习惯及环保意识。

相关知识

一、曲轴的功用

曲轴是发动机曲柄连杆机构的重要组成部分,也是发动机内部主要的旋转部件。其作用是把活塞连杆的往复运动转变为自身的旋转运动,并对外输出动力,用以驱动汽车的传动系统、发动机配气机构及其他附属装置。曲轴除了应具有足够的抗弯曲、抗扭转的强度和刚度外,还应该满足以下要求:

(1)轴颈应有足够大的承压表面和耐磨性;
(2)曲轴的质量应尽量小;
(3)对各轴颈的润滑应该充分。

二、曲轴的结构

曲轴由主轴颈、连杆轴颈、曲柄、平衡重、前轴端和后轴端等部分组成。其中主轴颈和连杆轴颈上有润滑油道,平衡重上面有平衡孔。曲轴前轴端连接曲轴驱动轮,用来驱动发动机附属装置(如空调系统、转向助力系统等);曲轴后轴端连接飞轮,对外输出动力。曲轴的结构如图 2-7-1 所示。

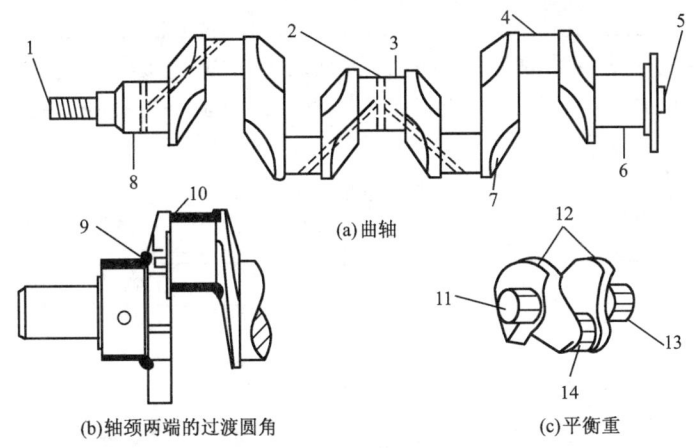

(a)曲轴
(b)轴颈两端的过渡圆角
(c)平衡重

图 2-7-1 曲轴的结构
1—前轴端;2—油道;3、6、8、11、13—主轴颈;4、14—连杆轴颈;5—后轴端;
7—曲柄;9—主轴颈圆角;10—连杆轴颈圆角;12—平衡重

1.主轴颈

曲轴主轴颈用于支撑曲轴,它通过主轴承安装在曲轴箱的主轴承座中。主轴承的数目不仅与发动机气缸数目有关,还取决于曲轴的支撑方式,发动机缸体上通常会加工出若干个曲轴支撑点。

2.连杆轴颈

连杆轴颈是曲轴与连杆的连接部分,通过曲柄与主轴颈相连,在连接处用圆弧过渡[图 2-7-1(b)],以减少应力集中。直列发动机的连杆轴颈数目和气缸数相等,V型发动机的连杆轴颈数等于气缸数的一半。

3. 曲柄

曲柄是主轴颈和连杆轴颈的连接部分。为了平衡离心力矩，曲柄处配置平衡重。平衡重还可以平衡一部分活塞往复惯性力，使曲轴旋转平稳。

4. 曲拐

曲拐由主轴颈、连杆轴颈和曲柄组成。直列式发动机的曲拐数量等于气缸数量；V型发动机的曲拐数量等于气缸数量的一半。

曲轴的形状和曲拐相对位置（即曲拐的布置）取决于气缸数、气缸排列和发动机的点火顺序。为了减轻主轴承载荷，同时避免可能发生的进气重叠现象，多缸发动机应使连续做功的两缸相距尽可能远。

直列四缸发动机曲拐布置特点：曲拐在曲轴轴线方向对称布置于同一平面内，如图2-7-2所示，相邻做功气缸的曲拐夹角为180°，发动机工作顺序有：1→3→4→2或1→2→4→3两种，做功循环见表2-7-1。

表2-7-1　　　　　　　　直列四缸发动机做功循环表

（做功顺序：1→3→4→2）

曲轴转角/(°)	第一缸	第二缸	第三缸	第四缸
0～180	做功	排气	压缩	进气
180～360	排气	进气	做功	压缩
360～540	进气	压缩	排气	做功
540～720	压缩	做功	进气	排气

直列六缸发动机曲拐布置特点：曲拐在曲轴轴线方向对称布置于三个平面内，如图2-7-3所示，相邻做功气缸的曲拐夹角为120°，发动机工作顺序有：1→5→3→6→2→4或1→4→2→6→3→5。做功循环见表2-7-2。

表2-7-2　　　　　　　　直列六缸发动机做功循环表

（做功顺序：1→5→3→6→2→4）

曲轴转角/(°)	第一缸	第二缸	第三缸	第四缸	第五缸	第六缸
0～60	做功	排气	进气	做功	压缩	进气
60～120	做功	排气	压缩	排气	压缩	进气
120～180	做功	排气	压缩	排气	压缩	进气
180～240	排气	进气	压缩	排气	做功	压缩
240～300	排气	进气	做功	进气	做功	压缩
300～360	排气	进气	做功	进气	做功	压缩
360～420	进气	压缩	做功	进气	排气	做功
420～480	进气	压缩	排气	压缩	排气	做功
480～540	进气	压缩	排气	压缩	排气	做功
540～600	压缩	做功	排气	压缩	进气	排气
600～660	压缩	做功	进气	做功	进气	排气
660～720	压缩	排气	进气	做功	进气	排气

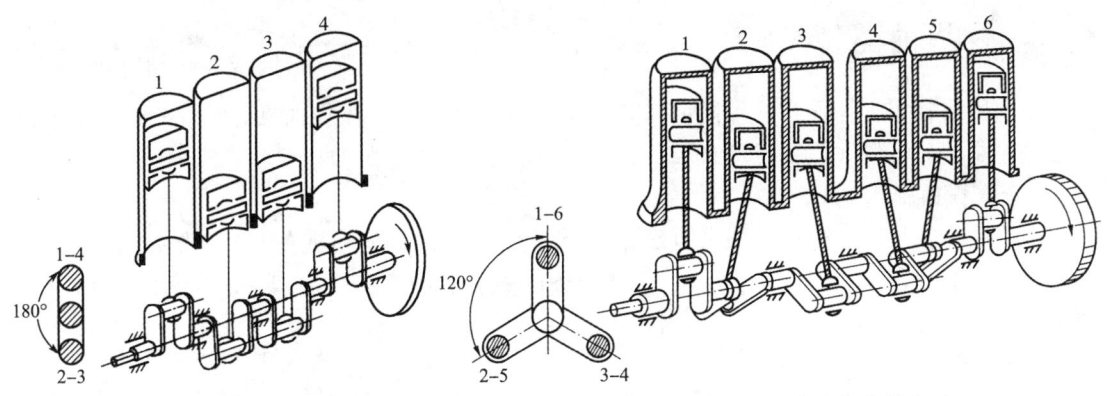

图 2-7-2 直列四缸发动机曲拐布置　　　　图 2-7-3 直列六缸发动机曲拐布置

5. 曲轴前、后端的密封和曲轴定位

曲轴的前端用来安装正时齿轮与带轮等部件,后端有安装飞轮的凸缘。为防止机油外漏,在前后端都分别装有油封,部分发动机还安装甩油盘和加工回油螺纹等封油装置,来防止机油泄漏。

发动机工作时,曲轴作为转动部件,与固定件之间应有一定的轴向间隙,曲轴因受轴向作用力而有轴向窜动的趋势,必须安装轴向定位装置。轴向定位装置一般采用止推片定位(图2-7-4)或翻边轴承定位(图2-7-5)。止推片安装时,有减磨层的一面朝向转动部件。

图 2-7-4 止推片定位　　　　图 2-7-5 翻边轴承定位
1—平面;2—润滑油槽

曲轴的轴向间隙是指翻边轴承(止推片)承推端面与轴颈定位肩之间的间隙,如图 2-7-6 所示。需要调整轴向间隙时,更换不同厚度的翻边轴承(止推片)即可。

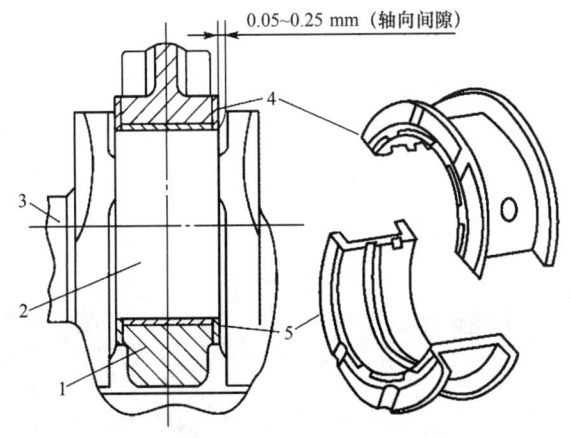

图 2-7-6 曲轴的轴向间隙
1—主轴承盖;2—主轴颈;3—连杆轴颈;4,5—止推片

三、曲轴类型

发动机曲轴按支撑方式的不同可以分为全支撑曲轴和非全支撑曲轴；按曲轴制造方式分为锻造式曲轴和铸造式曲轴；按曲轴结构是否一体分为整体式曲轴和组合式曲轴。

1. 全支撑曲轴

全支撑曲轴每一个连杆轴颈两边都有一个主轴颈，如六缸发动机有七个主轴颈，四缸发动机有五个主轴颈，如图 2-7-7(a)所示。这种曲轴的强度和刚度都较好，且减轻了主轴承载荷，减小了磨损，汽油和柴油发动机多采用这种形式。

2. 非全支撑曲轴

非全支撑曲轴的主轴颈数比气缸数目少或与气缸数目相等，如图 2-7-7(b)所示。这种曲轴的主轴颈承受载荷较大，但缩短了曲轴的总长度。有些承受载荷较小的汽油发动机采用这种曲轴。

图 2-7-7 曲轴的支撑形式示意图

3. 锻造式曲轴

高性能发动机通常采用锻造式曲轴。锻造式曲轴的强度要高于铸造式曲轴，但制造成本较高。锻造式曲轴通常在曲柄上有明显较宽的分割线。

4. 铸造式曲轴

相比于锻造式曲轴，铸造式曲轴的材料和加工成本较低，只需对轴颈及曲轴前后端进行磨削加工，且加工比较困难的曲拐位置和平衡重在铸造时即可完成。由于采用铸造工艺，曲轴内部晶相排列较均匀，能承受各个方向上的载荷；同时，铸造式曲轴的平衡重密度小于锻造式曲轴的平衡重，故铸造式曲轴的质量要小于锻造式曲轴。在曲轴曲柄上可以看到一些较窄的铸造模具分割线。

四、曲轴的平衡

1. 平衡重

曲柄是主轴颈和连杆轴颈的连接部分，断面为椭圆形，为了平衡惯性力，曲柄处铸有（或紧固有）平衡重块，如图 2-7-8 所示。平衡重块用来平衡发动机的离心力矩，有时还用来平衡一部分往复惯性力，从而使曲轴旋转平稳。曲轴本身必须经过动平衡校验，对不平衡的曲轴常在其偏重的一侧钻去一部分质量使其达到平衡。

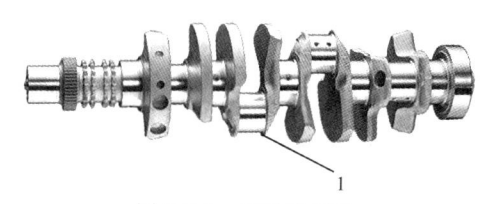

图 2-7-8 曲轴平衡重
1—平衡重

2. 平衡轴

平衡轴用来平衡发动机的振动和降低噪声，延长发动机使用寿命，提升乘客的舒适性，如图 2-7-9 所示。平衡轴一般分为单平衡轴和双平衡轴两种。

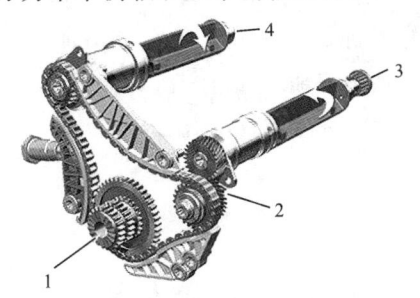

图 2-7-9 双平衡轴
1—曲轴链轮；2—换向齿轮；3,4—平衡轴

3. 扭转减振器

当发动机工作时，曲轴在周期性变化的转矩作用下，各曲拐之间发生周期性相对扭转的现象称为扭转振动，简称扭振。当发动机转矩的变化频率与曲轴扭转的自振频率相同或成整数倍时，就会发生共振。共振时扭转振幅增大，会导致传动机构磨损加剧，严重时会造成发动机功率下降，甚至使曲轴断裂。

为了消减曲轴的扭转振动，现代汽车发动机多在产生扭转振幅最大的位置，即曲轴前端装置扭转减振器，其作用就是吸收曲轴扭转振动的能量、消除扭转振动。扭转减振器有橡胶式、摩擦式和硅油式等多种形式。

汽车发动机多采用橡胶式扭转减振器，如图 2-7-10 所示。惯性盘通过橡胶层与减振器圆盘粘接在一起，当曲轴发生扭转振动时，通过带轮毂带动减振器圆盘一起振动，而惯性盘的转动惯量较大，瞬时角速度较均匀，所以橡胶层发生扭转变形，从而消耗曲轴扭转振动的能量，消减扭振。轿车发动机使用的扭转减振器一般不单独设惯性盘，而是利用曲轴带轮兼作惯性盘，带轮和减振器制成一体，如图 2-7-11 所示。带轮通过内层的橡胶层与固定盘粘接在一起，曲轴产生扭转振动时，固定盘随曲轴一起振动，因带轮转动惯量较大，夹在带轮与固定盘之间的橡胶层发生变形，从而消耗曲轴扭转振动的能量，减轻了曲轴的扭转振动。

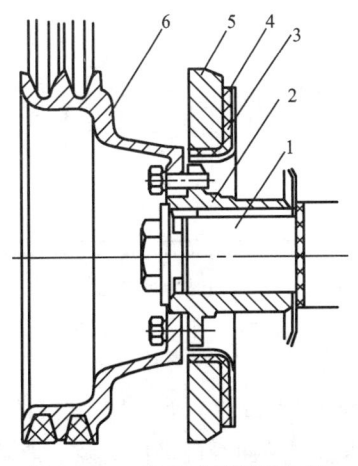

图 2-7-10 橡胶式扭转减振器
1—曲轴前端；2—带轮毂；3—减振器圆盘；
4—橡胶层；5—惯性盘；6—带轮

图 2-7-11 轿车发动机使用的扭转减振器
1—橡胶层

五、曲轴的润滑

在曲轴上通常钻有若干油道,这些油道孔使润滑油从主轴颈流动到连杆轴颈。曲轴轴承上的润滑油以油膜形式存在,并不断流动,其中一部分润滑油从连杆上的油孔喷出,其余润滑油从连杆和轴承的缝隙流出,对轴承和轴颈进行润滑。曲拐的旋转将润滑油从油底壳带起并甩至气缸壁上,对气缸和活塞以及活塞环进行润滑,这种润滑方式称为飞溅润滑。

六、曲轴检测

曲轴的检测内容主要有:曲轴裂纹检测、轴颈磨损检测、曲轴弯曲变形检测。检测曲轴之前,应将待检曲轴上的油污、锈迹等彻底清洗干净。

1.曲轴裂纹检测

曲轴裂纹一般出现在应力集中处,如主轴颈或连杆轴颈与曲柄相连的过渡圆角处,表现为横向裂纹。有的曲轴在轴颈中的油孔附近出现轴向延伸的裂纹。常用检测方法有:磁力探伤仪检测、超声波探伤或浸油敲击检测等。

2.曲轴磨损检测

首先检测轴颈划痕,划痕是轴颈常见的损伤,通常出现在曲轴轴颈的中央位置,如图2-7-12所示。如果曲轴轴颈出现较小划痕、失圆或者锥化磨损时,需对轴颈进行研磨修复。轴颈的研磨修复需要在专用曲轴磨床上进行,除恢复轴颈尺寸及几何形状外,还应保证轴颈的同轴度、平行度、曲轴过渡圆半径及各连杆轴颈间的夹角等相互位置的精度。

3.曲轴弯曲变形检测

检测曲轴是否弯曲变形时,应将曲轴的两端用V形块支撑在检测平板上,然后用百分表的触头抵在中间主轴颈表面,转动曲轴一周,百分表上指针的最大与最小读数之差,即为中间主轴颈对两端主轴颈的径向圆跳动误差(一般不超过0.04~0.06 mm),如图2-7-13所示。

图2-7-12 轴颈划痕

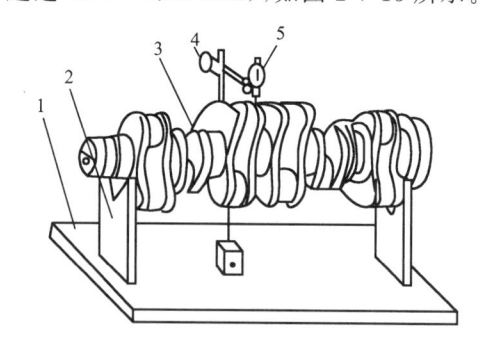

图2-7-13 曲轴弯曲变形检测
1—检验平台;2—V形铁;3—曲轴;4—百分表架;5—百分表

4.轴向间隙检测

曲轴轴向间隙可以使用塞尺或百分表来检测。方法如图2-7-14所示:安装好曲轴后,首先前后撬动曲轴若干次,使上下止推轴承在同一平面,然后测量曲轴的轴向间隙。曲轴的轴向间隙一般为0.020~0.300 mm(具体参数参见相关维修手册)。若轴向间隙太大,则需要更换加厚的止推轴承或主轴瓦,加厚止推轴承的尺寸需要维修技师自己加工。

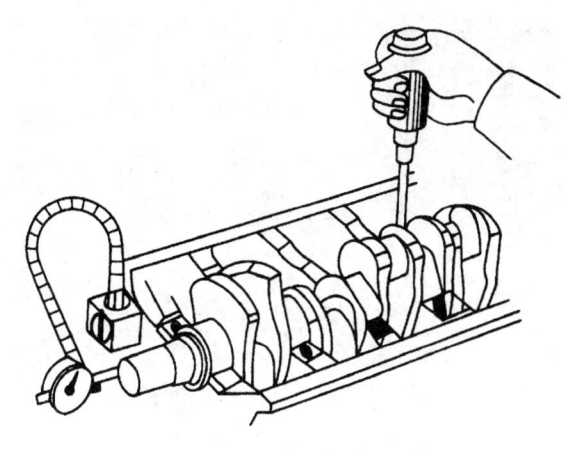

图 2-7-14　检测曲轴轴向间隙

七、曲轴轴承

1. 轴承结构

曲轴轴承安装在曲轴主轴颈与缸体的支撑座之间，对曲轴起到支撑和导向的作用。曲轴轴承也称为主轴承（俗称大瓦），基本结构和连杆轴承相同，主要由钢背和减磨层组成。钢背是其基体，在钢背的内圆表面制有耐磨的减磨层。为可靠润滑，主轴承内表面制有油槽储油，还制有油孔以便润滑油进入曲轴内的油道。有的发动机为了不降低负荷较重的下轴瓦的强度，只在上轴瓦开设油槽，注意在装配时，上下轴瓦不能装反。为了防止主轴承发生轴向窜动，在主轴承的钢背上制有定位凸键或定位销孔，以便安装后定位。如图 2-7-15 所示。

图 2-7-15　主轴承的定位

1—定位槽；2—定位凸键；3—主轴承分界面；4—定位销孔；5—定位销

2. 轴承检测

曲轴轴承的检测主要是轴承间隙的检测。检查轴承间隙必须在组装发动机之前完成。轴承间隙的检查方法有两种：

（1）使用塑料线间隙规直接测量间隙

塑料线间隙规安放在轴颈和轴承之间，按照规定力矩紧固轴承螺栓，然后拆卸轴承盖，将轴承或轴颈上挤压变形的塑料线间隙规宽度与标尺对比，得出轴承间隙值，如图 2-7-16 所示。整个测量过程禁止涂抹润滑油及转动曲轴。需特别注意：

①每一道轴承的轴承盖都是唯一的；

②有油孔（或油道）的轴瓦是上轴瓦；

③轴瓦背面的定位锁柄必须要正确安装在缸体或轴承盖的定位锁止凹槽内。

图 2-7-16　用塑料线间隙规测量间隙

(2)分别测量轴颈和轴孔的尺寸,然后计算它们的间隙

测量轴承间隙时,首先按照规定力矩紧固轴承盖螺栓,然后用内径量缸表和千分尺测量轴承孔及轴颈的尺寸,测量位置如图 2-7-17 所示,记录测量结果,轴孔尺寸用 A、B、C 表示,轴颈尺寸用Ⅰ、Ⅱ表示,轴承孔径＝$(A+B+C)/3$,轴颈直径＝$(Ⅰ+Ⅱ)/2$,轴承间隙＝轴承孔径－轴颈直径。

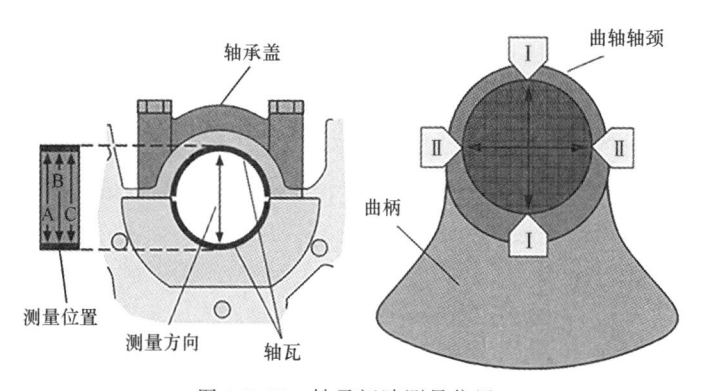

图 2-7-17　轴承间隙测量位置

八、飞轮

1.飞轮的功用

飞轮的主要功用是储存做功行程中的部分能量,以便在其他行程带动曲柄连杆机构工作,使曲轴运转均匀,克服短时间的超负荷;飞轮外缘的齿圈与起动机的驱动齿轮啮合,起动发动机;将发动机的动力传递给底盘。

2.飞轮的构造

飞轮是一个转动惯量较大的金属圆盘,其结构如图 2-7-18 所示。飞轮外缘一般较厚,以保证有足够转动惯量的前提下,尽可能减小飞轮质量。飞轮的外缘压装有起动用的齿圈。飞轮通过螺栓与曲轴后端凸缘连接,为保证飞轮与曲轴的正确安装位置,一般用定位销或不对称螺栓孔来保证。

图 2-7-18　飞轮的结构

复习题

1. 曲轴是如何轴向定位的？其轴向间隙如何检查与调整？
2. 如何检查曲轴轴承间隙？
3. 飞轮的功用是什么？

任务实施

2.1　气缸体检测

一、操作内容

1. 常规工具的选用及使用方法。
2. 发动机分解操作步骤及注意事项。
3. 发动机组成部件的识别。
4. 工量具的使用方法（刀口尺和量缸表）。
5. 缸体表面平面度检测。
6. 气缸圆度及锥度检测。

二、操作工单

1. 发动机分解步骤

_____

_____

_____

_____

2. 气缸平面度检测

(1) 测量值_____。

(2) 标准值为_____。

3.量缸表的使用步骤

将下列步骤进行排序：＿＿＿＿＿＿＿＿＿＿＿＿＿＿＿＿＿＿＿＿＿＿＿＿＿

(1)将摇杆插入量缸表摇杆孔。

(2)将合适的测量接杆插入量缸表并紧固。

(3)查阅相关维修手册找到气缸缸径规格。

(4)紧固锁定螺栓，取出量缸表。

(5)将量缸表基座紧贴气缸内壁放入待测位置。

(6)使用千分尺测量接杆头部到量缸表基座测量点的长度。

4.气缸圆度测量

(1)在气缸体顶面以下 10 mm 处，测量气缸止推面直径，测量值为＿＿＿＿＿＿。

(2)在气缸体顶面以下 10 mm 处，测量气缸非止推面直径，测量值为＿＿＿＿＿＿。

(3)计算气缸上端的圆度为＿＿＿＿＿＿＿＿＿＿＿＿。

(4)该气缸标准圆度为＿＿＿＿＿＿＿＿＿＿＿＿。

5.气缸锥度测量

(1)垂直曲轴中心线，在气缸体顶面以下 10 mm 处，沿止推面测量气缸孔直径值为＿＿＿＿＿＿＿＿＿＿＿＿＿＿＿＿＿。

(2)垂直曲轴中心线，在气缸体顶面以下 100 mm 处，沿止推面测量气缸孔直径值为＿＿＿＿＿＿＿＿＿＿＿＿＿＿＿＿＿。

(3)计算气缸锥度为＿＿＿＿＿＿＿＿＿＿＿＿＿。

(4)该气缸标准锥度为＿＿＿＿＿＿＿＿＿＿＿＿＿。

三、技术要求和标准

1.操作步骤及标准数据参考维修手册。

2.为提高准确度，测量前应先清洁待测部件表面。

任务实施

2.2 气缸与活塞配合间隙测量

一、操作内容

1.常规工具的选用及使用方法。

2.活塞直径的测量方法。

3.气缸与活塞配合间隙测量。

二、操作工单

1.使用外径千分尺量程为 mm，在垂直于活塞销中心线的推力面处，距离活塞裙底部上方（　　）mm 处测量活塞直径，如图 2-7-19 所示。

2.根据图 2-7-20 所示，识别百分表结构。

(1)＿＿＿＿＿＿＿＿　(2)＿＿＿＿＿＿＿＿　(3)＿＿＿＿＿＿＿＿

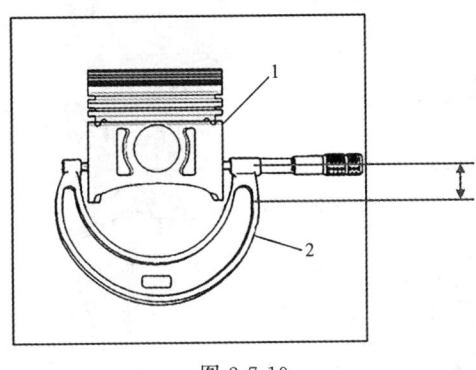

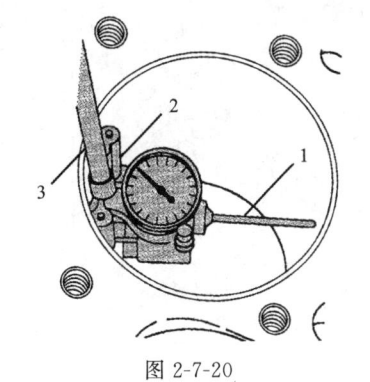

图 2-7-19　　　　　　　　　　　　图 2-7-20

3.在表 2-7-3 中填写所测部件的测量结果,请查阅维修手册对测量结果进行分析。

表 2-7-3　　　　　　　　　气缸与活塞配合间隙测量结果

测量值	一缸	二缸	三缸	四缸	测量分析
活塞直径					
气缸直径					
配合间隙					

三、技术要求和标准

1.操作步骤及标准数据参考维修手册。

2.为提高准确度,测量前应先清洁待测部件表面。

任务实施　2.3　活塞环间隙检测

一、操作内容

1.常规工具的选用及使用方法。

2.活塞连杆组分解操作步骤及注意事项。

3.发动机组成部件的识别。

4.专用工具的使用方法(活塞环钳)。

5.活塞环间隙检测。

6.活塞环装配。

二、操作工单

1.将下列拆装活塞环或检查活塞环间隙的操作序号填写在相应图片下方的括号内。

(a)标记带连杆轴承盖的连杆,注意气缸顺序。

(b)拆下连杆轴承盖和连杆轴承。

(c)将活塞推出气缸孔。

(d)使用活塞环钳拆下活塞环。

(e)测量活塞环端隙。

(f)测量活塞环侧隙。

(g)设置活塞环端隙位置。

(h)安装活塞连杆入气缸孔。

(j)安装连杆盖。

（　　）　　　　　　（　　）　　　　　　（　　）

（　　）　　　　　　（　　）　　　　　　（　　）

（　　）　　　　　　（　　）　　　　　　（　　）

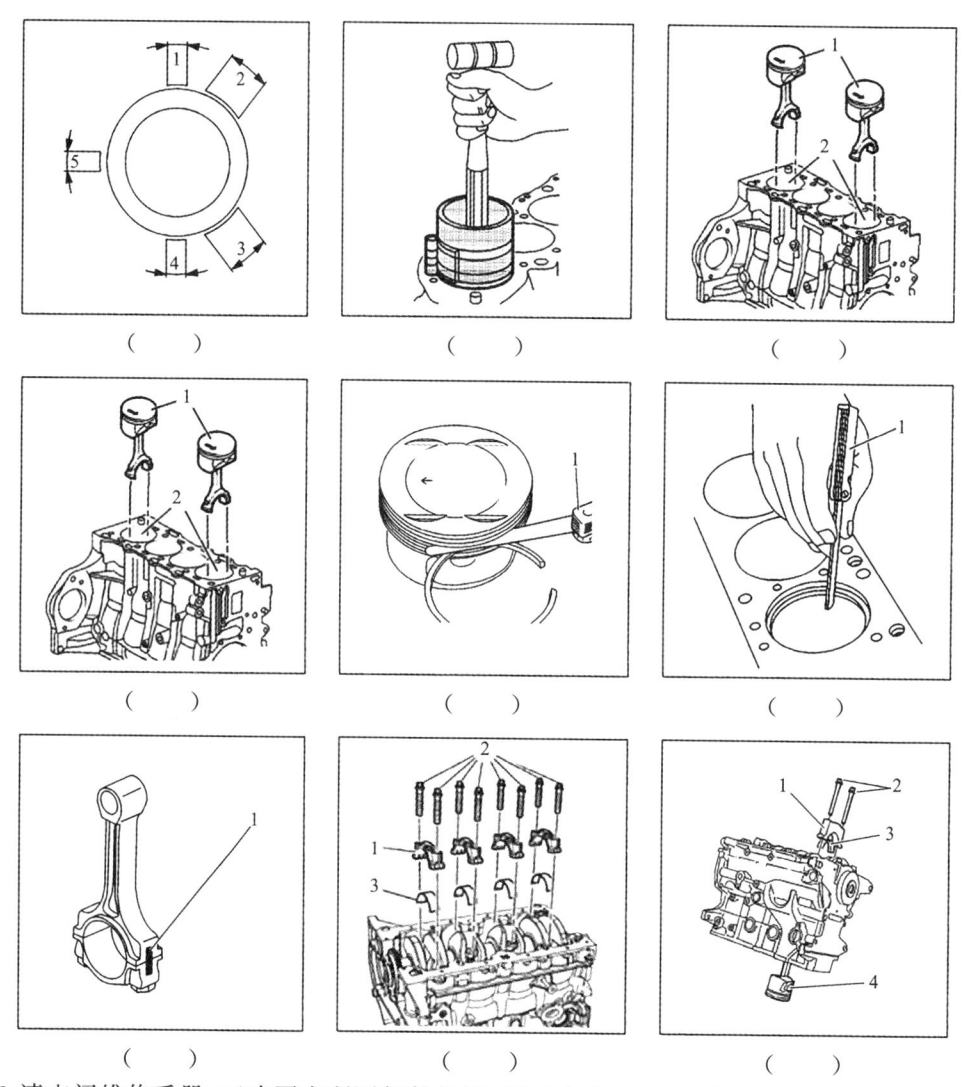

2.请查阅维修手册,正确写出所测部件规格,同时在表 2-7-4 中填写所测部件的测量结果。

表 2-7-4　　　　　　　　　　　活塞环间隙检测结果

	侧隙规格	侧隙测量值	端隙规格	端隙测量值	是否可用
第一道环					
第二道环					
油环					

3.请查阅资料,根据下列描述正确连线。

(1)活塞环端隙过大　　　　　　a.更容易造成窜油

(2)活塞环端隙过小　　　　　　b.更容易被卡在环槽中

(3)活塞环侧隙过大　　　　　　c.更容易造成窜气

(4)活塞环侧隙过小　　　　　　d.可通过磨削进行调整

三、其他说明

1.安全注意事项

(1)部件应轻拿轻放,防止零部件损坏。

(2)活塞环、活塞环压缩器边缘较锋利,拆装时应小心割伤。

(3)禁止用扭力扳手拆卸紧固的螺栓或螺母,否则会损坏扳手。

2.技术要求和标准

(1)操作方法符合维修手册的要求。

(2)拆下的零部件应做好标记,并按照顺序摆放,防止漏装错装。

(3)紧固扭矩根据情况降为标准规格的50%。

(4)根据维修手册的数据分析测量结果。

(5)活塞环间隙规格。

任务实施　2.4　曲轴与轴承配合间隙检测

一、操作内容

1.常规工具的选用及使用方法。

2.曲轴及轴承的拆装方法。

3.曲轴与轴承配合间隙测量。

二、操作工单

1.正确识别下列部件和工具,并用直线连起来。

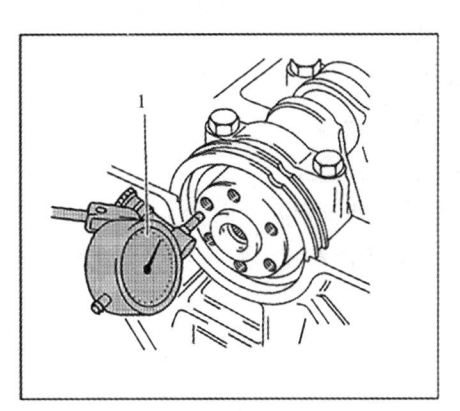

曲轴端面

曲轴主轴承盖

百分表

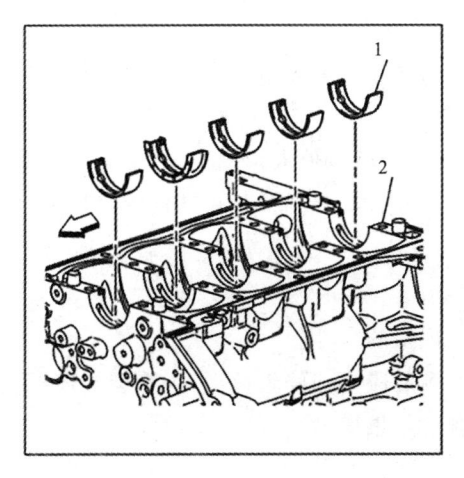

缸体

带油槽主轴承

带止推轴承主轴承

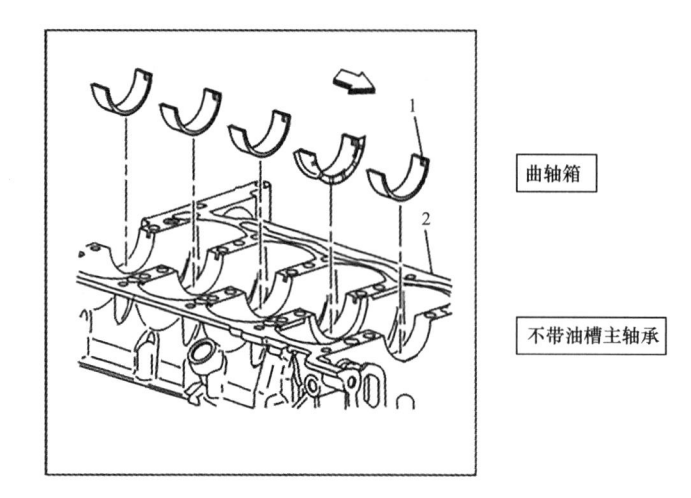

[图示：曲轴箱；不带油槽主轴承]

2.请查阅维修手册,正确写出所测部件规格,同时在表 2-7-5 中填写所测部件的测量结果。

表 2-7-5 曲轴与轴承配合间隙检测结果

测量项目	规格	测量数值	是否可用
曲轴轴向间隙			
主轴承间隙			
连杆轴承间隙			

3.请把正确的操作步骤序号填写在括号内。

（　）安装曲轴主轴承盖,按照规格力矩拧紧螺栓,压紧塑料线间隙规。

（　）拆下曲轴主轴承盖,清洁曲轴主轴承。

（　）拆除塑料线间隙规,安装曲轴主轴承盖。

（　）将一根塑料线间隙规横放在整个轴承宽度方向上。

（　）拆下曲轴主轴承盖,读取展平后的塑料线间隙规宽度与测量尺对比数值,并判断是否符合规格。

三、其他说明

1.安全注意事项

(1)量具应轻拿轻放,防止测量工具损坏。

(2)工具的规格必须与需要拆装的螺栓螺母规格一致,防止造成部件及工具的损坏。

(3)禁止野蛮操作,防止造成学员人身伤害。

(4)使用撬棍工具时,尖端不得朝向自己或他人,举起工具的幅度不要过大以免伤人。

(5)拆装过程尽量使用浅腔套筒,少用深腔套筒,防止螺栓螺母损坏。

2.技术要求和标准

(1)操作方法符合维修手册的要求。

(2)紧固扭矩根据情况降为标准规格的 50%。

(3)听到扭力扳手发出"滴答"声音后应立即停止拉动,否则会损坏扳手。

(4)根据维修手册的数据分析测量结果。

项目3

配气机构的认知及检修

任务 3.1
气门组认知及检修

学习目标

知识目标

1. 了解气门组的功用与组成；
2. 熟悉气门和气门座的修整方法。

技能目标

1. 能够进行气门组拆装；
2. 能够进行气门组及气门座检测。

素养目标

1. 具备查询信息和使用维修手册的基本能力；
2. 能够与他人密切合作，规范、安全地完成学习任务；
3. 养成自主学习、规范操作的工作习惯及环保意识。

相关知识

一、配气机构的功用

配气机构包括气门组和气门传动组两部分,如图 3-1-1 所示。它的功用是按照发动机每一气缸内所进行的工作循环和发火次序的要求,定时开启和关闭各气缸的进、排气门,使空气及时通过进气门向气缸内供给可燃混合气或新鲜空气。在压缩与做功行程中,保证燃烧室的密封,并且及时将燃烧做功后形成的废气从排气门排出,实现发动机气缸换气补给的整个过程。

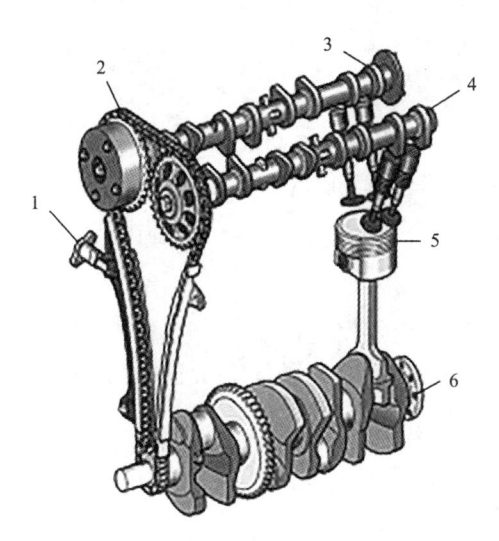

图 3-1-1 配气机构
1—液压张紧器;2—正时链条;3—进气凸轮;4—排气凸轮;5—活塞;6—曲轴

二、气门组

气门组包括气门、气门导管、气门弹簧、气门弹簧座、气门油封及气门锁片等,如图 3-1-2 所示。有的气门组还配置气门旋转机构来减轻气门头部的热变形,同时清除气门密封锥面上的沉积物。气门组应保证气门能够实现气缸的密封,因此要求:

(1)气门头部与气门座贴合紧密。

(2)气门导管对于气门杆的导向良好。

(3)气门弹簧能及时关闭气门,并保证气门紧压在气门座上,弹簧上、下端面与气门杆中心线垂直,以此保证气门头部与气门座不偏斜。

图 3-1-2 气门组

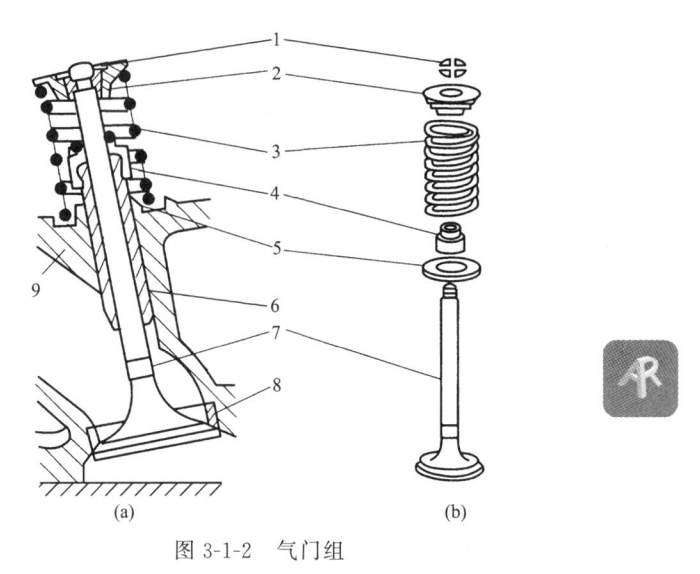

1—气门锁片；2—上气门弹簧座；3—气门弹簧；4—气门油封；
5—下气门弹簧座；6—气门导管；7—气门；8—气门座；9—气缸盖

1.气门

气门分为进气门和排气门，分别控制新鲜空气进入燃烧室和废气排出气缸。因其头部呈蘑菇形，故称为菌形气门。气门由气门头部和气门杆两部分构成，其结构如图 3-1-3 所示。

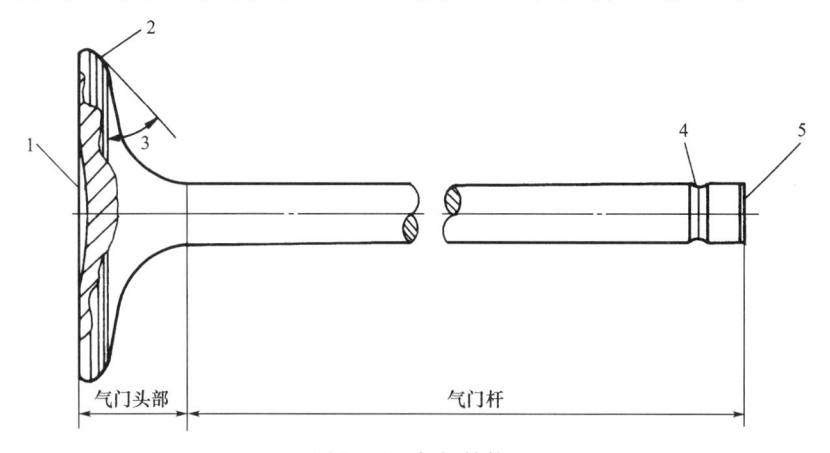

图 3-1-3 气门结构

1—气门头；2—气门锥面；3—气门锥角；4—气门锁片槽；5—气门尾端面

气门的工作条件较为恶劣，一是气门直接与高温的燃烧混合气接触，散热困难，工作温度很高(进气门的温度可达 300～400 ℃，排气门的温度可达 700～900 ℃，)；二是气门在高压气体和气门弹簧力的作用下，以很高的频率冲击气门座；三是在较差的润滑条件下，气门在气门导管内高速往复运动，承受着每分钟数千次的摩擦；四是气门极易受到高温燃烧混合气的腐蚀。因此，气门的材质是影响气门工作性能的重要因素。进气门一般采用中碳合金钢制造，如铬钢、铬钼钢和镍铬钢等。排气门由于工作环境温度高，通常采用耐热合金钢制造，如硅铬钢、硅铬钼钢、硅铬锰钢等。

（1）气门头部

气门头部端面有平顶、喇叭形顶和球面顶等，如图 3-1-4 所示。目前应用最多的是平顶气门,其结构简单,制造方便,受热面积小,进、排气门都可采用;喇叭形顶质量轻,但其顶部受热面积大,适用于进气门;球面顶气门头部强度高、排气阻力小,适用于排气门。

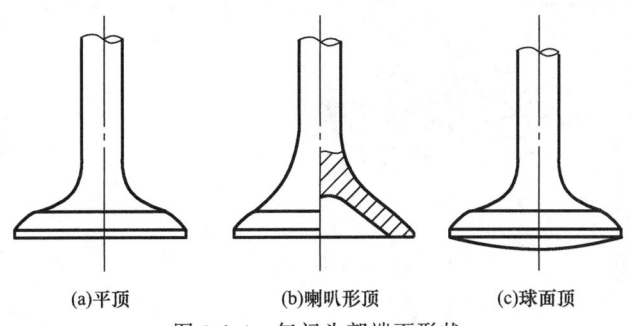

(a)平顶　　　(b)喇叭形顶　　　(c)球面顶

图 3-1-4　气门头部端面形状

气门头部与气门座之间靠锥面密封。气门与气门座密封锥面相接触时形成的环状密封带,称为接触带。它应位于气门密封锥面的中部,其宽度应符合厂家的设计,密封带宽度要求一般为 1~3 mm。接触带过窄则散热效果差,影响气门通过接触面向气门座圈传递热量;接触带过宽则会降低接触面上的比压值,使气门的密封性下降。为了保证气门与气门座间密封良好,需经过配对研磨,形成连续、均匀、宽度符合要求的接触环带。研磨后的气门不能互换。

气门锥面与气门顶面之间的夹角称为气门锥角,如图 3-1-5 所示。气门锥角使气门在关闭时有自动定位作用,能够挤掉接触面的沉积物,同时还能获得较大的压合力,提高密封性和导热性。气门头部接收的热量一部分经气门座传给气缸盖,另一部分通过气门杆和气门导管传给气缸盖,最终都被气缸盖水套中的冷却液带走。气门锥角一般做成 45°。为减小进气阻力,有的发动机的进气门的锥角做成 30°,但其头部边缘较薄,刚度小,工作可靠性较差。气门头部边缘圆柱部分应保持一定厚度,一般为 1~3 mm,以防止工作过程中由于气门与气门座之间的冲击而损坏或被高温气体烧蚀。

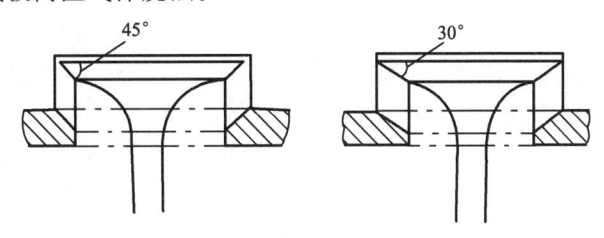

图 3-1-5　气门锥角

(2)气门杆

气门杆呈圆柱形,在气门导管中做往复运动。气门杆有较高的加工精度,其与气门导管保持合适的配合间隙,以减小磨损,并起到良好的导向和散热作用。

气门杆端部固定有气门弹簧座,其形状取决于气门弹簧座的固定方式。常用的固定方式有锥形锁环式和锁销式,如图 3-1-6 所示。锥形锁环式用剖分成两半的锥形锁片来固定气门弹簧座;锁销式在气门杆末端有一个用来安装圆柱销的径向孔,用圆柱销来固定气门弹簧座。

气门杆上安装有气门油封用来防止气门室中的机油通过气门杆与气门导管之间的间隙进入进气道和气缸。

许多发动机采用钠冷却气门(在中空的气门杆中填入部分金属钠),如图 3-1-7 所示。金属钠的熔点较低,沸点较高(熔点为 97.8 ℃,沸点为 880 ℃),因此固态钠易受热变成液态钠。发动机工作时,气门杆内的固态钠受热融化为液态钠,并在气门杆内随着气门的运动而上下振动,在振动过程中,金属钠在气门头部吸收热量后,将热量传递给气门杆末端,热量再经气门杆、气门导管和气缸盖由冷却液吸收。钠冷却气门可以快速冷却气门头部（可使排气门头部的温度降低150～200 ℃），延长气门的使用寿命。

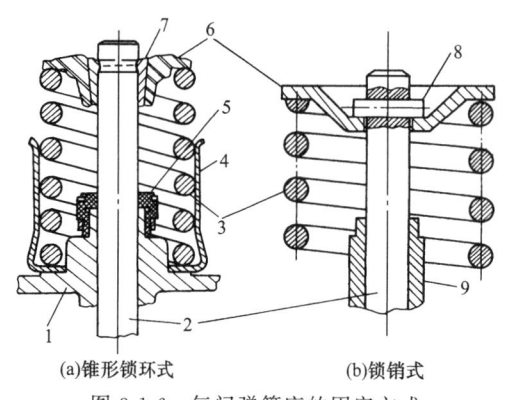

图 3-1-6　气门弹簧座的固定方式
1—气缸盖；2—气门杆；3—气门弹簧；4—气门弹簧振动阻尼器
5—气门油封；6—气门弹簧座；7—气门锁片；8—圆柱销；9—气门导管

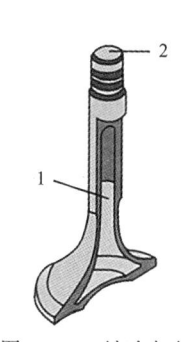

图 3-1-7　钠冷却气门
1—钠；2—镶装硬合金

2. 进、排气门数量

为了提高进排气效率，进气门头部直径比排气门的大，这也是进排气门的一个明显区别。许多发动机采用多气门结构，如常见的四缸16气门发动机，如图3-1-8所示。它的每个气缸都有两个进气门和两个排气门。这种多气门结构容易形成紧凑型燃烧室，可以使可燃混合气燃烧更迅速、更均匀，且各气门的质量和开度适当减小，使气门开启和关闭的速度更快。

3. 气门导管

气门导管主要是导向作用，以保证气门上下往复运动时不发生径向摆动，准确落座，与气门座正确贴合，同时起热作用，将气门杆的热量传给缸盖及水套。

气门导管的工作温度较高，约为200 ℃。气门杆在导管中运动时，仅靠配气机构飞溅出来的机油进行润滑，因此气门导管容易磨损。需要采用耐磨性和导热性较高的材料，如采用自润滑性较强的含石墨较多的铸铁或铁基粉末合金来制作。

气门导管的内、外圆柱面经加工后压装到气缸盖的气门导管的座孔中，再精铰内孔。为了防止导管在使用过程中松动脱落，并保证气门导管伸入进排气管的深度合适，在气门导管上开有卡环槽，用卡环进行定位，如图3-1-9所示。为防止机油通过气门杆与导管之间的间隙进入气缸内，一般在导管的上端装有骨架式橡胶气门油封。

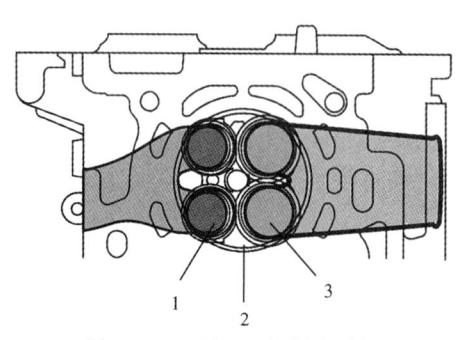

图 3-1-8　四缸16气门发动机
1—排气门；2—燃烧室；3—进气门

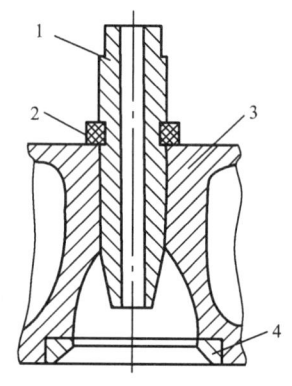

图 3-1-9　气门导管上开有卡环
1—气门导管；2—卡环；3—气缸盖；4—气门座

4.气门座

气门座是与气门头部锥面配合的环形座,与气门头部共同对气缸起密封作用,同时接受气门传来的热量。

对于铸铁缸盖,气门座通常直接在缸盖上镗出,也称为整体式气门座,如图3-1-10所示。整体式气门座散热效果好,耐高温,但不耐磨,不便修理。而对于铝质缸盖,通常在缸盖上镶嵌气门座,也称为镶嵌式气门座,如图3-1-11所示。镶嵌式气门座一般采用硬度较高、塑性变形较小的合金铸铁、球墨铸铁或合金钢等材料。镶嵌式气门座耐磨损,耐高温,耐冲击,维修方便,可以延长气缸盖的使用寿命,但其导热性较差。

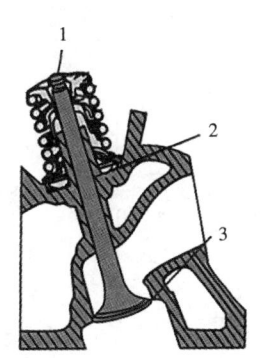

图3-1-10　整体式气门座
1—气门;2—气门导管;3—气门座

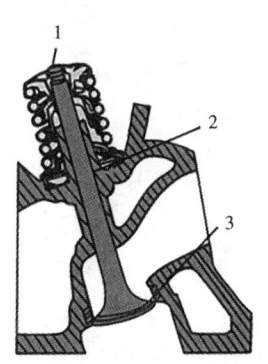

图3-1-11　镶嵌式气门座
1—气门;2—气门导管;3—气门座

气门座有与气门相适应的锥角,以保证二者紧密贴合、可靠密封。其锥面由三部分组成,如图3-1-12所示。其中45°(或30°)的锥面与气门密封锥面贴合,贴合面的宽度"b"要求为1~3 mm(具体宽度应遵循维修手册的要求),既要密封可靠,又要有一定的散热面积;15°和75°锥角用来修正工作锥面的宽度和上下位置,以达到规定的宽度要求。

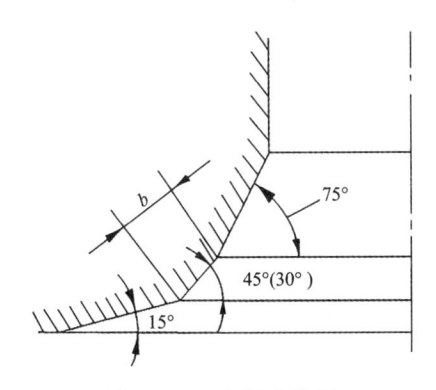

图3-1-12　气门座锥面

5.气门弹簧

气门弹簧(图3-1-13)的作用是保证气门及时落座、紧密地与气门座贴合,并克服在气门关闭过程中气门及传动件的惯性力,防止气门发生跳动,破坏其密封性。因此气门弹簧应有足够的刚度和安装预紧力。

(1)等螺距圆柱形气门弹簧

气门弹簧多采用等螺距圆柱形气门弹簧,如图3-1-13(a)所示,但由于等螺距气门弹簧的工作频率与其固有的振动频率相等或为整数倍时,气门弹簧会发生共振,共振会造成气门反跳,严重时甚至会使弹簧折断。因此,有些发动机采用双气门弹簧、变螺距气门弹簧或锥形气门弹簧来防止共振的发生。

(2)双气门弹簧

一些高性能发动机采用每个气门安装两个直径不同、旋向相反的内、外弹簧,如图 3-1-13(b)所示。由于两个弹簧的固有频率不同,当一个弹簧发生共振时,另一个弹簧能起到阻尼减振作用。采用双气门弹簧可以减小气门弹簧的高度,而且当一个弹簧折断时,另一个弹簧仍可维持气门工作。

(3)变螺距气门弹簧

还有一些高性能汽油机采用变螺距气门弹簧,如图 3-1-13(c)所示。变螺距弹簧的固有频率不是定值,因而可以避开共振。

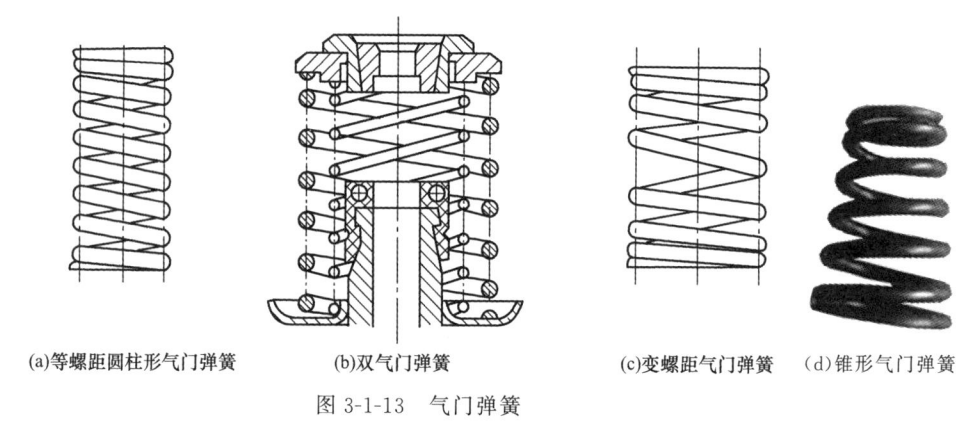

(a)等螺距圆柱形气门弹簧　(b)双气门弹簧　(c)变螺距气门弹簧　(d)锥形气门弹簧

图 3-1-13　气门弹簧

(4)锥形气门弹簧

锥形气门弹簧的外形结构呈锥形,其刚度和固有振动频率是沿弹簧轴线方向变化的,因此可以消除发生共振的可能性,如图 3-1-14 所示。

三、气门检查

发动机工作时,气门受冲击性交变载荷较大,当气门跳动或气门间隙过大时,载荷将显著增大,而导致气门杆及气门头部变形、漏气或严重磨损。气门常见损坏形式有:气门及气门座工作面磨损和烧蚀;气门杆弯曲和磨损;气门杆端面磨损;气门杆与导管配合松旷及积炭;等等。

1. 外观检查

检查气门是否有以下状况:气门锥角部位点蚀;气门边缘厚度不足;气门杆弯曲;气门杆点蚀或严重磨损;气门锁片槽磨损;气门杆端面磨损;等等。

2. 气门杆弯曲度和气门头部跳动检查

气门杆弯曲度和气门头部倾斜度可用百分表来测定,如图 3-1-14 所示。清除气门积炭并将气门擦净,将气门杆支撑在 V 形架上,然后分别用百分表测量气门杆中部和气门头部安装百分表,转动气门一圈,两只百分表的最大读数与最小值之差分别为弯曲度和气门头部的跳动量。若气门杆弯曲度或气门头部跳动量超过规定范围,则应更换气门。

3. 气门杆磨损检查

气门杆磨损会使气门杆与导管孔的间隙增大,导致气门关闭不严而漏气,高温废气通过导管孔间隙,使气门及导管过热,加速它们的磨损,并可能使气门卡死。用外径千分尺在气门杆上、中、下三个部位分别测量气门杆圆周四个点的磨损程度,如图 3-1-15 所示。将测量的尺寸与标准值比较,若超过规定范围,则更换气门。

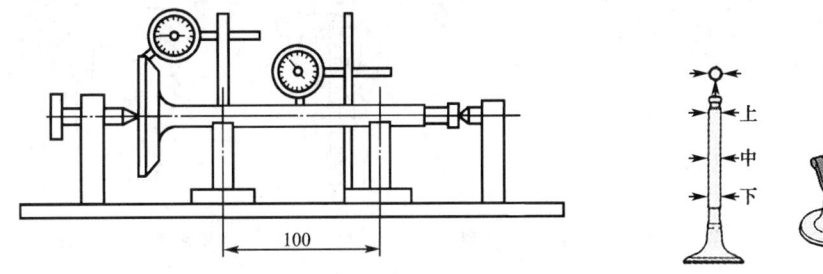

图 3-1-14　气门杆弯曲度和气门头部跳动检查　　　图 3-1-15　气门杆磨损检查

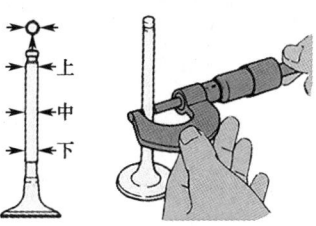

4. 气门工作面检查

气门工作面检查包括气门锥面宽度检查、气门座圆度检查、气门边缘厚度检查及气门对气门座同心度检查。

四、气门座检修

检查气门座的工作面,若气门座工作面过度磨损、烧蚀、出现严重斑点或凹坑,应通过铰削、修磨等工艺来恢复其工作性能;若气门座有裂纹、松动和严重烧伤,则应重新镶配气门座。

1. 气门座的镶配

气门座经多次铰削后直径加大,导致气门下陷,影响压缩比和充气效率。在修理过程中,应检查气门下陷量,若气门顶平面低于缸盖底平面的数值超过规定,则应重新镶配气门座。

(1) 气门座拆卸:用专用工具拉出旧气门座。若无专用工具,则可用铰刀削薄气门座或在气门座内侧点焊几个焊点,敲击焊点,拆下气门座。

(2) 气门座选配:测量气门座孔直径,按直径孔大小选择相对应的新座圈。为了防止松动,新座圈与座孔应有一定的过盈间隙(0.075~0.125 mm)。

(3) 气门座镶嵌:通常采用冷缩法或热胀法将气门座镶入座孔内。将新的气门座用干冰或液态氮冷却,时间不少于 10 min。同时将座孔加热到规定温度(用油浴加热,温度一般为 80~100 ℃),然后将气门座涂油,垫以软金属迅速将气门座压入座孔。气门座镶入后,应将高出气缸盖平面的部分修平。

2. 气门座的铰削

铰削时,应根据实际情况,用专用工具对气门座进行铰削,如图 3-1-16(a)所示。注意:应首先保证气门导管合格,边铰削边与气门试配。察看接触面的位置和宽度是否合适,接触环带应在气门锥面的中部稍靠向气门杆部位置。若过于靠向气门顶面,则用 75°锥角的铰刀铰削气门座上口进行修正,如图 3-1-16(b)所示;若过于靠向气门杆部,则用 15°锥角的铰刀铰削气门座下口进行修正,如图 3-1-16(c)所示;若接触带过宽,则用 15°和 75°两种铰刀分别铰削。直至最终达到原厂的规定要求,一般进气门为 1.0~2.2 mm;排气门为 1.5~2.5 mm。否则,应根据情况更换气门座或缸盖总成。最后再用与工作锥面相同的细刃铰刀进行精铰,降低其表面粗糙度,缩短下一工序的研磨时间,如图 3-1-16(d)所示。

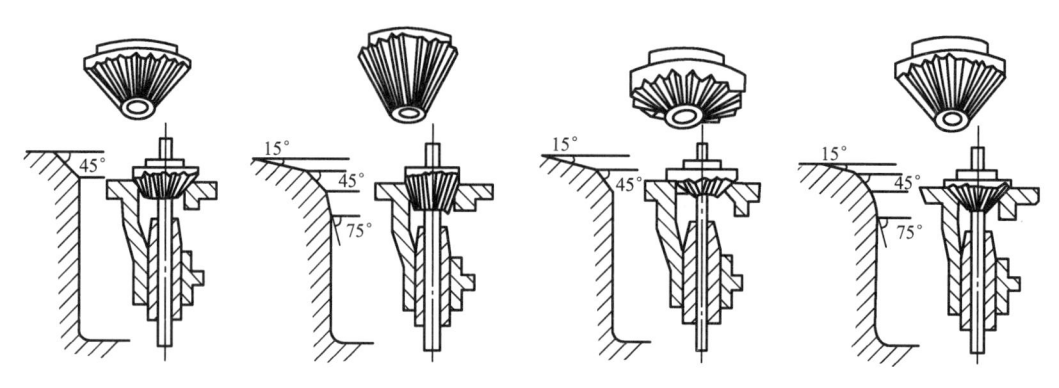

(a) 45°铰刀铰削气门座工作面　(b) 75°铰刀修铰气门座上口　(c) 15°铰刀修铰气门座下口　(d) 45°铰刀精铰气门座工作面

图 3-1-16　气门座的铰削

3.气门座研磨

气门座铰削完毕后,应对其进行研磨,研磨可分为机器研磨和手工研磨两种。研磨工艺:先将相关部位清洁干净;然后在气门工作面上涂一层粗气门研磨砂,将气门杆上涂些机油后,将其插入导管内;最后进行研磨,如图 3-1-17 所示。当气门与气门座的工作面出现一条较整齐且无斑痕、无麻点的接触环带时,将粗研磨砂洗去,换用细气门研磨砂继续研磨。当气门工作面出现一条整齐、灰色的环带时,洗去细砂,涂上机油再研磨几分钟即可。

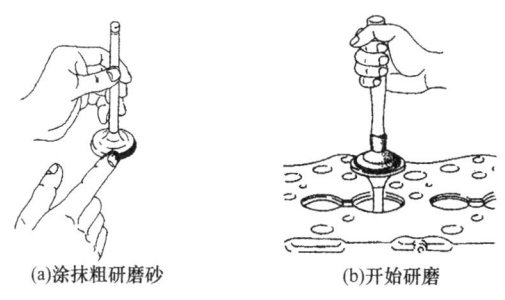

(a)涂抹粗研磨砂　　(b)开始研磨

图 3-1-17　气门研磨

五、气门与气门座密封性检验

为检验气门座的修复是否合格,需要检查气门与气门座的气密性,以保障发动机正常工作。通常有以下几种方法检查气密性。

1.划线法

如图 3-1-18 所示,用软铅笔在气门锥面上沿垂直于密封带方向划若干条线,将气门放入气门座内,不装气门弹簧,转动气门 1/4 圈,取出气门检查。若线条在密封带处均已中断,则说明气门密封性能好。

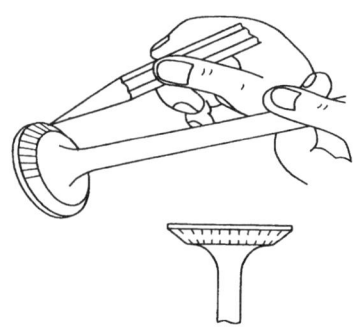

图 3-1-18　划线法检查气门密封性

2. 敲击法

将气门与气门座清洗干净后,把气门杆放入气门导管孔内,当气门头部离气门座 25 mm 左右时,用手轻拍气门,使其沿气门导管孔垂直落下,连续数次后取出气门,检查气门座密封锥面。若气门座密封锥面上有明亮而完整的光环且无斑点,则可认为气密性良好。

3. 涂色法

在气门密封锥面涂上一层红丹油,并把气门放入气门导管孔内,然后用力将气门压在气门座上旋转 1/8～1/4 圈后取出,最后检查气门座上的红丹油,若气门座密封锥面上全部沾上红丹油,并且均匀整齐,则说明气密性良好。

4. 渗油法

将与气门座配套使用的气门放入气门导管孔内,并使气门紧贴气门座的密封锥面,然后在气门上倒上适量的煤油,经 3～5 min 后,若没有出现漏油现象,则可认为气密性良好。

5. 气压试验法

用带有气压表的气门密封检验器(图 3-1-19)进行检查。即将检验器的空气筒紧紧压在气门座的外缘上,并使空气筒与气缸盖接合面保持良好的气密性,然后用手捏橡皮球向空气筒内充气,使其具有 60～70 kPa 的气压。若在 30 s 内气压表的读数不下降,则表示气密性良好。

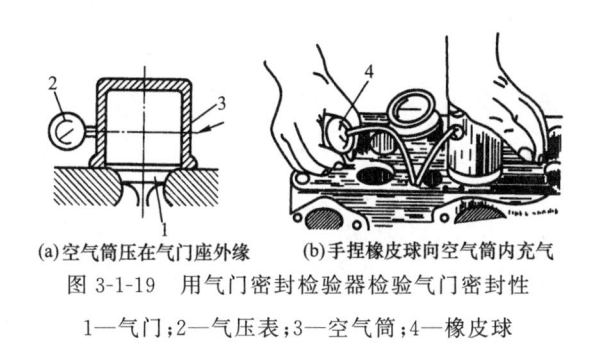

图 3-1-19 用气门密封检验器检验气门密封性
1—气门;2—气压表;3—空气筒;4—橡皮球

六、气门弹簧检查

气门弹簧的检查包括自由长度检查、垂直度检查和弹簧弹力检查,如图 3-1-20 所示。气门弹簧的自由长度可用游标卡尺测量,若超出规定范围,则应更换气门弹簧。

气门弹簧垂直度可用直角尺进行测量,若气门弹簧轴线垂直度或弹簧外径的垂直偏差超过规定范围(垂直误差应不大于 1.5 mm),则应更换气门弹簧。气门弹簧的弹力应在专用弹簧检验仪上进行检查,如图 3-1-20(b)所示。用专用弹簧检验仪对气门弹簧施加压力,将气门弹簧压缩到气门开启和关闭时规定的长度,观察相应的弹力值,应符合原厂规定。当气门弹簧弹力的减小值大于原厂规定的 10% 时,应予以更换。在无气门弹簧的原厂数据时,一般可采用新旧气门弹簧对比或测量气门弹簧的自由长度减少量来判断,当其自由长度减小量超过 2 mm 时,应予以更换。

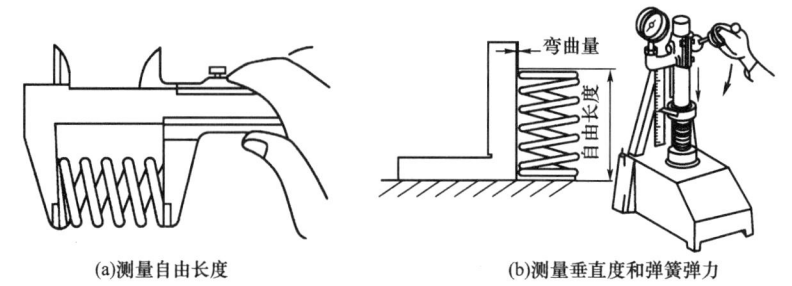

(a) 测量自由长度　　　　(b) 测量垂直度和弹簧弹力

图 3-1-20　气门弹簧弹力检查

复 习 题

1. 简述配气机构的作用。
2. 气门组包含哪些部件？
3. 气门与气门座是如何密封的？
4. 气门检测项目有哪些？
5. 气门与气门座密封性如何检测？

任务 3.2
气门传动组的认知及检测

学习目标

知识目标
1. 了解气门传动组的结构及特点；
2. 熟悉凸轮轴的驱动方式和运动状态；
3. 熟悉配气相位的工作原理；
4. 了解可变配气相位的工作原理。

技能目标
1. 能够进行气门传动组件拆装；
2. 能够正确调整气门间隙；
3. 能够进行凸轮轴测量和检查。

素养目标
1. 具备查询信息和使用维修手册的基本能力；
2. 能够与他人密切合作，规范、安全地完成学习任务；
3. 养成自主学习、规范操作的工作习惯及环保意识。

相关知识

一、气门传动组功用

气门传动组的功用是按照发动机工作循环和点火次序开启或关闭气门,并保证气门有足够的开度和适当的气门间隙。气门传动组主要由凸轮轴、挺柱、推杆和摇臂等组成,其结构如图 3-2-1 所示。

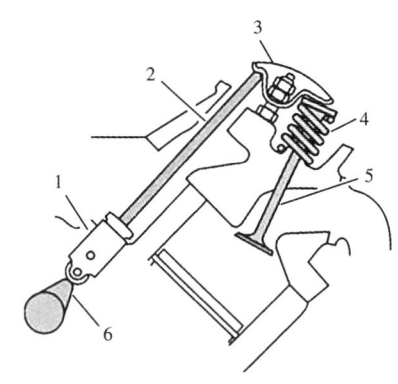

图 3-2-1 气门传动组
1—挺柱;2—推杆;3—摇臂;4—弹簧;5—气门;6—凸轮轴

二、气门传动组部件

1.凸轮轴

凸轮轴是由发动机曲轴驱动旋转,用来驱动气门组、控制气门的开启和关闭的。凸轮轴上有许多油孔,用来润滑凸轮和气门组。在四冲程发动机上,由于凸轮轴驱动齿轮的齿数是曲轴正时齿轮齿数的 2 倍,所以凸轮轴的转速是曲轴转速的 1/2。

凸轮轴主要由凸轮和轴颈两部分组成。凸轮轴上的凸轮与气缸中的气门相对应。气门开闭时间取决于凸轮形状,气门开闭时刻取决于凸轮轴的位置。凸轮轴的结构如图 3-2-2 所示。

图 3-2-2 凸轮轴的结构
1—驱动齿轮;2—凸轮;3—凸轮轴润滑油孔

(1)顶置凸轮轴类型

目前汽油发动机配置有单顶置凸轮轴(SOHC)和双顶置凸轮轴(DOHC)两种类型,如图 3-2-3 所示。单顶置凸轮轴发动机在气缸盖上仅有一根凸轮轴,同时驱动进、排气门;双顶置凸轮轴发动机在气缸盖上装有两根凸轮轴,分别驱动进气门和排气门。进气凸轮轴上一般标有"IN"标记,排气凸轮轴上标有"EX"标记。

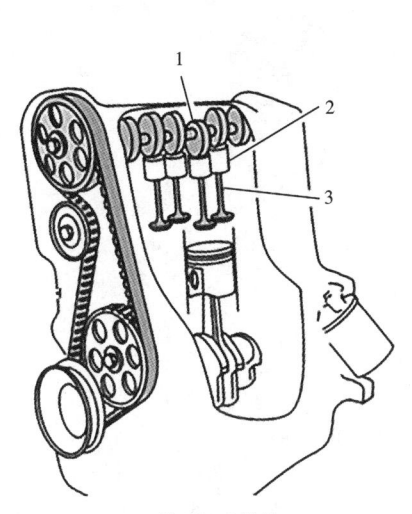

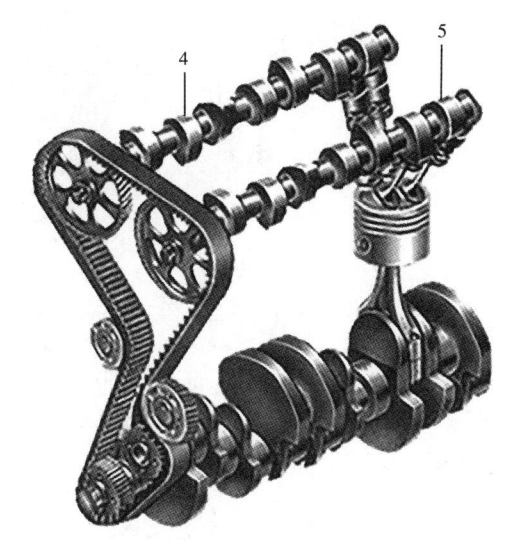

(a)单顶置凸轮轴　　　　　　　　　　(b)双顶置凸轮轴

图 3-2-3　凸轮轴的类型

1—凸轮轴；2—气门挺杆；3—气门；4—进气凸轮轴；5—排气凸轮轴

(2)凸轮轴的位置

根据凸轮轴安装在发动机的位置,凸轮轴分为顶置式、中置式、下置式三种。凸轮轴的位置如图 3-2-4 所示。

(a)凸轮轴顶置　　　(b)凸轮轴中置　　　(c)凸轮轴下置

图 3-2-4　凸轮轴的位置

顶置式凸轮轴安放在发动机气缸盖上方,由于取消了推杆,因此凸轮轴更接近气门组,可以快速驱动气门,因而适合于高转速发动机。但是顶置式凸轮轴增大了发动机的高度,需要较长的传动链条或皮带来驱动。

下置式凸轮轴与曲轴距离较近,可以采用齿轮传动的方式进行驱动,但是需要通过摇臂、推杆等部件对气门进行控制,传动距离长,机构强度差,平顺性不佳,输出功率也比较低。不过这种结构的发动机输出扭矩和低速性能比较出色,结构也比较简单,易于维修。

中置式凸轮轴与下置式凸轮轴相似,但是减小了推杆的长度。

(3)凸轮轴润滑

凸轮轴在发动机工作时高速旋转,凸轮轴轴颈与轴承以及凸轮与挺柱间都需要良好的润滑。有的凸轮轴内部加工有润滑油道,轴颈加工有润滑油孔,润滑系统主油道的润滑油进入凸轮轴内部油道,从润滑油孔处流出,对凸轮轴轴颈和凸轮轴轴承进行润滑。

(4)凸轮轴驱动方式

凸轮轴由曲轴驱动,其驱动形式有齿轮驱动、链条驱动和齿形带驱动三种,如图 3-2-5 所示。

(a) 齿轮驱动　　(b) 链条驱动　　(c) 齿形带驱动

图 3-2-5　凸轮轴的驱动方式
1—凸轮轴；2—曲轴

a.齿轮驱动

齿轮驱动一般适用于下置式凸轮轴,不需要张紧器,齿轮驱动配气精确,使用寿命长,但是制造成本较高。通常在驱动齿轮上刻有正时标记,装配时必须对正标记。

b.链条驱动

链条驱动适用于顶置式或中置式凸轮轴,可以长距离传递动力,允许链轮之间的轴线存在轻微的不同。缺点是链条传动产生的振动会使链节磨损,影响自由齿隙,容易产生噪声,需要安装张紧装置和良好的润滑。

c.齿形带驱动

齿形带驱动适合轴间距较长的传动,运行柔和,噪声低且不需要润滑,制造成本低,更换方便。缺点是齿形皮带由橡胶合成材料制作,容易磨损断裂,寿命短。部分发动机的齿形带一旦断裂,会造成活塞撞击气门的现象,因此齿形带需要定期检查或更换。

(5)凸轮轴运动状态

a.凸轮轴定位

当凸轮轴凸轮推动推杆或气门组时,凸轮克服气门弹簧弹力将气门打开的同时,反作用力也会作用在凸轮上,阻碍凸轮轴的转动。在凸轮轴高速运转时,这种反作用力和驱动力的交替变化易导致凸轮轴发生轴向运动,凸轮轴轴向移动过大会影响配气正时。为了限制凸轮轴在工作中产生轴向移动,需要对凸轮轴进行轴向定位。

顶置式凸轮轴通常利用凸轮轴轴承盖的两个端面和凸轮轴轴颈两侧的凸肩进行轴向定位。中、下置式凸轮轴的轴向定位通常采用止推板,止推板用螺栓固定在机体前端面上,另外,有的凸轮轴采用在正时齿轮盖上安装止推螺栓进行定位,如图 3-2-6 所示。

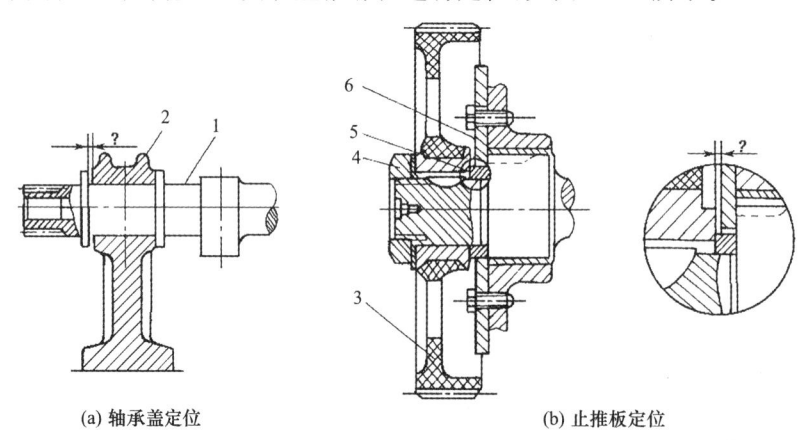

(a) 轴承盖定位　　(b) 止推板定位

图 3-2-6　凸轮轴的定位方式
1—凸轮轴；2—凸轮轴轴承盖；3—正时齿轮；4—螺母；5—调整环；6—止推板

为保证配气相位和发动机工作顺序与工作过程的准确配合,在装配曲轴和凸轮轴时应将相应的正时装配标记对正。如 AJR 型发动机采用上置式凸轮轴,曲轴与凸轮轴之间采用齿形带传动,曲轴齿形带轮与凸轮轴齿形带轮的装配标记如图 3-2-7 所示。曲轴齿形带轮外缘上标记与齿形带下护罩上的标记对正,如图 3-2-7(a)所示。凸轮轴齿形带轮上标记与齿形带上护罩上的标记对正,如图 3-2-7(b)所示。

(a)曲轴齿形带轮标记　　　　　(b)凸轮轴齿形带轮标记

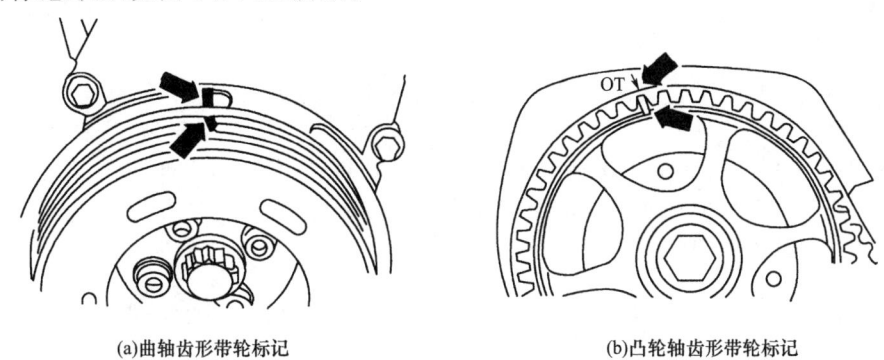

图 3-2-7　曲轴齿形带轮与凸轮轴齿形带轮的装配标记

b. 凸轮升程

凸轮的轮廓决定了气门开启和关闭的运动规律。凸轮轮廓由基圆和凸起(升程)两部组成,形状如图 3-2-8 所示,O 点为凸轮旋转中心,EA 是以 O 点为圆心的基圆圆弧。在凸轮轴旋转过程中,当基圆与挺柱接触时,挺柱不动,气门处于关闭状态;当凸轮按箭头方向转到 A 点与挺柱接触时,挺柱开始上移,但由于气门间隙的存在,气门仍不能开启;当凸轮转到 B 点与挺柱(液压挺柱除外)接触时,气门间隙已经消除,气门开始开启;当凸轮转到 C 点与挺柱接触时,气门开度达到最大。凸轮继续转动,挺柱开始下移,气门在气门弹簧弹力的作用下开始关闭。当凸轮转到 D 点与挺柱接触时,气门完全关闭;当凸轮转到 E 点时,挺柱停止下行,气门间隙恢复。

凸轮轴上各缸的进气凸轮或排气凸轮成为同名凸轮。从凸轮轴的前端看,各缸同名凸轮的相对角位置按发动机各缸的做功顺序逆凸轮轴转动方向排列,夹角为点火间隔角的 1/2。因此,根据凸轮轴的旋转方向及各进气(或排气)凸轮的工作顺序,就可以判定发动机的其他次序。

四缸机四冲程发动机各缸进(排)气凸轮彼此间的夹角均为 360°/4＝90°,如图 3-2-9(a)所示。该发动机的做功顺序为 1→3→4→2。做功顺序为 1→5→3→6→2→4 的六缸四冲程发动机凸轮轴的凸轮排列及相对角位置,如图 3-2-9(b)所示。两个相继做功的气缸进(排)气凸轮夹角为 360°/6＝60°。

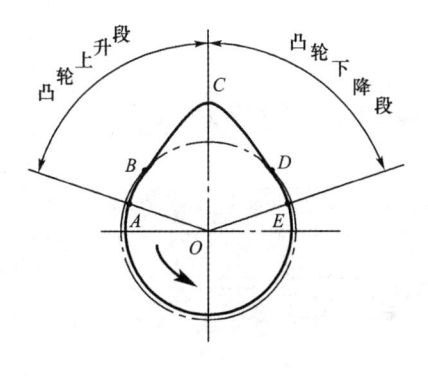

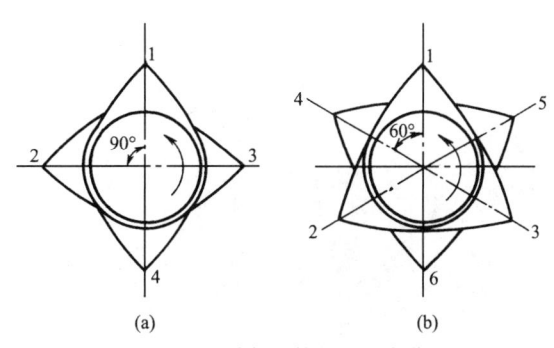

图 3-2-8　凸轮轮廓　　　　　图 3-2-9　同名凸轮的相对角位置

2.挺柱

挺柱的作用是把凸轮传来的作用力传给推杆或气门。挺柱分为机械挺柱和液压挺柱。机械挺柱不能自动调整挺柱与凸轮的间隙,如果挺柱与凸轮的接触面严重磨损会导致气门间隙变大,产生异响,因此机械挺柱需要定期检查气门间隙,而液压挺柱可以自动调整挺柱与凸轮的间隙,一般不需要检查气门间隙。机械挺柱常见的形式有筒式、滚轮式和吊杯式等,如图 3-2-10 所示。

3.推杆

推杆应用在凸轮轴下置式配气机构中,利用推杆将挺柱传来的推力传给摇臂,如图 3-2-11 所示。推杆是一个细长杆件,处于挺柱和摇臂之间,为防止发生运动干涉,推杆的下端一般制成凸球形,以便与挺柱的凹球形支座相适应;上端一般制成凹球形,以便与摇臂上的气门间隙调整螺丝钉的凸球形头部相适应。由于推杆传递的力矩较大,极易弯曲,因此要求推杆有较好的纵向稳定性和较大的刚度。

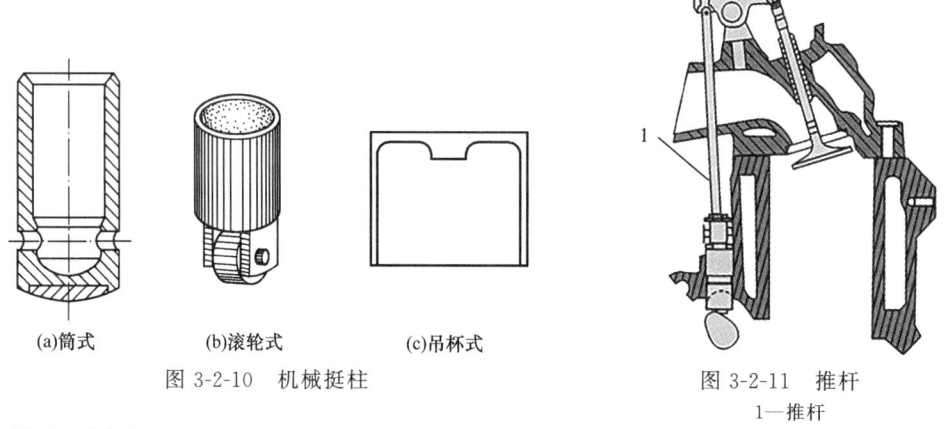

(a)筒式　(b)滚轮式　(c)吊杯式

图 3-2-10　机械挺柱

图 3-2-11　推杆
1—推杆

4.摇臂及摇臂组

摇臂的作用是将推杆或凸轮的作用力传递给气门组。摇臂在摆动过程中承受很大的力矩,因此摇臂应有足够的强度和刚度。

摇臂通常是一个以摇臂轴为支点的不等长双臂杠杆,长臂一端推动气门,这样可以利用小的凸轮升程获得大的气门开度。摇臂的短臂一端装有调节气门间隙的调整螺钉及锁紧螺母,调整螺钉的凸形球面与推杆上端凹球形支座相配合,如图 3-2-12 所示。摇臂按其安装方式不同,分为轴装式(图 3-2-13)、螺栓安装式(图 3-2-14)和基座安装式(图 3-2-15)。

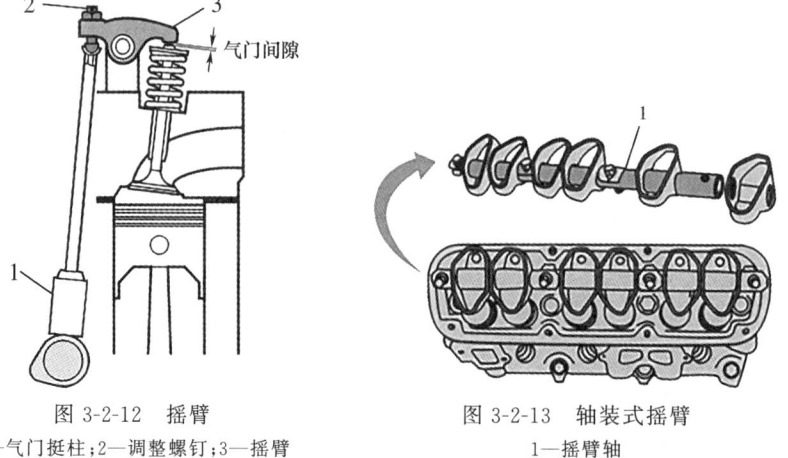

图 3-2-12　摇臂
1—气门挺柱;2—调整螺钉;3—摇臂

图 3-2-13　轴装式摇臂
1—摇臂轴

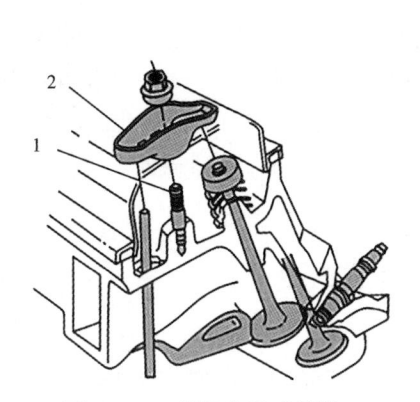

图 3-2-14　螺栓安装式摇臂
1—螺栓；2—摇臂

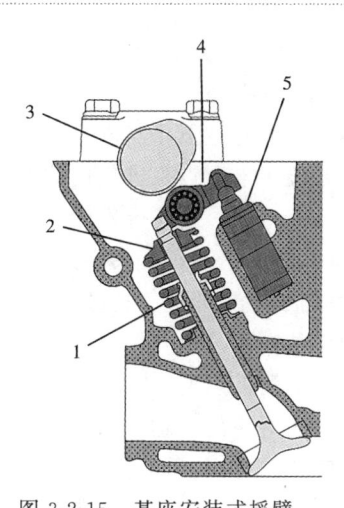

图 3-2-15　基座安装式摇臂
1—气门弹簧；2—气门弹簧座；3—凸轮；4—摇臂；5—液压调整装置

三、配气相位

配气相位是指每个气缸的进排气实际开启和关闭时刻及开启的持续时间，用曲轴转角的环形图来表示配气相位，称为配气相位图，如图 3-2-16 所示。

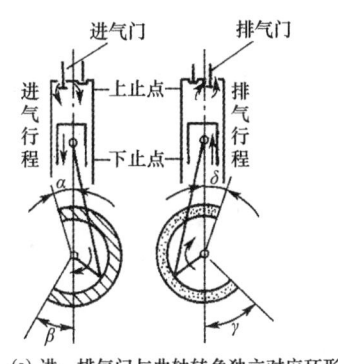

(a) 进、排气门与曲轴转角独立对应环形图　(b) 进、排气门与曲轴转角对应环形图

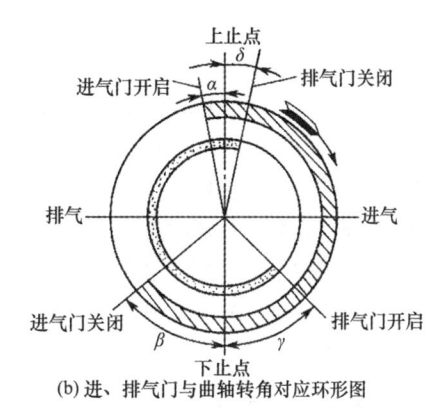

图 3-2-16　配气相位图

理论上四冲程发动机的进气门在进气行程当活塞达到上止点（TDC）时开启，当活塞运动到下止点（BDC）时关闭；排气门在排气行程当活塞达到下止点时开启，当活塞运动到上止点时关闭。进气和排气的时间各占 180° 曲轴转角。由于现代发动机转速很高，活塞每个行程经历的时间都很短。如：某四冲程发动机，在最大功率时的发动机转速达到 5 600 r/min，活塞经历一个行程的时间只有 0.005 4 s。在如此短的时间内完成进气和排气行程，很难达到进气充分，排气彻底的目的。为改善换气行程，提高发动机性能，发动机实际的气门开启和关闭时刻并不在上、下止点处，而是分别适当提前或滞后，即进、排气门开启过程都大于 180° 曲轴转角。

1. 进气提前角

在排气行程接近完成时，活塞到达上止点之前，进气门便开始开启。从进气门开始开启到上止点所对应的曲轴转角称为进气提前角，用 α 表示。一般 α 值为 10°～30°。进气门早开，使得活塞到达上止点开始向下移动时，进气门已有一定开度，所以可较快地获得较大的进气通道截面,减少进气阻力。

2.进气迟闭角

在进气行程到达下止点时,进气门并未关闭,而是在压缩行程活塞上行一段距离后才关闭。从活塞位于下止点至进气门完全关闭时对应的曲轴转角称为进气迟闭角,用 β 表示。一般 β 值为 $40°\sim80°$。进气行程活塞在到达下止点时,气缸内的压力仍低于大气压力,且气流还有相当大的惯性,适当延迟关闭进气门,可利用压力差和气流惯性继续进气。进气门开启持续时间内的曲轴转角,即进气持续曲轴转角为 $\alpha+180°+\beta$,为 $230°\sim290°$。

3.排气提前角

在做功行程的后期,活塞到达下止点前,排气门便开始开启。从排气门开始开启到活塞到达下止点时所对应的曲轴转角称为排气提前角,用 γ 表示。一般 γ 值为 $40°\sim80°$。做功行程接近结束时,气缸内的压力为 $0.3\sim0.5$ MPa,做功作用已经不大,此时提前打开排气门,高温废气迅速排出,减小活塞上行排气时的阻力,减少排气时的功率损失。高温废气提早迅速排出,还可防止发动机过热。

4.排气迟闭角

排气门是在排气行程活塞到达上止点后,又开始下行一段距离后才关闭的。从活塞位于上止点到排气门完全关闭时所对应的曲轴转角称为排气迟闭角,用 β 表示。一般 β 数值为 $10°\sim30°$。在排气行程活塞到达上止点时,气缸内的压力仍高于大气压,由于气流有一定的惯性,排气门适当延迟关闭可使废气排得更干净。排气门开启持续时间内的曲轴转角为 $\gamma+180°+\beta$,为 $230°\sim290°$。

5.气门叠开与气门叠开角

由于进气门早开和排气门迟闭,在排气上止点附近,出现在同一段时间内进、排气门同时开启的现象,称为气门叠开。进、排气门同时开启所对应的曲轴转角称为气门重叠角,即进气提前角 α 与排气迟闭角 β 之和。

气门叠开时进、排气门的开度都很小,且新鲜气流和废气流有各自的惯性,在短时间内不会改变流向,进入气缸内部的新鲜气体可增加气缸内的气体压力,有利于废气的排出。适当的叠开角,不会出现废气倒流进气道和新鲜气体随废气排出的现象。

四、可变配气相位

传统发动机选择其最常用工况并通过试验来确定配气相位,一经确定,则固定不变,气门升程也由凸轮的形状决定而不变。发动机不同工况对配气相位的要求并不相同,适合发动机高速运转的配气相位,在低速时转矩输出小,怠速不稳;而适合低转速运转的配气相位,高转速时则转矩输出小。为提高充气效率,理想的配气机构应是随转速、负荷的提高而增大进气门迟闭角、气门叠开角和气门升程。结合电子控制技术,现代某些先进的发动机上已配置了可变配气机构,其可随转速的变化将凸轮轴转动一个角度,使进、排气提前或延后,或者在变换驱动凸轮同时改变配气相位和气门升程,从而使发动机在各种工况下都能充分发挥出良好性能。

1.智能可变配气正时系统 VVT-i

丰田 1ZR-FE 发动机采用的 VVT-i(Variable Valve Timing-intelligent)智能正时可变气门控制系统。这一装置提高了进气效率,实现了低、中转速范围内扭矩的充分输出,保证了各个工况下都能得到足够的动力表现。这种机构可以保持进气门开启持续角不变,改变进气门开闭时刻来增加充气量。

VVT-i 工作原理:根据发动机 ECU 的指令,当凸轮轴正时控制阀位于图 3-2-17(a)所示位置时,机油压力施加在活塞的左侧,使得活塞向右移动。由于活塞上的旋转花键的作用,进气凸轮轴相对于凸轮轴正时带轮提前某一角度。当凸轮轴正时控制阀位于图 3-2-17(b)所示位置时,活塞向左移动,并向延迟的方向旋转。进而,凸轮轴正时控制阀关闭油道,保持活塞两侧的压力平衡,从而保持配气相位,由此得到理想的配气正时。

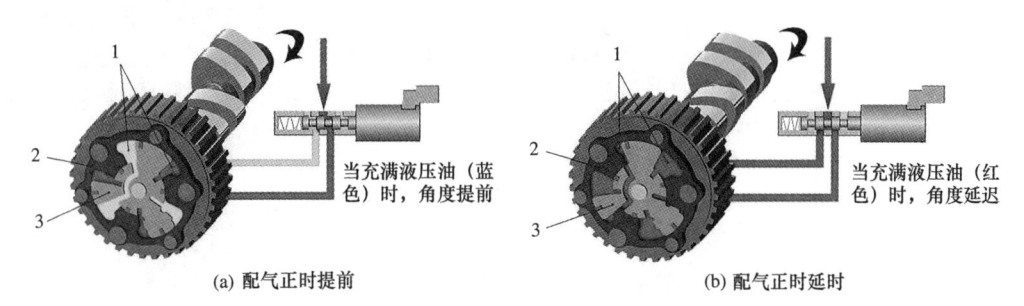

(a) 配气正时提前　　　　　　　　　(b) 配气正时延时

图 3-2-17　可变配气正时示意图
1—液压油;2—外转子;3—内转子

2.可变配气及气门升程机构 VTEC

本田汽车的 VTEC 机构能实现同时控制气门正时及升程在两种不同情况下工作。该机构是在两根凸轮轴上,每缸分别设有 3 个不同的同名凸轮:中间的高速凸轮具有最大升程和气门持续开启期,低速凸轮分别置于其两侧;低速主凸轮具有较大的升程和提前角,次凸轮则具有最小的升程和提前角。主、次凸轮分别驱动主、次摇臂和主、次气门,中间摇臂由高速凸轮驱动,但它不与任何气门直接接触。3 个摇臂内部装有可以往复移动的液压活塞,以根据工况指令控制它们的工作状态。摇臂组件如图 3-2-18 所示。

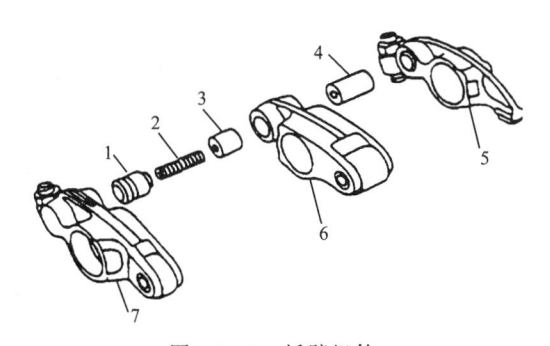

图 3-2-18　摇臂组件
1—正时活塞;2—正时活塞弹簧;3—同步活塞 A;4—同步活塞 B;5—次摇臂;6—中间摇臂;7—主摇臂

低转速时,无液压作用,各活塞在弹簧的作用下处在各自对应的摇臂油缸内,各摇臂独立工作,低速凸轮分别推动主、次摇臂开闭主、次气门,虽然高速凸轮也顶压中间摇臂,由于它与主、次摇臂没有互相连接,处于闲置状态,如图 3-2-19 所示;高转速时,液压活塞受到液压油的推动,使 3 个摇臂结合成一体,高速凸轮驱动气门工作,如图 3-2-20 所示。

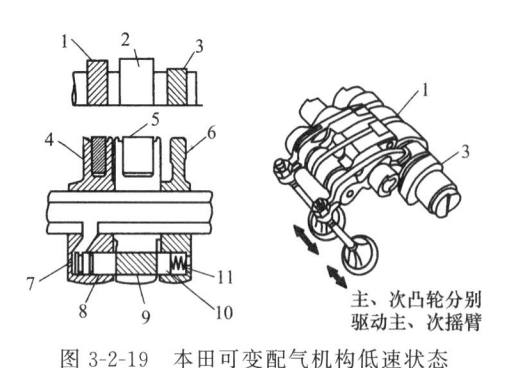

图 3-2-19　本田可变配气机构低速状态
1—主凸轮；2—中间凸轮；3—次凸轮；4—主摇臂；
5—中间摇臂；6—次摇臂；7—正时活塞；8—主同步活塞；
9—中间同步活塞；10—次同步活塞；11—次同步活塞弹簧

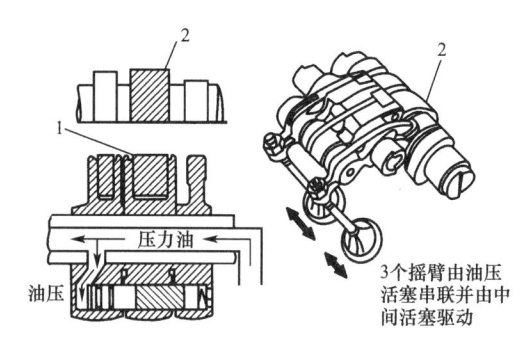

图 3-2-20　本田可变配气机构高速状态
1—中间摇臂；2—中间凸轮

五、气门传动组检测

1.凸轮轴的检测

凸轮轴长期在高速摩擦、交变载荷冲击的环境下工作,其主要损伤有凸轮工作面磨损,轴颈、偏心轮、齿轮磨损,凸轮轴弯曲变形等。凸轮轴的检测主要包括:凸轮磨损情况检测、凸轮轴弯曲度检测、凸轮轴轴颈检测、凸轮轴轴向间隙的检测等。

(1)凸轮磨损情况检测

将凸轮轴清洗干净,检查其有无裂痕、凸轮轴颈有无明显擦伤,键槽有无磨损和扭曲。凸轮磨损后,传动过程中会产生很大的噪声,并且会影响气门的开闭正时,如有损伤应进行修理或更换。用外径千分尺测量凸轮最大升程的减小值,当凸轮最大升程减小值大于 0.40 mm 时需更换凸轮轴。凸轮磨损情况检测如图 3-2-21 所示。

(2)凸轮轴弯曲度检测

将凸轮轴两端轴颈置于平板的 V 形块上,以两端轴颈为支点,使磁性表座上的千分表触头与中间轴颈表面接触,如图 3-2-22 所示。然后缓慢转动凸轮轴一周,测量若干位置,千分表上读数最大差值,即为中间轴颈对两端轴颈的径向圆跳动误差。中间轴颈的径向圆跳动应不大于 0.03 mm。

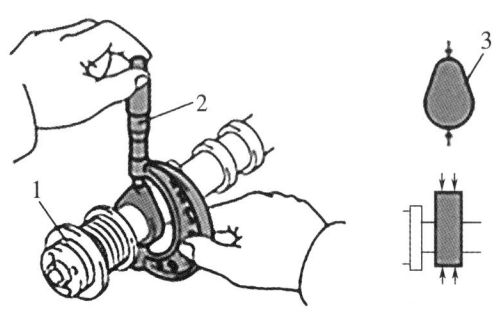

图 3-2-21　凸轮磨损情况检测
1—凸轮轴；2—外径千分尺；3—凸轮

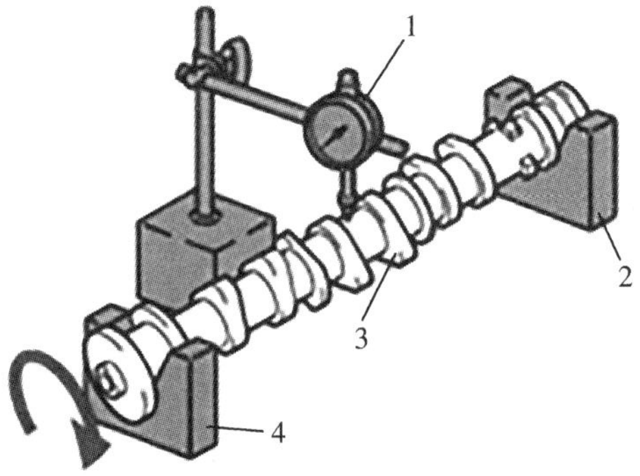

图 3-2-22　凸轮轴弯曲度检测
1—百分表；2,4—V 形块；3—凸轮轴

(3)凸轮轴轴颈检测

用外径千分尺测量凸轮轴轴颈,如图 3-2-23 所示,一般凸轮轴轴颈磨损的圆柱度误差大

于 0.015 mm 时,应更换凸轮轴。

(4)凸轮轴轴向间隙的检测

凸轮轴轴向间隙的检查方法与曲轴径向间隙相同。如果配合间隙过大,应更换止推片。测量凸轮轴轴向间隙时,应按规定拆去液压挺杆,装好轴承盖,装上百分表,如图 3-2-24 所示。凸轮轴轴向间隙的允许极限一般为 0.15 mm。

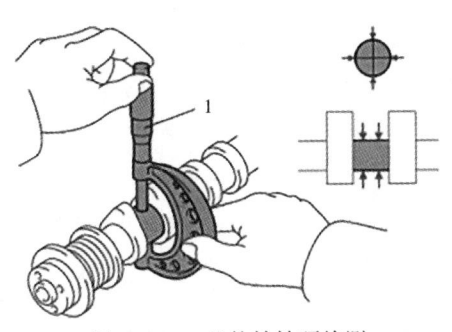

图 3-2-23　凸轮轴轴颈检测
1—外径千分尺

图 3-2-24　凸轮轴轴向间隙检测
1—百分表;2—凸轮

2.气门挺柱的检测

(1)普通气门挺柱的检测

用外径千分尺测量气门挺柱,其圆度和圆柱度误差应不大于 0.03 mm,气门挺柱直径的磨损应不超过 0.05 mm,挺柱圆柱部分与气门导孔的配合间隙一般为 0.03～0.10 mm,否则应更换挺柱或气门导孔支架。

在更换挺柱体后应检查挺柱与承孔的配合状况,操作方法是:用食指和拇指捏住挺柱,转动挺柱应灵活自如、无阻滞,摆动挺柱应无晃动感。

(2)液压气门挺柱的检测

液压气门挺柱中的柱塞和油缸是一对精密偶件,其配合间隙不超过 0.005 mm。间隙过大时,气门挺柱在工作中机油会从间隙渗漏,影响气门挺柱的正常工作。一般情况下可以将液压挺柱浸入干净的发动机机油中,压缩/放开柱塞 5～6 次。用手指压下液压挺柱检查其是否密封严密(图 3-2-25)。若液压挺柱在 3 次压缩后仍能被压缩,则需要更换新的液压挺柱。

3.摇臂和摇臂轴的检测

(1)外观检查

检查摇臂和摇臂轴工作面有无缺口、凹陷、沟槽、麻点、划损等缺陷,若有则需要修磨或更换。

(2)检查摇臂和摇臂轴之间的磨损情况

用手感检查摇臂与摇臂轴的配合情况,如图 3-2-26 所示,按图中箭头方向推拉和摇摆摇臂,若有间隙感说明摇臂与摇臂轴之间出现了磨损。

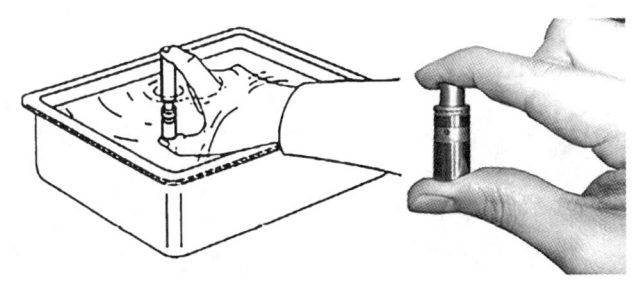

图 3-2-25　液压挺柱检测

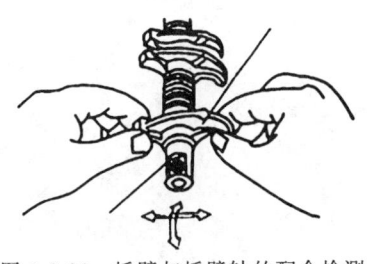

图 3-2-26　摇臂与摇臂轴的配合检测

(3) 检查并疏通摇臂润滑油孔

利用压缩空气疏通摇臂润滑油孔,在安装新衬套时要注意使衬套油孔与摇臂油孔对齐。

4. 正时链条和链轮的检测

采用链传动的配气机构,正时链条和链轮磨损后节距会变长,噪声增大,配气定时失准。因此,在维修时应认真检查。通常采用测量链条的伸展度和链轮直径的方法检测链条和链轮的磨损状况。

(1) 正时链条的检测

测量链条长度时,对链条施以一定的拉力(50 N),拉紧后测量其长度 L,如图 3-2-27(a)所示,若不符合要求则应更换新链条。具体车型发动机链条长度请查阅维修手册。

(2) 正时链轮的检测

将链条分别包住凸轮轴正时链轮和曲轴正时链轮,用游标卡尺测量其直径,如图 3-2-27(b)所示,其直径不得小于允许值。

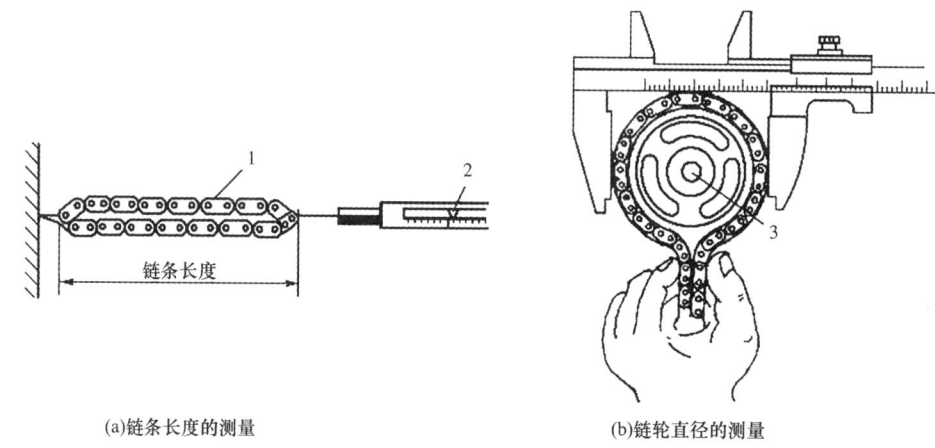

(a) 链条长度的测量

(b) 链轮直径的测量

图 3-2-27 正时链条与链轮的检测
1—正时链条;2—弹簧秤;3—凸轮轴

5. 正时齿形带的检测

正时齿形带应定期更换,以防发动机工作中突然断裂,造成机件损失。为保证传动的可靠性,张紧器等相关部件要随正时齿形带一起更换。发动机在正常使用情况下,正时齿形带更换周期一般为 70 000~100 000 km(具体不同车型的正时齿形带更换周期,需查阅相关维修手册)。

曲轴带轮和正时带轮上都有装配标记,装配时要将相应的装配标记对正,以保证配气相位的正确性。齿形带应没有开裂痕迹,齿形、齿数完整。装配后应检查正时齿形带的张紧度:用手指捏住正时皮带的中间位置,用力翻转时,正时皮带应刚好转过 90°,如图 3-2-28 所示。否则应松开张紧螺母,利用专用工具转动张紧轮,进行皮带紧度的调整。

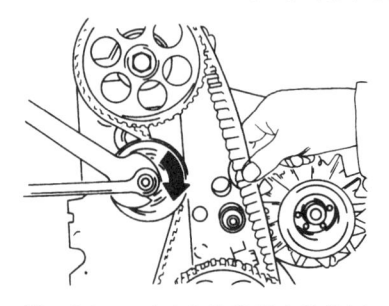

图 3-2-28 正时皮带张紧度的检测

六、气门间隙

发动机工作时,气门将因温度的升高而膨胀。如果气门及其传动件之间在冷态时无间隙或间隙过小,则在热态下,气门及其传动件的受热膨胀势必引起气门关闭不严,导致发动机在压缩和做功行程中漏气,从而造成发动机输出功率下降,严重时甚至不能起动。为了消除这种现象,通常发动机冷态装配时,在气门与其传动机构间留有一定的间隙(即气门间隙),以补偿气门受热后的膨胀量。气门间隙的调整类型一般有调整挺柱式、调整垫片式、调整螺钉式,如图 3-2-29 所示。

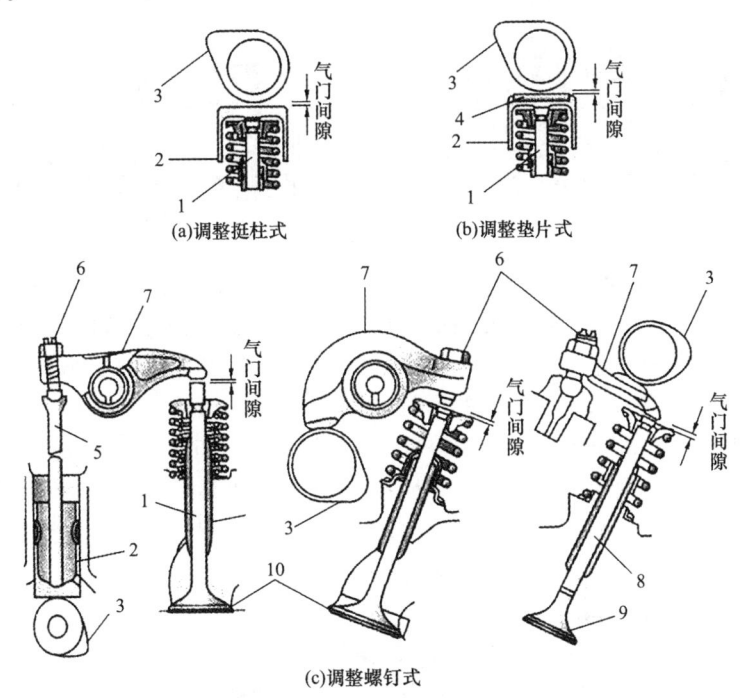

图 3-2-29 气门间隙的调整类型

1—气门;2—挺柱;3—凸轮;4—调整垫片;5—推杆;6—调整螺钉;
7—气门摇臂;8—气门杆;9—气门锥面;10—气门座

采用液压挺柱的发动机,由于液压挺柱的长度能自动变化,随时补偿气门的热膨胀量,故不需要预留气门间隙。

气门间隙的大小一般由发动机制造厂根据试验确定。通常在冷态时,进气门的间隙为 0.25～0.30 mm;排气门的间隙为 0.30～0.35 mm。若气门间隙过小,发动机在热态下可能发生漏气,导致功率下降甚至气门烧坏。若气门间隙过大,则使传动部件之间以及气门和气门座之间产生撞击,会加速磨损,同时也会使得气门开启升程减小,气门开启的持续时间减少,造成进气不充分、排气不彻底。调整气门间隙一般采用逐缸调整法或两遍调整法。

(1)逐缸调整法

逐缸调整气门间隙是使调整气缸的活塞处于压缩行程的上止点位置。用塞尺测量其进、排气门凸轮基圆与挺柱之间的间隙,若间隙不合格,则应调整间隙或更换气门挺柱(详细步骤参考维修手册)。其余各缸气门间隙的调整按以上方法进行。

(2)两遍调整法

当第一缸活塞处于压缩行程上止点时,调整所有一半数量气门的间隙,再转动曲轴一周便可调整剩下一半数量气门的间隙。如工作顺序为 1→3→4→2 的直列四缸发动机,当第一缸处于压缩行程上止点时,能同时调整气门间隙的气门为:第一缸的进、排气门,第二缸的进气门,第三缸的排气门,如图 3-2-30 所示;当转动曲轴一周,使第四缸处于压缩行程上止点位置时,可以调整余下的半数气门,如图 3-2-31 所示。对工作顺序为 1→5→3→6→2→4 的直列六缸发动机,当第一缸处于压缩行程上止点时,能同时调整的气门为:第一缸的进、排气门,第二、四缸的进气门,第三、五缸的排气门;当转动曲轴一周,使第六缸处于压缩行程上止点时,余下的半数气门即可调整。两遍调整法调整气门间隙的具体操作方法与逐缸调整法相同。

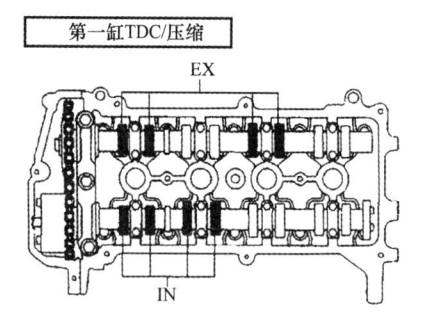

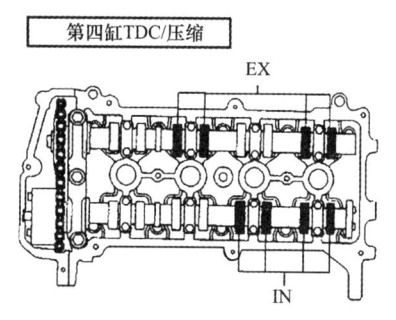

图 3-2-30　第一遍测量挺柱与凸轮之间的间隙　　图 3-2-31　第二遍测量挺柱与凸轮之间的间隙

若气门间隙不符合标准,则需要更换挺柱或增减垫片来补偿气门间隙的差值。有的发动机需要更换气门挺柱来调整气门间隙,更换新气门挺柱的厚度计算公式为:新气门挺柱的厚度=(测得原气门间隙+原气门挺柱的厚度)-标准间隙。例如:测得发动机原进气门间隙为 0.31 mm,用千分尺测得原气门挺柱的厚度为 3.12 mm,如图 3-2-32 所示,查阅维修手册得知其进气门标准间隙为 0.25 mm±0.04 mm,则利用公式计算后,得出新气门挺柱的厚度为 3.18 mm。

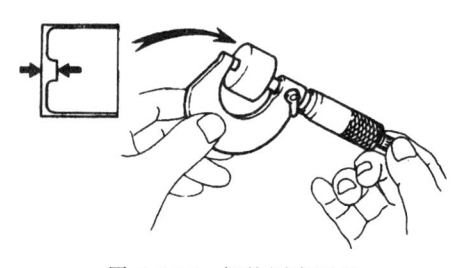

图 3-2-32　挺柱厚度测量

复习题

1. 常见摇臂轴总成有哪些零件组成?一般需进行哪些检查?
2. 凸轮轴常见故障有哪些?如何检查?
3. 配气机构拆装时应注意什么?
4. 什么是配气相位?对配气相位有什么要求?
5. 什么是可变配气相位?可变配气相位是如何实现的?
6. 什么是气门间隙?为何留有气门间隙?如何检查调整?

任务实施 3.1 气门密封性检测

一、操作内容
1. 常规工具的选用及使用方法。
2. 气门的拆装方法。
3. 渗油法气门密封性检测。

二、操作工单
1. 下列是关于气门拆装及检查的步骤，请按正确的操作步骤排序。
①固定气缸盖。
②拆卸气门锁片及弹簧。
③拆卸气门。
④检查气门气密性。
⑤安装气门。
⑥安装气门锁片及弹簧。
2. 气门拆装过程中如何判断锁片已经安装到位？

_____

3. 气门气密性检查过程中，如果气门与气门座之间有煤油渗出，说明气门气密性不良，应该采取的解决措施是：

_____

三、其他说明
1. 安全注意事项
(1) 佩戴防护眼镜，防止小部件弹出伤害眼睛。
(2) 正确使用气门弹簧压缩工具，防止意外受伤。
(3) 部件轻拿轻放，防止部件滑落地面摔坏或遗失。
(4) 禁止拆卸过程中野蛮操作，以防发生安全事故。
2. 技术要求和标准
(1) 操作流程符合维修手册要求。
(2) 按照工位要求摆放部件及工具。

任务实施 3.2 气门间隙检测与调整

一、操作内容
1. 常规工具的选用及使用方法
2. 气门间隙检查与调整方法。

二、操作工单

1.填写调整前测量时各缸气门间隙测量值。

(1)转动曲轴,使1缸活塞处于压缩上止点

测量1缸进气门的间隙值:＿＿＿＿＿＿；测量1缸排气门的间隙值:＿＿＿＿＿＿；

测量3缸排气门的间隙值:＿＿＿＿＿＿；测量2缸进气门的间隙值:＿＿＿＿＿＿。

(2)转动曲轴360°,使4缸活塞处于压缩上止点。

测量4缸进气门的间隙值:＿＿＿＿＿＿；测量4缸排气门的间隙值:＿＿＿＿＿＿；

测量2缸排气门的间隙值:＿＿＿＿＿＿；测量3缸进气门的间隙值:＿＿＿＿＿＿。

2.填写调整后测量时各缸气门间隙测量值。

(1)转动曲轴,使1缸活塞处于压缩上止点。

测量1缸进气门的间隙值:＿＿＿＿＿＿；测量1缸排气门的间隙值:＿＿＿＿＿＿；

测量3缸排气门的间隙值:＿＿＿＿＿＿；测量2缸进气门的间隙值:＿＿＿＿＿＿。

(2)转动曲轴360°,使4缸活塞处于压缩上止点。

测量4缸进气门的间隙值:＿＿＿＿＿＿；测量4缸排气门的间隙值:＿＿＿＿＿＿。

测量2缸排气门的间隙值:＿＿＿＿＿＿；测量3缸进气门的间隙值:＿＿＿＿＿＿。

三、其他说明

1.安全注意事项

(1)举升车辆到位后,将车辆降低至安全保险位置。

(2)禁止随意按动举升机操纵开关。

(3)禁止野蛮操作,以防发生安全事故。

(4)转动曲轴时,应缓慢均匀用力,防止滑倒摔伤。

(5)塞尺测量时动作要轻,插入间隙时不要太紧,更不得用力硬塞,防止塞尺弯曲和折断。

2.技术要求和标准

(1)操作流程符合维修手册要求。

(2)测量前清除塞尺和部件上的污垢与灰尘。

(3)根据接合面的间隙情况选用塞尺片数,越少越好。

项目 4

燃料供给系统的认知及检修

任务 4.1
汽油机燃料供给基础认知

学习目标

知识目标

1. 熟悉汽油机燃料供给系统的类型及功用;
2. 熟悉混合气浓度的表示方法;
3. 了解发动机工况的要求。

技能目标

能够辨识发动机工况。

素养目标

1. 具备查询信息和使用维修手册的基本能力;
2. 能够与他人密切合作,规范、安全地完成学习任务;
3. 养成自主学习、规范操作的工作习惯及环保意识。

相关知识

一、汽油机燃料供给系统的作用和类型

汽油机燃料供给系统的作用是储存、输送清洁燃料,根据发动机不同工况的要求,配制一定数量和浓度的可燃混合气进入气缸,并在燃烧做功后,将燃烧产生的废气排至大气中。

汽油机燃料供给系统有化油器式燃料供给系统和电控喷射式燃料供给系统两大类型。化油器式燃料供给系统已逐渐被淘汰,目前汽车发动机广泛采用电控喷射式燃料供给系统。

二、车用汽油机对可燃混合气浓度的要求

1. 汽油的主要性能指标

汽油机使用的燃料是汽油,汽油是从石油中提炼得到的密度小而又易于挥发的液体燃料,汽油由多种碳氢化合物组成,基本成分:碳的体积百分数为85%,氢的体积百分数为15%。车用汽油分类主要以辛烷值为基础,测定辛烷值的方法有马达法和研究法。目前我国用研究法测定的辛烷值(RON)表示汽油的牌号。汽油的主要性能指标有蒸发性、抗爆性和热值。

(1) 蒸发性

汽油中必须含有足够比例的高蒸发性的成分,以得到良好的冷起动性能,其蒸发性的好坏将影响发动机能否正常工作。当温度较高时,蒸发性过高的汽油易在油路中蒸发形成"气阻",当温度较低时,蒸发性过低的汽油会有一部分不能蒸发、燃烧,并滞留在气缸壁上,不仅使燃油消耗量增加,而且会稀释润滑油,导致气缸加快磨损,影响发动机寿命。所以车用发动机的汽油蒸发性要求适中。

(2) 抗爆性

汽油的抗爆性是指汽油在发动机气缸中燃烧时,避免产生爆燃的能力,亦即抗自燃能力,是表示车用汽油品质的一项主要性能指标。发动机选用抗爆性较好的汽油,就可以采用较高的压缩比而不致发生爆燃。抗爆性的好坏程度一般用辛烷值来表示。辛烷值越高,抗爆性越好。国内加油站常见的92号、95号和98号汽油,其标号即为辛烷值。

汽车用户应严格按生产厂家的要求选用相应标号的汽油,才能使发动机发挥出最佳的效能。除说明书以外,汽车生产厂家也会在油箱盖内侧标注推荐使用的燃油标号。

(3) 热值

汽油的热值是指单位质量(1 kg)的汽油完全燃烧后所产生的热量。汽油的热值约为44 000 kJ/kg。

2. 可燃混合气浓度

汽油在燃烧前必须与空气形成可燃混合气。可燃混合气是燃料与空气混合,并处于能够着火燃烧的浓度界限范围内的混合气。可燃混合气中燃料含量的多少称为可燃混合气浓度。可燃混合气浓度有两种表示方法:过量空气系数 α 和空燃比 A/F。

过量空气系数是理论上燃烧1 kg燃料实际供给的空气质量与理论上完全燃烧时所需要的空气质量之比。由此可知,$\alpha=1$ 的可燃混合气称为理论混合气(或标准混合气);$\alpha<1$ 的可

燃混合气称为浓混合气;α>1 的可燃混合气称为稀混合气。

空燃比是燃烧时空气质量与燃料质量之比。理论上,1 kg 汽油完全燃烧需要 14.7 kg 空气,故空燃比 $A/F=14.7$ 的可燃混合气称为理论混合气;$A/F<14.7$ 的可燃混合气称为浓混合气;$A/F>14.7$ 的可燃混合气称为稀混合气。

3. 可燃混合气浓度对发动机性能的影响

可燃混合气浓度直接影响发动机的工作性能,各种浓度的可燃混合气在燃烧时有如下特点。

(1)理论混合气($\alpha=1$)

这只是理论上完全燃烧的混合比,一般情况下这种成分的混合气在燃烧室中不能得到完全的燃烧,有以下两个原因:

①燃烧室中的混合气由于混合时间和空间的限制,燃料不可能均匀地分布,部分燃料有可能来不及和空气混合就被排出燃烧室。

②由于燃烧室中总有少部分的废气排不出去,阻碍了燃料分子与空气分子的结合,影响了火焰中心的形成和火焰的传播。

(2)稀混合气($\alpha>1$)

这是实际上可能完全燃烧的混合气,可保证所有燃料分子获得足够的空气而完全燃烧。对于不同的汽油机,混合气浓度 α 值为 1.05~1.15 时,可以获得较好的燃油经济性,故这种混合气也称为经济混合气。

混合气过稀时($\alpha>1.15$),由于空气过量导致燃烧速度放慢,热量损失加大,导致发动机过热,加速性能变差。严重过稀时,燃烧可能延续到下一个循环的进气过程的开始,火焰将回传到进气管,引起进气管"回火"。当混合气稀到 α 值为 1.30~1.40 时,火焰无法传播,导致发动机熄火,此混合气 α 值称为火焰传播下限。

(3)浓混合气($\alpha<1$)

因燃料的含量较多,燃料分子密集,火焰传播快,可保证燃料分子迅速找到空气中的氧分子并与其相结合而燃烧。α 值为 0.85~0.95 时,燃烧速度最快,热量损失小,平均有效压力和汽油机功率较大,这种混合气又称功率混合气。

功率混合气中空气含量不足,混合气燃烧不完全,导致燃油经济性降低。过浓的混合气($\alpha<0.88$),由于燃烧很不完全,产生大量的一氧化碳,在高温高压的作用下可析出自由碳,燃烧室产生积炭,导致汽油机排气管"放炮"、功率下降及排放污染加剧。当混合气浓度 α 值为 0.40~0.50 时,火焰无法传播,导致发动机熄火,此混合气 α 值称为火焰传播上限。

4. 车用汽油机对可燃混合气浓度的要求

发动机工作情况简称为发动机工况,由转速和负荷两个因素决定。车用发动机工况变化范围很大,且工况有时变化非常迅速。转速可以从最低稳定转速变到最高转速。发动机的负荷是指汽车施加给发动机的阻力矩,即发动机为平衡阻力矩而应输出的转矩。由于发动机的转矩随节气门的开度而变化,所以也可用节气门的开度代表负荷的大小,负荷多用百分数来表示,负荷可由 0 变为 100%。车用发动机在各种使用工况下对混合气成分的要求各不相同。

(1)稳定工况对混合气浓度的要求

稳定工况是指发动机已经预热,进入正常运转,并且在一定时间内工况没有突然变化。稳定工况可分为怠速工况、小负荷工况、中等负荷工况、大负荷工况和全负荷工况等,各种负荷下发动机的转速也不同。

①怠速工况。怠速是指发动机对外无功率输出,做功行程产生的动力只用以克服发动机的内部阻力,使发动机保持最低转速稳定运转。一方面,汽油机怠速转速一般为400～800 r/min,转速很低,空气流速也低,使得汽油雾化不良,与空气的混合也很不均匀。另一方面,节气门开度很小,吸入燃烧室内的可燃混合气量很少,同时又受到燃烧室内残余废气的冲淡作用,使混合气的燃烧速度变慢,易导致发动机动力不足、燃烧不良,甚至熄火。因此要求提供较浓的混合气,α值一般为0.60～0.80。

②小负荷工况。发动机负荷在25%以下称为小负荷。小负荷时,节气门开度较小,进入燃烧室内的可燃混合气量较少,而上一循环残留在气缸中的废气在燃烧室内气体中所占的比例相对较多,不利于燃烧,因此必须供给较浓的可燃混合气,α值一般为0.70～0.90。

③中等负荷工况。发动机负荷在25%～85%称为中等负荷。发动机大部分工作时间处于中等负荷工况,以提高燃油经济性为主。应供给较稀混合气,α值一般为0.90～1.15。

④大负荷工况及全负荷工况。发动机负荷在85%～100%称为大负荷及全负荷。此时应以动力性为前提,要求发动机发出最大功率,供给较浓的功率混合气,α值一般为0.85～0.95。

(2)过渡工况对混合气浓度的要求

汽车在运行中的过渡工况可分为冷起动工况、暖机工况和加速工况三种。

①冷起动工况。发动机冷起动时,混合气得不到足够的预热,汽油蒸发困难。同时,发动机曲轴转速低,雾化及汽化条件不好,大部分混合气在进气管内形成附着油膜,不能随气流进入燃烧室,使燃烧室内的混合气过稀,无法点燃。因此,要求供给极浓的混合气进行补偿,从而使进入燃烧室的混合气有足够的汽油蒸气,以保证发动机可以起动。冷起动工况要求供给的混合气α值一般为0.20～0.60。

②暖机工况。暖机是指发动机冷起动后,各气缸开始依次点火而自行继续运转,使发动机的温度逐渐升高到正常值,发动机能稳定地进行怠速运转的过程。在此期间,要求混合气的浓度随温度升高而减小,从起动时的极浓减小到稳定怠速运转所要求的浓度为止。

③加速工况。发动机的加速是指负荷迅速增加的过程。当节气门开度急剧加大时,空气流量和流速随之增大,致使混合气暂时过稀。另外,由于进气管内压力骤然升高,冷空气来不及预热,使进气管内温度降低,不利于汽油的蒸发,致使汽油的蒸发量减少,造成混合气过稀,最终导致发动机不能实现立即加速,甚至有时还会发生熄火现象。因此,必须在急加速时,额外增加供油量,使混合气加浓以满足发动机急加速的要求。

从以上分析可以看出:发动机的运转情况是复杂的,各种运转情况对可燃混合气的成分要求不同。在起动、怠速、全负荷以及加速运转时,要求供给浓混合气;在中负荷运转时,随着节气门开度由小变大,要求供给由浓逐渐变稀的混合气。

三、汽油喷射系统的分类

1.按燃油喷射位置分类

(1)进气管喷射

进气管喷射方式也称为缸外喷射(图4-1-1),其喷油器喷射压力一般为0.20～0.35 MPa。

按喷油器数量不同,进气管喷射方式可以分为单点喷射和多点喷射。

喷油器安装在进气管(节气门)上,称为节气门喷射或单点喷射(图4-1-2);喷油器安装在每个气缸进气道内,将燃油直接喷射到各缸的进气门前方,称为多点喷射(图4-1-3)。多点喷射是目前普遍采用的喷射方式。

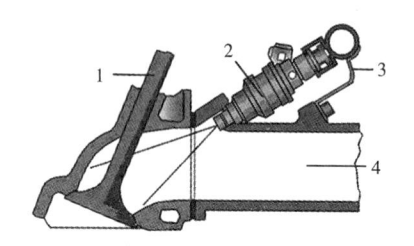

图 4-1-1　缸外喷射结构
1—节气门;2—喷油器;3—输油管;4—进气歧管

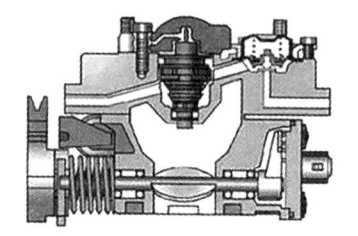

图 4-1-2　单点喷射结构

(2)缸内直接喷射

汽油机缸内直接喷射技术是指将喷油器直接安装在燃烧室上,将加压到 5～11 MPa 的燃油直接喷入气缸内,再与气缸内的空气混合成可燃混合气,容易实现分层燃烧和稀混合气燃烧,可以进一步改善汽油机的经济性和排放。缸内直接喷射也属于多点喷射,如图4-1-4所示。

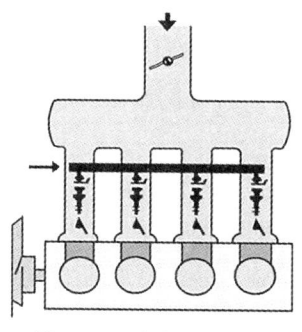

图 4-1-3　多点喷射结构

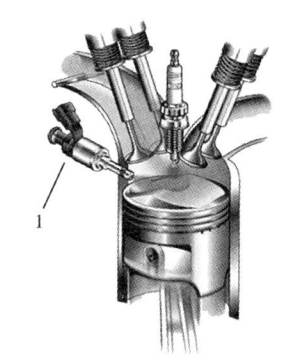

图 4-1-4　缸内直接喷射结构
1—喷油器

2.按燃油喷射方式分类

(1)连续喷射

连续喷射指发动机运转期间,喷油器连续不断地将汽油喷入进气道内,且大部分汽油是在进气门关闭时喷射的,喷入的汽油只能在进气道内蒸发。目前,这种方式已被淘汰。

(2)间歇喷射

间歇喷射是指发动机运转期间汽油间歇喷射。间歇喷射又分为顺序喷射、分组喷射和同时喷射(图4-1-5)。以四缸发动机为例:顺序喷射也称独立喷射,是指在一个工作循环中,按发动机的工作顺序每缸各喷一次油;分组喷射是指喷射器被分成几组,不考虑发动机的工作顺序,在一个工作循环中,每一组喷油器喷一次油;同时喷射不考虑发动机的工作顺序,每个工作循环中,每缸的喷油器喷两次油。

(a)顺序喷射式（按点火顺序）

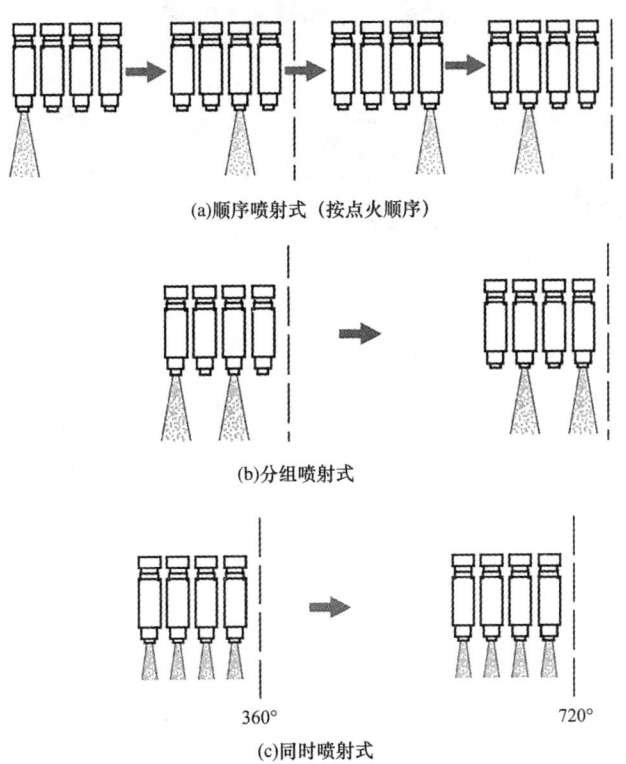

(b)分组喷射式

(c)同时喷射式

图 4-1-5　间歇喷射方式

3.按进气量的计量方式分类

(1)D 型喷射系统

D 型喷射系统利用进气歧管压力传感器检测进气管内的绝对压力,电控单元根据进气歧管绝对压力和发动机转速来推算发动机吸入的空气量,再根据进气量和发动机转速确定基本喷油量。

(2)L 型喷射系统

L 型喷射系统利用空气流量传感器直接测量发动机吸入的空气量,电控单元根据空气流量传感器的信号计算相应的喷油量。L 型喷射系统对可燃混合气浓度的控制精确度优于 D 型喷射系统。

4.按有无反馈分类

(1)开环控制

开环控制系统只给执行器发出指令,不能检查或控制执行器的实际输出情况。它是把根据实验确定的发动机各种工况的最佳供油参数事先输入电控单元,发动机运转时,电控单元根据各传感器的输入信号,判断发动机所处的工况,确定喷油量。

(2)闭环控制

闭环控制是通过对输出信号的检测并利用反馈信号对输入进行调整,使输出满足要求。如在排气管上加装氧传感器,根据排气中的含氧量来测定空燃比,把信号反馈到电控单元与设定的信号进行比较,对燃油量进行修正,使空燃比控制在设定值附近。

复习题

1. 混合气浓度的表示方法有哪些?
2. 汽油机工况有哪些?对混合气各有何要求?
3. 汽油机喷射系统有哪些类型?

任务 4.2
汽油机电控喷射系统的认知及检测

学习目标

知识目标
1. 熟悉汽油机电控喷射系统基本组成；
2. 了解汽油机电控喷射系统工作原理。

技能目标
1. 能够进行汽油机电控喷射系统拆装；
2. 能够识别汽油机电控喷射系统组件。

素养目标
1. 具备查询信息和使用维修手册的基本能力；
2. 能够与他人密切合作，规范、安全地完成学习任务；
3. 养成自主学习、规范操作的工作习惯及环保意识。

相关知识

尽管汽油发动机电子控制系统类型繁多,但它们都具有相同的控制原则:以电子控制单元(ECU)为控制核心,以空气流量计和发动机转速为控制基础,以喷油器、点火器和怠速空气调整阀等为控制对象,保证获得与发动机各种工况相匹配的最佳混合气和点火时刻。相同的控制原则决定了各类电控系统具有相同的组成和类似的结构。汽油电控喷射系统一般由空气供给系统、燃油供给系统、电子控制系统等组成,如图 4-2-1 所示。

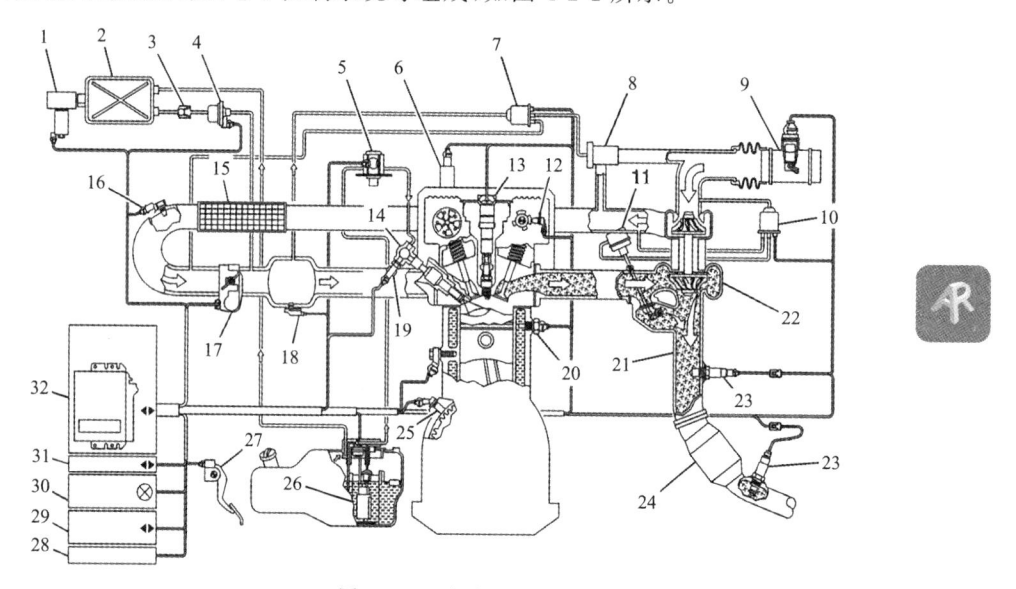

图 4-2-1 汽油机电控喷射系统

1—炭罐电磁阀;2—炭罐;3—非回流阀;4—炭罐吹洗电磁阀;5—高压燃油泵;6—凸轮轴位置执行器电磁阀;7—涡轮增压器旁通阀电磁阀;8—涡轮增压器旁通阀;9—空气流量进气温度传感器;10—涡轮增压器废气门执行器;11—涡轮增压器废气门膜片阀;12—凸轮轴位置传感器;13—点火线圈/点火模块和火花塞;14—喷油器;15—增压空气冷却器;16—进气压力和温度传感器;17—节气门;18—进气歧管绝对压力传感器;19—燃油分配管压力传感器;20—发动机冷却液温度(ECT)传感器;21—发动机排气歧管;22—涡轮增压器;23—加热型氧传感器 1 和 2;24—三元催化器;25—曲轴位置传感器;26—燃油泵模块;27—加速踏板;28—防盗系统;29—数据链路连接器;30—故障指示灯;31—串行数据;32—发动机控制模块

一、空气供给系统

空气供给系统的功用是控制并测量吸入发动机的空气量,提供形成可燃混合气所需的洁净空气。它主要由空气滤清器、空气流量计、节气门、进气总管、进气歧管和怠速空气阀等组成。以 L 型汽油喷射系统为例,发动机在运行时,空气流量由节气门控制;空气经空气滤清器过滤,由空气流量计计量后,通过节气门进入进气总管,再分配到各进气歧管内,空气与喷油器喷出的汽油混合后被吸入气缸内燃烧。

如图 4-2-2 所示,在发动机冷却液温度较低时,为加快暖机过程,怠速空气阀加大旁通空气通道的开度,以满足快怠速时所需的较多的空气量,空气绕过节气门直接进入进气总管。随着发动机冷却液温度的升高,怠速空气阀调节的旁通空气通道开度逐渐减小,旁通空气量也随之减小,发动机转速逐渐降低至正常怠速。

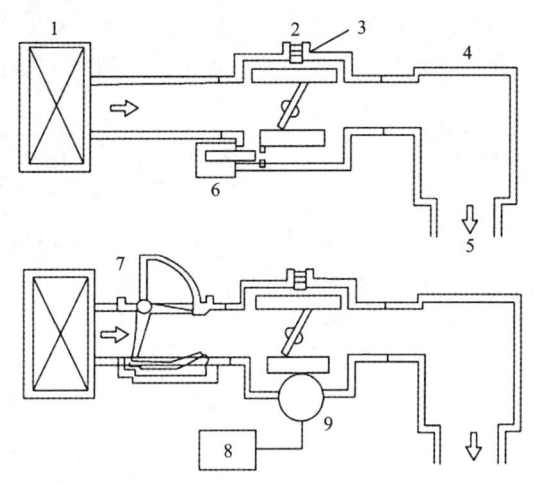

图 4-2-2　空气供给系统

1—空气滤清器；2—节气门；3—怠速调整螺钉；4—进气总管；5—进气歧管；
6—怠速空气阀；7—空气流量计；8—ECU；9—怠速控制阀

二、燃油供给系统

燃油供给系统的功用是供给燃烧室燃烧所需的汽油。它主要由燃油箱、燃油泵、燃油滤清器、燃油脉动阻尼器、喷油器、燃油压力调节器和回油管等组成，如图4-2-3所示。

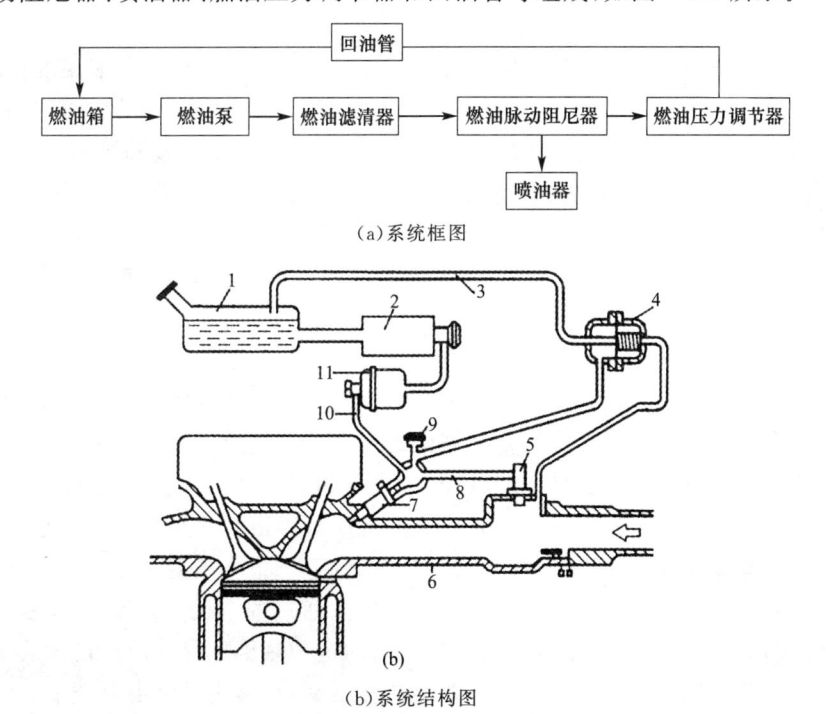

(a) 系统框图

(b) 系统结构图

图 4-2-3　燃油供给系统

1—燃油箱；2—燃油泵；3—回油管；4—燃油压力调节器；5—冷起动喷油器；6—各缸进气歧管；
7—喷油器；8—输油管；9—燃油脉动阻尼器；10—进油管；11—燃油滤清器

燃油被燃油泵从油箱中泵出，经燃油滤清器滤去燃油中的杂质，进入供油总管。总管中的油压由压力调节器调节,脉动阻尼器消除喷油时产生的微小脉动,以确保喷油量精确。喷油器根据发动机 ECU 的指令,开启喷油阀,将适量的燃油喷入各进气歧管或进气总管中。

三、电子控制系统

电子控制系统的功用是根据发动机运转状况和车辆运行状态,确定汽油的最佳喷射量和点火时刻等。该系统主要由传感器、电子控制单元和执行元件(执行器)组成。传感器用以监测发动机的实际运行状况,将发动机各种工况下的运行参数转变为电信号输送到电子控制单元。

传感器主要有空气计量传感器、进气温度传感器、大气压力传感器、进气歧管绝对压力传感器、曲轴位置传感器、凸轮轴位置传感器、节气门位置传感器、发动机转速传感器、氧传感器、爆燃传感器等。

电子控制单元是一种电子综合控制装置,是电子控制系统的核心。它主要由中央处理器(CPU)、只读存储器(ROM)、随机存储器(RAM)、输入和输出接口电路、驱动电路和固化在 ROM 中的发动机控制程序等组成。

执行元件用以执行发动机 ECU 输出的各种控制指令。执行器主要有燃油泵继电器、喷油器、点火电子组件(点火器)、怠速控制(ISC)阀、废气循环控制阀(EGR 阀)、仪表等。

四、电控汽油喷射系统工作原理

电子控制单元首先读取进气管真空度(进气流量)、发动机转速、冷却液温度、大气压力、氧传感器、爆燃传感器、进气温度传感器、节气门位置传感器输入的信息,然后将这些信息与储存在 ROM 存储器中的预置信息进行比较,进而确定在这种状态下发动机所需的供油量和点火提前时间。预先存储在存储器内的信息是由发动机优化数据实验获得的。进气歧管真空度(或进气量)和发动机转速是主要参数,电子控制单元根据主要参数可以确定在此工况下的基本燃油供给量和基本的点火时刻;其他几个参数为修正参数,对基本量起修正作用。

1. 空气流量计

空气流量计是测量发动机进气量的装置,用于 L 型汽油喷射系统中。空气流量计一般设置在空气滤清器与节气门之间,也有的安装在空气滤清器上,还有的将空气流量计与节气门做成一体安装在发动机上。空气量信号是用来确定基本喷油量的主要依据之一。空气流量计的类型主要有体积流量型和质量流量型两种,其中常见的翼片式空气流量计和卡门旋涡式空气流量计就属于体积流量型。目前应用比较广泛的是质量流量型的热线(膜)式空气流量计。

热线式空气流量计的工作原理如图 4-2-4 所示,在进气道中放置热线电阻 R_h,当空气流过热线时,热线的热量被空气吸收,使其变冷。热线周围通过的空气质量流量越大,被带走的热量将增加,热线式空气流量计利用热线与空气之间的这种热传递现象进行空气质量流量测量。其工作原理是将热线温度与吸入空气温度差保持在 100 ℃,热线温度由混合集成电路控制,当空气质量流量增大时,由于空气带走的热量增多,为保持热线温度,混合集成电路中热线电阻通过的电流增大,反之,则减小。这样,使得通过热线电子的电流成为空气质量流量的单一函数,即热线电流随着空气质量流量的增大而增大,随着空气质量流量的减小而减小。为提高测量精度,还可以设有自洁电路;熄火后自动加热铂丝至 1 000 ℃ 维持 1 s,烧掉铂丝上的灰尘热膜式与热线式所不同的是不使用铂丝作为热线,而是将热线电阻、补偿电阻及桥路电阻用厚膜工艺制作在同一陶瓷基片上。

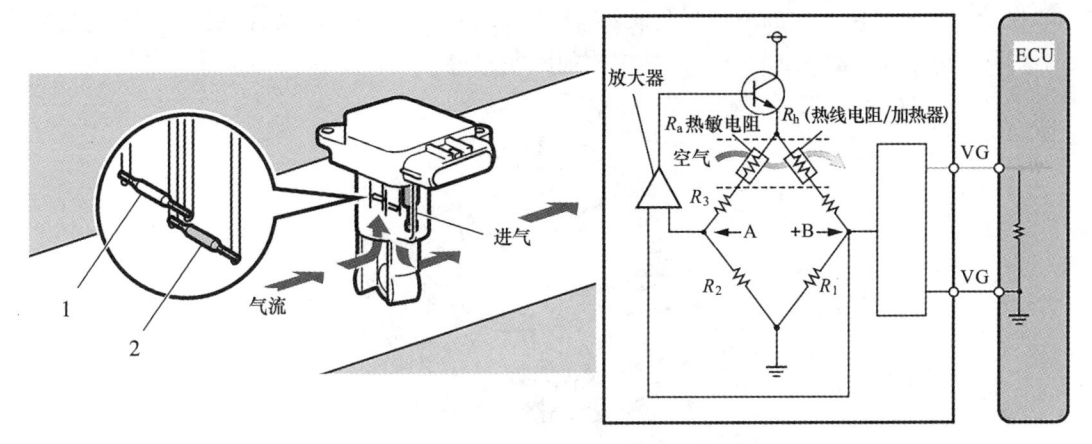

图 4-2-4　热线式空气流量计的工作原理
1—热敏电阻；2—铂热线

2.进气歧管绝对压力传感器

D型电控喷射系统通过进气管压力和发动机转速推算发动机进气量,用绝对压力传感器测定进气管压力。

进气歧管绝对压力传感器的种类较多,根据信号产生原理的不同可分为半导体压敏电阻式、电容式、膜盒传动的可变电感式和表面弹性波式等。其中,电容式进气歧管绝对压力传感器和半导体压敏电阻式进气歧管绝对压力传感器在发动机电控系统中的应用较为广泛。

半导体压敏电阻式绝对压力传感器利用的是半导体的压敏效应,具有尺寸小、精度高、成本低和响应性、再现性、抗震性好等优点。其结构如图 4-2-5 所示。它是由压力转换元件和把转换元件输出信号进行放大的混合集成电路等构成的。

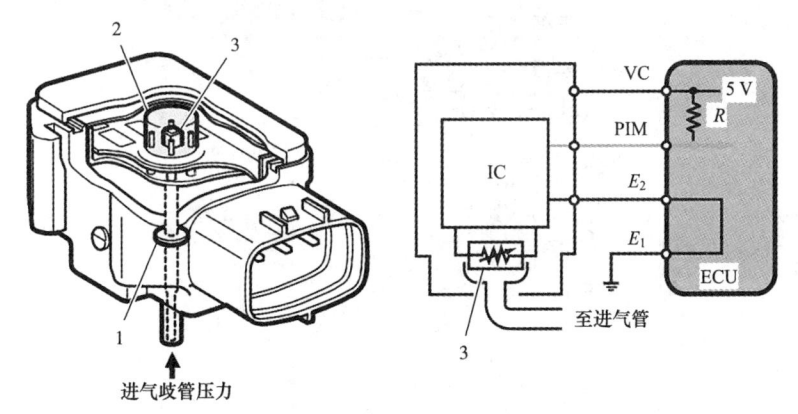

图 4-2-5　半导体压敏电阻式绝对压力传感器的结构
1—过滤器；2—真空室；3—压敏电阻(芯片)

3.节气门

节气门的主要功用是通过改变节气门开度的大小,来改变进气道截面积,控制发动机运转工况,通过节气门位置传感器检测发动机的负荷。因燃油供给方式不同、对发动机怠速控制方式不同等原因,其结构也不尽相同。

(1)单点喷射式节气门

奇瑞轿车为单点喷射系统节气门。结构特点：零件少，结构紧凑，有一个全新的内部几何形状，有效地改善了喷油器的燃油雾化质量，为获得改善发动机性能所需的最佳混合气提供有效的保障。节气门安装在进气管上。其结构如图4-2-6所示。

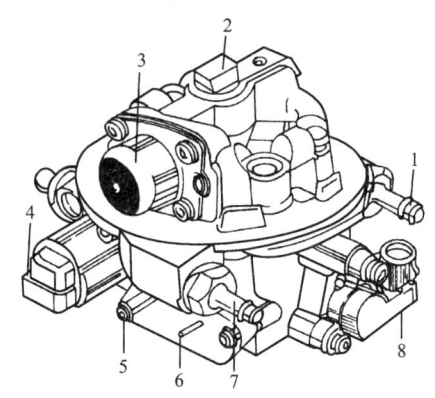

图4-2-6 单点喷射式节气门体

1—进油管接头；2—喷油器；3—燃油压力调节器；4—怠速阀；5—通往炭罐接头；
6—真空管接头；7—回油管接头；8—节气门位置传感器

单点喷射式节气门主要由进油管、回油管、燃油压力调节器、底部供给式喷油器、进气温度传感器、节气门位置传感器、怠速控制步进电动机、靠近节气门的热水环路、怠速空气旁通道、绝对压力信号通道、曲轴箱通风循环管、进气歧管中的燃油再循环管等组成。

(2)多点喷射式节气门

图4-2-7所示为多点喷射式节气门的结构。它主要由节气门、节气门位置传感器和怠速阀等组成。

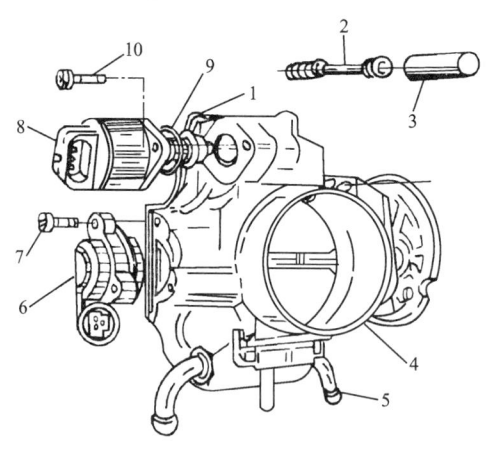

图4-2-7 多点喷射式节气门

1—节气门衬垫；2—节气门限位螺钉；3—螺钉孔护套；4—节气门；5—冷却液连接管；
6—节气门位置传感器；7,10—螺钉；8—怠速阀；9—密封垫

(3)整体式节气门

整体式节气门又称为电子节气门，它主要由节气门、加速踏板、加速踏板位置传感器、节气门位置传感器、节气门驱动机构(包括电动机和机械传动机构)等组成，如图4-2-8所示。

当踩下加速踏板时，加速踏板位置传感器产生相应电压信号输入发动机ECU，发动机ECU判断出基本的节气门开度，同时根据发动机转速、自动变速器挡位、空调压缩机负荷等其

他传感器对基本节气门开度值进行修正,确定最佳节气门开度参数,并向节气门驱动机构发送指令,将节气门调到适当开度。节气门位置传感器随时监测节气门的位置并把节气门开度信号反馈给 ECU,使 ECU 对节气门开度进行反馈控制。

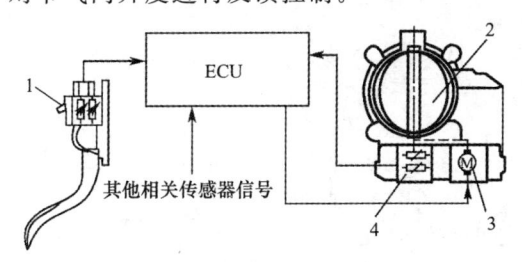

图 4-2-8 整体式节气门
1—加速踏板位置传感器;2—节气门;3—电动机;4—节气门位置传感器

整体式节气门取消了传统节气门与加速踏板的拉线或杠杆机构等直接连接,通过节气门上的电动机驱动节气门,取消了节气门的旁通通道,减少了零件数目,实现了节气门的精确控制。

4.节气门位置传感器

节气门位置传感器安装在节气门上,可以同时把节气门开度、怠速、负荷等信号转换成电压信号,输入发动机控制单元中,以使控制单元可以根据发动机的各种典型工况对其喷油量及点火提前角进行最佳控制。节气门位置传感器有线性输出型和开关量输出型两种类型。

(1)线性输出型节气门位置传感器

线性输出型节气门位置传感器的结构如图 4-2-9(a)所示。在传感器上安装了两个与节气门联动的电刷触头,其中一个电刷触头在印制电路基片上的滑片电阻上滑动,利用电阻值的变化,测得与节气门开度对应的线性输出电压,根据输出的电压值,可知节气门的开度;另一个电刷触头在节气门关闭时与怠速触点 IDL 接触。

IDL 信号主要给 ECU 提供怠速信号,用于断油控制和点火提前角修正。节气门的开度输出信号 VTA 则使 ECU 对喷油量进行控制。随着节气门开度的增大,节气门开度输出电压线性增大,如图 4-2-9(b)所示。

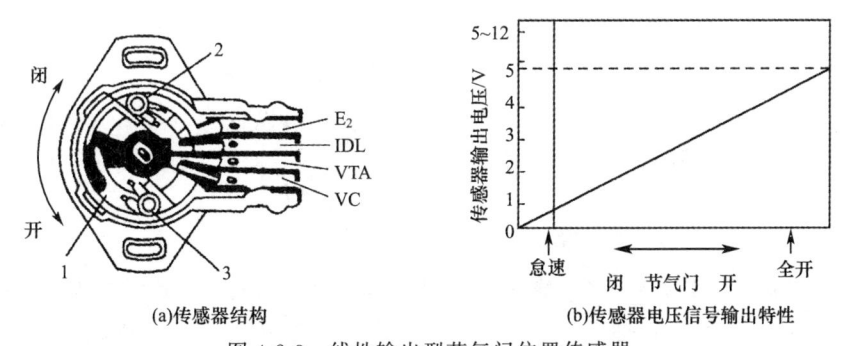

图 4-2-9 线性输出型节气门位置传感器
1—电阻器;2—滑动触头(怠速);3—滑动触头(节气门全开)

(2)开关量输出型节气门位置传感器

开关量输出型节气门位置传感器由一个可动触点和两个固定触点(功率触点和怠速触点)等构成,如图 4-2-10(a)所示。活动触点可沿导向凸轮沟槽移动,导向凸轮由固定在节气门轴上的控制杆驱动节气门全闭时,活动触点与怠速触点接触,可检测节气门的关闭状态;当节气门开度达到 50% 以上时,活动触点与功率触点接触,可检测节气门大开度状态;在中间开度时，活动触点与其他触点均不接触。这种传感器只能得到发动机典型工况信号。与线性输出型传感器相比，开关量输出型传感器具有结构简单、价格低廉等优点，但节气门开度的检测性差，其输出特性如图4-2-10(b)所示。

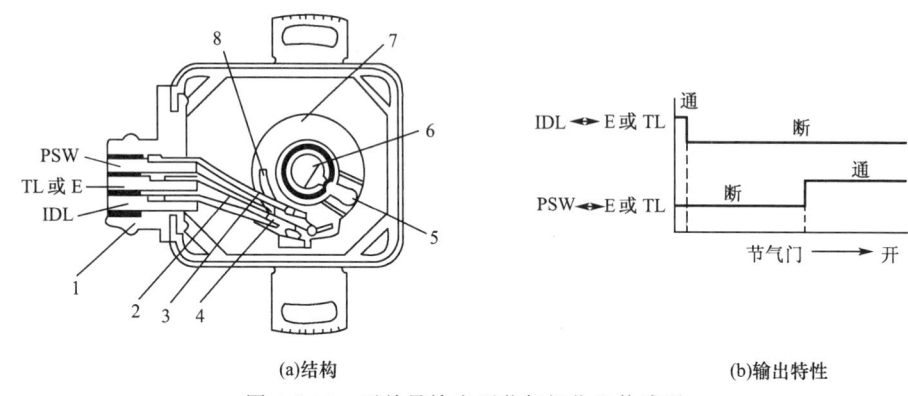

(a)结构　　　　　　　　　　(b)输出特性

图 4-2-10　开关量输出型节气门位置传感器

1—插接器；2—活动触点；3—功率触点；4—怠速触点；5—控制杆；6—节气门轴；7—导向凸轮；8—导向凸轮槽

5.怠速控制装置

怠速控制的作用是稳定发动机怠速转速，根据发动机怠速运行时负荷变化的情况，如冷起动后的暖机，空调开机、动力转向开关接通、自动变速器切换至行进挡位等，自动调整怠速转速，保证发动机怠速运转稳定，尽可能降低燃油消耗和排放污染。怠速控制的方式可以分为两类，即旁通空气式和节气门直动式，如图4-2-11所示。

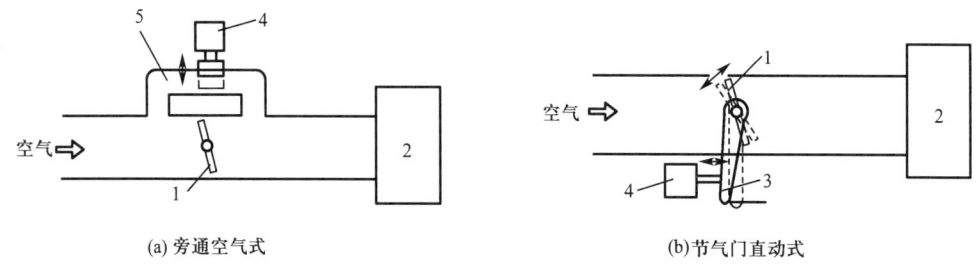

(a)旁通空气式　　　　　　　(b)节气门直动式

图 4-2-11　怠速控制方式

1—节气门；2—发动机进气管；3—节气门操纵臂；4—执行元件；5—怠速空气通道

根据怠速控制阀的结构不同，旁通空气式的控制装置可以分为双金属片式、石蜡式、电磁式、旋转滑阀式和步进电动机式等多种形式。下面主要介绍旋转滑阀式和步进电动机式怠速控制阀。

(1)旋转滑阀式怠速控制阀

它由永久磁铁、电枢、旋转滑阀、螺旋回位弹簧和电刷等组成。旋转滑阀固装在电枢轴上，与电枢轴一起转动，控制流过通道的空气量。永久磁铁固装在外壳上形成磁场。电枢位于永久磁铁的磁场中，电枢铁芯上绕有两组旋向相反的电磁线圈L_1和L_2，当线圈L_1通电时，电枢带动旋转滑阀顺时针偏转，空气通道截面积变小，线圈L_2通电时，电枢带动旋转滑阀逆时针偏转，空气旁通道截面积变大。L_1和L_2的两端与电刷滑环相连，经电刷引出与发动机控制单元相连接，如图4-2-12所示。

旋转滑阀式怠速空气控制阀在实际运行时，发动机控制单元(ECU)将检测到的怠速转速实际值与储存的设定目标值相比较，并随时校正送至怠速空气控制阀的驱动信号的占空比，以实现稳定的怠速运行。所谓占空比,是指发动机控制单元输出的控制信号在一个周期内通电时间与周期的比值。

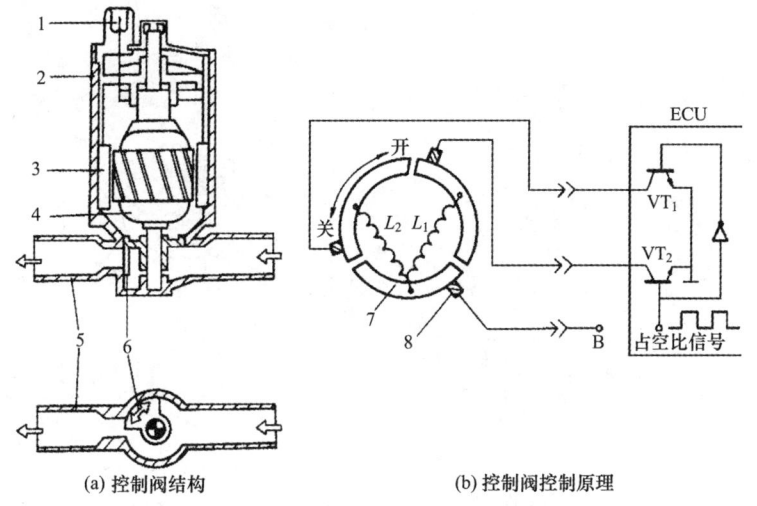

图 4-2-12 旋转滑阀式怠速控制阀
1—电插头;2—外壳;3—永久磁铁;4—电枢;5—空气旁通道;6—旋转滑阀;7—滑片;8—电刷

(2)步进电动机式怠速控制阀

不同汽车公司所采用的步进电动机式怠速控制阀的结构形式略有差别,但其基本工作原理相同。步进电动机式怠速控制阀如图 4-2-13 所示,由永久磁铁构成的转子、励磁线圈构成的定子、把旋转运动变成直线运动的进给丝杆及阀门等组成。它利用步进转换控制,使转子可正转,也可反转,使阀芯上下运动以达到调整旁通空气道截面积的目的。

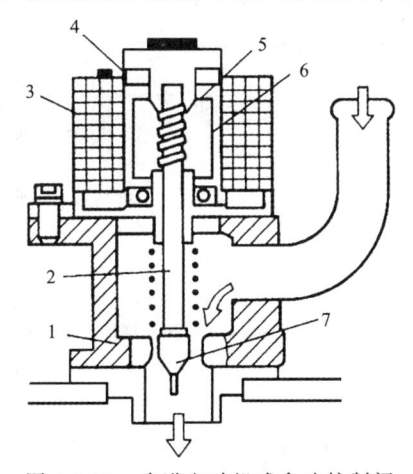

图 4-2-13 步进电动机式怠速控制阀
1—阀座;2—阀轴;3—定子;4—轴承;5—进给丝杆;6—转子;7—阀芯

五、燃油供给系统的构造与检测

燃油供给系统主要由燃油箱、电动燃油泵、燃油滤清器、燃油压力调节器、燃油脉动阻尼器、燃油分配管及喷油器组成,燃油供给系统的功用是供给喷油器一定压力的燃油,喷油器则根据电脑指令喷油。图 4-2-14 所示的是电喷发动机的燃油油路。燃油存储在燃油箱中,燃油泵在燃油箱内。燃油经过加压后通过供油管进入燃油滤清器,最后进入喷油器。

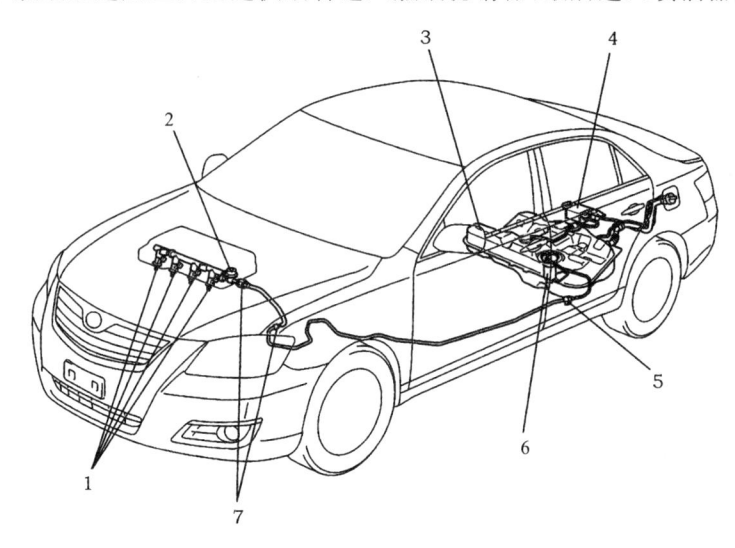

图 4-2-14 电喷发动机的燃油油路
1—喷油器;2—燃油压力调节器;3—燃油箱;4—炭罐;5,7—快速接头;6—燃油泵总成

1.燃油箱

燃油箱的作用是储存汽油,其数目、容量、外形及安装位置都随车型而定。一般汽油箱的容量能使汽车的续航里程达到300～700 km。燃油箱由油箱体、回油管、出油管、油箱盖和带有液面传感器的燃油计量单元等零部件构成,如图4-2-15所示。

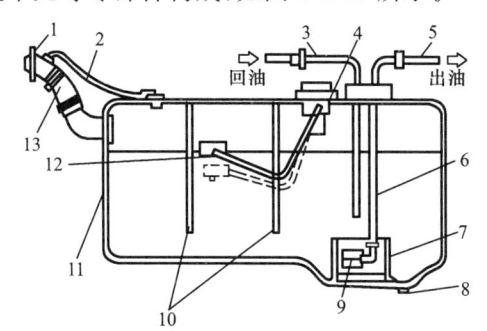

图 4-2-15 燃油箱的结构
1—油箱盖;2—通气管;3—回油管;4—液位传感器;5—出油管;6—燃油连接管;
7—辅助油箱;8—放油螺栓;9—粗滤器;10—隔板;11—油箱体;12—燃油计量单元;13—燃油进口软管

(1)油箱体

轿车的油箱体通常由耐油硬橡胶制成,其外形结构随车内空间布置而有所不同。货车油箱体多用薄钢板或铝合金板冲压焊成,内壁镀有防腐层。油箱上部焊有加油管,其底部有滤网。进油管口由油箱盖封闭。油箱上面装有油面指示表传感器和电动油泵的出油接头。出油接头经输油管与燃油滤清器相通。金属油箱的底部设有放油螺栓,用以排除油箱内的积水和污物。油箱内装有隔板,用以减轻汽车行驶时燃料的激烈振荡。

(2)油箱盖

油箱盖的主要功用:封闭油箱防止燃油从油箱中飞溅出来,防止箱内燃油遭到污染;释放由于燃油被发动机吸走时所产生的真空;释放油箱内的压力,将燃油蒸气引入活性炭罐,防止燃油蒸气直接进入大气。油箱盖的构造与散热器盖相似,同样设有蒸气压力阀和真空阀,燃油箱可以通过油箱盖上的阀进行"呼吸",调节燃油箱内的压力。

当油箱内的燃油蒸气压力升高到 5.516 kPa 以上时,蒸气阀打开,让油箱内的燃油压力释放,如图 4-2-16(a)所示。如果油箱内的真空度大于 338 Pa 时,盖上的真空阀开启释放真空状态,如图 4-2-16(b)。

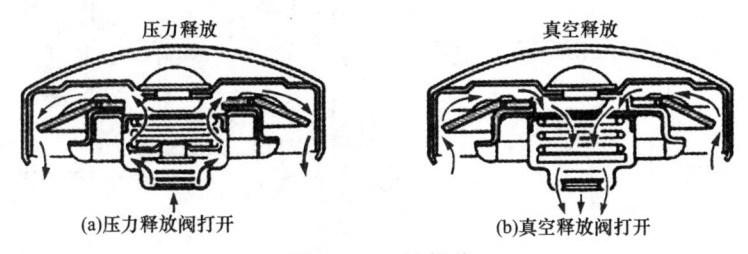

(a)压力释放阀打开　　(b)真空释放阀打开

图 4-2-16　油箱盖

(3)燃油计量单元

燃油计量单元用以实时显示油箱内的燃油液位传感装置。油箱的油量由燃油计量单元测得。该单元有许多类型,其中普遍使用的典型结构为燃油计量单元在油箱内设有一个铰接式的浮子与液位传感器相连,如图 4-2-17 所示。当浮子随着燃油液位的变化改变其位置时,液位传感器的可变电阻也发生变化,然后可变电阻改变了电流值并驱动变化仪表板上的燃油表指针位置。

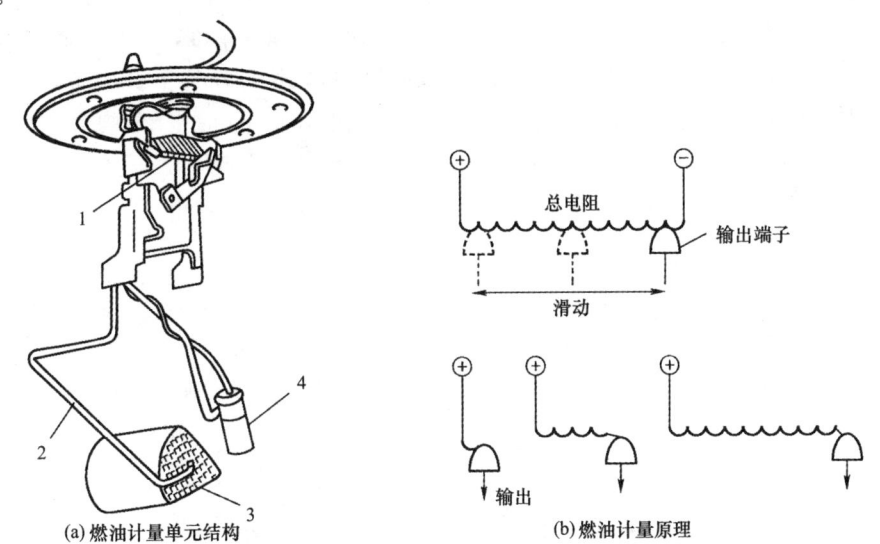

(a)燃油计量单元结构　　(b)燃油计量原理

图 4-2-17　燃料计量单元

1—滑线电阻器;2—浮子臂;3—浮子;4—热敏电阻(用于警告灯)

2. 燃油蒸发排放控制装置

直接将挥发的汽油蒸气排到大气中会污染环境,为此设置了燃油蒸发排放控制装置(图 4-2-18),将活性炭罐与燃油箱相连接,挥发的汽油蒸气被吸附在活性炭上。发动机工作时,活性炭罐电磁阀通电打开,被吸附在活性炭上的汽油蒸气即可被吸入气缸并燃烧。

3. 电动燃油泵

电动燃油泵的功用是将燃油从燃油箱中吸出,提供足够的具有规定压力的燃油。电动燃油泵按安装位置不同分为内置式和外置式两种类型。内置式电动燃油泵安装在油箱中,具有噪声小、不易产生气阻、不易泄漏、管路安装简单的特点。外置式电动燃油泵串接在油箱外部的输油管路中,易布置,安装自由度大,但噪声大,易产生气阻。

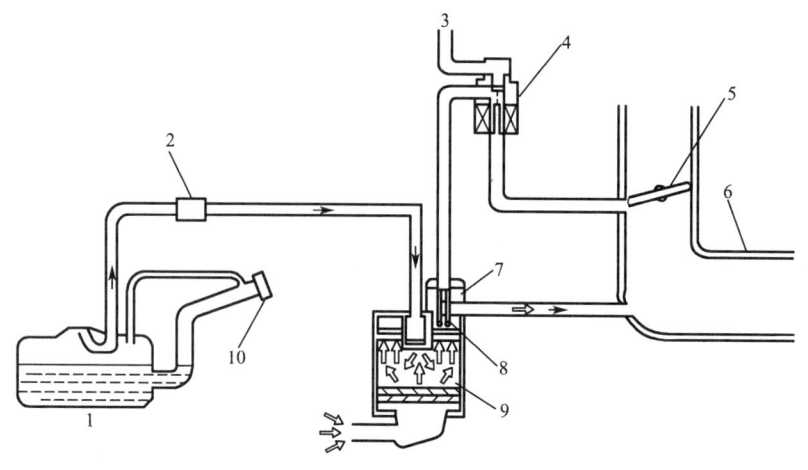

图 4-2-18 燃油蒸发排放控制装置

1—燃油箱；2—单向阀；3—接缓冲器；4—炭罐控制电磁阀；5—节气门；6—进气歧管；
7—真空控制阀；8—定量排放孔；9—活性炭罐；10—油箱盖附真空释放阀

燃油泵位于油箱内，多为叶轮式结构。如图 4-2-19 所示，泵的叶轮安装在直流电机的电枢轴上。电动机旋转时带动叶轮一起转动，由于离心力的作用，将燃油从进油腔带往出油腔。由于进油腔的燃油被不断地带走，故产生一定的真空度，油箱内的燃油经进油口吸入，而出油腔的燃油不断增多，燃油压力升高。当油压升到一定值时，顶开出油口的单向阀输出。单向止回阀的作用主要是防止燃油倒流，并保持管路残余压力，以便发动机下次容易起动，并可防止温度较高时，油路产生气阻现象。若油泵输出压力超过 400 kPa 时，安全阀会自动打开，高压燃油可回至油泵的进油室，并在油泵和电动机内循环，避免由于油路堵塞而引起管路油压过高造成管路破裂或燃油泵损坏等现象。

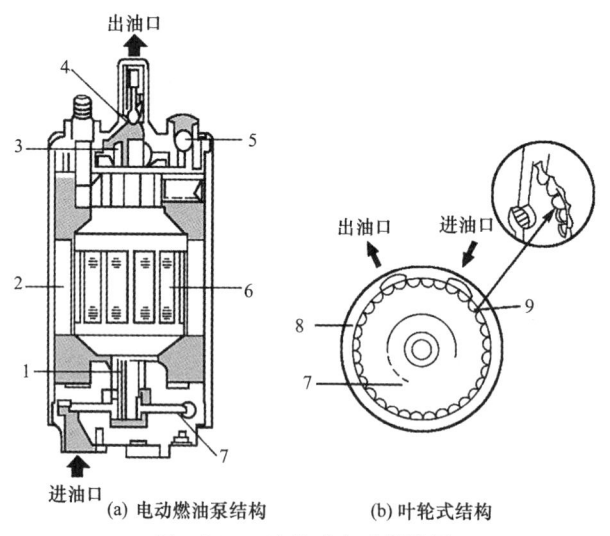

图 4-2-19 叶轮式电动燃油泵

1—前轴承；2—电机定子；3—后轴承；4—出油阀；5—泄压阀；6—电机转子；7—叶轮；8—泵壳体；9—叶片

汽油是一种容易挥发的物质，再加上油泵工作时温度升高和吸油时产生的局部真空，使汽油容易汽化而形成气泡，引起泵油量明显减少，并导致输送压力的波动。在现代汽车上电动燃油泵有的采用双级泵的结构形式。双级泵是由初级泵和主输油泵二者合成一个组件，由一台电动机驱动的结构。初级泵一般采用叶片泵，它能分离吸油端产生的蒸气，并以较低的压力输送到主输油泵内。主输油泵一般为齿轮泵或涡轮泵,用以提高泵油压力。它们相互独立并且轴向串联,由同一根电枢轴驱动。这种双级燃油泵具有良好的热输油能力,其主输油泵起主导作用,初级泵起改善热燃油输送性能的作用。

4.燃油滤清器

燃油滤清器的功用是滤清燃油中的杂质和水分,防止燃油系统堵塞,减少机件磨损,保证发动机正常工作。一般采用纸质滤芯,每行驶 20 000～40 000 km 或 1～2 年应更换。安装时应注意燃油流动方向的箭头,不能装反。

5.燃油脉动阻尼器

燃油脉动阻尼器由膜片、膜片弹簧、阀片和外壳组成,其功用是减小在喷油器喷油时,油路中的油压可能产生的微小波动,使系统压力保持稳定。发动机工作时,燃油经过脉动阻尼器膜片下方进入输油管,当燃油压力产生脉动时,膜片弹簧被压缩或伸张,膜片下方的容积稍有增大或减小,从而起到稳定燃油系统压力的作用,如图 4-2-20 所示。

6.燃油分配管

燃油分配管又称油轨,安装在发动机进气歧管上部,用来固定喷油器和燃油压力调节器,并将燃油分配给各个喷油器,如图 4-2-21 所示。燃油分配管的截面一般都比较大,它的容量远大于发动机喷油量,目的是防止燃油压力波动,以保证各喷油器的喷油量尽可能一致。

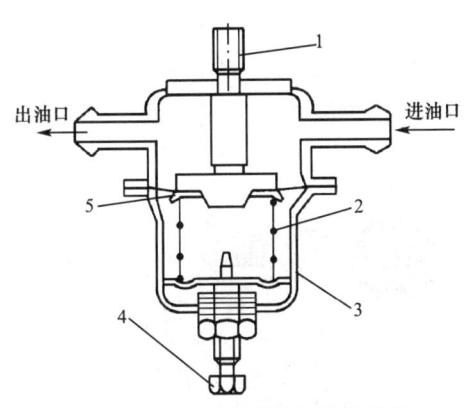

图 4-2-20 燃油脉动阻尼器的结构
1—固定螺纹;2—弹簧;3—壳体;
4—调节螺钉;5—膜片

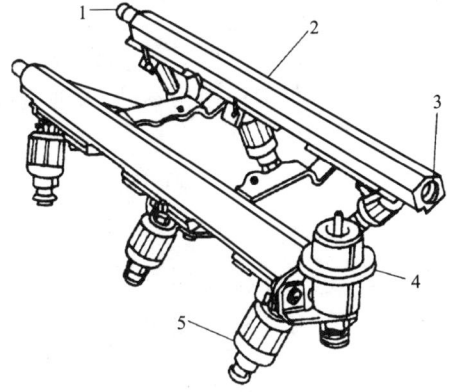

图 4-2-21 燃油分配管及其上的固定部件
1—燃油压力测试口;2—油轨;3—进油口;
4—燃油压力调节器;5—喷油器

7.燃油压力调节器

燃油压力调节器的主要功用是根据进气歧管真空度的变化来调节油路中的油压,一般为 250～300 kPa,使喷油器两端的压力差保持恒定,使喷油器的燃油喷射量只取决于喷油器的开启时间。

燃油压力调节器的内部结构如图 4-2-22 所示。燃油压力调节器安装在供油分配管的一端。在它的金属壳体中间有一膜片,将壳体内腔分隔成上、下两个互不相通的小室,在上面的弹簧室中装有一个带预紧力的螺旋弹簧,弹簧的一端作用在膜片上。弹簧室的管接头处用一真空软管与进气歧管连通。下面的小室为燃油室,通过右侧的管接头直通供油总管。在燃油室的下端有一回油管,其一端通过接管通汽油箱,另一端伸至燃油室的上部,管口用一个被膜片及其弹簧压住的球阀密封。当进气歧管内真空度增大时,膜片向上移动,使回油阀开度增大,回油量增加,从而使燃油分配管内油压下降,保持与变化了的歧管压力差值恒定;反之,当进气歧管内真空度降低时,膜片带动回油阀向下移动,回油阀开度减小,使燃油分配管内油压升高。

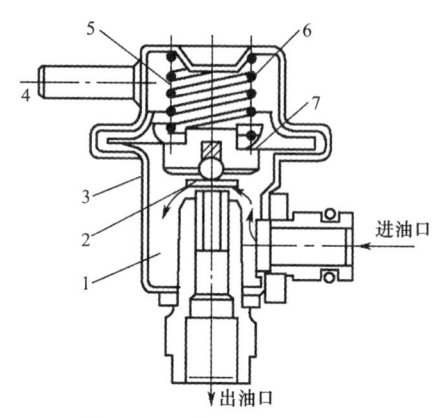

图 4-2-22 燃油压力调节器
1—燃油室;2—回油阀;3—壳体;4—真空接口;5—弹簧室;6—弹簧;7—膜片

发动机停止工作时,燃油分配管压力下降,回油阀在弹簧的作用下逐渐关闭,使汽油泵单向阀与燃油压力调节器回油阀之间的油路保持一定的压力。

8.喷油器

(1)喷油器的结构

喷油器主要由进油滤网、线束插接器、电磁线圈、回位弹簧、衔铁和针阀等组成,针阀与衔铁制成一体。按喷油口的结构不同,喷油器可分为轴针式和孔式两种,如图 4-2-23 所示。

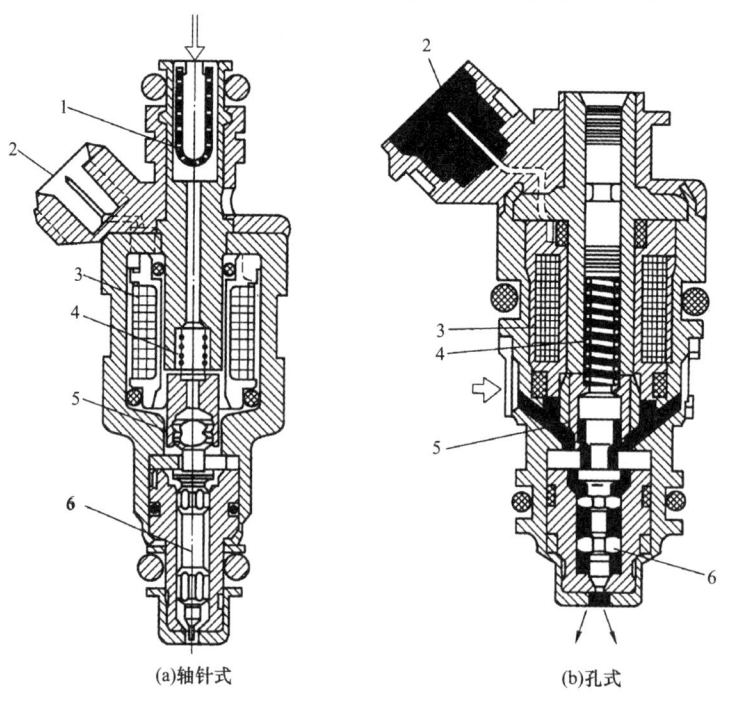

(a)轴针式　(b)孔式

图 4-2-23　喷油器
1—进油滤网;2—线束插接器;3—电磁线圈;4—回位弹簧;5—衔铁;6—针阀

轴针式喷油器的针阀下部有轴针伸入喷口。喷油器不喷油时,回位弹簧通过衔铁使针阀紧压在阀座上,防止滴油。

当电磁线圈通电时,产生电磁吸力,将衔铁吸起并带动针阀离开阀座,同时回位弹簧被压缩,燃油经过针阀并由轴针与喷口的环隙或喷孔中喷出。当电磁线圈断电时,电磁吸力消失。回位弹簧迅速使针阀关闭,喷油器停止喷油。

(2)喷油器的驱动方式

喷油器的驱动方式可分为电流驱动和电压驱动两种方式,如图4-2-24所示。喷油器按其线圈的电阻值不同,可分为低阻(2～3 Ω)喷油器和高阻(13～16 Ω)喷油器两种类型。

电流驱动方式:在采用电流驱动方式的喷油器控制电路中,不需附加电阻器,低阻喷油器直接与蓄电池连接,通过ECU中的晶体管对流过喷油器线圈的电流进行控制。

电压驱动方式:低阻喷油器采用电压驱动方式时,必须加入附加电阻器。因为低阻喷油器线圈的匝数较少,加入附加电阻器,可减少工作时流过线圈的电流,以防止线圈发热而损坏。电压驱动方式中的喷油器驱动电路较简单,但因其回路中的阻抗大,喷油器的喷油滞后时间长。其中,高阻喷油器采用电压驱动方式时的喷油滞后时间最长,低阻喷油器采用电压驱动方式时的喷油滞后时间次之,喷油器采用电流驱动方式时的喷油滞后时间最短。

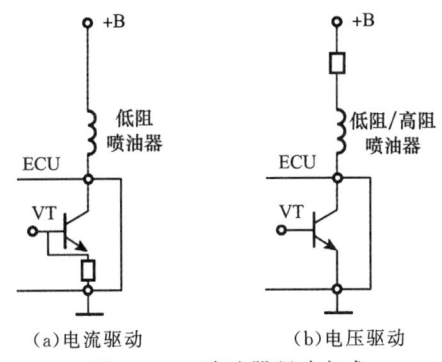

图4-2-24 喷油器驱动方式

喷油器的通电、断电由发动机ECU控制。ECU以电脉冲的形式向喷油器输出控制电流。电脉冲从升起到回落所持续的时间,称为脉冲宽度。若ECU输出的脉冲宽度小,则喷油器持续时间短,喷油量少;若ECU输出的脉冲宽度大,则喷油器持续时间长,喷油量多。一般喷油器针阀升程约0.1 mm,喷油持续时间为2～10 ms。

复习题

1.简述电控燃油系统的功能及组成。
3.空气流量检测的方式有哪些?简述其工作原理。
4.简述燃油供给系统的组成部件及作用。
5.燃油压力调节器有何功用?它是怎样工作的?
6.电控燃油喷射系统的喷油器类型有哪些?有何工作特点?

任务 4.3
柴油机燃料供给系统的认知及检测

学习目标

知识目标
1. 了解柴油机燃料供给方式及燃烧特点；
2. 掌握柴油机燃油供给系统的组成和功用；
3. 了解柴油机燃油供给系统的工作原理。

技能目标
能够识别柴油机燃油供给系统部件。

素养目标
1. 具备查询信息和使用维修手册的基本能力；
2. 能够与他人密切合作，规范、安全地完成学习任务；
3. 养成自主学习、规范操作的工作习惯及环保意识。

相关知识

一、柴油机燃料供给系统的作用及燃料的燃烧

柴油机使用的燃料是柴油。柴油的黏度大,蒸发性差,不具备在气缸外部与空气形成均匀混合气的条件,故采用高压喷射,在压缩行程接近终了时把柴油喷入燃烧室,与燃烧室内的高温、高压的空气形成混合气自行着火燃烧。柴油以发火性来表示其自燃能力,发火性用十六烷值表示,十六烷值越高,发火性越好。汽车柴油机应选用十六烷值较高、蒸发性较好、凝点和黏度合适、不含水分和机械杂质的柴油。我国汽车用轻柴油的牌号是根据凝点编定的,常见的柴油牌号和选用原则见表 4-3-1。

表 4-3-1 　　　　　　　　常见的柴油牌号和选用原则

柴油牌号	适用地区温度范围
10#柴油	适用于装有预热设备的高速柴油机
5#柴油	适用于最低气温在 8 ℃以上的地区使用
0#柴油	适用于最低气温在 4 ℃以上的地区使用
-10#柴油	适用于最低气温在-5 ℃以上的地区使用
-20#柴油	适用于最低气温在-14 ℃以上的地区使用
-35#柴油	适用于最低气温在-29 ℃以上的地区使用
-50#柴油	适用于最低气温在-44 ℃以上的地区使用

1. 柴油机燃料供给系统的作用

柴油机燃料供给系统由燃油供给装置、空气供给装置、可燃混合气形成装置及废气排出装置四部分组成。柴油机燃料供给系统的功用是在适当的时刻将一定数量的洁净柴油增压后以适当的规律喷入燃烧室。要求喷油定时、各缸喷油量相同且与柴油机运行工况相适应;要求喷油压力、喷注雾化质量及其在燃烧室内的分布与燃烧室类型相适应;要求在每一个工作循环内,各气缸均喷油一次,喷油次序与气缸工作顺序一致;能够根据柴油机负荷的变化自动调节循环供油量,以保证柴油机稳定运转,尤其要稳定怠速,限制超速;并能储存一定数量的燃油,保证汽车设定的续航里程。

2. 燃料的燃烧

(1)燃料的燃烧过程

气缸压力随曲轴转角变化的关系曲线如图 4-3-1 所示。当曲轴转到相应于压缩冲程上止点前的 A 点的位置时,喷油器开始喷油。喷入燃烧室内的柴油在曲轴转到相应于 B 点的位置时才开始着火燃烧,至 E 点燃烧停止。而喷油则自 A 点持续到 D 点。通常将混合气的形成与燃烧过程按曲轴转角划分为滞燃期($A—B$)、速燃期($B—C$)、缓燃期($C—D$)和后燃期($D—E$)四个阶段。

滞燃期:指喷油始点 A 与燃烧始点 B 之间的时间间隔。在此期间,喷入燃烧室的雾状柴油从燃烧室内的高温空气吸热并蒸发、扩散,与空气混合。若滞燃期过长,则气缸内形成的可燃混合气数量多,一旦燃烧,会造成气缸压力急剧升高,导致发动机的工作粗暴。

速燃期:气缸压力急剧上升的始点 B 至终点 C(燃烧压力最高点)这段时间称为速燃期。在速燃期内火焰自火源向四周迅速传播,燃烧速度迅速增加,急剧放热,使燃烧室内的温度和压力迅速上升。

缓燃期:气缸压力急剧升高的终点 C 至最高温度点 D 之间的时间间隔称为缓燃期。在此

阶段边喷油边燃烧,开始燃烧很快,但随着氧气减少、废气增加,燃烧条件变差,燃烧速度减慢,燃气温度会继续升高达到最高点,最高温度一般出现在上止点后 20°~25°曲轴转角处。喷油过程在缓燃期内结束。

后燃期:指从 D 点起直至燃烧停止时的 E 点的时间间隔。在此期间,压力和温度均降低。

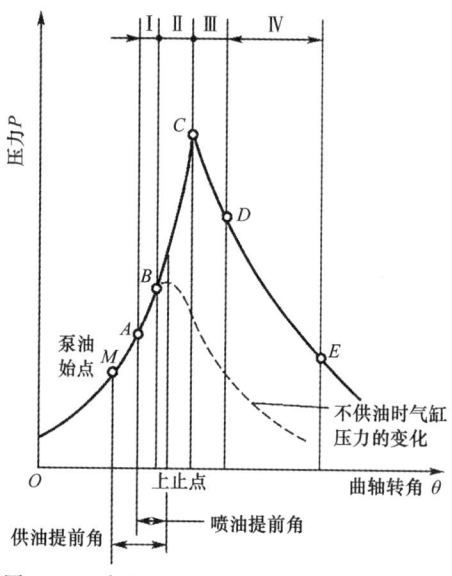

图 4-3-1　气缸压力随曲轴转角变化的关系
Ⅰ—滞燃期;Ⅱ—速燃期;Ⅲ—缓燃期;Ⅳ—后燃期

(2)喷油提前角

喷油器开始喷油时刻的曲轴位置与其转至上止点位置时的夹角称为喷油提前角。上述柴油机的燃烧过程是从压缩冲程上止点前喷油开始到做功冲程燃烧终了为止,所占时间很短(高速柴油机只有 0.003~0.006 s,50°~70°曲轴转角)。

实验数据表明:当速燃期的最高燃烧压力出现在压缩冲程上止点后 6°~15°曲轴转角位置时,能获得最大功率和最小燃油消耗率。此时的喷油提前角称为最佳喷油提前角。由于发动机的转速是变化的,转速大小不同,曲轴转过固定角度所需的时间也不同。但从喷油开始,到产生最高燃烧压力所需的燃烧时间大致是一定的;产生最高燃烧压力时的最佳曲轴转角位置也是一定的(压缩上止点后 6°~15°);如果喷油提前角(喷油始点的曲轴转角)是固定不变的,势必会造成转速高时,最高燃烧压力出现在曲轴转至压缩上止点后 6°~15°之后的位置(喷油提前角过小);转速低时,最高燃烧压力出现在曲轴转至压缩上止点后 6°~15°之前的位置(喷油提前角过大),显然均非最佳喷油提前角。

喷油提前角过大,会使最高燃烧压力出现在压缩冲程上止点附近,造成柴油机"敲缸"。喷油提前角过小,会使燃烧终了时间推迟到做功冲程后期,使柴油机水温升高,排气冒黑烟,功率下降。所以,最佳喷油提前角应随发动机转速的变化而变化,转速高时适当加大喷油提前角;转速低时则适当减小喷油提前角,以保证最高燃烧压力出现在曲轴转至压缩上止点后 6°~15° 曲轴转角的位置。

(3)柴油机的燃烧室

柴油机的混合气只能在气缸内部形成,即在接近压缩行程终点时,通过喷油器把柴油喷入气缸内,柴油油滴在炽热的空气中受热、蒸发、扩散,并与空气混合形成可燃混合气,最终自行发火燃烧。柴油机燃烧室按其结构形式可分为直喷式燃烧室和分隔式燃烧室两大类。直喷式燃烧室的容积集中于气缸之中,且其大部分集中于活塞顶上的燃烧室凹坑内。燃烧室凹坑的形状多样,如图4-3-2所示。

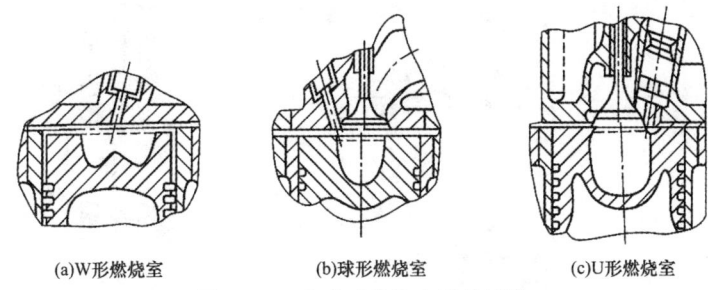

(a)W形燃烧室　　(b)球形燃烧室　　(c)U形燃烧室

图4-3-2　直喷式燃烧室凹坑形状

分隔式燃烧室的容积则一分为二,一部分位于气缸盖中,另一部分则在气缸内。在气缸内的部分称主燃烧室,位于气缸盖中的部分称副燃烧室。主、副燃烧室之间用通道连通。分隔式燃烧室又分涡流室式燃烧室[图4-3-3(a)]、预燃室式燃烧室[图4-3-3(b)]。

(a)涡流室式燃烧室　　(b)预燃室式燃烧室

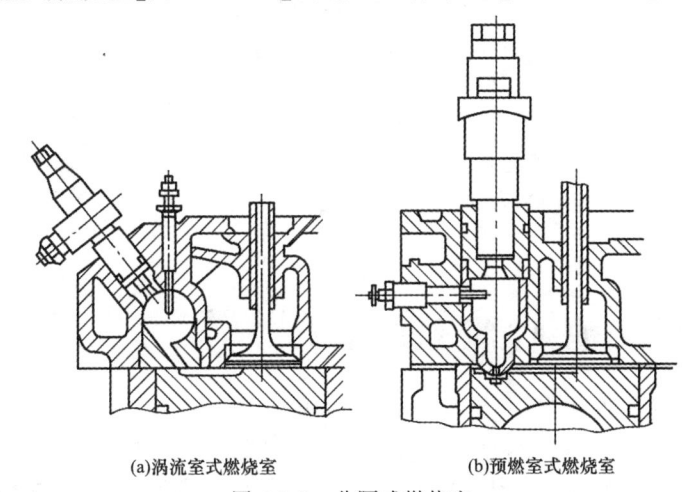

图4-3-3　分隔式燃烧室

为了保证冷机起动,一般设置电热塞等起动辅助装置,发动机起动时一般需要电热塞先预热。电热塞结构如图4-3-4所示。在电阻丝表面镀上一层具有一定绝缘性、传热性好、耐高温的氧化镁或氧化铝。电热塞温度为600～900 ℃,在起动前先通电预热,使起动着火容易,预热完成后断电。

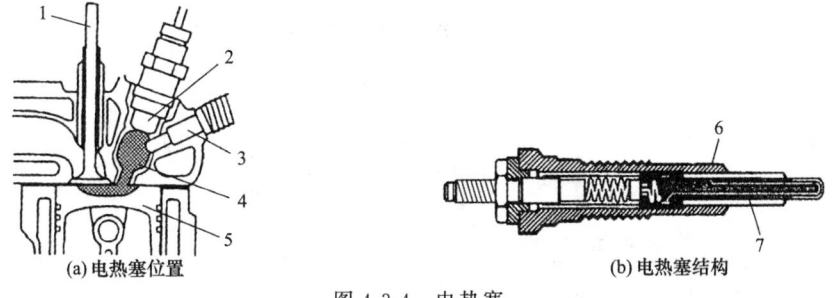

(a)电热塞位置　　(b)电热塞结构

图4-3-4　电热塞

1—气门;2—喷油器;3—电热塞;4—预燃室;5—活塞;6—陶瓷;7—电阻丝

(4)供油方式

现在柴油机供油方式主要有高压油泵方式(柱塞泵、转子泵)、高压共轨方式和泵喷嘴方式,如图4-3-5所示。

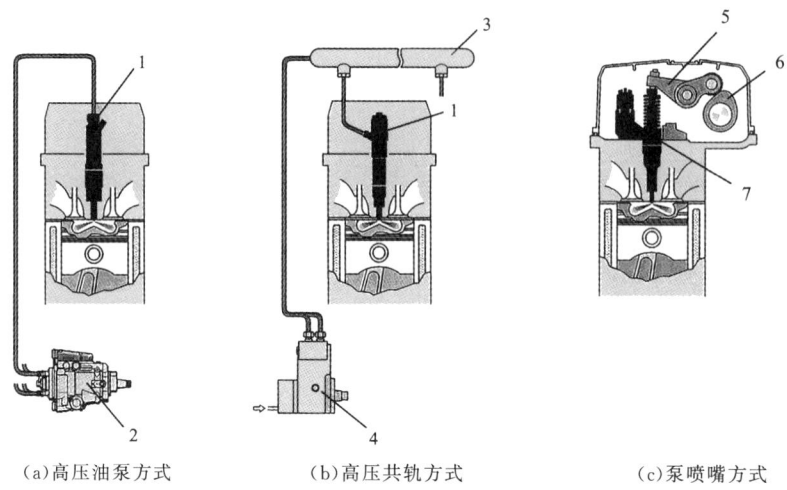

(a) 高压油泵方式　　　　　(b) 高压共轨方式　　　　　(c) 泵喷嘴方式

图 4-3-5　柴油机供油方式

1,7—喷油器；2,4—高压油泵；3—共轨腔；5—摇臂；6—凸轮轴

(5) 车用多缸柴油机对喷油的要求

①各缸供油顺序与发动机工作顺序相同；

②各缸供油量均匀，不均匀度在标定工况下不大于 3%～4%；

③各缸供油时刻一致，相差不大于 0.5° 曲轴转角；

④供油迅速，停喷干脆。

二、柴油机燃油供给系统的组成

柴油机燃油供给系统主要由输油泵、喷油泵、喷油器、调速器等部件组成，另外还包括燃油箱、燃油滤清器、油水分离器、低压油管、高压油管和回油管等辅助装置，如图 4-3-6 所示。柴油从燃油箱经输油泵输送至柴油滤清器过滤后进入喷油泵，喷油泵输出的高压柴油经高压油管和喷油器进入燃烧室。从油箱到喷油泵入口之间的油路称作低压油路，油压由输油泵建立，压力一般为 0.15～0.30 MPa。从喷油泵到喷油器之间的油路称为高压油路，油压由喷油泵建立，压力一般在 10 MPa 以上。高压柴油通过喷油器呈雾状喷入燃烧室，与空气混合而形成可燃混合气。

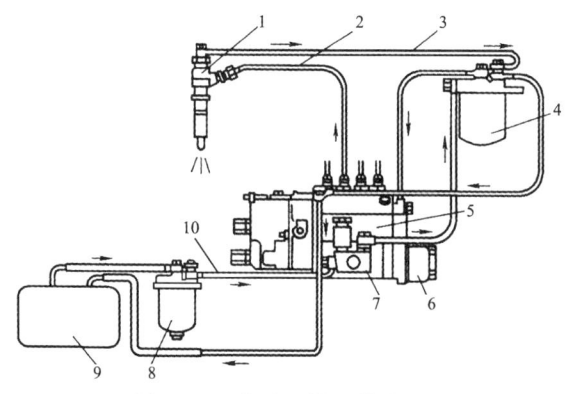

图 4-3-6　柴油机燃油供给系统

1—喷油器；2—高压油管；3—回油管；4—燃油细滤清器；5—喷油泵；
6—调速器；7—输油泵；8—燃油粗滤清器；9—燃油箱；10—低压油管

三、低压油路

柴油机的低压油路由输油泵、滤清器、油水分离器、手油泵、油箱和低压油管构成。

1. 输油泵

输油泵的作用是向喷油泵输送燃油,确保一定数量和压力的燃油通过软管和滤清器输送到喷油泵。输油泵的结构形式较多,常见的有活塞式、滑板式和转子式等。中小型高速柴油发动机常采用滑片式和活塞式输油泵。

活塞式输油泵由泵体、活塞、进油阀、出油阀及手油泵等组成,它安装于柱塞式喷油泵的外侧,由喷油泵凸轮轴上的偏心轮驱动。当喷油泵凸轮轴转动时,在偏心轮和活塞弹簧的共同作用下,输油泵活塞在输油泵泵体内做往复运动。活塞式输油泵的工作原理如图 4-3-7 所示。

(a)偏心轮的凸起部分向下转时 (b)偏心轮的凸起部分向上转时

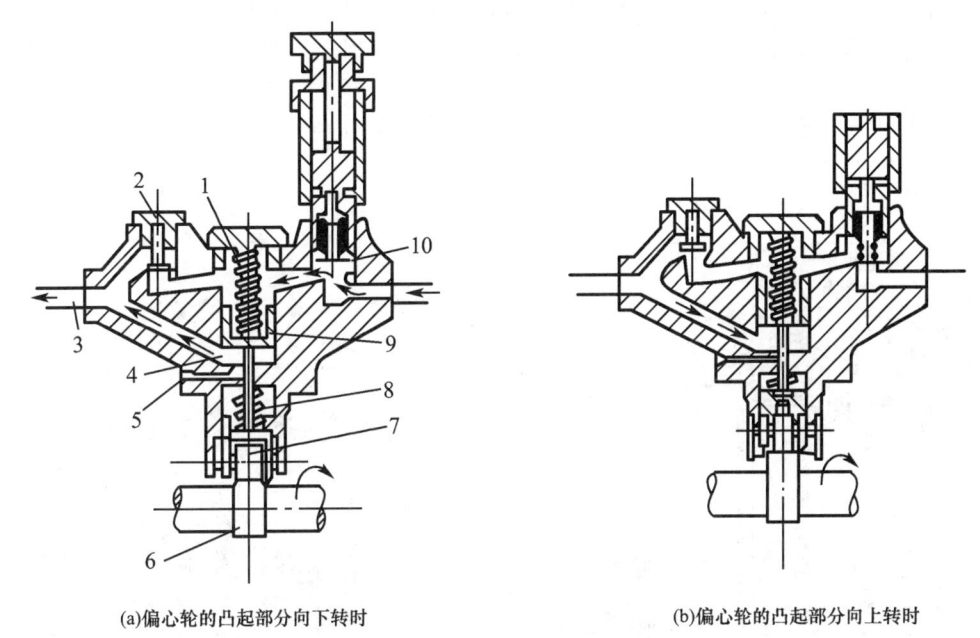

图 4-3-7 活塞式输油泵的工作原理

1—活塞弹簧;2—出油阀;3—出油口;4—出油道;5—溢油孔;6—偏心轮;7—滚轮;8—回位弹簧;9—活塞;10—进油阀

当偏心轮的凸起向下转时,活塞因活塞弹簧的作用向下运动。这使活塞上腔容积增大,压力降低,产生一定的抽吸力,出油阀被紧闭,进油阀被吸开,燃油经进油阀吸入上腔;同时,活塞下腔的燃油受压进入出油道而输出。当偏心轮的凸起部分向上将活塞推动向上运动时,进入上腔的燃油受压,关闭进油阀,顶开出油阀,燃油被挤出,并经过通道进入活塞下腔。如此周而复始,使燃油不断地被吸入、输出。

在输油泵的供油量大于喷油泵的需求时,活塞下腔油压升高。当活塞弹簧的弹力恰好与活塞下腔的油压平衡时,活塞便停留在某一位置而不能继续下行。因此活塞的泵油行程减小,其输出油量自动减少,实现输油量与供油压力的自动调节。其供油压力取决于活塞弹簧的预紧力。柴油机长时间停机后再起动时,应先将柴油滤清器和喷油泵的放气螺钉拧开,再将手泵拉钮旋开,往复抽按手泵活塞。活塞上行时,将柴油经进油单向阀吸入手泵泵腔;活塞下行时,进油单向阀关闭,柴油自手泵泵腔经内室和出油单向阀,流入并充满柴油滤清器和喷油泵低压腔,将其中的空气驱除干净。然后拧紧放气螺钉,旋紧手泵拉钮,再起动发动机。

2. 柴油滤清器

柴油的清洁程度对燃油系统,尤其是对喷油泵和喷油器中精密偶件的工作可靠性和使用寿命有很大的影响。柴油滤清器多串联在输油泵和喷油泵之间。柴油滤清器有单滤芯柴油滤清器和双滤芯串联式柴油滤清器,如图 4-3-8 所示。柴油的滤清器一般是过滤式的,其过滤原理虽和汽油滤清器相似,但它具有以下特点:

(1)部分滤清器盖上装有放气螺钉,拧松放气螺钉,用手油泵泵油,可以排除滤清器内的空气。

(2)一个或两个滤清器串联,尺寸较大,可以获得较大的滤清面积和滤清能力。串联式柴油滤清器中位于进油管接头处的是粗滤清器,位于出油管接头处的是细滤清器。柴油首先经粗滤芯过滤,然后再经细滤芯过滤,最后经出油管接头和油管流到高压油泵。

(3)有的滤清器盖上装有溢流阀,当管路油压超过其开启压力时,溢流阀开启,多余的柴油流回油箱。

(4)有的滤清器底部设有放污螺栓,通常每工作 100 h 即应拧下放污螺栓,放出积存在外壳底部的水分和杂质。

(a)单滤芯柴油滤清器　　(b)双滤芯串联式柴油滤清器

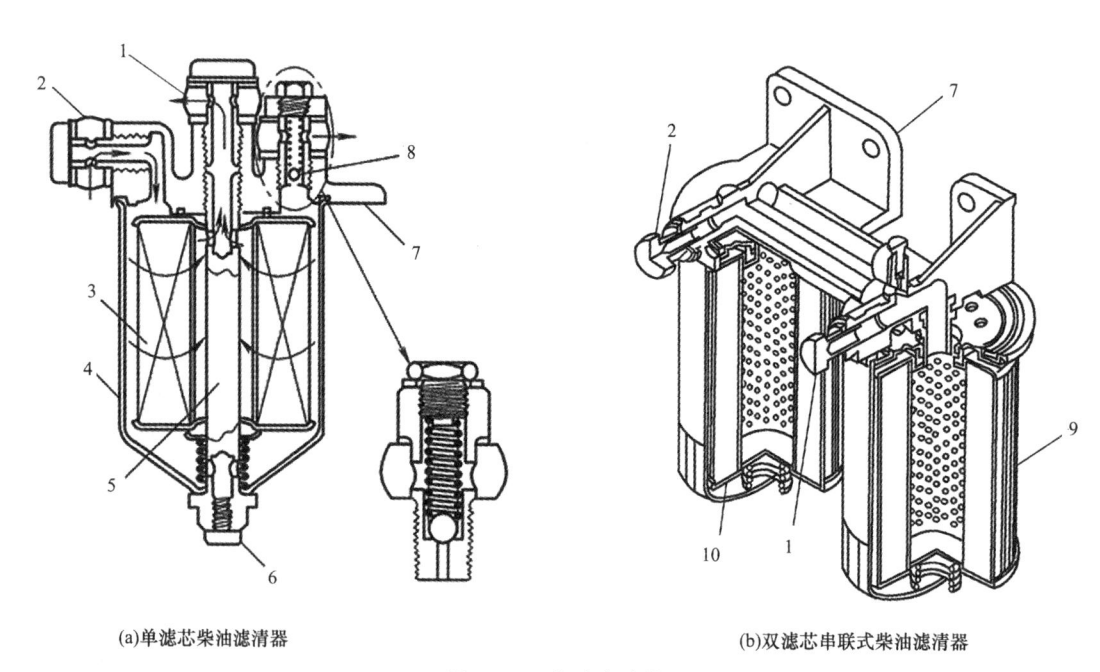

图 4-3-8　柴油滤清器

1—出油管接头;2—进油管接头;3—滤芯;4—滤清器壳体;5—拉杆;
6—放污螺栓;7—滤清器盖;8—溢油阀;9—细滤芯;10—粗滤芯

3. 油水分离器

小型柴油机多采用带油水分离器的柴油滤清器(图 4-3-9),并在油水分离器内安装水位报警传感器,当水位到达一定高度时,浮子内的磁铁使触点闭合,仪表板上的报警灯发亮,提示驾驶员及时放水。油水分离器的下方有放水螺钉。更换此种滤清器时要注意,滤清器中的水位报警开关与壳体为螺纹连接,可以重复使用,但应及时更换密封圈,否则容易造成渗漏,更换滤清器后,应进行放气。

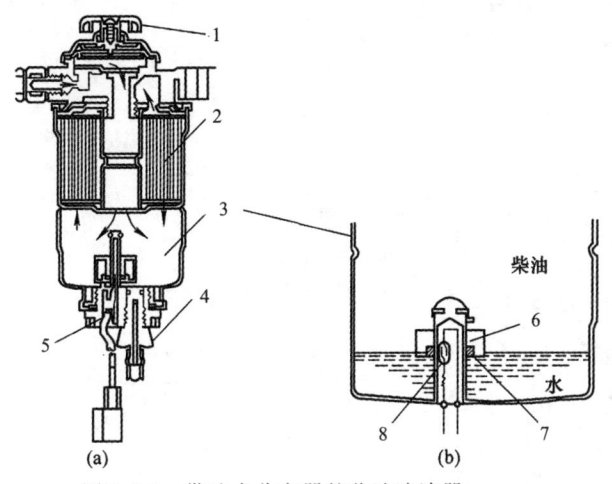

图 4-3-9 带油水分离器的柴油滤清器
1—手油泵；2—柴油滤清器芯；3—油水分离器；4—放水螺钉；
5—水位报警开关组件；6—浮子；7—磁铁；8—舌簧接点

四、高压油路

柴油供油系统高压油路中的高压是由喷油泵建立的。喷油泵也称为高压油泵，把来自低压输油管的燃油加压到 10 MPa 以上，然后通过高压油管输送给各个喷油器，喷油泵可以控制喷油量和喷油正时。喷油泵的结构形式较多，车用柴油发动机的喷油泵按作用原理不同，可分为三类。

(1) 柱塞式喷油泵

这种喷油泵应用的历史较长，性能良好，工作可靠，为目前大多数汽车柴油机所采用。

(2) 转子分配式喷油泵

这种喷油泵只有一对柱塞偶件，依靠转子的转动实现燃油的增压与分配，它具有体积小、质量轻、成本低、使用方便等优点。转子分配泵又分为径向压缩式和轴向压缩式两种。径向压缩式分配泵部件配合精度要求高，结构复杂，近年来应用较少。

(3) 泵喷嘴(喷油泵-喷油器)

将喷油泵和喷油器合为一体，直接安装在发动机气缸盖上，可以消除高压油管带来的不利影响，但要求在发动机上另加驱动机构。在电控柴油燃油供给系统中常采用泵喷嘴。

1. 柱塞式喷油泵

柱塞式喷油泵是利用柱塞在柱塞套内做往复运动进行吸油和压油的。下面以国产 A 型柱塞式喷油泵(以下简称 A 型柱塞泵)为例介绍柱塞式喷油泵的结构和工作原理，如图 4-3-10 所示。

柱塞式喷油泵由分泵(泵油机构)、供油量调节机构、驱动机构和泵体四大部分组成。

(a)结构　　　　　　　　　　　　　　　(b) A-A 放大

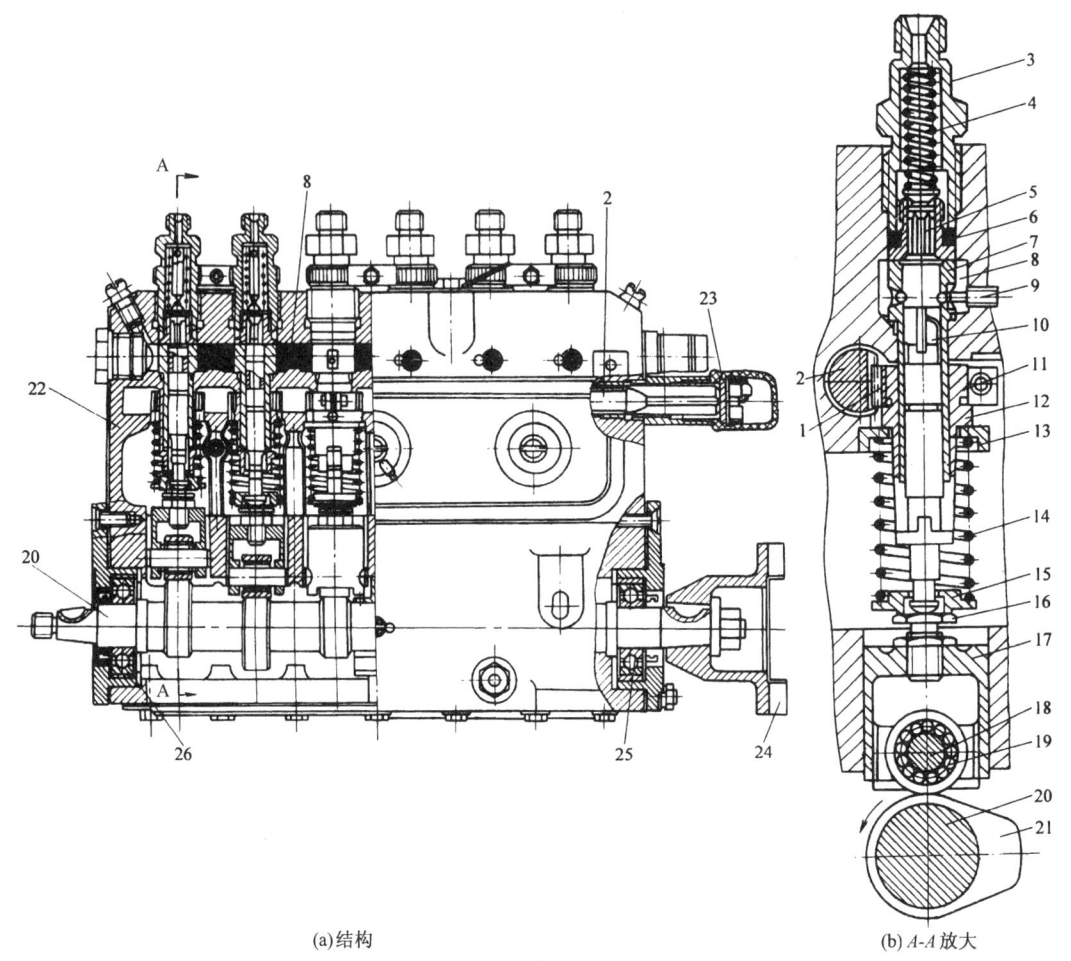

图 4-3-10　A 型喷油泵的结构

1—齿圈；2—供油齿杆；3—出油阀紧座；4—出油阀弹簧；5—出油阀；6—出油阀阀座；
7—柱塞套；8—低压油腔；9—定位螺钉；10—柱塞；11—调节齿圈紧固螺钉；12—供油量调节套筒；
13、15—上、下柱塞弹簧座；14—柱塞弹簧；16—供油定时调整螺钉；17—挺柱；18—滚轮销；
19—滚轮；20—喷油泵凸轮轴；21—凸轮；22—泵体；23—供油齿杆保护螺母；24—联轴器从动盘；25、26—轴承

(1) 分泵的结构

分泵是多缸柴油机上与气缸数相等的各组泵油机构。各分泵组装在同一个泵体中，由同一根凸轮轴驱动。分泵由柱塞套，柱塞，柱塞弹簧，上、下柱塞弹簧座，出油阀，出油阀弹簧和出油阀紧座等零件组成。

① 柱塞偶件

柱塞偶件是由柱塞和柱塞套构成的喷油泵中最精密的偶件，如图 4-3-11 所示。每台喷油泵的柱塞偶件数与气缸数相同。柱塞偶件一般用优质合金钢制造，经过精细加工和配对研磨，使其配合间隙为 0.001 5～0.002 5 mm。间隙过大，容易漏油，导致油压下降；间隙过小，对柱塞偶件润滑不利，且容易卡死。柱塞偶件在使用中不能互换。

柱塞套安装在泵体的座孔中，为了防止柱塞套转动，需用定位螺钉固定。柱塞由凸轮驱动，在柱塞套内上、下往复运动，此外它还可以绕本身轴线在一定角度内转动。柱塞头部铣有螺旋槽和直槽。直槽使螺旋槽与柱塞上方泵腔相通。柱塞套上部开有进油和回油用的两个径

向油孔,与泵体上低压油腔相通。柱塞下部加工有榫舌,与供油量调节机构配合。

柱塞弹簧的上端通过上柱塞弹簧座支撑在泵体上,下端则通过下柱塞弹簧座支撑于柱塞尾端。借助于柱塞弹簧的预紧力使柱塞始终压紧在挺柱上的供油定时调整螺钉上,同时使挺柱的滚轮始终与喷油泵凸轮保持接触。

②出油阀偶件

出油阀偶件由出油阀与出油阀阀座组成,是喷油泵中的另一组精密偶件。出油阀偶件位于柱塞偶件的上方,出油阀阀座的下端面与柱塞套的上端面接触,出油阀紧座以规定力矩拧入后使二者的接触面保持密合。同时,出油阀弹簧将出油阀压紧在出油阀阀座上。

出油阀偶件的结构如图4-3-12所示。出油阀的密封锥面与出油阀阀座的接触表面经过精细研磨,为阀的轴向密封锥面。中部的圆柱面为减压环带,与出油阀阀座孔的配合间隙很小,是阀的径向滑动密封面,减压环带有防止喷油器喷前(喷后)滴漏的作用。在减压环带以下的出油阀表面是其在出油阀阀座孔内往复运动的导向面,导向部分的横截面为十字形,是油流通道。有些出油阀紧座中设有减容器,以减少高压管路系统的容积,改善燃油的喷射过程,限制出油阀的最大升程。

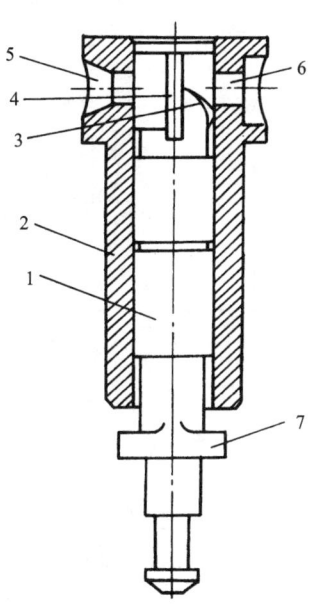

图4-3-11 柱塞偶件
1—柱塞;2—柱塞套;3—螺旋槽;
4—直槽;5,6—油孔;7—榫舌

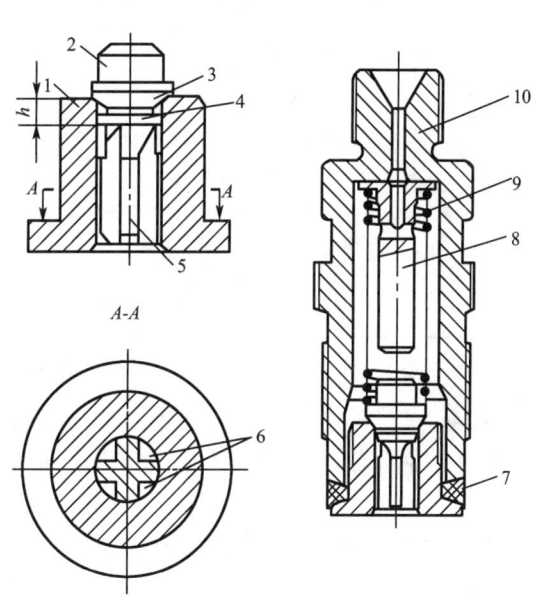

图4-3-12 出油阀偶件
1—出油阀阀座;2—出油阀;3—密封锥面;
4—减压环带;5—导向面;6—切槽;7—密封衬面;
8—减容器;9—出油阀弹簧;10—出油阀紧座

(2)分泵工作原理

①泵油原理:喷油泵工作时,随着凸轮轴的转动,柱塞由凸轮驱动,在柱塞套内从上止点向下止点运动;在柱塞弹簧作用下从下止点向上止点运动,完成进油、压油和回油的泵油过程。

分泵的泵油原理见表4-3-2。

表 4-3-2　　　　　　　　　　　　　分泵的泵油原理

工作过程	原理分析	示意图
进油过程	柱塞在柱塞弹簧作用下自上止点下移,其上方柱塞腔因容积增大而产生真空度。当柱塞顶面下移至柱塞套油孔以下时,柴油从喷油泵的低压油腔经柱塞套油孔充入柱塞。进油过程持续到柱塞至下止点为止	
压油过程	柱塞在凸轮驱动下自下止点上移,起初有部分柴油从柱塞腔经柱塞套油孔被挤回低压油腔,这一过程一直延续到柱塞顶面将油孔的上边缘封闭为止。此后,柱塞继续上移,柱塞腔内的油压骤然增高,克服出油阀弹簧的预紧力,将出油阀顶起,出油阀密封锥面离开出油阀阀座,接着当减压环带全部离开出油阀阀座孔之后,高压柴油经出油阀上的切槽供入高压油管,并经喷油器喷入燃烧室	
回油过程	柱塞继续上行,当柱塞上移至柱塞上的螺旋槽和柱塞套油孔接通时,柱塞腔内的高压柴油经柱塞上的直槽、螺旋槽和柱塞套油孔流回喷油泵的低压油腔,供油终止。由于柱塞腔的油压急剧下降,所以出油阀在出油阀弹簧和高压柴油的作用下迅速回落。当减压环带进入出油阀阀座孔时,高压油管与柱塞腔的通路被切断,接着出油阀落座	

注:1—柱塞;2—柱塞套;3—螺旋槽;4—直槽;5—柱塞套油孔;6—出油阀阀座;7—出油阀;8—出油阀弹簧

由表 4-3-2 可见,当出油阀密封锥面已经离开出油阀阀座,但减压环带尚在出油阀阀座孔内时,喷油泵并不能供油,只有当减压环带全部离开出油阀阀座孔,即出油阀还要上升一段距离 h(图 4-3-12)后,才有高压燃油进入高压油管,这样,一旦供油通路打开,油压和喷射速度即可达到理想值,从而防止喷油器喷前滴油。同样,供油停止,出油阀迅速回落时,当减压环带一进入出油阀阀座孔,高压油管与柱塞腔的通路就被切断,使燃油不能从高压油管流回柱塞腔。当出油阀完全落座后,高压管路系统的容积增大,高压管路系统内的油压迅速降低,喷油器立即停止喷油,从而避免喷油器滴漏和其他不正常喷射现象的发生。

②供油量调节原理:柱塞由其下止点移动到上止点所经过的距离称为柱塞行程,即喷油泵凸轮的最大升程。由上述泵油过程可知,喷油泵并非在整个柱塞行程内都供油,而只在柱塞顶面封闭柱塞套油孔到柱塞螺旋槽打开柱塞套油孔这段柱塞行程内供油,这段柱塞行程称为柱塞有效行程。显然,柱塞有效行程越大,供油的持续时间越长,喷油泵每一次的泵油量即循环供油量越多。因此,欲使喷油泵能随发动机工况不同而改变供油量,只需改变有效行程,通常通过改变柱塞螺旋槽与柱塞套上油孔的相对位置来实现。

(3)供油量调节机构

喷油泵供油量调节机构的功能:根据柴油机负荷的变化,通过转动柱塞来改变循环供油量。供油量调节机构或由驾驶员直接操纵,或由调速器自动控制。

A型喷油泵采用齿杆式供油量调节机构,如图4-3-13所示,它包括供油齿杆、调节齿圈和控制套筒等零件。喷油泵柱塞下端的榫舌嵌入控制套筒的豁口中。控制套筒松套在柱塞套上,其上端装有调节齿圈,并用紧固螺钉夹紧,调节齿圈与供油齿杆相啮合。当驾驶员或调速器拉动供油齿杆时,调节齿圈连同控制套筒带动柱塞相对柱塞套转动,以达到调节供油量的目的。

当供油量调节机构的供油齿杆拉动柱塞转动时,柱塞上的螺旋槽与柱塞套油孔之间的相对位置发生变化,从而改变了柱塞的有效行程,如图4-3-14所示。当柱塞上的直槽对正柱塞套油孔时,柱塞有效行程为零,这时喷油泵不供油[图4-3-14(a)]。按照图4-3-14(b)和图4-3-14(c)中箭头所指示的方向拉动供油齿杆,则调节齿圈按箭头所示方向转动,柱塞有效行程增加,喷油泵循环供油量增多。若朝相反方向拉动供油齿杆,则柱塞有效行程减小,循环供油量减少。

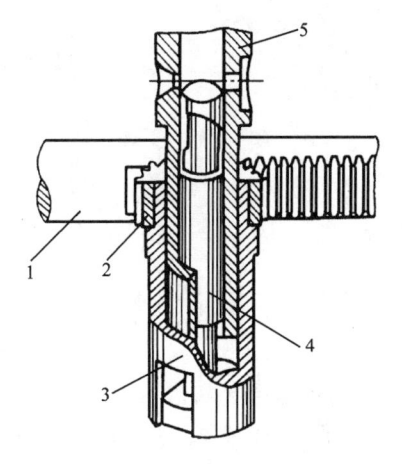

图4-3-13 齿杆式供油量调节机构
1—供油齿杆;2—调节齿圈;
3—控制套筒;4—柱塞;5—柱塞套

(a) 不供油　　(b) 供油量增多　　(c) 供油量减少

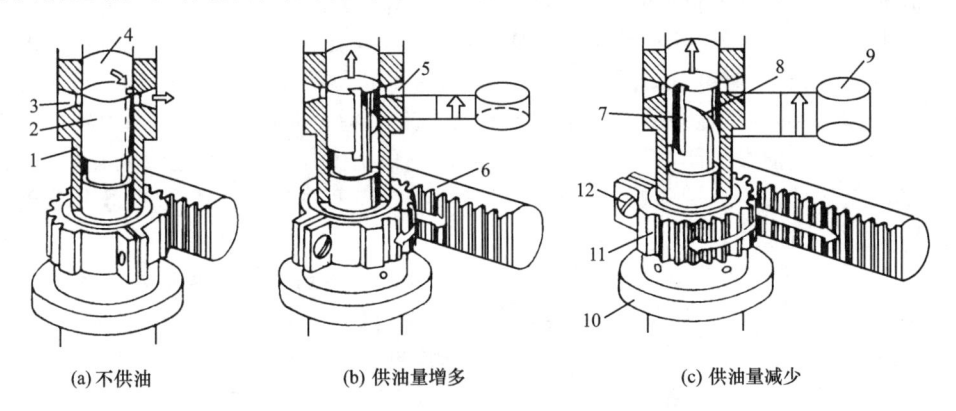

图4-3-14 循环供油量的调节
1—柱塞套;2—柱塞;3,5—柱塞套油孔;4—柱塞腔;6—供油齿杆;7—直槽;8—螺旋槽;
9—循环供油量容积;10—控制套筒;11—调节齿圈;12—调节齿圈紧固螺钉

利用上述供油量调节原理,可调整多缸喷油泵的各缸供油量的均匀性。其操作步骤:保持供油齿杆不动,拧松调节齿圈紧固螺钉,适当转动控制套筒,使其带动柱塞在柱塞套内转动,改变柱塞有效行程,便可使供油量或增或减,然后拧紧调节齿圈紧固螺钉。根据需要再拧松另一个调节齿圈紧固螺钉,重复上述步骤,直到各缸供油量均匀一致为止。这项工作需要在专门的喷油泵试验台上进行。

有的喷油泵采用拨叉式供油量调节机构,如图4-3-15所示。在柱塞的下端压套着调节臂,其端头插入固定在供油拉杆上的拨叉的凹槽内。拨叉数与分泵数相同,供油拉杆安装在泵体的导向套管中,其轴向位置受驾驶员或调速器控制。移动供油拉杆,柱塞就相对于柱塞套转动,从而调节供油量。移动供油拉杆时,各分泵旋转角度相同,因此各缸供油量的变化相同。当各缸供油量不等时,可通过改变拨叉在供油拉杆上的位置来调整。

(4)驱动机构

驱动机构的功能是驱动柱塞运动,并保证供油准时。

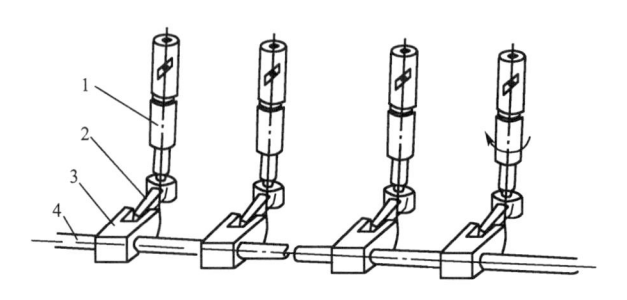

图 4-3-15 拨叉式供油量调节机构
1—柱塞;2—调节臂;3—拨叉;4—供油拉杆

A型喷油泵的驱动机构包括喷油泵凸轮轴和滚轮挺柱体等组件。凸轮轴的前、后端通过滚轮轴承支撑在泵体上。凸轮轴上凸轮的数目与喷油泵的柱塞偶件数目相同,各凸轮间的夹角与配套柴油机的气缸数有关,并与气缸工作顺序相适应。凸轮轴一般由曲轴定时齿轮驱动,四冲程柴油机喷油泵凸轮轴的转速是曲轴转速的一半,以实现在凸轮轴一转之内向各气缸供一次油。

A型喷油泵采用调整螺钉式滚轮挺柱体部件,其结构如图4-3-16所示。滚轮挺柱体部件安装在泵体上的挺柱孔内,滚轮在滚轮销上转动。在滚轮与滚轮销之间镶有滚针轴承(也可镶衬套)。在挺柱的顶端拧入供油定时调整螺钉和锁紧螺母。

通过调整供油定时调整螺钉伸出挺柱体外的高度,可改变挺柱体的工作高度 h,即改变柱塞封闭柱塞套进油孔的时刻,因此可用来调整各分泵的供油提前角和供油间隔角,保证多缸发动机各缸供油时刻的准确性。旋出供油定时调整螺钉,挺柱体的工作高度 h 增加,柱塞位置升高,柱塞套油孔提前被封闭,供油提前,即供油提前角增大;拧入供油定时调整螺钉,可使供油滞后,供油提前角减小。调整时要注意该螺钉的最大高度并及时锁紧,以防止柱塞到达上止点时顶撞出油阀,引起损坏。

有的喷油泵则采用调整垫块式滚轮挺柱体部件,利用调整垫块来调整各分泵的供油提前角和供油间隔角,如图4-3-17所示。调整时加厚垫块,则 h 值增大,供油提前角增大;减薄垫块,则 h 值减小,供油提前角减小。为此,制有不同厚度的垫块,厚度差为0.1 mm,相应凸轮轴转角为0.5°,反映到曲轴转角为1°。

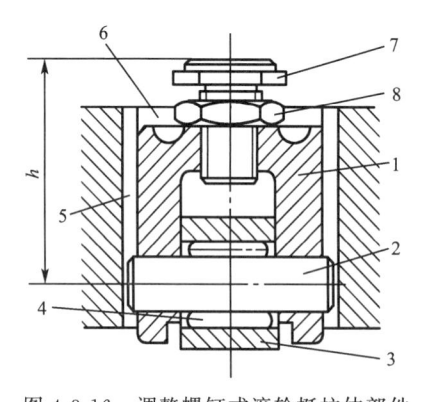

图 4-3-16 调整螺钉式滚轮挺柱体部件
1—挺柱体;2—滚轮销;3—滚轮;
4—滚针轴承;5—定位长槽;6—挺柱孔;
7—供油定时调整螺钉;8—锁紧螺母

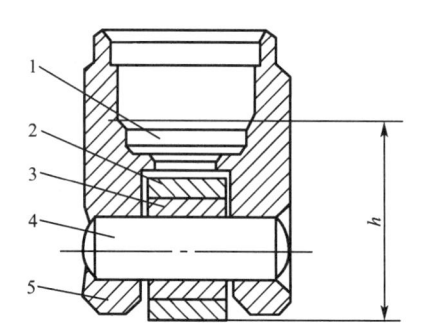

图 4-3-17 调整垫块式滚轮挺柱体部件
1—调整垫块;2—滚轮;3—滚轮衬套;
4—滚轮轴;5—滚轮架

(5)泵体

泵体是喷油泵的基础件,所有的零件都通过它组合在一起构成喷油泵整体。泵体分组合式和整体式两种,多用铝合金铸造。

泵体上制有孔穴,用以安装分泵。泵体上还有纵向油道,即低压油腔。输油泵输出的燃油经滤清后进入该油道,再从柱塞套上经油孔进入各分泵泵腔。油道的另一端装有限压阀,当低压油腔油压超过预定值后即经此流回油箱。此外,泵体上还有放气螺钉,需要放气时可将其旋出少许,再按手动输油泵,泵入的燃油可驱净渗入喷油泵内的空气。

2.转子分配式喷油泵

分配式喷油泵简称分配泵,有转子式和单柱塞式两大类。

分配泵与柱塞式喷油泵相比,具有以下特点:

①分配泵结构简单,零件少,体积小,质量轻,使用中故障少,容易维修。

②分配泵精密偶件加工精度高,供油均匀性好,因此无须进行各缸供油量和供油定时调节。

③分配泵的运动件靠喷油泵泵体内的柴油进行润滑和冷却,因此,对柴油的清洁度要求很高。

④分配泵凸轮的升程小,有利于提高柴油机转速。

下面以广泛应用于轿车和轻型客车柴油机的 VE 型分配泵为例,说明分配泵的结构及其工作原理。

(1)VE 型分配泵的结构

VE 型分配泵由驱动机构、二级滑片式输油泵、高压分配泵头和电磁式断油阀等部分组成。此外,分配泵泵体内还安装有机械式调速器和液压式喷油提前器。VE 型分配泵的结构如图 4-3-18 所示。

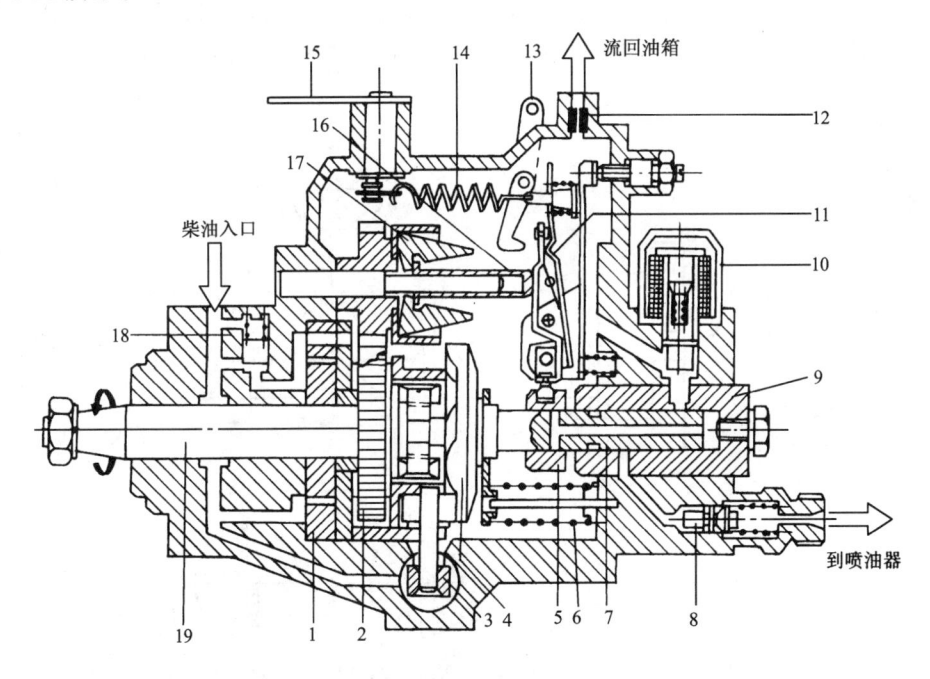

图 4-3-18 VE 型分配泵的结构

1—二级滑片式输油泵;2—调速器驱动齿轮;3—液压式喷油提前器;4—平面凸轮盘;5—供油量调节套筒;6—柱塞弹簧;7—分配柱塞;8—出油阀;9—柱塞套;10—断油阀;11—调速器张力杠杆;12—溢流节流孔;13—停油手柄;14—调速弹簧;15—调速手柄;16—调速套筒;17—飞锤;18—调压阀;19—驱动轴

驱动轴由柴油机曲轴正时齿轮驱动,带动二级滑片式输油泵工作,并通过调速器驱动齿轮带动调速器轴旋转。在驱动轴的右端通过联轴器与平面凸轮盘连接,利用平面凸轮盘上的传动销带动分配柱塞。柱塞弹簧将分配柱塞压紧在平面凸轮盘上,并使平面凸轮盘压紧滚轮。滚轮轴嵌入静止不动的滚轮架上。当驱动轴旋转时,平面凸轮盘与分配柱塞同步旋转,而且在滚轮、平面凸轮和柱塞弹簧的共同作用下,平面凸轮盘还带动分配柱塞在柱塞套内做往复运动。往复运动使柴油增压,旋转运动则进行柴油分配。滚轮、联轴器及平面凸轮盘的相对位置如图 4-3-19 所示。

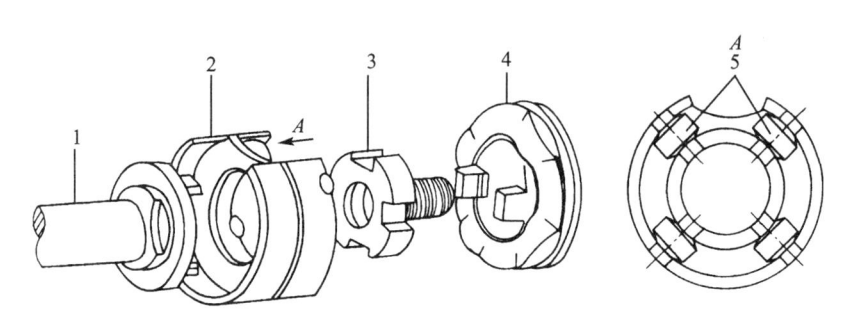

图 4-3-19 滚轮、联轴器及平面凸轮盘的相对位置
1—驱动轴;2—滚轮架;3—联轴器;4—平面凸轮盘;5—滚轮

柱塞套上有一个进油孔以及数目与气缸数相同的分配油道,每个分配油道都连接一个出油阀和一个喷油器。

平面凸轮盘上平面凸轮的数目与柴油机气缸数目相同。分配柱塞的结构如图 4-3-20 所示。在分配柱塞的中心加工有中心油孔,其右端与柱塞腔相通,而左端与泄油孔相通。分配柱塞上还加工有燃油分配孔、压力平衡槽和数目与气缸数目相同的进油槽。

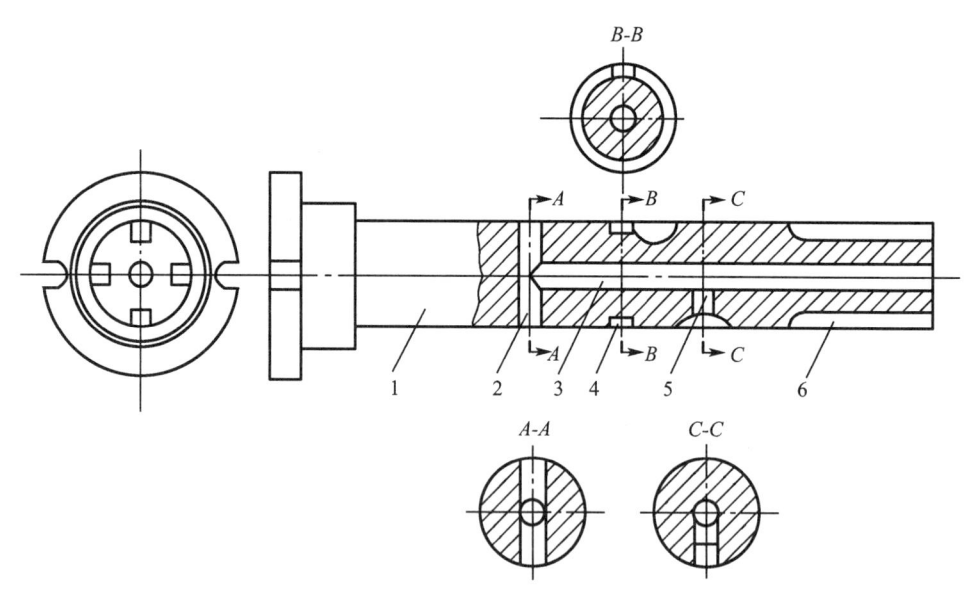

图 4-3-20 分配柱塞的结构
1—分配柱塞;2—泄油孔;3—中心油孔;4—压力平衡槽;5—燃油分配孔;6—进油槽

(2)VE 型分配泵的工作原理
①泵油原理
VE 型分配泵的泵油原理见表 4-3-3。

表 4-3-3　　　　　　　　　　　　VE 型分配泵的泵油原理

工作过程	原理分析	示意图
进油过程	当平面凸轮盘的凹下部分转至与滚轮接触时,柱塞弹簧将分配柱塞由右向左推移至柱塞下止点位置,这时分配柱塞上的进油槽与柱塞套上的进油孔连通,柴油自喷油泵泵体的内腔经进油道进入柱塞腔和中心油孔内	
压油过程	当平面凸轮盘由凹下部分转至凸起部分并与滚轮接触时,分配柱塞在平面凸轮盘的推动下由左向右移动。在进油槽转过进油孔的同时,分配柱塞将进油孔封闭,这时柱塞腔内的柴油开始增压。与此同时,分配柱塞上的燃油分配孔转至与柱塞套上的一个出油孔相通,高压柴油从柱塞腔经中心油孔、燃油分配孔、出油孔进入分配油道,再经出油阀和喷油器喷入燃烧室 平面凸轮盘每转一周,分配柱塞上的燃油分配孔依次与各缸分配油道接通一次,即向柴油机各缸喷油器供油一次	
停油过程	分配柱塞在平面凸轮盘的推动下继续右移,当柱塞上的泄油孔移出供油量调节套筒并与喷油泵泵体内腔相通时,高压柴油从柱塞腔经中心油孔和泄油孔流进喷油泵泵体内腔,柴油压力立即下降,供油停止	
压力平衡过程	分配柱塞上设有压力平衡槽,在分配柱塞旋转和移动过程中,压力平衡槽始终与喷油泵泵体内腔相通。当某一气缸供油停止,且当压力平衡槽转至与相应气缸的分配油道连通时,分配油道与喷油泵泵体内腔相通,使这两处的油压趋于平衡。在柱塞旋转过程中,压力平衡槽与各缸分配油道逐个相通,使各分配油道内的压力均衡一致,从而保证了各缸供油的均匀性	

注:1—断油阀;2—进油孔;3—进油槽;4—柱塞腔;5—喷油器;6—出油阀;7—分配油道;8—出油孔;9—压力平衡孔;10—中心油孔;11—泄油孔;12—平面凸轮盘;13—滚轮;14—分配柱塞;15—供油量调节套筒;16—压力平衡槽;17—进油道;18—燃油分配孔;19—喷油泵泵体;20—柱塞套

②供油量调节原理

从柱塞上的燃油分配孔与柱塞套上的出油孔相通时起,至泄油孔移出供油量调节套筒时止,在此期间分配柱塞所移动的距离称为柱塞有效供油行程。显然,有效供油行程越大,供油量越多。移动供油量调节套筒即可改变有效供油行程,向左移动供油量调节套筒,停油时刻提早,有效供油行程缩短,供油量减少;反之,向右移动供油量调节套筒,供油量增加。供油量调节套筒的移动由调速器控制。

(3)电磁式断油阀

VE 型分配泵装有电磁式断油阀,其电路和工作原理如图 4-3-21 所示。

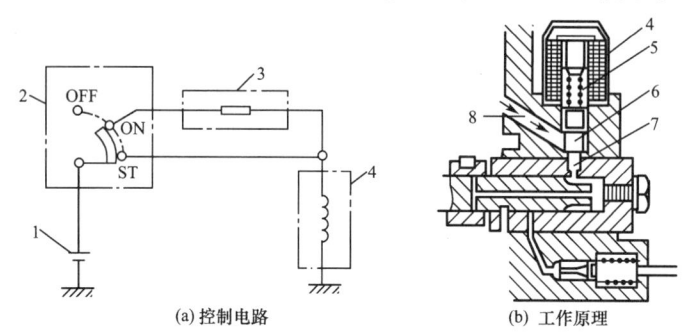

图 4-3-21　电磁式断油阀控制电路及工作原理

1—蓄电池;2—起动开关;3—电阻;4—电磁线圈;5—回位弹簧;6—阀门;7—进油孔;8—进油道

起动时,将起动开关旋至"ST"位置,这时来自蓄电池的电流直接流过电磁线圈,产生的电磁力压缩回位弹簧,将阀门吸起,进油孔开启。

柴油机起动之后,将起动开关旋至"ON"位置,这时电流经电阻流过电磁线圈,电流减小,但由于有油压的作用,阀门仍然保持开启。

当柴油机停机时,将起动开关旋至"OFF"位置,这时电路断开,阀门在回位弹簧的作用下关闭,从而切断油路,停止供油。

(4)液压式喷油提前器

在 VE 型分配泵泵体的下部安装有液压式喷油提前器,如图 4-3-22 所示。

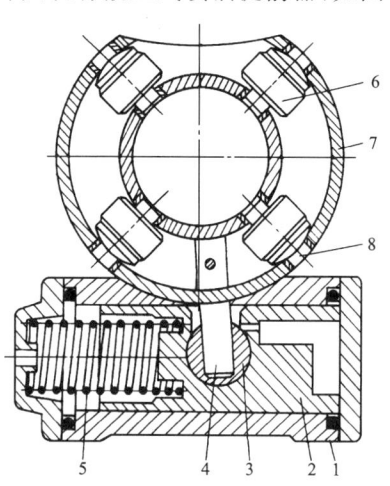

图 4-3-22　液压式喷油提前器

1—壳体;2—活塞;3—连接销;4—传力销;5—弹簧;6—滚轮;7—滚轮架;8—滚轮轴

在液压式喷油提前器的壳体内装有活塞,活塞左端与二级滑片式输油泵的入口相通,并有弹簧压在活塞上。活塞右端与喷油泵泵体内腔相通,其压力等于二级滑片式输油泵的出口压力。当柴油机在某一转速下稳定运转时,作用在活塞左、右端的力相等,活塞处于某一平衡位置。若柴油机转速升高,则二级滑片式输油泵的出口压力增大,作用于活塞右端的力随之增加,推动活塞向左移动,并通过连接销和传力销带动滚轮架绕其轴线转动一定的角度,直至活塞两端的力重新达到平衡为止。滚轮架的转动方向与平面凸轮盘的旋转方向相反,使平面凸轮提前一定角度与滚轮接触,供油相应提前,即供油提前角增大。反之,若柴油机转速降低,则二级滑片式输油泵的出口压力也随之降低,作用于活塞右端的力减小,活塞向右移动,并带动滚轮架按平面凸轮盘旋转方向转过一定的角度,使供油提前角减小。

五、喷油器

喷油器的功用是把喷油泵输送来的高压柴油,以一定的压力经喷孔雾化成细小的颗粒喷入燃烧室中,和压缩空气均匀地混合,以利于燃烧。对喷油器的要求:

(1)应具有一定的喷射压力和射程,以及合适的喷油锥角。
(2)在规定的停止喷油时刻,应立即切断燃油的供给,不发生滴油现象。

喷油器主要由喷油嘴、喷油器体和喷油压力调整装置三部分组成。按喷油嘴结构形式的不同,喷油器可分为孔式和轴针式两种。

1.孔式喷油器

(1)结构

孔式喷油器的结构如图 4-3-23 所示。它由针阀、针阀体、顶杆、调压弹簧、调压螺钉及喷油器体等零件组成。由针阀和针阀体构成的针阀偶件(俗称喷油嘴)通过喷油嘴拧紧螺母与喷油器体紧固在一起。调压弹簧的预紧力通过顶杆作用在针阀上,将针阀压紧在针阀体内的密封锥面上,使喷油嘴关闭。调压弹簧的预紧力由调压螺钉调节。

针阀上部的圆柱表面同针阀体的相应内圆柱面为高精度的滑动配合,配合间隙为 0.002~0.003 mm。此间隙过大,则易发生漏油而使油压下降,影响喷雾质量;而间隙过小时,针阀将不能自由滑动。针阀中部的锥面全部露出在针阀体的环形油腔(压力室)中,用以承受油压,称为承压锥面。针阀下端的锥面与针阀体上相应的内锥面配合,以实现喷油器内腔的密封,称为密封锥面。针阀偶件应经过选配和研磨以保证其配合精度,在维修过程中不同的针阀偶件之间零件不能互换。

孔式喷油器的喷油嘴头部加工有 1 个或多个喷孔,有 1 个喷孔的称为单孔喷油器,有两个喷孔的称为双孔喷油器,有 3 个及其以上喷孔的称为多孔喷油器。一般喷孔数目为 1~7 个,喷孔直径为 0.2~0.5 mm。

因为对燃油喷射方向有特定的要求,所以在喷油器体与针阀体之间设有定位销。

在高压油管接头上装有缝隙式喷油器滤芯,它具有磁性,可吸附金属磨屑,以防细小杂物堵塞喷孔。

喷油器用两个固定螺钉固定在气缸盖上的喷油器座孔内,用铜制的锥体或铜垫片密封,防止气缸漏气。

在拆下喷油器后,为防止污物进入喷油器,应在油管接头处和针阀体端部用防污套罩上。

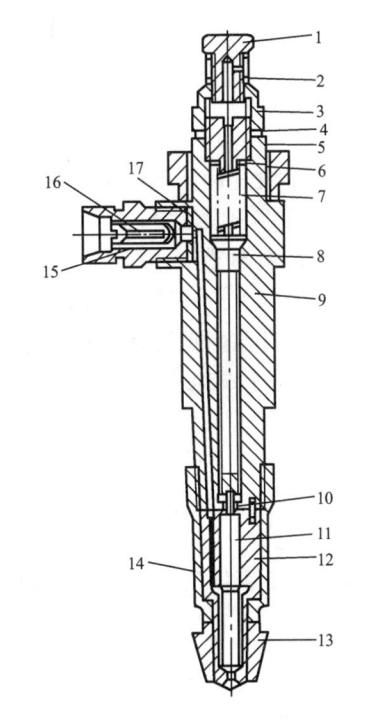

图 4-3-23 孔式喷油器的结构
1—回油管螺栓;2—回油管衬垫;
3—调压螺钉护帽;4,6—调压螺钉垫圈;
5—调压螺钉;7—调压弹簧;8—顶杆;
9—喷油器体;10—定位销;11—针阀;
12—针阀体;13—喷油器锥体;
14—紧固螺套;15—进油管接头;
16—滤芯;17—进油管接头衬垫

（2）工作原理

当柴油机工作时，来自喷油泵的高压柴油通过高压油管送到喷油器，经进油管接头、喷油器滤芯以及喷油器体和针阀体内的油道进入喷油嘴内的压力室，如图4-3-24所示。油压作用在针阀的承压锥面上，产生向上的推力。当该推力超过调压弹簧的预紧力时，针阀升起并将喷孔打开，高压柴油经喷孔喷入燃烧室。针阀升起的最大高度即针阀升程，由喷油器体（或接合座）的下端面限制。当喷油泵停止供油时，喷油嘴压力室内的油压迅速下降，针阀在调压弹簧的作用下瞬间落座，将喷孔关闭，停止喷油。

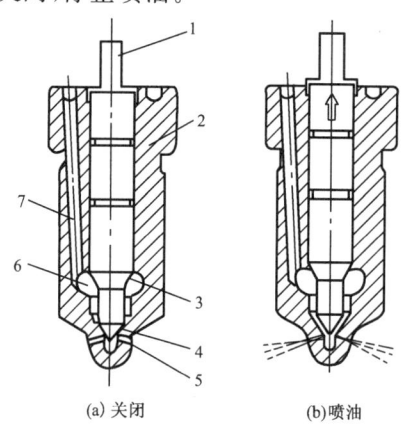

图 4-3-24　孔式喷油嘴的工作原理

1—针阀；2—针阀体；3—承压锥面；4—密封锥面；5—喷孔；6—压力室；7—进油道

针阀的开启压力即喷油压力取决于调压弹簧的预紧力。如图4-3-23所示，调压弹簧的预紧力可通过调压螺钉调整（拧入时喷油压力增大，反之则减小）。调整后要用调压螺钉护帽将调压螺钉锁紧固定。

在喷油器工作期间，有少量柴油从针阀与针阀体配合表面之间的间隙中漏出，并沿顶杆周围的缝隙上升，最后通过回油管接头进入回油管，流回燃油滤清器或油箱。这部分柴油在流过针阀偶件时对偶件起润滑作用。

2. 轴针式喷油器

轴针式喷油器与孔式喷油器的工作原理相同，结构也相似，只是喷油嘴头部的结构不同而已。在轴针式喷油器中，针阀密封锥面以下有一段轴针，它穿过针阀体上的喷孔且稍凸出于针阀体之外，使喷孔呈圆环形。因此，轴针式喷油器的喷注是空心的。轴针可以制成圆柱形或截锥形，如图4-3-25所示。圆柱形轴针喷注的喷雾锥角较小，而截锥形轴针喷注的喷雾锥角较大。因此，轴针制成不同的形状，可以得到不同形状的喷注，以适应不同形状燃烧室的需要。

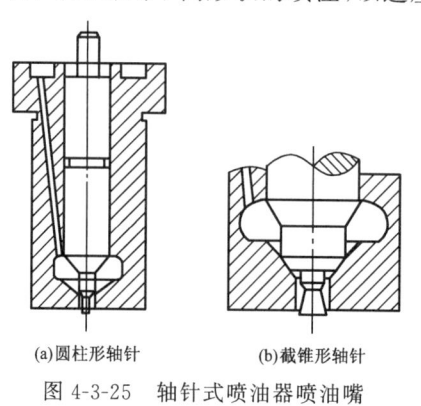

图 4-3-25　轴针式喷油器喷油嘴

(a) 圆柱形轴针　　(b) 截锥形轴针

轴针式喷油器工作时,轴针在喷孔内往复运动,能清除喷孔中的积炭,喷孔不易堵塞,喷油器工作可靠,且由于喷孔较大(多为1~3 mm),所以加工方便。

3. 喷油器的检修

(1)清洗

针阀和针阀体是配对研磨加工而成的精密偶件,不能互换。在清洗时,不能混放,要一对一对地分别清洗。当针阀卡在针阀体中而用手抽不出来时,可在干净的柴油中浸泡一段时间后再抽,千万不能用手钳硬抽,若经浸泡后用手还抽不出来,则说明针阀已卡死在针阀体内,应予以更换。

针阀和针阀体的积炭,可在柴油中用浸湿的硬质木片刮除,不得使用金刚砂纸或其他金属擦拭或刮拭。任何时候都不要用手去摸针阀的研磨表面,以免表面生锈。针阀体喷孔的积炭,可用专用工具——通针来剔除,针阀体头部内的烟渣,也可用专用工具剔除,但需特别小心,不要碰伤针阀体内的配合面。

(2)检验

喷油器偶件配合面及针阀体端面应色泽光亮、无损伤、无锈蚀,针阀和针阀体密封锥面应明亮、无麻点、无刻痕。

喷油器的性能检验应在专用的试验器上进行,喷油器试验器的结构如图4-3-26所示。

①喷油器喷油压力检查与调试

检查时,将喷油器上调压弹簧的调压螺钉的锁紧螺母旋松,将喷油器安装到试验器上,放气并将连接部位拧紧。快速按下压油手柄若干次,待喷油器内的细小杂质和油污排出后,再缓慢地按动压油手柄(以60次/min为宜),同时观察油压表。当读数开始下降时,油压表的数值即喷油器的开启压力,其数值应符合相关技术条件。例如YC6150QC型和YC6110Q型柴油机喷油器的喷油压力为(18.62±0.49)MPa。

一台发动机中各喷油器的喷油压力差应不超过0.025 MPa。若喷油压力不符合规定要求,则应加以调整。

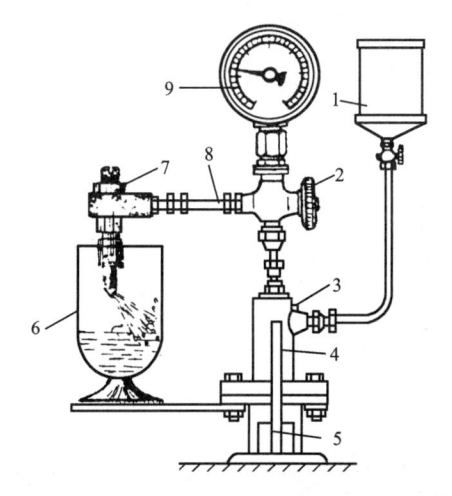

图4-3-26 喷油器试验器的结构

1—贮油罐;2—开关;3—放气螺钉;4—手动油泵;5—压油手柄;6—接油杯;7—喷油器;8—高压油管;9—油压表

对用调压螺钉调整喷油压力的喷油器,可拧动调压螺钉进行调整。当拧入调压螺钉时,压力增高,反之则相反。

有的喷油器喷油压力通过垫片调整,加厚垫片,调压弹簧预紧力增大,喷油压力增高,反之则相反。采用垫片调整喷油压力时,每个喷油器只能用一个垫片。

②喷油器密封性的检查与试验

a.导向部分配合严密性的检查与试验:将喷油器装在试验器上,把喷油压力调到 19.6 MPa,观察试验器油压由 19.6 MPa 下降到 17.6 MPa 所经历的时间,正常为 10 s 以上。如果时间过短,说明喷油器导向部分的配合间隙过大。

b.针阀密封锥面密封性的检查与试验:使试验器保持低于喷油压力 2 MPa 的油压 10 s 以上,喷孔附近不得有柴油集聚或渗漏现象,但允许有少量湿润,否则说明针阀密封锥面密封不良。

③喷油器喷雾质量的检查

喷油器喷雾质量的检查,主要检查喷油器在规定压力下,能否把柴油喷射为细小、均匀的雾状油束,检查项目包括喷雾锥角、射程、均匀性、油滴尺寸及分布。最常用的检查方法包括目测喷雾形状、倾听喷雾响声、检查喷雾锥角。

a.目测喷雾形状:可与喷油压力的检查同时进行,主要是通过观察油束的轮廓,来判断喷雾锥角、射程及雾化状态是否正常,如图 4-3-27 所示。

b.倾听喷雾响声:根据喷油器在喷油时发出的响声,可以判断喷雾质量的好坏。例如,轴针式喷油嘴在正常喷油时,发出清脆的"唧唧"声;多孔式喷油嘴在正常喷油时,会发出"砰砰"声。如果喷油时响声沙哑,说明喷油嘴喷雾不良或针阀运动不灵活;如果响声微弱或听不到响声,说明喷油压力过低或不喷油。

c.检查喷雾锥角:不同形式的喷油嘴有不同的喷雾锥角,喷雾锥角由喷油嘴的制造形状所决定。通常喷雾锥角标注在喷油嘴体的显著部位。检查时,对轴针式喷油嘴的喷雾形状有特殊要求,需要比较准确地测量喷雾锥角时,可在距喷油嘴喷孔 100~200 mm 处放一张白纸,纸面应与喷油器轴线垂直,然后快速压动手动油泵压油手柄进行一次喷射,使油雾喷射在纸上,量出纸面到喷油嘴针阀端面的距离 h 和纸上的油迹直径 d,如图 4-3-28 所示。其中 α 的计算公式为

$$\alpha = \arctan(d/2h)$$

实际喷雾锥角为 2α。

若喷油器不能满足上述检验要求,则应更换针阀偶件。

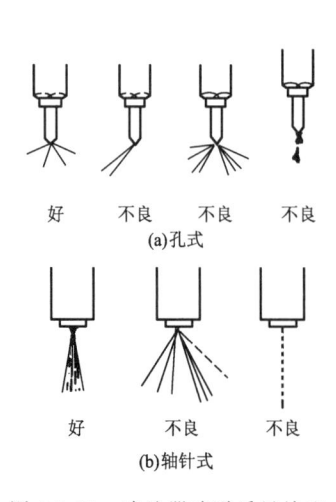

图 4-3-27 喷油器喷雾质量检查

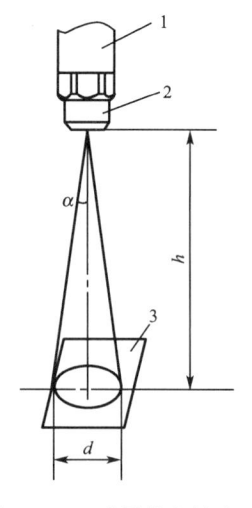

图 4-3-28 喷雾锥角检查
1—喷油器;2—喷油嘴;3—白纸

六、调速器

理论上，喷油泵每个工作循环的供油量主要取决于供油拉杆的位置，当供油拉杆位置一定时，每个工作循环的供油量应不变。但实际上，供油量还要受到发动机转速的影响。以柱塞式喷油泵为例，当发动机转速增加（喷油泵柱塞移动速度加快）时，柱塞套上油孔的节流作用随之增大，于是在柱塞上行时，即使柱塞上沿未完全封闭油孔，由于燃油一时来不及从油孔挤出，泵腔内油压也会立即增加，使出油阀提早开启，供油开始时刻提前，造成喷油器"早喷"。同理，在柱塞上移到其斜槽已经与油孔接通之后，泵腔内油压一时还来不及下降，出油阀延迟关闭，使供油停止时间延后，造成了喷油器的"晚停"。这样，即使供油拉杆位置不变，随着发动机转速的升高，柱塞的实际供油有效行程也会略有增加，供油量也略有增大；反之，随发动机转速的降低，供油量略有减少。在供油拉杆位置不变时，喷油泵每个工作循环的供油量随转速变化的关系称为喷油泵的速度特性。

喷油泵的速度特性对工况多变的车用柴油机是非常不利的。例如，柴油机在大负荷工况下突然卸去负荷时，喷油泵供油拉杆可能来不及向减油方向移动，而保持在最大供油量位置，显然，发动机转速将大为增高。这时，喷油泵在上述供油特性的支配下，反而自动将供油量加大，促使发动机转速升高，转速升高又促使供油量加大。如此反复相互作用，将加速导致发动机超速运转，甚至发生"飞车"事故。当柴油机在怠速工况下运转时，供油拉杆保持在最小供油量位置，发动机发出的动力仅用以克服发动机本身内部各机构的运转阻力。此时，当发动机内部阻力略有增加而使发动机转速略微降低时，喷油泵在其速度特性作用下，供油量自动减小，促使转速进一步下降。如此循环，最终将导致发动机熄火。反之，柴油机内部阻力略有减小时，柴油机怠速将不断升高，造成怠速不稳。

调速器的功能是在发动机工作时，根据负荷情况，自动调节供油量，以稳定柴油机转速，并且使之不发生超速和熄火。

目前，在常见的柴油机上，应用最广的是机械离心式调速器。这种调速器结构复杂，但工作可靠，性能良好。按其调节作用范围的不同，机械离心式调速器分为两极式调速器和全程式调速器。中、小型汽车柴油机多数采用两极式调速器，以起到防止超速和稳定怠速的作用。在重型汽车上则多采用全程式调速器，这种调速器除具有两极式调速器的功能外，还能对柴油机工作转速范围内的任何转速起调节作用，使柴油机在各种转速下都能稳定运转。

七、其他类型燃的油供给系统

1.泵喷嘴系统

泵喷嘴系统是把喷油泵和喷油器组合成一体，单独安装在每个气缸的顶部。它同样担负着燃油的增压、计量和喷雾的任务，因而取消了高压泵至喷油器的高压油管。泵喷嘴系统包括机械泵喷嘴和电控泵喷嘴两种。

（1）机械泵喷嘴

供油量由机械传动控制的称为机械泵喷嘴。机械泵喷嘴安装在发动机气缸盖上，设有驱动喷油泵的专用凸轮轴，如图4-3-29所示。凸轮通过摇臂作用在柱塞上，并可推动柱塞向下运动。柱塞上行靠弹簧的作用力。

机械泵喷嘴的工作原理同柱塞泵油原理一样,输油泵将燃油从油箱中吸出,压入泵喷嘴进油孔,当柱塞位于最上方位置时,柴油经柱塞套外面的环形空腔进入柱塞套下部的空腔,当柱塞下行时,形成密封空腔,产生高压柴油,输送给喷油嘴,供油开始。机械泵喷嘴的结构如图4-3-30所示。供油量的改变是通过转动柱塞来实现的。移动调节齿杆可使柱塞转动。脚踏板通过小轴、杠杆与齿杆相连,当加速踏板动作时,可保证各缸的泵喷嘴齿杆同时动作。燃油在环形空腔内循环,不但加强了泵喷嘴的冷却作用,并能防止在空腔中聚积气泡,使之随时排出。

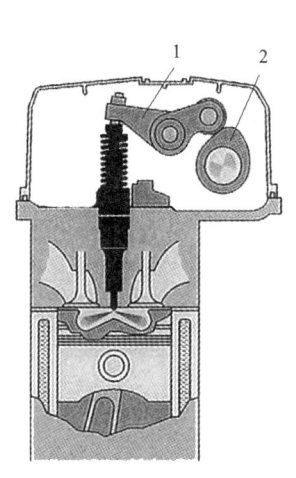

图 4-3-29 机械泵喷嘴驱动结构
1—摇臂;2—凸轮轴

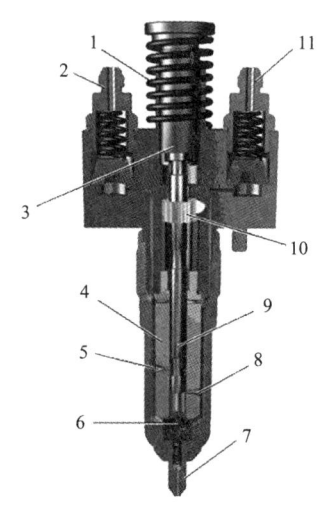

图 4-3-30 机械泵喷嘴的结构
1—挺杆弹簧;2—回油孔;3—挺杆;4—柱塞套;
5—柱塞套进油孔;6—止回阀;7—喷油嘴;
8—柱塞套回油孔;9—柱塞;10—调节齿圈;11—进油孔

当喷油孔阻塞时,容易使喷嘴损坏,因此要求燃油要有很高的滤清度,喷嘴的温度不能过高,以防止形成积炭。泵喷嘴的缺点是必须直接在发动机上进行调整,对多缸发动机很难保证供油的均匀性。另外,为了驱动泵喷嘴必须增加传动机构,使发动机的结构变得较为复杂。

(2) 电控泵喷嘴

供油量由电控元件控制的称为电控泵喷嘴。电控泵喷嘴省去了高压油管,把泵油的柱塞及泵体与喷油嘴部件连在一起,在泵体的侧面装有电磁阀,如图 4-3-31 所示。

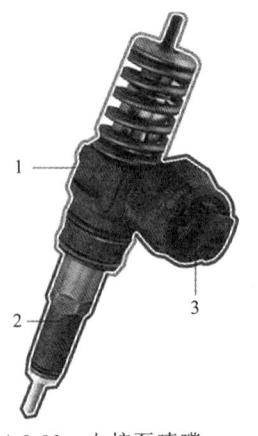

图 4-3-31 电控泵喷嘴
1—压力产生泵;2—喷嘴;3—电磁阀

泵体上有起柱塞套作用的圆孔,与柱塞形成精密偶件,柱塞下的高压腔有信道,通过电磁阀与低压腔连通。当凸轮推动摇臂使柱塞下行时,若电磁阀未通电关闭,则被推送的油通过此信道及电磁阀泄回低压腔,不会产生高压。若电磁阀通电关闭,则被推送的油将产生高压,这个高压直接传到喷油嘴,当超过针阀开启压力时,即开始喷油。在电磁阀关闭期间,泵喷嘴将持续喷油。当电磁阀断电,则电磁阀回位弹簧使电磁阀打开,高压腔的油泄回低压腔,喷油嘴针阀关闭,停止喷油。所以喷油正时和喷油量是由电磁阀的通电正时和通电时间的长短决定的。此外,电控系统由一组传感器、计算模块和执行组件组成。传感器把柴油机工作的环境条件、工况及驾驶员的意图传给计算模块。计算模块根据这些信息及在开发柴油机时存入的匹配数据计算出正确的通电正时和通电时间,控制执行组件的工作。

电控泵喷嘴系统控制灵活,通过电磁阀的两次动作可实现可控预喷射,大大降低了噪声和振动,并改善排放。此外,由于电控泵喷嘴及驱动装置都安装在气缸盖上,使发动机结构紧凑,外形减小,并可将低压的进、回油道都设置在气缸盖内。

与新一代柴油喷油系统的共轨系统比较,电控泵喷嘴最大的特点是容易实现高压喷油。而共轨系统由于其结构特点特别是需要密封的高压部位多使其能够达到的高压受到限制,另一方面由于电控泵喷嘴的供油规律仍采用凸轮控制,在控制喷油压力及实现多次喷射等方面不如共轨系统的自由度大。

2. 共轨式电控柴油喷射系统

共轨式电控柴油喷射系统可以对柴油机的循环供油量、喷油压力、喷油正时和喷油规律进行精确控制,提高柴油机的动力性、经济性和排放性,是电控柴油喷射技术的主要发展方向,运用日益广泛。

(1) 电控柴油喷射系统概述

柴油机功率大,燃油消耗率低且 CO_2 排放率较汽油机低,在国内外的应用率越来越高。但柴油机同样需要面对无法回避的局部和全球性的环境与能源问题。为了改善柴油机的运转性和降低燃油消耗率,同时也为了适应严格的柴油机排放标准,从 20 世纪 80 年代初期开始,各种电控柴油喷射系统相继问世。

电控柴油喷射系统的电子控制装置由传感器、ECU 和执行机构三部分组成。ECU 根据转速传感器和加速踏板位置传感器的输入信号,首先计算出基本喷油量,然后根据传感器测得的冷却液温度、进气温度、进气歧管绝对压力等信号进行修正,确定最佳喷油量及喷油正时,实现对喷油量以及喷油正时随运行工况的实时控制。同时,ECU 经过计算处理,按照最佳值对废气再循环阀、预热塞等执行机构进行控制,使柴油机工作状态达到最佳。

在电控柴油喷射系统上所用的传感器中,如转速、进气歧管绝对压力、温度等传感器以及加速踏板位置传感器等与汽油机的电控系统基本相同,其电控单元在硬件方面很相似,故障自诊断系统的原理与使用也与电控汽油喷射系统相似。柴油机电控喷射技术的关键和难点在于柴油喷射电控执行器。

早期的电控柴油喷射系统采用"位置控制",通过以 ECU 为核心的控制单元对位置伺服机构进行控制,改变供油齿杆(直列泵)或供油量调节套筒(VE 型分配泵)的位置,以调节喷油泵的循环供油量。但伺服机构执行响应慢,控制频率低,控制精度欠精确。其后开发了"时间控制式柴油喷射系统",利用新型高速强力电磁阀的关闭时刻和闭合持续时间来控制喷油泵的循环供油量和喷油正时,取代了供油齿杆或供油量调节套筒。上述两种电控柴油喷射系统都保持了传统脉冲高压供油原理,喷油压力与发动机的转速和负荷有关,无法单独控制,这种特性对于低转速和小负荷下的燃油经济性和烟度排放很不利。同时,还会造成柴油压力的波动,引起间歇性不喷油或二次喷油等异常现象,恶化燃烧过程。共轨式电控柴油喷射系统的问世,摒弃了传统脉冲高压供油原理,采用时间-压力控制式或压力控制式,使电控柴油喷射系统进入了一个新的发展阶段。其中,应用较多的是时间-压力控制式。下面以日本电装公司ECD-U2时间-压力控制共轨式柴油喷射系统为例,介绍共轨式电控柴油喷射系统(以下简称共轨式柴油喷射系统)的基本工作原理。

(2)共轨式电控柴油喷射系统介绍

日本电装公司 ECD-U2 时间-压力控制式共轨柴油喷射系统(以下简称 ECD-U2 系统)主要由柴油箱、输油泵、公共油道、喷油器和各种电子元件组成,如图 4-3-32 所示。

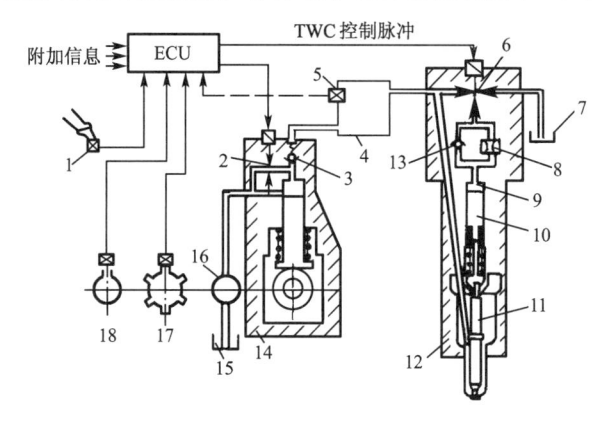

图 4-3-32 ECD-U2 时间-压力控制式共轨柴油喷射系统

1—加速踏板位置传感器;2—油泵压力控制阀;3—出油阀;4—共轨油管;5—燃油压力传感器;
6—三通阀(TWV);7、15—柴油箱;8—节流孔;9—控制室;10—液压活塞;11—喷油器针阀;12—喷油器体;
13—单向阀;14—高压输油泵;16—低压输油泵;17—发动机转速传感器;18—曲轴位置传感器

共轨式电控柴油喷射系统有一条公共油道,即共轨。高压输油泵将柴油从油箱中吸出并将油压提高到 120 MPa 后送入共轨,多余柴油经回油管路流回油箱。用电磁阀对共轨油压进行压力调节并由压力传感器进行反馈控制,使其根据柴油机的工况要求稳定在目标值。有一定压力的柴油经共轨分别通向各缸喷油器,带有电液控制件的喷油器可按要求的喷油正时,从共轨中调出符合工况要求压力和循环供油量的柴油喷入气缸。喷油量取决于共轨油压和喷油器电磁阀开启时间的长短,喷油正时则取决于喷油器电磁阀的开启时刻。

①共轨油压的控制

共轨式柴油喷射系统通向各缸喷油器的公共油道油压必须根据柴油机的工况要求稳定在目标值。该任务主要由 ECU、高压输油泵及共轨上的燃油压力传感器共同来完成。图 4-3-33 所示为日本电装公司 ECD-U2 系统高压输油泵的结构。

该输油泵的凸轮为近似三角形的多凸起凸轮。凸轮轴旋转一周供油三次,加压后的柴油经出油阀流向共轨油管。输油泵上装有由 ECU 控制的油泵压力控制阀(PCV 阀)。共轨油压的控制原理如图 4-3-34 所示。

a.吸油过程:柱塞下行,当电磁阀未通电时,PCV 阀处于开启状态,柴油经 PCV 阀流向泵腔[图 4-3-34(a)]。

b.压油过程:柱塞上行,当电磁阀未通电时,PCV 阀处于开启状态,吸进的油未被加压,从PCV 阀流回油箱[图 4-3-34(b)];当电磁阀通电时,PCV 阀关闭,泵腔内油被加压,推开出油阀流向共轨油管[图 4-3-34(c)]。

在共轨油管中安装有燃油压力传感器,以适时检测共轨油压,以便 ECU 对共轨油压进行反馈控制。ECU 根据柴油机的转速、负荷等信号,确定所需的喷油压力,然后发出脉冲信号控制 PCV 阀的开度,将共轨中的油压控制在预定值。当共轨中的燃油压力传感器检测到共轨中的压力低于目标值时,ECU 控制输油泵上的 PCV 阀提前关闭,柱塞供油提前。由于凸轮供油终点始终为凸轮升程的最高点,所以提前供油使共轨油压升高;反之,当燃油压力传感器检测到共轨中的压力高于目标值时,ECU 控制输油泵上的 PCV 阀延迟关闭,输油泵供油量减少,共轨油压降低,即通过 PCV 阀的工作,控制压油柱塞预行程的长短,将共轨油压始终保持在目标值。

由此可知,共轨内高压燃油的压力与发动机的转速和负荷无关。ECU 根据柴油机的转速、负荷等有关信号控制喷油压力,即可以实现单独控制喷油压力,使其符合工况要求,大幅度减小了柴油机供油压力的波动,克服了传统柴油机喷油泵高、低速喷油压力差别过大、性能难以兼顾的缺陷。

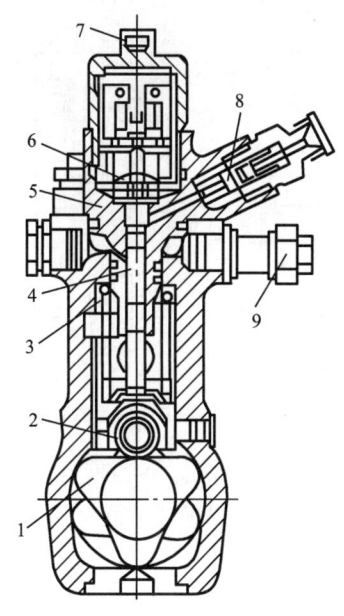

图 4-3-33　ECD-U2 系统高压输油泵的结构
1—三次工作凸轮;2—挺柱体;3—柱塞弹簧;
4—柱塞;5—柱塞套;6—油泵压力控制阀;
7—接头;8—出油阀;9—溢流阀

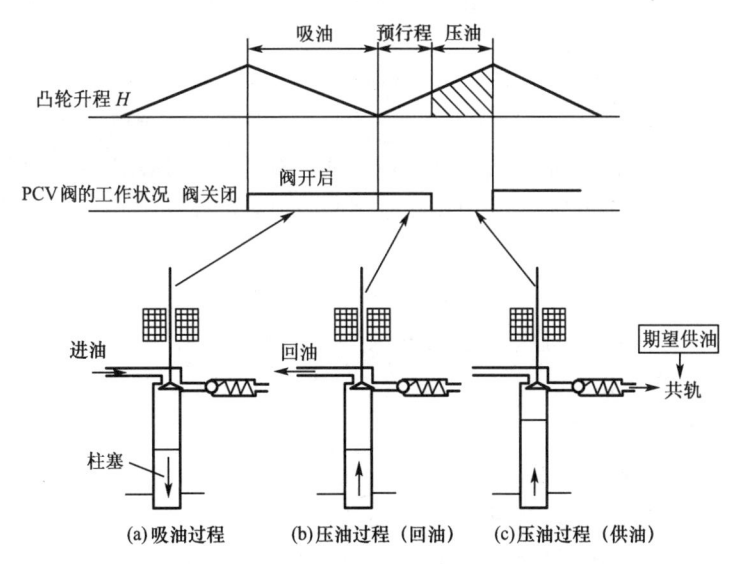

图 4-3-34　共轨油压的控制原理

②喷油时刻及喷油量控制

在共轨式柴油喷射系统中,喷油器是至关重要的部件,它要把符合压力和循环供油量要求的高压柴油按要求的喷油时刻以良好的喷雾质量喷入气缸。

图 4-3-35 所示为日本电装公司 ECD-U2 系统的喷油器的结构与工作原理。

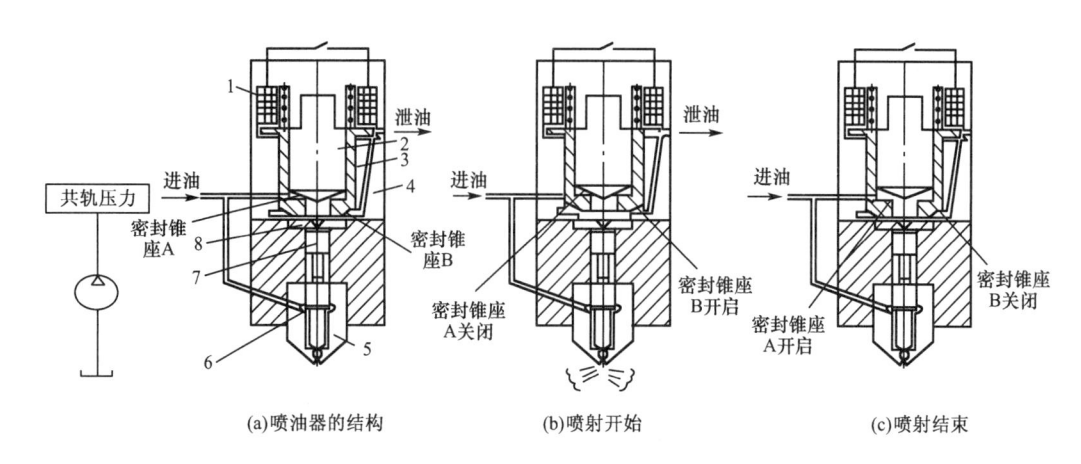

图 4-3-35　ECD-U2 系统的喷油器的结构与工作原理

1—电磁线圈；2—内阀；3—外阀；4—阀体；5—喷油嘴；6—环形高压油腔；7—液压活塞；8—节流孔

在每个喷油器的上方有一个电控三通电磁阀，它由内阀、外阀和阀体组成。内阀固定，外阀和电磁线圈的铁芯做成一体，阀体用以支撑外阀。这三部分相互配合精度很高，分别形成密封锥座 A、B，随着外阀的轴向运动，密封锥座 A、B 交替导通[图 4-3-35(a)]。

当电磁阀不通电时，外阀在弹簧作用下处于最下端位置，密封锥座 B 关闭，即泄油道关闭，密封锥座 A 开启，共轨内的高压燃油流向喷油器环形高压油腔，同时通过密封锥座 A 进入液压活塞上部，压迫活塞下行，喷油器针阀被压在密封锥面上，喷油器不喷油。

当电磁阀通电时，磁力将铁芯及电磁阀的外阀上吸，密封锥座 A 关闭，密封锥座 B 开启，液压活塞上方的高压油经其上方的节流孔从密封锥座 B 流向泄油道，喷油器上方压力消失，针阀在其环形高压油腔内高压油的作用下被推而上行，针阀离开密封锥面，喷油器开始喷油[图 4-3-35(b)]。若持续通电，则针阀上升到最大升程，达到最大喷油率状态。

喷油结束时，电磁阀断电，在弹簧弹力和油压作用下，外阀下行，密封锥座 B 关闭，密封锥座 A 开启，共轨内的高压燃油进入液压活塞的上部，压迫活塞下行，针阀迅速关闭[图 4-3-35(c)]。

由此可知，电磁阀接受 ECU 指令的通电时刻即柴油机的喷油始点，通电持续时间则可决定喷油量的大小。

喷油量和喷油正时是影响柴油机动力性和经济性的重要因素，传统柴油机的喷油量及喷油正时与转速有关，无法单独控制，同时，传统的柴油机燃料供给系统由于调整、磨损等原因，喷油量和喷油正时会产生误差。而在共轨式电控柴油喷射系统中，ECU 根据转速和加速踏板位置等传感器信号精确计算喷油量和喷油正时，提高了发动机的动力性和经济性。

（3）喷油速率和喷油规律控制

使柴油机工作柔和、燃烧过程理想的最佳喷油规律：初期喷油速率低，中期多而急，喷油结束时能快速断油、不滴漏。即"先缓后急"的三角形喷油规律。在时间-压力控制式共轨柴油喷射系统中，可以采用控制喷油压力和喷油器升程的方法来控制柴油机的喷油速率和喷油规律。

同样以日本电装公司 ECD-U2 系统的喷油器为例，在其喷油器的电磁阀与液压活塞之间专门设置一个节流孔和一个单向阀。当电磁阀通电时，液压活塞上方的压力油不能从单向阀通过，只能从节流孔逐步流出，液压活塞上方油压降速放慢，针阀缓慢升起，达到喷油初期降低喷油速率的目的；当电磁阀断电时，高压油迅速经单向阀流入液压活塞上方。由于液压活塞直径较针阀直径大得多,所以会产生很大的压力,快速压迫针阀下行并关闭,使喷油器能迅速断油。

共轨式电控柴油喷射系统由于不存在传统喷油泵的凸轮及其随动件(如柱塞等),所以决定喷油速率和喷油规律的不再是凸轮轮廓和柱塞尺寸,而是电液式喷油器的喷油压力及针阀升程的变化规律。

由于共轨式电控柴油喷射系统的喷油正时及循环供油量由电磁阀的通电时刻及通电持续时间决定,所以在主喷射前给电磁阀通一个小宽度的脉冲电压,就能实现预喷射,即在主喷射前将少量柴油喷入气缸,有利于使燃烧过程平稳进行,同时能降低柴油机燃烧噪声,减少氮氧化物排放。

(4)共轨式电控柴油喷射系统的特点

共轨式电控柴油喷射系统的最大特点是柴油机的循环供油量、喷油压力、喷油时刻、喷油规律不受发动机负荷、转速的影响,从而可以实现系统的独立控制。电控单元按储存的柴油机各工况的喷油脉谱图控制喷油压力、喷油时刻和喷油持续时间,并根据其他影响因素进行修正,使系统可对喷油压力、喷油时刻、喷油持续时间及喷油规律进行优化控制,达到理想的经济性、动力性和排放性。

复习题

1. 柴油机燃料供给系统的作用是什么?
2. 简述输油泵和柴油滤清器的构造。
3. 常见喷油泵的结构有哪些特点?
4. 喷油器的作用、种类如何?对其有何要求?

任务实施 4.1 节气门拆装与检查

一、操作内容

1. 常规工具的选用及使用;
2. 汽油机电控燃油系统部件认知;
3. 节气门拆装与检查。

二、操作工单

1. 参考维修手册,对应汽油机电控喷射系统示意图(图 4-2-1)认知相关部件,并记录认知部件名称。

_____

_____

_____

2. 根据节气门拆装步骤,将下列操作步骤进行排序:

( )→( )→( )→( )→( )→( )

①拆下空气滤清器与节气门之间的进气管道

② 拆下并报废节气门衬垫

③ 将接液盘置于节气门下面

④ 拆下节气门

⑤ 断开节气门上的软管

⑥ 拆下 4 个节气门螺栓

3.气门拆装过程中如何判断锁片已经安装到位？

_____

4.节气门检查结果描述

_____
_____

三、其他说明

1.安全注意事项

(1)确保车辆处于停车状态拉好驻车制动,并在驱动轮前后放置车轮挡块；

(2)举升车辆时,应举升至车辆推荐的举升点；升降过程中,禁止人员进入被举升车辆下方及车内；车辆举升到位后,应锁止举升机；

(3)工具及零部件轻拿轻放,摆放整齐,搬运过程中防止跌落,造成意外伤害；

(4)禁止拆卸过程中野蛮操作,以防发生安全事故；

2.技术要求和标准

(1)操作方法及步骤符合维修手册的要求；

(2)相关紧固力矩为标准力矩的 50％；

(3)按照工位要求摆放部件及工具。

任务实施　4.2　喷油器拆装与检测

一、操作内容

1.常规工具的选用及使用；

2.柴油机燃油供给系统部件认知；

3.喷油器拆装与检查。

二、操作工单

1.参考维修手册,对应柴油机燃油供给系统的组成示意图(图 4-3-6)认知相关部件,并记录认知部件名称。

_____
_____

2.喷油器检测记录：

(1)喷油器的型号及结构：_____；

(2)喷油器喷油压力检测

调整前的喷油压力：_____；调整后的喷油压力：_____；

(3)喷油器喷雾质量的描述

调整前的喷雾状态：＿＿＿＿＿＿；调整后的喷雾状态：＿＿＿＿＿＿；

三、其他说明

1.安全注意事项

(1)确保车辆处于停车状态,拉好驻车制动,并在驱动轮前后放置车轮挡块；

(2)举升车辆时,应举升至车辆推荐的举升点；升降过程中,禁止人员进入被举升车辆下方及车内；车辆举升到位后,应锁止举升机；

(3)工具及零部件轻拿轻放,摆放整齐,搬运过程中防止跌落,以免造成意外伤害；

(4)禁止拆卸过程中野蛮操作,以防发生安全事故。

2.技术要求和标准

(1)操作方法及步骤符合维修手册的要求；

(2)相关紧固力矩为标准力矩的50%；

(3)按照工位要求摆放部件及工具。

项目5

进、排气系统的认知及检修

任务 5.1
进气系统认知及检修

学习目标

知识目标
1. 了解进气系统组成部件的结构；
2. 熟悉进气系统各组成部件的功能。

技能目标
能够进行进气系统拆装。

素养目标
1. 具备查询信息和使用维修手册的基本能力；
2. 能够与他人密切合作，规范、安全地完成学习任务；
3. 养成自主学习、规范操作的工作习惯及环保意识。

相关知识

进气系统的作用是尽可能均匀地向各缸多供给可燃混合气或新鲜空气,保证发动机连续运转。进气系统通常由空气滤清器、节气门和进气歧管等部件组成。空气依次流过空气滤清器、节气门、进气歧管、进气门至气缸,如图 5-1-1 所示。节气门控制发动机进气量,位于节气门前方的空气流量计(或位于节气门后方的进气歧管绝对压力传感器)测量进气量,喷油器喷出适量汽油与空气形成可燃混合气。

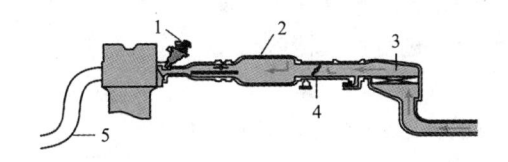

图 5-1-1 进气系统
1—喷油器;2—进气歧管;3—空气滤清器;4—节气门;5—排气管

一、空气滤清器

1. 空气滤清器的功能

空气滤清器的主要作用是滤除空气中的杂质、灰尘和吸收空气中的水分,让洁净的空气进入气缸,减轻发动机缸套、活塞组件、气门组件、轴承副等主要零部件的磨损,减少发动机润滑油的污染,延长发动机的使用寿命。另外,空气滤清器还能抑制发动机的进气噪声。空气滤清器应具有稳定的滤清能力、对气流的流动阻力小、能连续长期工作、维护方便等特点。

空气滤清器在使用过程中,需要对滤芯进行定期维护保养。当滤芯被堵塞到不能满足发动机工作所需的空气流量时,发动机工作状态即会出现异常,如发动机声音发闷、加速无力、燃油消耗升高、尾气排放不正常等。

2. 空气滤清器的工作原理

(1)惯性式

利用灰尘密度比空气大的特点,在空气流过时使之急速旋转或改变方向,在离心力或惯性的作用下将尘土与杂质甩到外围与空气分离,对滤清空气中较大的颗粒特别有效,其滤清率为 50%～60%。常用作在多尘土地区工作的内燃机上的空气粗滤器,但不能单独使用。

(2)过滤式

引导气流通过带有细小孔隙的滤芯,把尘土与杂质挡在外面。

(3)油浴式

利用机油把空气流在转折时甩出的尘土与杂质粘住。油浴式空气滤清器综合了惯性式和过滤式两种滤清原理,其滤清率达 95%～97%。

3. 空气滤清器的结构

根据使用环境或汽车用途的不同,通过上述三种基本的过滤方法可组成不同的滤清方式。

(1)惯性-纸质空气滤清器

为提高空气滤清效果与延长纸质空气滤清器的使用时间,常常采用复合式的空气滤清器。如图 5-1-2 所示为大客车和载重车上使用的惯性-纸质空气滤清器。这种滤清器由以下组件构成：

①旋流片(叶片环)

空气通过旋流片后产生旋转,在额定空气流量时,80%以上的灰尘在离心力作用下分离,沉积在积尘盘内,使达到滤纸上的较细尘土为吸入量的20%左右。

②集尘室

集尘室用于收集被旋流片甩出来的较粗尘土。集尘室内的尘土,可在车辆的振动下自动向排尘袋集中并排出,可由用户定期打开袋口,进行彻底清除。

③主滤芯和安全滤芯

主滤芯是空气滤清器的主要过滤组件,同时为了防止主滤芯发生堵塞或损坏,有些空气滤清器又增加了一道安全滤芯,以保护发动机不致受损。

④堵塞指示器

当空气滤清器需要保养,进气阻力达到设定压力时,驾驶室内的指示灯点亮,发出保养信号,提示驾驶员应立即对空气滤清器进行保养或更换。

⑤防雨帽

防止尘土、外来物、雨或雪直接进入进气管。

(2)油浴式空气滤清器

油浴式空气滤清器由滤清器体、金属滤芯、油池、中心管和滤清器盖等组成,如图5-1-3所示。金属滤芯装在滤清器体的内壁和中心管之间,滤清器体的底部为油盘,内盛一定量的机油。

图5-1-2 惯性-纸质空气滤清器
1—罩;2—主滤芯;3—集尘室;4—壳;5—旋流片

发动机进气时,空气沿滤清器体的内、外壁之间的环形空间向下流动,到底部油池表面上方的空间又折转向上,使空气中较大的颗粒在惯性的作用下掉入油池内。一部分气流掠过油面,将机油带(溅)到滤芯上,使整个气流在流过滤芯时其中细小的尘土或被黏附、或被阻挡。滤芯上含有尘土的机油由于重力作用又流回油池内。从滤芯流出的过滤空气,汇集到滤清器体和盖组成的上部空间,再进入中心管,进入气缸。

油浴式空气滤清器滤清效率为95%～97%,容尘能力比纸质空气滤清器大。为保证其滤清效果,必须保持油池中机油油面的高度。油面过低,滤清效果不

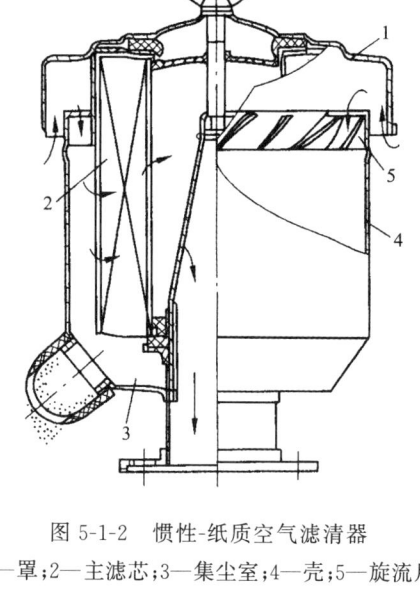

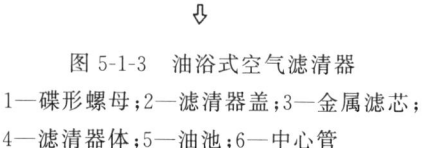

图5-1-3 油浴式空气滤清器
1—碟形螺母;2—滤清器盖;3—金属滤芯;4—滤清器体;5—油池;6—中心管

好;油面过高,气流流通面积减小,进气量减少,同时油池中机油消耗太快。油浴式空气滤清器在清洗金属丝滤芯和更换油池中的机油后,可以反复使用。

(3)干式空气滤清器

乘用车上主要采用干式纸滤芯空气滤清器。干式纸滤芯空气滤清器由纸滤芯和滤清器外壳组成,滤清器外壳包括滤清器盖和滤清器外壳底座,如图5-1-4所示。滤芯安装在滤清器外

壳中,滤芯的上、下表面是密封面,滤清器外壳安装好后,滤芯上密封面和下密封面分别与滤清器盖及滤清器外壳底座的配合面紧密贴合。如图5-1-5所示,空气滤清器滤芯用树脂处理的微孔滤纸经折叠、模压、黏结而成,滤纸打褶是为了增大滤芯的过滤面积和减小滤芯阻力。滤芯外面是多孔金属网,用来保护滤芯在运输和保管过程中不至于造成滤纸破损。滤芯的边缘浇有耐热塑料溶胶,以保持滤纸、金属网和密封面相互间的位置固定。

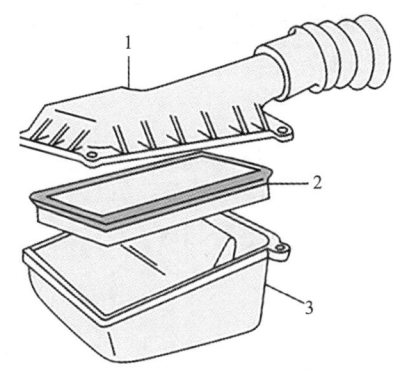

图 5-1-4　干式纸滤芯空气滤清器
1—滤清器盖;2—滤芯;3—滤清器外壳底座

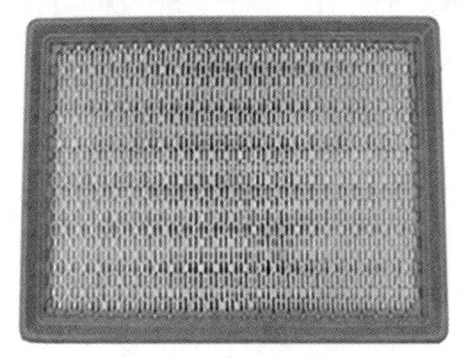

图 5-1-5　空气滤清器滤芯

干式纸滤芯具有重量轻、成本低、滤清效果好、可重复使用等优点,但是,它一旦被油浸润,气流阻力将急剧加大。根据车辆使用环境,车辆行驶一定里程后需要进行一次清洁与维护,即将滤芯取出并用压缩空气由内向外将表面尘土吹掉。如果滤芯因使用超过一定的里程或破损,应及时更换新滤芯。

二、典型进气道

进气道通常指进气歧管,即节气门与气缸盖进气道之间的管路。进气道的作用是形成可燃混合气,并将可燃混合气分配到各气缸。各缸进气道长度应尽可能相等,以保证气体尽可能均匀地分配到各个气缸,且内壁尽可能光滑,减小流动阻力,提高进气效率。现代发动机的进气歧管通常使用塑料复合材料或铝合金材料制造。塑料复合材料进气歧管可塑性好、质量轻、成本低,内表面光滑,可以加工出各种不同的形状,提高充气效率,如图5-1-6所示。铝合金进气歧管强度高,多用于增压发动机,如图5-1-7所示。

图 5-1-6　塑料复合材料进气歧管

图 5-1-7　铝合金材料进气歧管

根据结构和功能特点不同,进气道一般分为典型进气道和可变式进气道两种结构形式。

典型进气道结构简单,仅通过节气门控制进气量。怠速时,进气量由节气门上的怠速控制装置控制;其他工况下,进气量一般由节气门翻板控制。典型进气道的长度和形状是特定的,以兼顾各种工况下的发动机充气效率。

在典型进气道中添加谐振腔(图 5-1-8),可以提高发动机充气效率。由于进气过程具有间歇性和周期性,进气歧管内会产生一定幅度的压力波,此压力波会在进气系统内传播和往复反射。在特定的转速下,进气门关闭之前,谐振腔与气门的进气周期配合,进气歧管内产生大幅度的压力波,使进气歧管的压力增高,从而增加进气量,增大发动机的扭矩。另外,谐振腔还可以有效降低进气噪声。

冬季发动机怠速运行,节气门开度较小,空气快速通过节气门,温度和压力非常低,空气中的水蒸气容易凝结。因此,有些发动机的节气门上连接有发动机冷却液管路,以防止节气门结冰,如图 5-1-9 所示。另外,节气门上的冷却液管路还可以对进气进行预热。

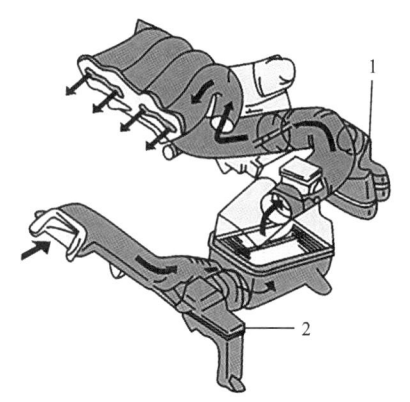

图 5-1-8 带谐振腔的进气道
1—主谐振腔;2—副谐振腔

图 5-1-9 节气门上连接冷却液管路

三、可变进气歧管

气流的惯性和压力波动效应可以增强进气效果,该效果取决于进气管的长度、直径、容积和发动机转速。可变进气歧管通过改变进气管长度、直径等进气系统参数来改变进气压力波,提高充气效率。在中低转速时,较细长的进气管充气效率较好;而在高转速时,粗短型的进气管充气效果较好。因此,很多发动机上采用了可变进气歧管技术。

(1)可变长度进气歧管

如图 5-1-10 所示为一种能根据发动机转速而自动改变进气歧管有效长度的进气控制系统。低转速时,转换阀 3 关闭,空气经细而长的弯管进入气缸,提高了进气速度,增加惯性效应,使进气量增多;高转速时,转换阀 3 开启,空气直接经短而粗的管子进入气缸,阻力小,使进气量增多。转换阀由发动机电子控制单元根据发动机转速来控制。

(2)可变截面进气歧管

如图 5-1-11 所示为一种能根据发动机转速而自动改变进气歧管有效截面的进气控制系统。进气管截面可变进气歧管能根据发动机转速变化而自动改变进气道有效截面。发动机每个气缸有 4 个气门(两个进气门和两个排气门),两个进气门各配有一个进气通道,其中一个进气通道中装有进气转换阀。在发动机低转速中、小负荷时,转换阀关闭,只利用一个进气通道

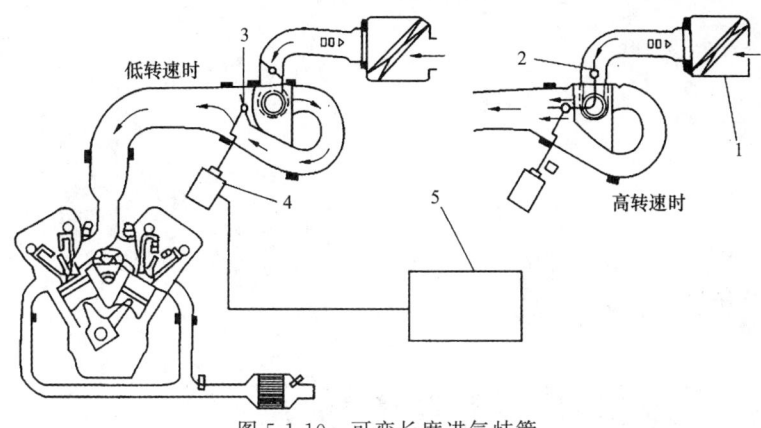

图 5-1-10 可变长度进气歧管

1—空气滤清器；2—节气门；3—转换阀；4—转换阀控制机构；5—发动机电控装置

进气，即发动机进气通道的有效截面变小，此时进气流速提高，进气惯性大，提高发动机扭矩；当发动机高转速大负荷工作时，发动机ECU控制转换阀开启，两条进气通道同时工作，此时进气截面增大，进气阻力减小，充气量增加，可提高发动机高转速时的动力性。还有一些进气可变系统可以同时控制进气道的长度与直径(有效截面)。

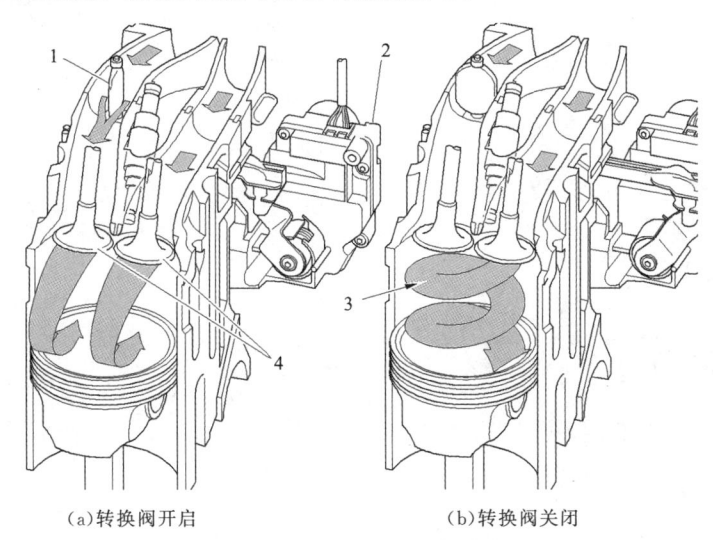

(a) 转换阀开启　　　　(b) 转换阀关闭

图 5-1-11 可变截面进气歧管

1—进气转换阀；2—转换阀的电子执行器；3—产生的漩涡效果；4—气门

复习题

1. 空气滤清器有哪几种滤清原理？
2. 干式纸质空气滤清器在使用或维修中要注意什么？
3. 为何要采用可变进气歧管？

任务 5.2
排气系统的认知及检修

学习目标

知识目标
1. 了解排气系统组成部件的结构；
2. 熟悉排气系统各组成部件的功能。

技能目标
能够识别排气系统部件。

素养目标
1. 具备查询信息和使用维修手册的基本能力；
2. 能够与他人密切合作,规范、安全地完成学习任务；
3. 养成自主学习、规范操作的工作习惯及环保意识。

一、排气系统的作用与类型

车辆排气系统是指收集并且排放废气的系统,主要由排气歧管、三元催化转换器、谐振器、消声器、排气尾管等部件组成,如图 5-2-1 所示。汽车排气系统主要有以下作用:
①将废气引到车尾排放,防止有害气体进入乘员室。
②改善发动机的排放污染,减少对大气的危害。
③降低发动机排放废气的噪声。

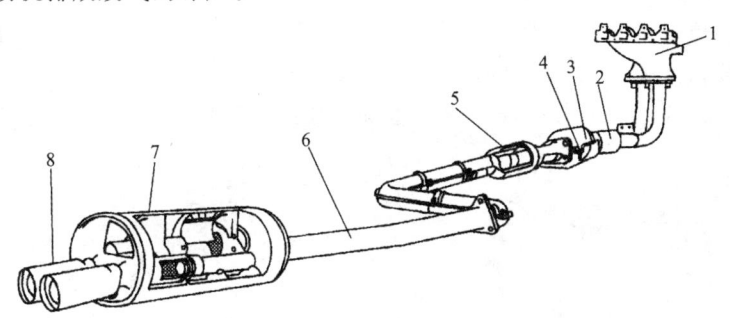

图 5-2-1　排气系统
1—排气歧管;2—前排气管;3—三元催化转换器;4—排气温度传感器;
5—谐振器;6—后排气管;7—消声器;8—排气尾管

排气系统一般由单排气系统和双排气系统两种结构形式,单排气系统应用于直列发动机和部分 V 型发动机,双排气系统用于 V 型发动机。

1. 单排气系统

直列型发动机在排气行程期间,气缸中的废气经排气门进入排气歧管,再由排气歧管进入排气管、催化转换器和消声器,最后由排气尾管排到大气中,如图 5-2-2 所示。V 型发动机有两个排气歧管,在大多数装配 V 型发动机的车辆上仍采用单排气系统,即通过一个叉形管将两个排气歧管连接到一个排气管上。

2. 双排气系统

有些 V 型发动机采用两个单排气系统,即每个排气歧管各自都连接三元催化转换器、消声器和排气尾管,这种布置形式称作双排气系统,如图 5-2-3 所示。双排气系统降低了排气系统内的压力,使发动机排气更为顺畅。

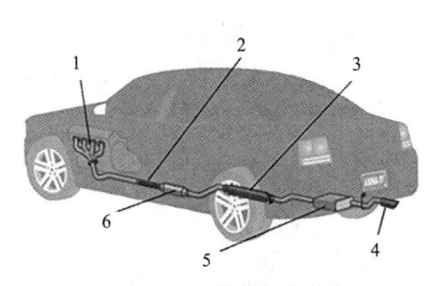

图 5-2-2　单排气系统
1—排气歧管;2—排气管道;3—谐振器;
4—排气尾管;5—消声器;6—三元催化转换器

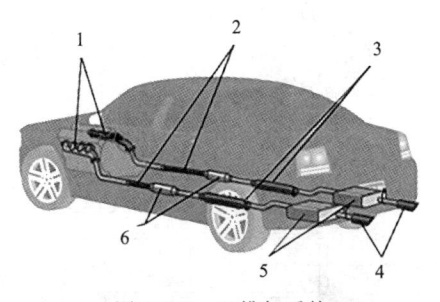

图 5-2-3　双排气系统
1—排气歧管;2—排气管道;3—谐振器;
4—排气尾管;5—消声器;6—三元催化转换器

二、排气歧管

排气歧管将发动机排出的废气引向排气管。直列式发动机有一个排气歧管，V 型发动机左、右两侧各有一个排气歧管。按照发动机缸数不同，一个排气歧管可有 3 个、4 个或者 6 个通道，这些通道的一端并接到一起，再连接到排气总管。

排气歧管一般由铸铁铸造。近年来，排气歧管多采用不锈钢制造，其原因是不锈钢排气歧管质量轻，耐久性好，同时内壁光滑，排气阻力小。排气歧管的形状十分重要，为了不使各缸排气相互干扰及不出现排气倒流现象，并尽可能地利用惯性进行排气，排气歧管应尽可能长，而且各缸歧管应该相互独立、长度相等，如图 5-2-4(a)所示。为了消除排气干扰现象，很多四缸发动机把 1、4 缸排气歧管汇合在一起，2、3 缸排气歧管汇合在一起，如图 5-2-4(b)所示。

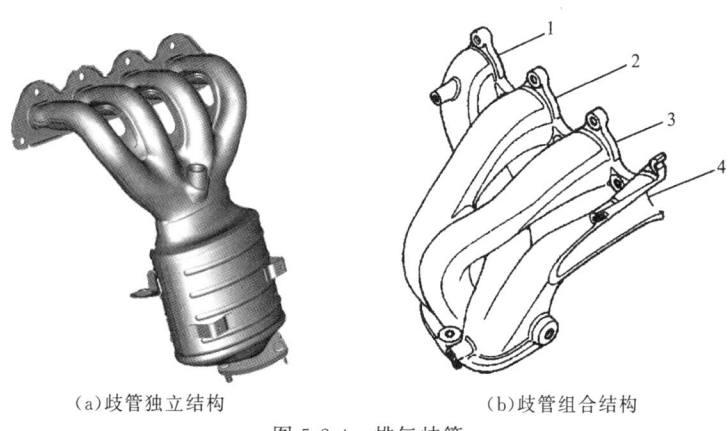

(a) 歧管独立结构　　　　　　(b) 歧管组合结构

图 5-2-4　排气歧管

三、消声器

排气门刚打开时，排气压力和温度非常高，具有一定的能量，同时，由于排气的间歇性，排气管内产生排气压力脉动。如果让废气直接排入大气，必然产生强烈的、频谱比较复杂的噪声。

消声器的作用是消耗废气能量，平衡气流的压力波动，从而降低排气噪声，并消除废气中的火焰和火星。消声器内部有一系列隔板、腔室和多孔管。废气在消声器中多次改变气流方向或通过节流孔节流，在这个过程中，声波反射互相抵消，排气气流的压力波得到衰减，消耗了废气中的能量，降低了噪声。消声的措施就是使能量高的排气降温、降压、减速，以消耗排气的能量，如图 5-2-5 所示。

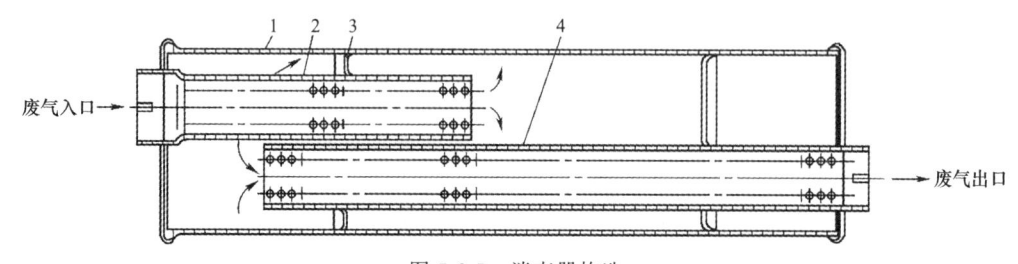

图 5-2-5　消声器构造

1—外壳；2、4—多孔管；3—隔板

有时仅靠一个消声器无法使车辆排气噪声达到国家标准要求,需在排气系统中增加类似于小型消声器的谐振器。谐振器串联在消声器前部,可以进一步降低噪声水平。安装排气消声器后,不可避免地增加了排气阻力,使发动机功率略有下降,在使用中应保持排气消声器畅通。

四、排气尾管

排气尾管的作用是将废气从消声器或谐振腔中输送到汽车尾部。根据汽车型号不同,使用的排气尾管有许多形状和尺寸。排气尾管由一系列挂钩支撑,使排气系统在汽车行驶时可以弯曲和移动。橡胶连接器有助于消除汽车从静止开始产生振动。

消声器的温度相对较低,且其底部低于排气尾管,废气中的水蒸气容易在消声器内凝结成水并聚集,使消声器生锈。因此,维护保养时需要检查消声器是否锈蚀。另外,还需要检查排气系统管路与车架之间的连接是否可靠,排气系统管路与车架之间是否有干涉现象。

五、三元催化转化器

三元催化器是三元催化转换器的简称,它是将装有铂、钯和铑等催化剂的催化反应器装在发动机的排气歧管上,通过精确控制空燃比,利用排气温度及催化剂的作用,使排气中的 CO 和 HC 做还原剂,将 NO_x 还原为 N_2 和 O_2,同时 CO 和 HC 被氧化为 CO_2 和 H_2O。

发动机的三元催化装置主要包括催化反应器和电子控制系统。三元催化转换器的结构如图 5-2-6 所示。三元催化反应器的壳体内有细小的蜂窝状隔板通道,通道表面涂以铂、钯、铑等贵金属起催化作用。三元催化器前后各安装一个氧传感器,前氧传感器测得的信号作为空燃比的反馈信号,后氧传感器的信号主要是测试催化净化的效果。

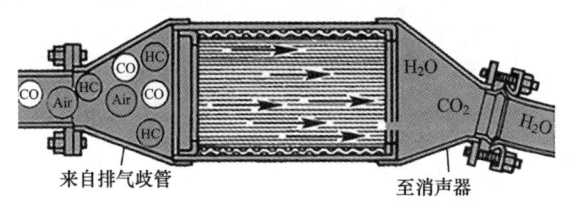

图 5-2-6 三元催化转化器

三元催化器中的活性物质直接影响尾气中 CO,HC 和 NO_x 的催化转化效率,如果活性物质熔化或损坏,三元催化器就不能发挥应有的作用。三元催化器的损坏形式通常有以下几种:

(1)活性物质高温失活

三元催化器温度过高,其内部的活性物质烧蚀、脱落,易导致催化剂失效,这种形式的失效不影响排气阻力。

(2)载体高温烧结

三元催化器温度长期过高,金属载体熔化、烧结,阻塞三元催化器内的通气管路,车辆动力明显下降,甚至无法着车。

(3)机械损伤

机械损伤主要指三元催化器受到的热冲击和物理性破碎损伤。

（4）化学中毒

尾气中的含碳沉积物或来自燃油及机油的铅、硫、磷、硅等吸附性杂质在三元催化器活性物质表面沉积，使三元催化器的催化效率下降。严重时，这些吸附性杂质能够堵塞三元催化器中的通气管路，使车辆动力性能下降。

在维修时用真空表检查进气管真空度，或用压力表检查排气背压，若真空度明显下降或排气背压超过规定值，则说明催化转化器可能有阻塞。

复习题

1. 排气消声的方式有哪些？
2. 排气净化的措施有哪些？

任务 5.3
废气涡轮增压装置的认知及检修

学习目标

知识目标
1. 了解增压器的类型及结构;
2. 熟悉废气涡轮增压器工作原理。

技能目标
能够进行涡轮增压器拆装。

素养目标
1. 具备查询信息和使用维修手册的基本能力;
2. 能够与他人密切合作,规范、安全地完成学习任务;
3. 养成自主学习、规范操作的工作习惯及环保意识。

相关知识

为了增大发动机的输出功率,可以增大发动机的排量,或者提高发动机的转速。如果增大发动机排量,其相关运动部件重量也会增大,其运动零件的摩擦损失、振动和噪声等因素会限制发动机转速的提高。增压器是在不改变发动机排量的情况下,通过增加进气量解决了提高输出功率和发动机轻量化、紧凑化之间的矛盾。增压器是一种空气泵,用来把空气压进气缸,增加进气的空气质量,提高发动机的充气效率。

充气效率是指发动机的吸气能力。由于进气系统的阻力和排气系统废气的残余,发动机的充气效率一般能达到 65%～85%。装备有增压器的发动机,其充气效率可以达到 100%。另外,由于装有增压器的发动机吸入的空气是经过压缩的,其压力高于大气压力,其压缩压力会高于一般发动机,为防止爆震的产生,装备有增压器的发动机,通常其设计压缩比低于非增压发动机。发动机充气效率为

$$充气效率 = \frac{实际吸入的空气质量}{在标准条件下气缸中空气的质量} \times 100\% \quad [20\ ℃(68\ ℉)标准大气压]$$

一、涡轮增压器的工作原理

废气涡轮增压器主要由涡轮和泵轮组成,其工作原理如图 5-3-1 所示。废气涡轮增压器利用发动机排出的废气的惯性冲力来推动涡轮室内的涡轮,涡轮又带动同轴的泵轮,泵轮压送由空气滤清器管道送来的空气,使之增压进入气缸。当发动机转速增大,废气排出速度与涡轮转速也同步增大,泵轮就压缩更多的空气进入气缸,使空气压力继续升高,空气压力可达 0.14～0.30 MPa,甚至可达 0.50 MPa。增压后的空气流经中冷器冷却后进入气缸。

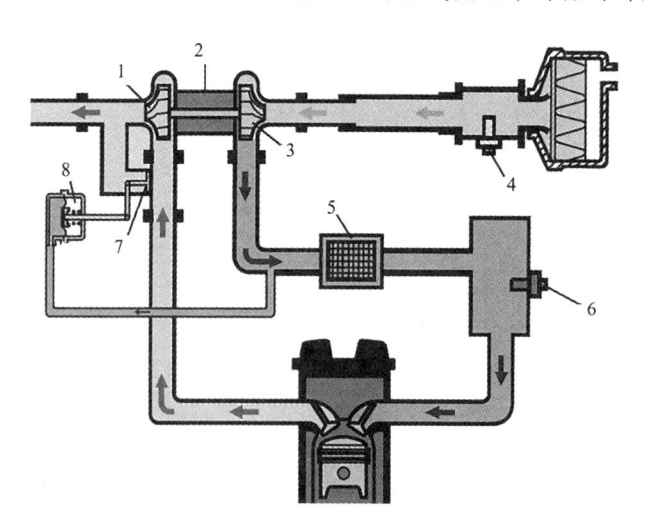

图 5-3-1 涡轮增压器的工作原理
1—涡轮;2—涡轮增压器;3—泵轮;4—空气流量计;
5—中间冷却器;6—涡轮压力传感器;7—排气旁通阀;8—执行器

二、涡轮增压器的结构

涡轮增压器包括涡轮壳体、压缩机壳体、中间壳体、涡轮、泵轮、全浮式轴承、排气旁通阀和

执行器等部件,如图 5-3-2 所示。

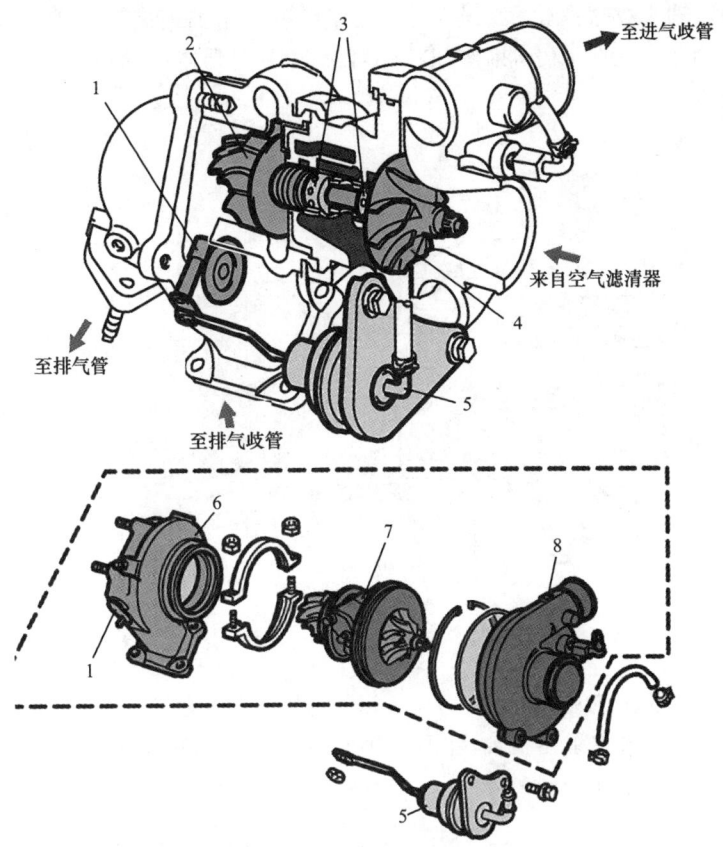

图 5-3-2　废气涡轮增压器的结构

1—排气旁通阀；2—涡轮；3—全浮式轴承；4—泵轮；5—执行器
6—涡轮壳体；7—中间壳体；8—压缩机壳体

1.涡轮和泵轮

涡轮和泵轮安装在同一根轴上,如图 5-3-3 所示。来自排气歧管的废气压力使涡轮高速旋转,同轴上的泵轮跟着旋转,把进气压入气缸。涡轮因直接受到排气的冲击,温度变得很高而且高速旋转,所以要求其必须耐热同时耐磨损。涡轮采用超耐热的合金或陶瓷材料制成。

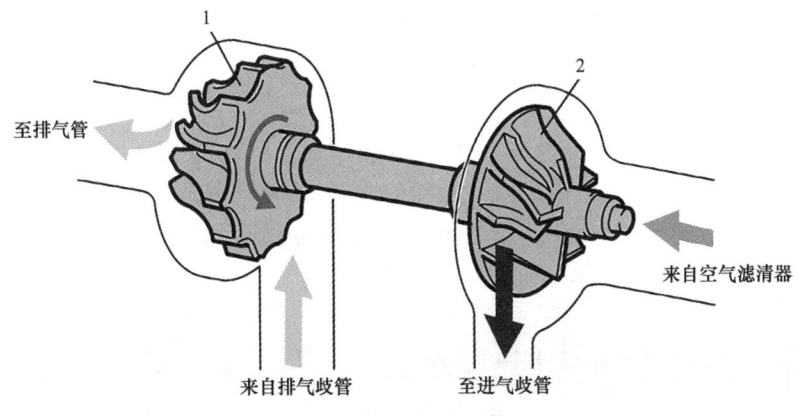

图 5-3-3　涡轮和泵轮
1—涡轮；2—泵轮

2.中间壳体

中间壳体通过轴支撑着涡轮和泵轮,中间壳体里有一个油道向轴和轴承提供润滑和冷却作用,如图 5-3-4 所示。另外,发动机冷却液循环流过中间壳体内的冷却液通道,防止机油温度升高及过早变质。

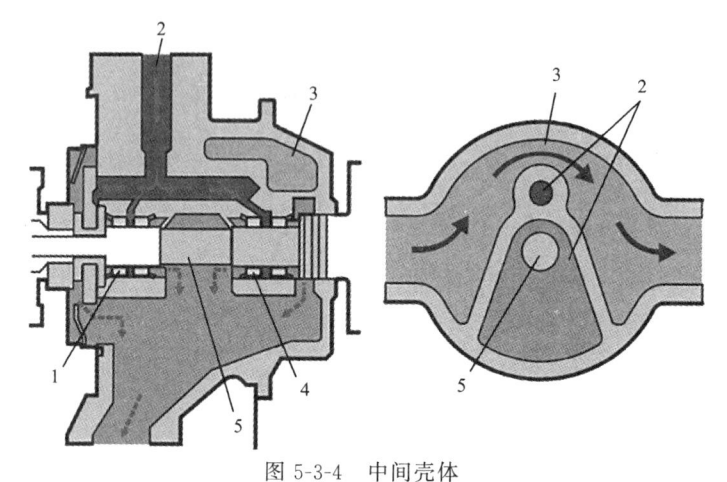

图 5-3-4 中间壳体

1,4—轴承;2—润滑油道;3—冷却液通道;5—轴

3.全浮式轴承

因为涡轮和泵轮的转速在 100 000 r/min 以上,所以采用全浮式轴承以吸收轴的振动,同时润滑轴和轴承。全浮式轴承由机油冷却,在轴和壳体之间自由旋转,减少了摩擦,因此轴可以高速旋转,如图 5-3-5 所示。

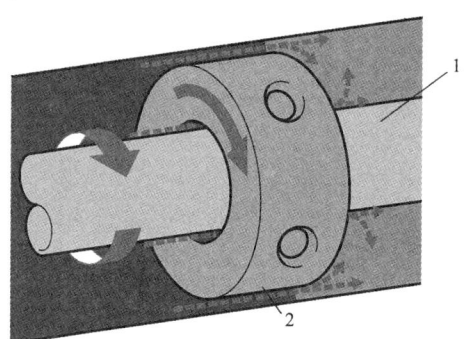

图 5-3-5 全浮式轴承

1—轴;2—全浮式轴承

4.排气旁通阀和执行器

排气旁通阀安装在涡轮壳体内部,用于在增压器增压过高时旁通排气。当增压压力超过标准值(标准值约为 70 kPa,约为 0.7 kg/cm^2)时,排气旁通阀开放,通过旁通通道将废气排入排气管,推动压气机涡轮的废气动力减小,涡轮增压的作用降低,继而调节增压压力。排气旁通阀的开启和关闭受控于执行器。

三、涡轮增压器的润滑与冷却

1.涡轮增压器的润滑

发动机机油从机油进油管流入,在润滑和冷却中间壳体内部的全浮式轴承以后,机油通过机油出油管,回至油底壳,如图 5-3-6 所示。

2.涡轮增压器的冷却

涡轮增压器被发动机冷却液所冷却,发动机的冷却液通过冷却液输入管流入中间壳体内部的冷却液通道,对涡轮增压器系统进行冷却,然后经过冷却液出水管,回至水泵,如图 5-3-7 所示。

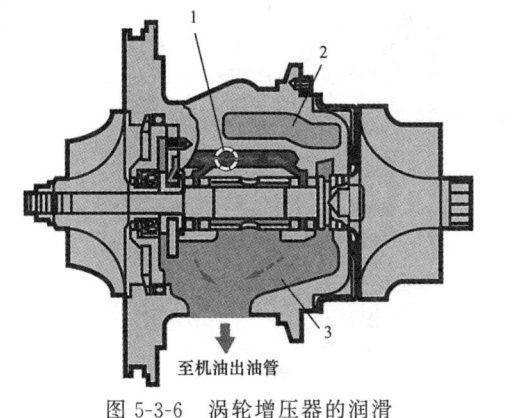

图 5-3-6 涡轮增压器的润滑
1—机油进油管;2—冷却液通道;3—润滑油道

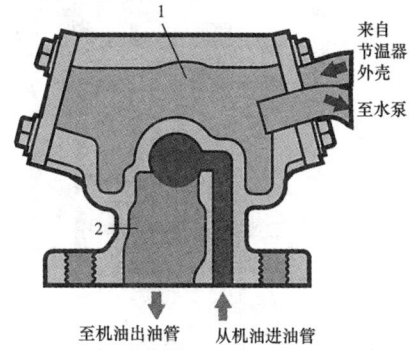

图 5-3-7 涡轮增压器的冷却
1—冷却液通道;2—润滑油道

四、增压器的响应性能

废气涡轮增压器因其由废气驱动,在起作用时存在延迟问题。延迟是指涡轮增压器提高功率所需要的时间,这使得节气门快速打开和实现增压之间存在一个时间延迟。汽车上的涡轮增压器在发动机怠速状态的工作转速为 10 000 r/min,增压器在100 000～150 000 r/min 运转时的增压效果最大,效率最高。因此,与机械增压器相比,涡轮增压器升高到这个最佳效率转速有一定的延迟。

五、涡轮增压器增压压力控制

发动机高速大负荷时,排气流量大、能量大,涡轮增压器转速高,增压压力也高,增压过程压力过大时,会导致爆燃,严重时甚至损伤发动机。高速大负荷时,排气旁通阀被执行器打开,来控制增压压力,使增压压力不致超过规定值。

1.增压压力低于规定值时的控制

当增压压力低于规定值时,执行器并无动作,因此排气旁通阀仍保持关闭,所以全部排气被导入涡轮内,如图 5-3-8 所示。

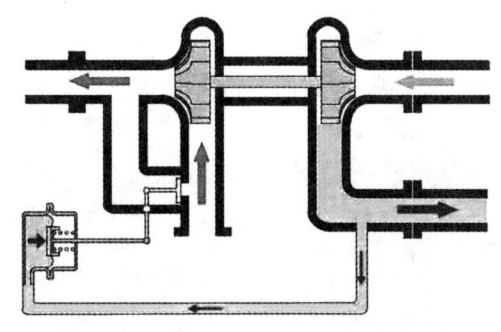

图 5-3-8 增压压力低于规定值时的控制

2.增压压力高于规定值时的控制

当发动机转速上升,涡轮增压器所提供的增压压力超过规定值时,执行器的膜片被压下(图 5-3-9),这样就导致排气旁通阀开启,部分排气被排气旁通而未进入涡轮。由于部分排气未进入涡轮,因此涡轮转速受到调节,将增压压力保持在规定值内。

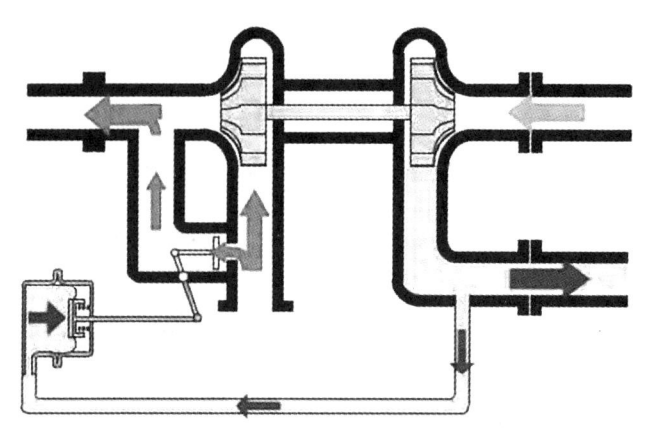

图 5-3-9 增压压力高于规定值时的控制

3.增压压力和发动机转速间的关系

当加速时,增压压力和发动机转速间的关系如图 5-3-10 所示。增压压力和发动机转速间的关系根据发动机的负荷而变化。

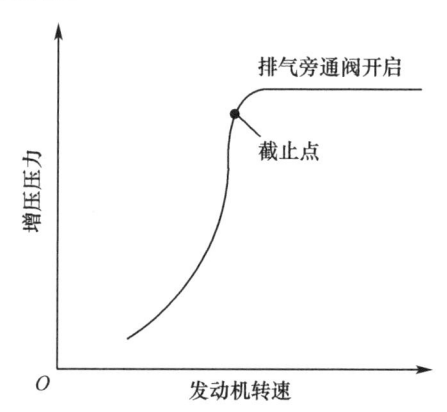

图 5-3-10 增压压力和发动机转速间的关系

六、中间冷却器

中间冷却器安装在泵轮和发动机之间,用来冷却受涡轮增压器压缩而升温的进气。当空气在涡轮增压器内受压缩时,空气温度会升高,增压效率因高温空气膨胀而降低。通过中间冷却器来降低空气温度,增大空气密度,在提高增压效率同时也有助于抑制爆震。中间冷却器的类型分气冷式和水冷式两种,如图 5-3-11 所示。现在大都使用气冷式中间冷却器。中间冷却器根据车型安装于不同位置。

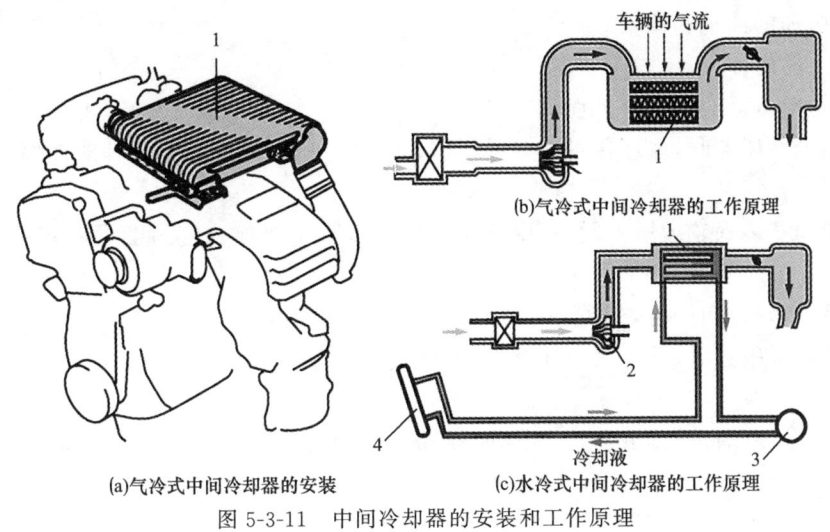

图 5-3-11　中间冷却器的安装和工作原理
1—中间冷却器；2—泵轮；3—电动水泵；4—辅助散热器

(a)气冷式中间冷却器的安装
(b)气冷式中间冷却器的工作原理
(c)水冷式中间冷却器的工作原理

七、涡轮增压器的使用注意事项

在正常工作情况下，涡轮增压器的转速为 100 000～150 000 r/min，涡轮排气的温度可达 600～900 ℃，因此正确使用涡轮增压器，使其保持良好的工作性能，既能满足汽车发动机的正常工作需求，又可延长其使用寿命。

（1）使用符合要求的发动机油

发动机油要按说明书规定使用，发动机保养要按要求及时更换机油和机油滤清器，保证油质，使增压器得到良好的润滑和散热。

（2）发动机的正确预热

增压发动机起动后不要立即急加油门，尤其在冬季低温条件下，应使发动机怠速运转 2～3 min，以保证增压器轴承得到充分的润滑。由于增压器的轴承是全浮式轴承，如润滑不良可使轴承瞬间烧损。

（3）正确熄火

老款增压系统没有停机冷却和润滑功能，因此，发动机在熄火前应使发动机怠速运转 3～5 min。如发动机在高转速下突然熄火停止工作，机油压力降为零，而增压器的转子由于惯性继续高速运转，热量未被机油带走不能及时冷却，使增压器的局部温度达到 900～1 000 ℃，产生轴承烧损和机油结焦积炭现象，增压器很容易早期损坏。所以在长时间行车后应怠速运转数分钟再熄火，来降低增压器的转子转速和增压器的温度。新款增压系统已普遍增加了停机冷却和润滑功能，可直接停机。

八、涡轮增压器的维修

1．维护注意事项

（1）在空气滤清器或空气滤清器壳体已被拆下时，不要起动发动机。否则会因外部异物进入而导致涡轮和泵轮损坏。

（2）当涡轮增压器损坏必须更换时，首先要检查下列可能原因：

①发动机机油的油量和油质。
②涡轮增压器的使用条件。
③连接涡轮增压器的油管有无泄漏。

(3)拆卸涡轮增压器时,要堵住进气口、排气口和机油进口,防止脏物或其他外部异物进入系统。

(4)当拆卸和安装涡轮增压器时,不要跌落,不要碰击,不要抓住容易变形的零件,如执行器或连杆,如图5-3-12所示。

(5)更换涡轮增压器时,检查油管中的油泥或积炭,必要时,清洗或更换。

(6)更换涡轮增压器时,进油口内加入机油,同时用手转动泵轮,以润滑轴承,如图5-3-13所示。

(7)大修或更换发动机时,重装后,在切断燃油供给的情况下,转动发动机30 s,以润滑发动机相关部位,然后怠速运转发动机60 s。

图5-3-12 易变形的零件　　图5-3-13 润滑轴承

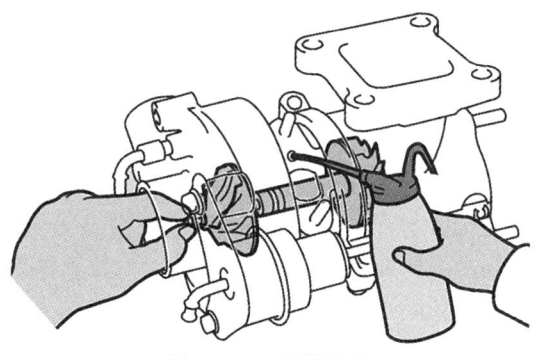

2.涡轮增压器的检修

(1)增压器有异响

利用停机时的瞬间监听增压器,若叶轮与壳体之间有"嚓嚓"声,则说明因碰撞使涡轮壳变形,应当视情况修复或更换。

(2)增压压力过低

发动机出现功率下降、排气冒黑烟等现象,可能的原因有:
①增压器叶轮与壳体之间有摩擦或浮动轴承损坏,影响增压器转速。
②发动机排气歧管至增压器之间或密封损坏。
③空气滤清器、进气管路、泵轮出口太脏。
④涡轮机叶片上、转轴与密封环之间形成积炭,使转速下降。
⑤增压压力调节阀中调节弹簧因温度过高失效,或放气阀因积炭而封闭不严,使调节阀失灵。

(3)增压器喘振

当增压空气流量减少到一定程度时,气流会出现强烈的振荡,引起叶片振动,出现"轰隆轰隆"的噪声,使进气管压力不稳定,发动机转速也随之不稳定。主要原因是空气滤清器太脏或被堵塞,进气管路及泵轮出口通道积垢太多。

(4)增压压力过高

增压压力调节阀失灵或喷嘴环因变形或积炭使通流面积减小所致。排除方法为更换增压压力调节阀或清洗检修喷嘴。

复习题

1. 增压器类型有哪些？各有何特点？
2. 简述废气涡轮增压器的结构与工作原理。
3. 如何判定废气涡轮增压器的工作状态？

任务实施 废气涡轮增压器拆装与检查

一、操作内容
1. 常规工具的选用及使用。
2. 进、排气系统相关部件认知。
3. 喷油器拆装与检查。

二、操作工单
1. 参考维修手册，认知进、排气系统相关部件，并记录认知部件名称并说明进、排气系统结构特点。

_____

2. 请将图 5-3-14 中序号所代表的部件名称填写在横线上。

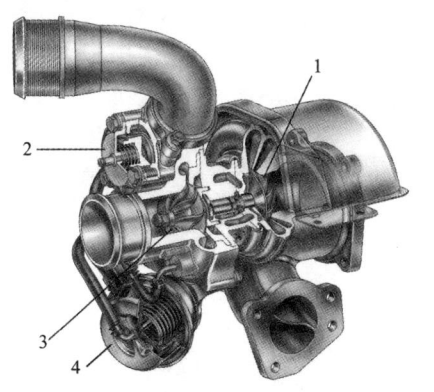

图 5-3-14

1._____；2._____；
3._____；4._____。

3. 增压器拆装检查记录：

_____

三、其他说明
1. 安全注意事项

(1) 确保车辆处于停车状态，拉好驻车制动，并在驱动轮前、后放置车轮挡块。

(2) 举升车辆时，应举升车辆至推荐的举升点；升降过程中，禁止人员进入被举升车辆下方及车内;车辆举升到位后,应锁止举升机。

(3)工具及零部件轻拿轻放,摆放整齐,搬运过程中防止跌落,以免造成意外伤害。

(4)禁止拆卸过程中野蛮操作,以防发生安全事故。

2.技术要求和标准

(1)操作方法及步骤符合维修手册的要求。

(2)相关紧固力矩为标准力矩的50%。

(3)按照工位要求摆放部件及工具。

项目6

冷却系统的认知及检修

任务 6.1
冷却系统的认知

学习目标

知识目标
1. 了解冷却系统的作用;
2. 熟悉冷却系统各组成部件及功能。

技能目标
能够进行冷却系统拆装。

素养目标
1. 具备查询信息和使用维修手册的基本能力;
2. 能够与他人密切合作,规范、安全地完成学习任务;
3. 养成自主学习、规范操作的工作习惯及环保意识。

相关知识

一、冷却系统的功用

在发动机工作期间,机体各部分温度不同,其分布如图 6-1-1 所示,进气口温度约为 50 ℃;排气口温度约为 800 ℃;燃烧室温度约为 2 000 ℃;气缸温度约为 1 200 ℃。

最高燃烧温度可能高达 2 500 ℃;即使在怠速或中等转速下,燃烧室的平均温度也在 1 000 ℃以上。因此,与高温燃气接触的发动机零部件被强烈加热。若不及时将这些高温零件上的过多热量散发掉,则将出现多种不良现象:润滑油将由于高温而变质,使发动机零件之间不能保持正常的油膜;受热零件由于热膨胀过大而破坏正常的间隙,摩擦阻力增大,妨碍部件的正常运动,甚至卡死或烧坏;温度过高促使金属材料的性能下降,以致承受不了正常的负载。因此,发动机必须设计合理的冷却系统,以确保发动机在适宜的温度范围内工作,既防止发动机温度过高,又保证发动机冷起动后快速升温,使发动机获得良好的经济性和动力性,且减少污染排放。

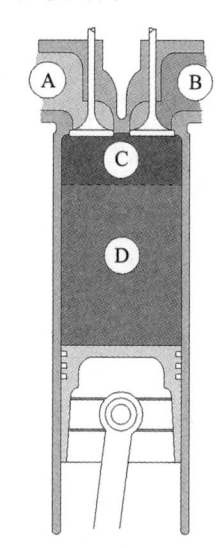

图 6-1-1 机体温度分布
A—进气口;B—排气口;C—燃烧室;D—气缸

冷却系统既要防止发动机过热,也要防止发动机过冷。过热和过冷都会使发动机运动部件的正常装配间隙被破坏,润滑状况恶化,加速发动机磨损。发动机温度过高,冷却液沸腾,降低热传递效率,混合气提前燃烧,发动机易发生爆震。发动机温度过低,燃烧不充分,油耗增加,润滑性能下降,降低发动机使用寿命。

发动机冷却系统的功用就是在冷起动时,冷却系统要保证发动机迅速升温,尽快达到正常的工作温度;对在高温条件下工作的发动机零部件进行冷却,保证发动机在最适宜的温度范围内工作。目前,汽车上广泛应用水冷方式,保持发动机的工作温度(冷却水温度)一般为80~90 ℃。

二、冷却系统的工作原理

发动机的冷却系统一般有风冷与水冷两种形式,汽车发动机大都采用水冷式。汽车发动机的水冷系统均为强制循环系统,利用水泵提高冷却液的压力,强制冷却液在发动机冷却液管路中循环流动。发动机冷却系统一般由散热器、冷却风扇、节温器、水泵、膨胀水箱(或储液罐)、冷却液管路、气缸体和气缸盖中的水套以及其他附属装置等组成,如图 6-1-2 所示。

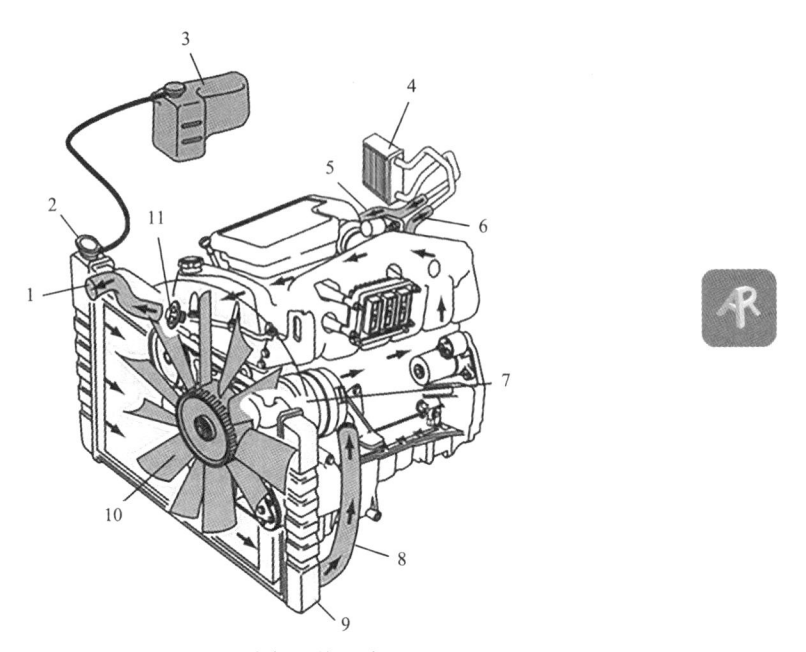

图 6-1-2　冷却系统组成

1—散热器上水管；2—散热器压力盖；3—储液罐；4—暖风水箱；5—暖风水箱进水管；
6—暖风水箱出水管；7—水泵；8—散热器下水管；9—散热器；10—冷却风扇；11—节温器

发动机气缸体和气缸盖中铸有水套，使循环的冷却液能够接近受热部件，吸收并带走热量。发动机工作时，曲轴通过皮带或链条等驱动方式驱动水泵，水泵将冷却液从散热器（或气缸盖水套）吸入并加压，然后排入气缸体水套中，冷却液吸热升温后经过节温器和散热器上水管流入散热器内。由于风扇的强力抽吸及车辆的高速行驶，空气不断由前向后且高速地流经散热器芯，带走散热器芯内部高温冷却液的热量，冷却液得以冷却。经冷却的冷却液再次被水泵吸至气缸体水套中进行循环冷却。通过冷却液不断循环，发动机中在高温条件下工作的部件不断得到冷却，从而保证发动机正常运转，如图 6-1-3 所示。

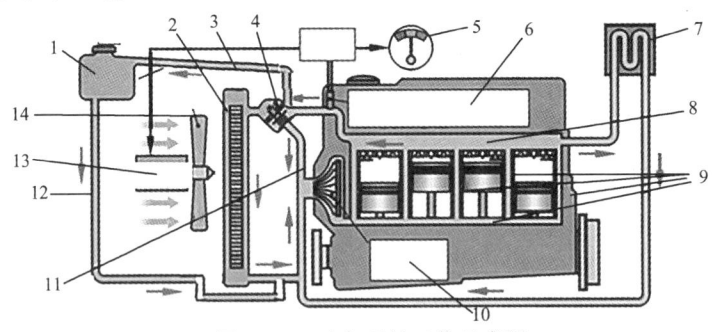

图 6-1-3　冷却系统工作示意图

1—膨胀水箱；2—散热器；3—膨胀水箱进水管；4—节温器；5—水温表；6—冷却液温度传感器；7—暖风水箱；
8—缸盖水套；9—缸体水套；10—水泵；11—旁通管路；12—膨胀水箱出水管；13—电动机；14—风扇

三、冷却液循环路径

发动机冷却液有大、小循环两条路径。大循环即冷却液流经散热器的循环，缸盖水套中的冷却液从节温器主阀门流向散热器，通过散热器冷却后流入水泵进水口，被水泵加压后流入缸体水套,进而回到缸盖水套。小循环即冷却液不流经散热器的循环,缸盖水套中的冷却液从节温器旁通阀流向旁通管路,直接流入水泵进水口,被水泵加压后回到缸体水套,进而回到缸盖水套。大小循环冷却液流量的比例由节温器控制。缸体水套中的冷却液温度高时,节温器打开的角度大,流向散热器的冷却液多,防止发动机过热;缸体水套中的冷却液温度低时,节温器打开角度小,流向散热器的冷却液少,防止冷却液温度偏低。这样,发动机始终保持在一个最佳的温度下工作。

1. 冷却液小循环

如图6-1-4(a)所示,冷却液温度较低时,节温器主阀门关闭、旁通阀打开,气缸盖中的冷却液从旁通阀、旁通管路流入水泵进水口,经水泵加压后流回缸体水套。此时冷却液不经过散热器,只在气缸盖水套和气缸体水套之间进行小循环。在小循环中,冷却强度较小,可使发动机水温迅速上升,保证发动机各个部件迅速升温,达到其正常工作温度。

2. 冷却液大循环

经过散热器的冷却液循环为冷却液大循环,如图6-1-4(b)所示。当冷却液温度升高到一定值时,节温器主阀门全开,旁通阀关闭,气缸盖水套中的冷却液经散热器上水管全部流向散热器,其温度快速下降,然后从散热器下水管进入水泵进水口,经水泵加压后回到气缸体水套,进行冷却循环。

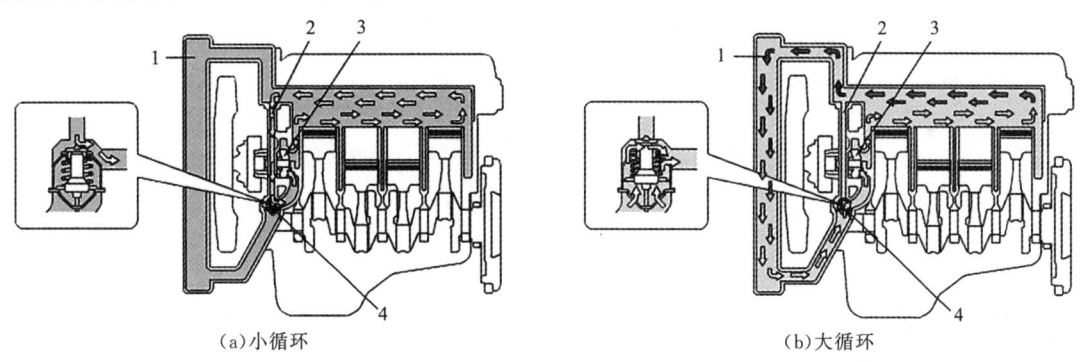

图 6-1-4 发动机冷却系统大小循环示意图
1—散热器;2—旁通管路;3—水泵;4—节温器

四、冷却系统主要组成部件

1. 散热器

散热器一般安装在车辆前部,车辆行驶时,迎面而来的低温空气不断流经散热器,带走冷却液的热量,确保散热效果良好。散热器多采用耐腐蚀、导热性能良好的铜、铝质材料制成。铝质散热器尺寸小,质量轻,成本也较低,因此,各汽车厂商广泛采用铝质散热器。

(1)散热器的作用

散热器是一个热交换器,它将气缸盖水套中流出的高温冷却液分成许多股小水流,增大散热面积,加速其冷却。冷却液在散热器芯内流动,空气从散热器芯外流过,高温冷却液与低温空气发生热传递,实现热交换。为了获得良好的散热效果,散热器与冷却风扇配合工作。冷却液经过散热器后,其温度可降低10~15℃。

影响散热器效率的关键因素是散热器的基本结构,即散热器的有效面积、厚度。散热器的有效面积影响冷却空气流量,有效面积越大,冷却空气流量越大,散热器的效率越高。另外,散热器效率随着冷却液与冷却空气温度差的增大而大大提高,适当提高冷却液温度,可以适当减少散热器面积,缩小散热器尺寸。因此,各厂商将节温器主阀门的开启温度和散热器盖压力阀的开启压力设定得比较高,以获得良好的散热器效果。

(2) 散热器的构造

如图 6-1-5 所示,散热器由进水室、散热器芯和出水室等组成。散热器进水室顶部一般设计有冷却液加注口,冷却液由此注入整个冷却系统。进水室侧面设计有进水口,它通过散热器上水管与气缸盖出水口相连。出水室有放水螺塞及出水口,出水口通过散热器下水管与水泵进水口相连。散热器底部一般装有减振垫,防止散热器受振动损坏。有些车辆散热器的出水室集成有自动变速器油冷却器。

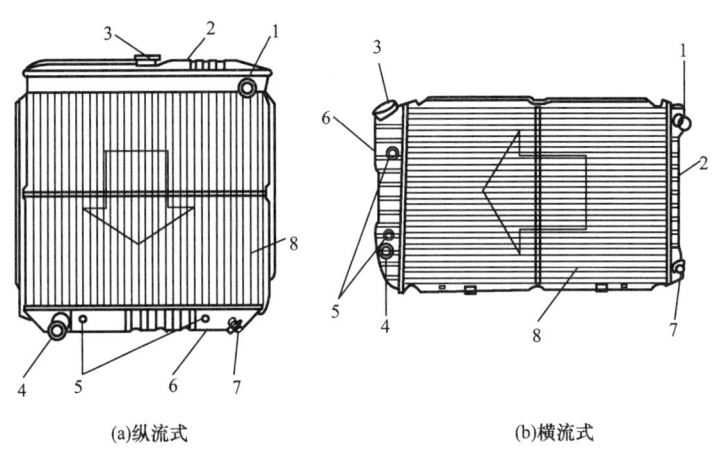

(a) 纵流式　　　　(b) 横流式

图 6-1-5　散热器的构造

1—进水口;2—进水室;3—散热器盖;4—出水口;5—变速器油冷却器进出口;
6—出水室;7—放水阀;8—散热器芯

根据散热器中冷却液流动的方向可将散热器分为纵流式和横流式两种。纵流式散热器芯竖直布置,上接进水室,下连出水室,冷却液由进水室自上而下地流过散热器芯进入出水室,如图 6-1-5(a) 所示。横流式散热器芯横向布置,左、右两端分别为进、出水室,冷却液自进水室横向流过散热器芯到出水室,如图 6-1-5(b) 所示。

散热器芯由许多芯管和散热片组成。芯管是焊接在进、出水室之间的直管,是冷却液的通道。芯管为扁圆形直管,因为扁管和圆管相比,在容积相同的情况下具有较大的散热面积;当管内冷却液冻结膨胀时,扁管还可以借其横断面变形而避免破裂。冷却液流经散热器时被芯管分成许多股细流,并经芯管上的散热片将热量散发到大气中。散热片不仅可以增加散热面积,而且可以提高散热器芯的刚度和强度。

常用的散热器芯有管片式和管带式两种结构。管片式散热器芯的芯管两端与进出水室之间及芯管与散热片之间均用锡焊焊接,如图 6-1-6(a) 所示。管带式散热器芯由散热器芯管及散热带组成,芯管与散热带相间排列,如图 6-1-6(b) 所示。散热带呈波纹状,为提高散热能力,在散热带上一般开有形似百叶窗的缝孔。这种散热器芯与管片式散热器芯相比,具有散热能力强、制造工艺简单、质量轻、成本低等优点,但结构刚度不如管片式散热器芯好,在使用条件较好的轿车上被广泛采用。

散热器芯多采用导热性好的黄铜制造,但近年来更多采用铝制造,有的散热器的进、出水室采用复合塑料制造,使散热器质量大为减轻。

若散热器芯表面脏污、堵塞，散热器的散热效率将明显下降，导致发动机过热。若散热器芯出现脏污、堵塞等情况，应及时清洗。在进行相关维修作业时，应防止对其造成损伤，降低散热效果。注意：不要对散热器芯进行刷洗或高压冲洗，以防弯折散热片，影响散热效果。

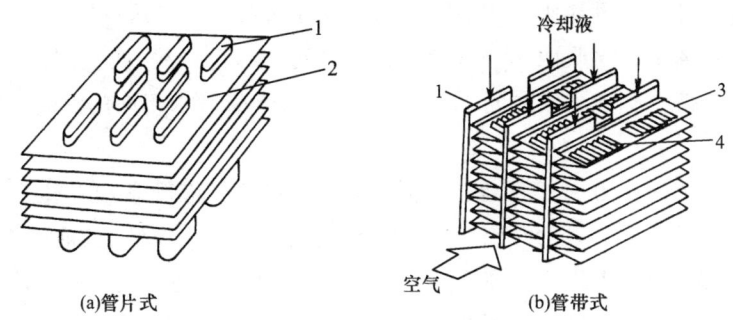

图 6-1-6　散热器芯的结构
1—芯管；2—散热片；3—散热带；4—缝孔

2.散热器盖

散热器盖的作用是密封冷却系统并调节冷却系统的工作压力。汽车发动机一般使用压力式散热器盖，包括一个压力阀和一个真空阀，均为单向阀，如图 6-1-7 所示。散热器盖可使冷却系统内的压力提高 98～196 kPa，冷却液的沸点相应地提高到 120 ℃左右，从而扩大了散热器与周围空气的温差，提高了散热器的换热效率。由于散热器散热能力的增强，可以相应地减小散热器尺寸。

发动机冷车状态时，散热器盖的压力阀和真空阀均关闭，使冷却系统与大气隔开。当发动机工作时，冷却液的温度逐渐升高，冷却液膨胀、气化使冷却系统内的压力增高，冷却液沸点升高，提高冷却系统的散热能力，当压力超过预定值时，压力阀开启，一部分冷却液经溢流管流入储液罐，以防止冷却液胀裂散热器，如图 6-1-7(a)所示。当发动机停机后，冷却液的温度下降，冷却系统内的压力随之降低，当压力降到大气压力以下，出现真空时，真空阀开启，储液罐内的部分冷却液流回散热器，避免散热器被大气压力压坏，如图 6-1-7(b)所示。

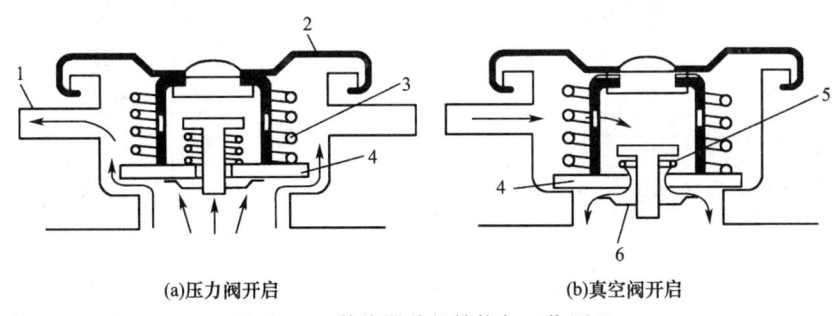

图 6-1-7　散热器盖的结构与工作原理
1—溢流管；2—盖；3—压力阀弹簧；4—压力阀；5—真空阀弹簧；6—真空阀

有些车型采用无盖式散热器，散热器上设计有通气螺塞（添加冷却液时，拧松该螺塞通气，以使冷却液迅速进入冷却系统），车辆的散热器上没有散热器盖，而是在膨胀水箱上添加了压力盖。膨胀水箱压力盖的作用与散热器盖相似，但它通过控制膨胀水箱内气体的压力来控制冷却系统的压力。膨胀水箱压力盖也有一个压力阀和一个真空阀，它们分别控制膨胀水箱中气体的出、入，其工作原理与散热器盖相同。

3.膨胀水箱

膨胀水箱一般由透明塑料制造，便于观察其内部冷却液液位，如图 6-1-8 所示。膨胀水箱的主要作用是为冷却液提供膨胀和收缩的空间以及冷却系统集中的排气点，因此，它安装位置略高于其他冷却液通道。膨胀水箱上有"高"和"低"两个标记刻线，在使用中应保持膨胀水箱内的液面高度位于两个标记刻线之间，驾驶员应经常检查膨胀水箱内的液面高度，缺少冷却液时应及时加注。

水泵进水口一侧的压力比较低，易产生水蒸气泡，水蒸气泡既影响冷却系统散热效率，又导致水泵的出水量显著下降，还会引起水泵叶轮和水套的穴蚀(穴蚀：气泡随着压力的逐渐升高，气泡的体积逐渐变小，当压力升高到某一极限值时，这些气泡在高压的作用下，就会发生爆裂，从而将高温、高压的气体迅速作用到零件表面上，发生穴蚀现象，造成零件的损坏)。可以将膨胀水箱出口管连接至发动机进水口，使水泵进水口侧保持较高的压力，减少了气泡的产生，能有效改善穴蚀。

发动机运转以后，水泵工作，冷却系统中的气泡伴随冷却液不断地流向发动机出水口，由于膨胀水箱位置高且气泡质量轻，气泡(或冷却液受热产生的水蒸气泡)从与发动机出水口相连接的冷却液排气管(膨胀水箱进口管)进入膨胀水箱，从而实现气、液分离。膨胀水箱内的温度比较低，进入的气体发生冷凝，一部分变成液体，重新被水泵吸入发动机缸体。在膨胀水箱压力盖的作用下，积存在膨胀水箱液面以上的气体保持冷却系统内压力稳定。膨胀水箱的工作原理如图 6-1-9 所示。

图 6-1-8　膨胀水箱

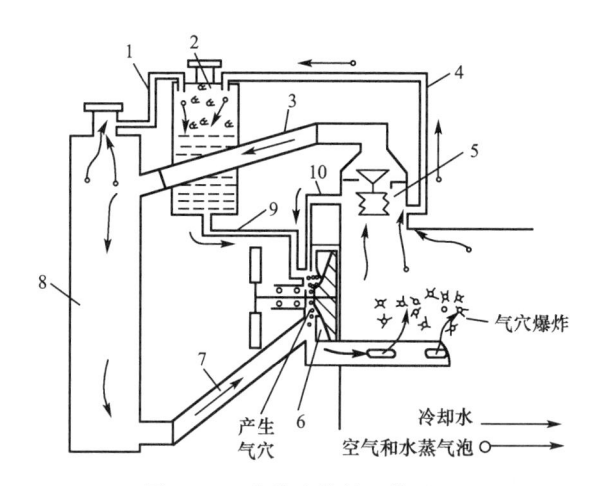

图 6-1-9　膨胀水箱的工作原理

1—散热器出水管；2—膨胀水箱；3—水套出水管；4—水套出气管；
5—节温器；6—水泵；7—水泵进水管；8—散热器；9—补偿水管；10—旁通管

有些车辆的膨胀水箱与散热器之间也设计有一根冷却液排气管；还有一些车辆的膨胀水箱只有一根软管与散热器相连接，而没有与发动机进水口相连的膨胀水箱出口管，这根软管通常称为溢流管，这种形式的膨胀水箱称为储液罐(补偿水桶)，如图 6-1-10 所示。当冷却液温度上升时，冷却液膨胀、气化，散热器中部分冷却液流入储液罐；而当冷却液降温时，储液罐中部分冷却液又被吸回散热器。储液罐也可消除冷却系统中的气泡，但对穴蚀没有明显改善。

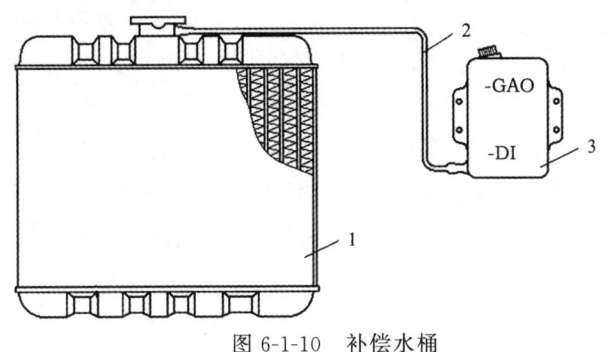

图 6-1-10　补偿水桶
1—散热器；2—溢流管；3—储液罐

4.水泵

水泵的作用是对冷却液加压，保证其在冷却系统中循环流动。汽车发动机一般采用离心式水泵。离心式水泵由带有冷却液进口和出口通道的壳体和叶轮等组成，如图 6-1-11 所示。叶轮轴由一个或多个密封轴承支撑，使用密封的轴承，可以防止润滑油泄漏及脏物、水等的进入。水泵壳体安装在发动机缸体上，水泵叶轮固定在水泵轴上，水泵泵腔与气缸体水套相连接。水泵壳体上有排水孔，一旦水封漏水，可以从排水孔中排出，防止冷却液进入轴承而破坏轴承的润滑，同时起到报警作用。若发动机停机后仍有冷却液渗漏，则表明水泵水封已经损坏。

由于冷却系统内充满冷却液，当发动机工作时，曲轴通过传动皮带（或链条）驱动水泵叶轮转动，使泵腔内的冷却液一起转动，在离心力作用下，冷却液被甩向叶轮外边缘处，同时产生一定的压力，然后从切线方向泵出。在叶轮的中心处，由于冷却液被甩出而压力下降，形成真空。散热器中的冷却液在水泵进水口和叶轮中心的压差作用下，经进水管流入叶轮中心，使整个冷却系统内的冷却液循环流动。当水泵因故障停止转动时，也不妨碍冷却液在冷却系统内的自然循环流动，其工作原理如图 6-1-12 所示。

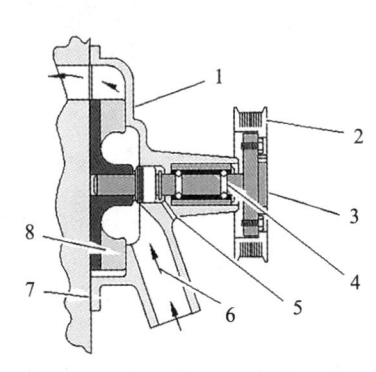

图 6-1-11　离心式水泵的结构
1—壳体；2—带轮；3—轴；4—轴承；5—排水孔；
6—冷却液流；7—密封垫片；8—叶轮

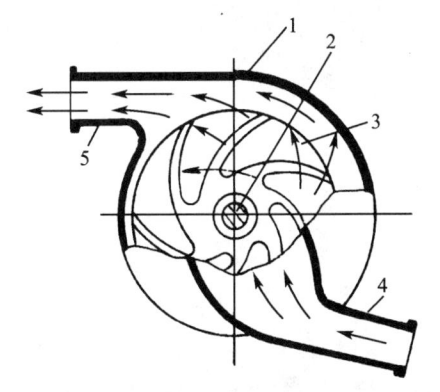

图 6-1-12　离心式水泵的工作原理
1—水泵壳体；2—水泵轴；3—叶轮；
4—进水管；5—出水管

5.节温器

节温器是控制冷却液流动路径的阀门，它根据冷却液温度打开或关闭冷却液流向散热器的通道。当发动机冷起动时，冷却液的温度较低，节温器将冷却液流向散热器的通道关闭，冷却液经水泵直接流回缸体或气缸盖水套内，以使冷却液能够迅速升温。当冷却液温度上升到一定值时,节温器打开冷却液流向散热器的阀门,冷却液经散热器降温后流回水泵。如果发动机不装节温器,低温冷却液始终大循环,将导致发动机不能迅速升温,长时间在低温下运行。同时,车厢内的暖风系统以及节气门加热装置等将不能正常工作。

一般冷却系统的冷却液都是从发动机的缸体流入,从气缸盖流出,大多数发动机的节温器布置在气缸盖出水管路中。这种布置方式的优点是结构简单,容易排除冷却系统中的气泡;缺点是节温器在工作时会产生振荡现象(节温器在短时间内反复开闭的现象称为节温器振荡)。例如,在冬季冷起动发动机时,由于冷却液温度低,节温器主阀门关闭,冷却液进行小循环,温度很快升高,节温器迅速开启;与此同时,散热器内的低温冷却液流入缸体,使冷却液温度下降,节温器主阀门重新关闭;等冷却液温度回升,节温器主阀门再次打开;直到全部冷却液的温度稳定之后,节温器主阀门才不再反复开闭。当出现这种现象时,将增加汽车的燃油消耗量。

有些发动机的节温器安装在水泵入水口,这种设计能够防止发动机缸体内的冷却液温度急剧降低,从而减少发动机内部应力的变化,避免发动机损坏。

(1)蜡式节温器

汽车发动机节温器通常是蜡式节温器(图6-1-13),由主阀门、副阀门、反推杆、上支架、下支架和石蜡等组成。反推杆的一端固定在上支架上,另一端插入胶管的中心孔内,石蜡装在胶管与感应体外壳之间的腔体内。

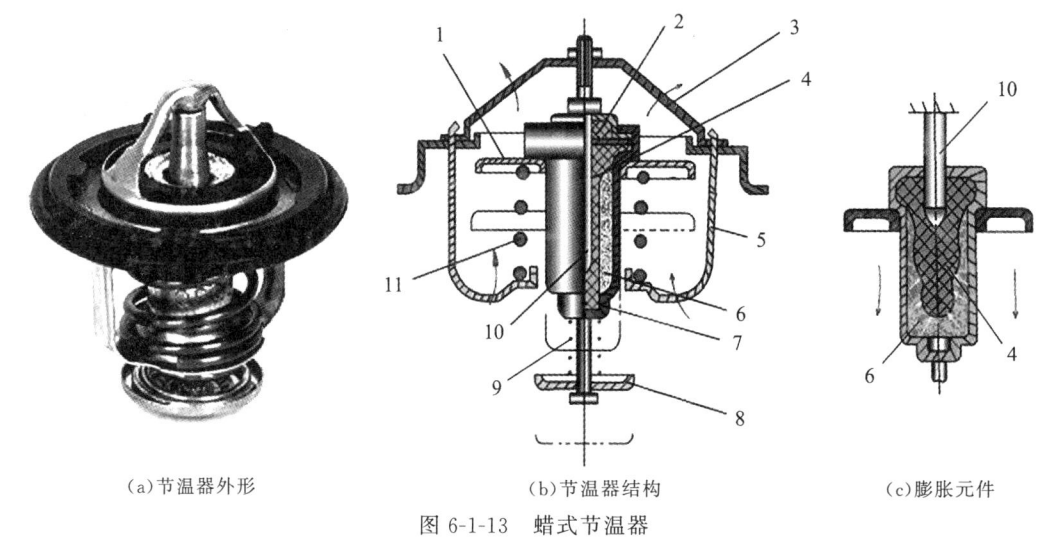

(a)节温器外形　　(b)节温器结构　　(c)膨胀元件

图6-1-13　蜡式节温器

1—主阀门;2—密封橡胶圈;3—上支架;4—橡胶套;5—下支架;6—石蜡;
7—节温器外壳;8—副阀门;9—副阀门弹簧;10—反推杆;11—主阀门弹簧

蜡式节温器的工作原理:当温度较低时,石蜡呈固态,主阀门被弹簧推向上方与阀座压紧,处于关闭状态,此时,副阀门开启旁通道,冷却液进行小循环,来自发动机水套的冷却液经旁通道、小循环水管直接进入水泵,回到发动机缸体水套内,如图6-1-14(a)所示。

随着冷却液温度上升,石蜡逐渐熔化成液态,体积膨胀,迫使胶管收缩,对反推杆端部产生向上的推力,由于反推杆固定在上支架上,反推杆对胶管、节温器壳体产生向下的反推力。当冷却液温度升高到一定值时,反推力克服弹簧的弹力使胶管、节温器壳体向下运动,主阀门开始开启,同时副阀门开始关闭旁通道。当冷却液温度进一步升高到一定值时,主阀门完全开启,而旁通道正好完全关闭,来自气缸盖水套的冷却液全部经过散热器进行大循环,如

图 6-1-14(b)所示。冷却液温度处于主阀门开始开启与完全开启温度之间时,主阀门和旁通阀均部分开启,冷却液进行混合循环。

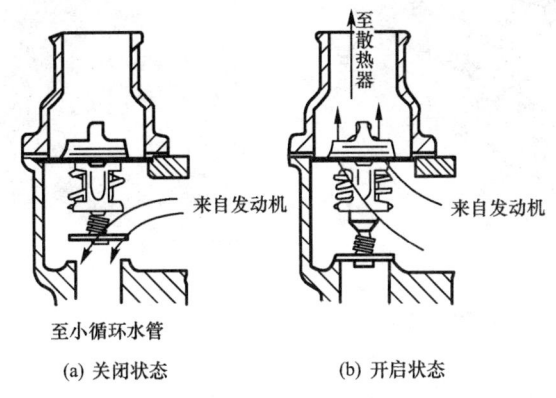

图 6-1-14 蜡式节温器的工作原理

(2)电子节温器

电子节温器是在蜡式节温器的基础上增加了加热装置,如图 6-1-15 所示。冷却液温度和加热装置都可以控制电子节温器的开启,加热装置的工作由 ECU 通过占空比(PWM)信号控制。

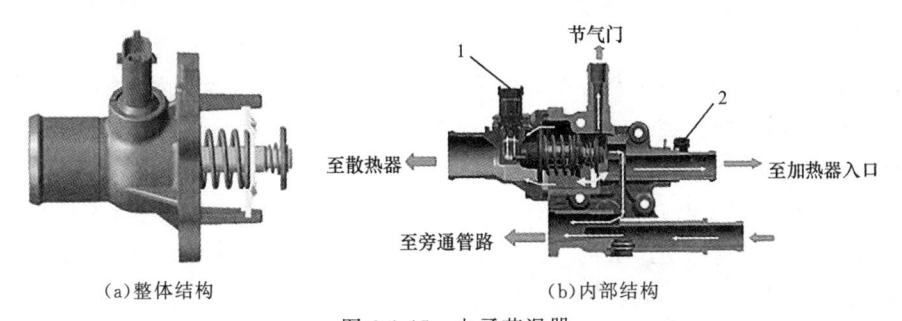

图 6-1-15 电子节温器
1—节温器执行器;2—冷却液温度传感器

电子节温器相对于蜡式节温器来说,其工作温度范围广,节温器阀门开度大,即便控制信号失效,节温器内部石蜡也可以正常工作,控制冷却液的大小循环。

6.冷却风扇

风扇的功用是提高流经散热器的空气流量和流速,以提高冷却强度。风扇一般安装在散热器后方。当风扇工作时,对空气产生吸力,使空气沿轴向流动。空气流由前向后通过散热器冷却芯管表面,使流经散热器冷却芯管内的冷却液加速散热。为了提高风扇的效率,使通过散热器芯的气流分布更均匀,且集中穿过风扇,减少空气回流现象,在风扇外围都装设导风罩,如图 6-1-16 所示。

电动风扇广泛应用于轿车和轻型汽车上,它直接由蓄电池驱动,转速与发动机转速无关(图 6-1-17)。电动风扇构造简单,总体布置方便,可以改善发动机预热性能,降低油耗,减少风扇噪声。在发动机运转初期或低温时,电动风扇不运转,当水温传感器检测到冷却液温度超过一定值时,ECU 控制风扇电机运转。

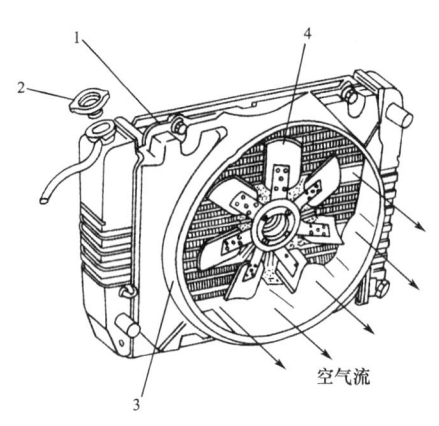

图 6-1-16　风扇和导风罩
1—散热器；2—散热器盖；3—导风罩；4—风扇

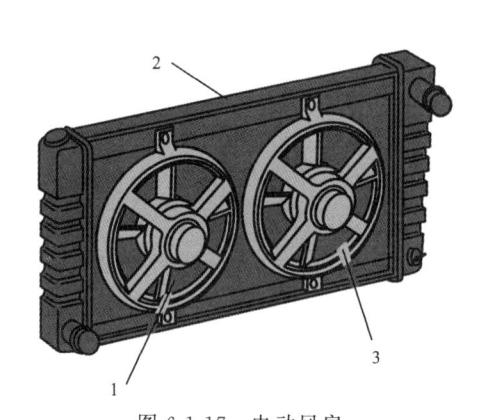

图 6-1-17　电动风扇
1,3—电动风扇；2—散热器

电动风扇一般有高速和低速多级转速。冷却液温度上升到一定值 T_1 时，电动风扇低速运转，增加流经散热器的空气量；若冷却液温度继续上升，超过另一设定温度 T_2 时，电动风扇高速运转，以提高冷却强度，防止发动机过热；冷却液温度降低到一定值 T_3 时，电动风扇由高速降到低速运转；冷却液温度继续下降到 T_4 时，电动风扇停止转动。以上过程均由 ECU 根据水温传感器信号（主要信号）进行控制，$T_2>T_3>T_1>T_4$。发动机不同，T_1、T_2、T_3、T_4 可能不同，电动风扇的数量以及风扇转速等级也可能会有所不同，例如新君威 2.0T 发动机的电动风扇有低、中、高三个转速等级。

在轿车等小型客车上，空调制冷系统的冷凝器与散热器共用电动风扇，有些车型只要开启空调制冷系统，电动风扇就会运转，即使冷却液的温度没有达到 T_1。

7. 百叶窗的构造

百叶窗的功用是改变吹过散热器的空气流量，从而控制冷却强度。百叶窗安装在散热器前面，它是由许多片活动挡板组成的。挡板垂直或水平安装，由驾驶员通过装在驾驶室内的手柄操纵调节挡板的开度。发动机工作温度过低时，驾驶员可将百叶窗的开度关小或完全关闭，以减少流经散热器的空气量，可以起到保温的作用，使发动机温度回升。

8. 暖风水箱

大多数汽车装有暖风系统，发动机冷却液是该系统的热源。暖风系统中有一个加热器芯，也叫暖风水箱（图 6-1-18），它由水管和散热器片组成，且两端分别连接冷却系统的出口和入口。发动机高温冷却液进入暖风水箱，加热流经暖风水箱的空气，然后返回发动机冷却系统。因此，暖风水箱也称为冷却系统的"第二散热器"。

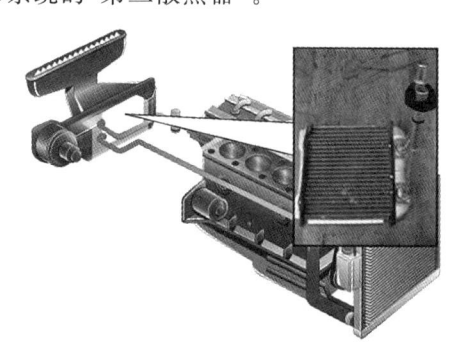

图 6-1-18　暖风水箱

复习题

1. 冷却系统的功用是什么？画框图说明常见水冷却系统的组成及循环线路。
2. 水冷却系统常用水泵是什么类型？它是怎样工作的？

任务 6.2
冷却系统的检修

学习目标

知识目标
1. 了解发动机冷却液的组成和种类；
2. 了解发动机温度异常的常见原因。

技能目标
1. 能够进行冷却液检测；
2. 能够进行冷却液更换。

素养目标
1. 具备查询信息和使用维修手册的基本能力；
2. 能够与他人密切合作，规范、安全地完成学习任务；
3. 养成自主学习、规范操作的工作习惯及环保意识。

相关知识

一、冷却液

为使汽车能在不同气候条件下行驶,要求车辆冷却系统在-40~40℃的环境中能够正常工作,因此发动机冷却液必须具有高沸点和低冰点。

1. 冷却液的冰点

冷却液由液态凝结成固态的温度称为冷却液的凝点,也称为冷却液的冰点。冷却液中防冻剂的比例不同,其冰点也不同,见表6-2-1。

表 6-2-1　　　　　　　　　　　冷却液冰点

乙二醇浓度 质量浓度/%	体积浓度/%	冰点/℃ (100.7 kPa)	沸点/℃ (100.7 kPa)	乙二醇浓度 质量浓度/%	体积浓度/%	冰点/℃ (100.7 kPa)	沸点/℃ (100.7 kPa)
0.0	0.0	0.0	100.0	45.0	42.5	-27.5	106.7
5.0	4.4	-1.4	100.6	50.0	47.6	-33.8	107.2
10.0	8.9	-3.2	101.1	55.0	52.7	-41.1	108.3
15.0	13.6	-5.4	102.2	60.0	57.8	-48.3	110.0
20.0	18.1	-7.8	102.2	80.0	78.9	-46.8	123.9
25.0	22.9	-10.7	103.3	85.0	84.3	-36.9	133.9
30.0	27.7	-14.1	104.4	90.0	89.9	-29.8	140.6
35.0	32.6	-17.9	105.0	95.0	95.0	-19.4	158.3
40.0	37.5	-22.3	105.6	100	100	-13	197.4

冷却液冰点在其使用过程中可能会发生变化,因此,在车辆保养维护时需要使用冰点仪检查冷却液的冰点,必要时更换冷却液。

2. 冷却液的组成

冷却液是软水、防冻剂和少量添加剂的混合物。软水中不含(或含少量)可溶性钙、镁化合物,能够有效防止水垢产生,保证冷却效果。防冻剂既可以防止冷却液在寒冷季节结冰,避免散热器、气缸体、气缸盖胀裂,又可以适当提高冷却液的沸点,保证冷却效果。最常用的防冻剂是乙二醇,乙二醇是一种无色、透明、稍有甜味、具有吸湿性的黏稠液体,它能以任何比例与水相溶。冷却液中还添加有防锈剂、泡沫抑制剂、防霉剂、pH调节剂、着色剂等。

防冻剂中加入着色剂,使冷却液呈蓝绿色、红色或金黄色,以便识别。冷却液在使用过程中,防霉剂可以保证防冻液在2~3年贮存期内不会霉变,随着时间的延长,防锈剂和泡沫抑制剂会逐渐消耗殆尽,因此,定期更换冷却液是十分必要的。

3. 冷却液的种类

根据防冻剂的不同,常见的冷却液有乙烯乙二醇冷却液和丙烯乙二醇冷却液两种。乙烯乙二醇冷却液有毒性,一般呈绿色;丙烯乙二醇冷却液无毒性,一般呈红色或橘色。根据使用寿命不同,冷却液分为常规冷却液和长效冷却液,长效冷却液呈金色。品质良好的冷却液通常色泽亮丽,接近标准色,同时还有芳香气味;变质的冷却液通常呈灰白色或者褐色,有一层油状膜。

注意:不同型号的冷却液不能混合使用,以免发生化学反应。

4. 冷却液的回收与更换

使用过的冷却液可能吸收冷却系统中的铅、铁、铝等重金属,同时它自身还含有防冻剂和添加剂,这些物质会污染环境,因此,冷却液不能随意排放,必须收集起来,然后由专业机构进行回收处理。

冷却液必须根据厂商的要求进行定期更换,具体更换周期参见《车辆用户手册》。更换冷却液时,待发动机冷却后,应首先拆下散热器盖,使冷却系统与大气相通,以便冷却液顺利排放,然后在放水螺塞下摆放合适的容器,拧下放水螺塞,排尽冷却液。更换过程中应目视检查冷却液是否被污染,否则应冲洗冷却系统,同时确保冷却系统无泄漏,最后添加合适型号的冷却液,并进行排空气操作。

注意:发动机未彻底冷却前禁止对冷却系统进行任何操作。

二、冷却系统常见故障与检修

1. 散热器的检修

(1) 散热器的密封性检查

① 就车检查:用膨胀式橡胶塞堵住散热器进水管口和出水管口,向散热器内加水至加水口下方 10~20 mm 处,如图 6-2-1 所示,用专用手动打压器从加水口向散热器内部施加 80 kPa 压力,5 min 内打压器压力表上的指示压力应不下降,否则说明散热器有泄漏。

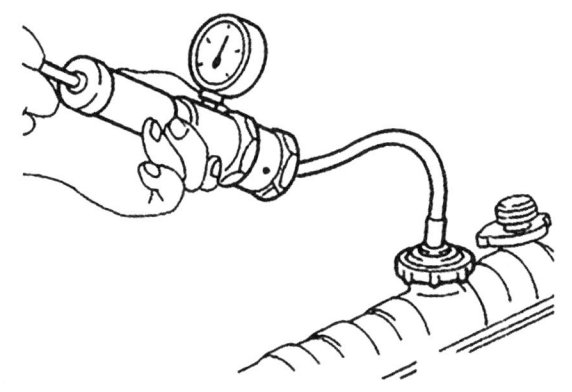

图 6-2-1 散热器的就车检查

② 水槽检查:拆下散热器后,用膨胀式橡胶塞堵住进水管口和出水管口,从加水口向散热器内充入 30~80 kPa 的压缩空气,将散热器浸入水槽,若有气泡冒出,说明散热器有泄漏。

(2) 散热器芯管堵塞的检查

从加水口向散热器内加入热水,用手触试散热器芯管各处温度,若有温度不升高的部位,说明散热器芯管该部位堵塞。

也可拆下上贮水室,使用根据芯管尺寸和断面形状制造的专用通条来检查散热器芯管是否堵塞。所有芯管都不允许有堵塞现象,个别因中部堵塞而确实无法疏通者,允许存在堵塞的芯管不超过两根。散热器芯管若存在压扁或通条不能通过现象,应更换芯管。

(3) 散热器盖的检查

使用专用手动打压器给散热器盖加压,当打压器上的压力表读数突然下降时,说明蒸气阀打开。蒸气阀的开启压力应符合规定,一般蒸气阀的开启压力为 260~370 kPa,真空阀开启压力应为 10~20 kPa。

(4)散热器的清洗

清洗散热器的目的是清除水垢。清洗时可以采用循环法,先用酸性溶液洗涤,再用碱性溶液冲洗中和。清洗时,使除垢剂以一定的压力(一般为 10 kPa)在气缸体水套或散热器内循环。一般经过 3～5 min 后可以清洗完毕。当散热器内积垢严重时应拆去进、出水室,用通条进行疏通。

(5)散热器的修理

散热器常见故障是因机械损伤、化学腐蚀、芯管堵塞等原因导致的泄漏、外观变形和散热性能下降。散热片有变形或倒伏时,应及时进行整形、扶正。散热器的贮水室若有凹陷变形时,可在凹陷处焊一钩环,拉平后再解焊。散热器泄漏一般发生在芯管与贮水室的接合部,散热器泄漏部位可用锡焊或粘接方法修复。散热芯管出现泄漏可以采取局部封堵的方法,封堵的芯管数量不得超过管数总量的 10%,切断散热片的面积不得大于迎风总面积的 10%。

2.水泵的检修

水泵常见故障是漏水、轴承松旷和泵水量不足。

(1)漏水

泵壳裂纹导致漏水时一般有明显的痕迹,裂纹较轻时可用粘接法修理,裂纹严重时应更换。在水泵正常时,水泵壳上的泄水孔不应漏水,若泄水孔漏水则说明水封密封不良,其原因可能是密封面接触不紧密或水封损坏,应分解水泵进行检查,清洁水封密封面或更换水封。

(2)轴承松旷

在发动机怠速运转时,若水泵轴承有异响或带轮转动不平衡,一般是轴承松旷所致。发动机熄火后,用手扳动带轮进一步检查,若有明显松旷时(轴承轴向间隙大于 0.50 mm 或径向间隙大于 0.15 mm),则应更换水泵。

(3)泵水量不足

水泵泵水量不足一般是水道堵塞、叶轮与轴滑脱、漏水或传动带打滑,可通过疏通水道、更换水泵、调整风扇传动带松紧度来排除故障。

3.风扇的检修

(1)风扇叶片的检修

风扇叶片出现变形、弯曲、破损后应及时更换。如果由于风扇连接板强度不足或其他原因而使风扇叶片向前弯曲或扭转变形,将会破坏风扇叶片原设计的角度,使其丧失平衡性能,这不但影响通过散热器的空气流速和流量,降低散热器的冷却效果,而且会打坏散热器,加速水泵轴承及水封的损坏,大幅度地增大风扇的噪声。

(2)风扇皮带松紧度检查

风扇常和发电机等一起通过 V 形带驱动,通常发电机支架做成可以移动式,以调整皮带松紧度。风扇皮带过松将造成打滑,使发动机过热,发电机发电效率下降;皮带过紧不仅易折断,还会增加轴承负荷加剧磨损。检查皮带松紧度时,用大拇指以 30～50 N 的力按下皮带中部,以使皮带产生 10～15 mm 的挠度为宜。如果不符合要求,可以松开调整螺母,通过改变发电机的位置加以调整。如图 6-2-2 所示。

(3)风扇离合器的检查

风扇离合器安装在风扇带轮与风扇之间,它可以根据发动机的工作温度自动控制风扇的转速,改变通过散热器空气流量。主要有硅油式、电磁式和机械式三种,其中硅油式风扇离合器应用比较广泛。

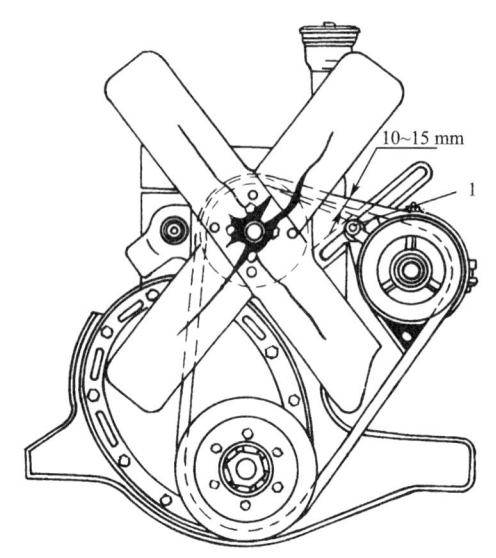

图 6-2-2 风扇皮带松紧度调整
1—调整螺母

硅油式风扇离合器就车冷车检查：在发动机起动前用手指拨动风扇叶片，应感到有明显的转动助力。发动机起动后，运转 1～2 min 后熄火，拨转风扇叶片，若感到转动阻力明显减小，则硅油式风扇离合器工作正常。

就车检查风扇离合器的接合与分离状况：检查时，把温度计插入风扇和散热器之间，测量风扇离合器开始接合与分离时散热器后面气流的温度，应符合原厂规定。

4. 节温器的测试

节温器性能的判断通常有三种方法，即加热法、红外线测温法和诊断仪检测法。

（1）加热法

将节温器从发动机上拆下，并确认阀门关闭，选择 0.4 mm 厚度的塞尺插入主阀门间隙，提起塞尺，使节温器悬空，正常的节温器不会脱落，否则需要更换节温器。将节温器和塞尺放入热水中，模拟发动机水温变化，并监测水温上升到节温器开启温度时的变化量，若节温器从塞尺上脱落的水温变化量在 4 ℃ 的范围内，则说明节温器工作正常；若水温变化量相差较大，则更换节温器。节温器最大开度测试如图 6-2-3 所示。

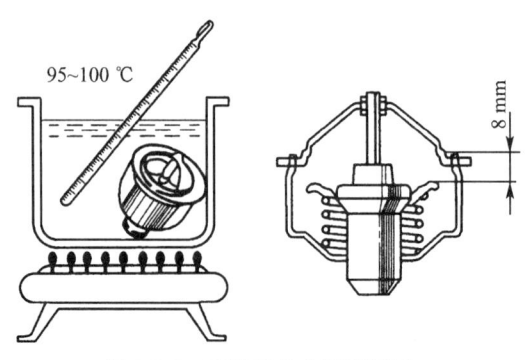

图 6-2-3 节温器最大开度测试

（2）红外线测温法

红外线温度测试仪可以用来测量节温器周围的冷却液的温度，该区域为发动机温度的最

高处。冷却系统正常工作时,在该处测得的温度有如下变化:

①当发动机暖机后,测得的温度接近于节温器开启温度;

②当节温器开启后,冷却液流向散热器,测得的温度将下降;

③当节温器进入循环开闭周期时,温度将在节温器开启温度与可控温度之间高低循环变化。

(3)诊断仪检测法

通过诊断仪,借助冷却液温度传感器的输出信号,来判断冷却液的实际温度。

三、冷却系统常见故障诊断

在汽车使用过程中,冷却系统常见故障有冷却液消耗异常、发动机过热、发动机工作温度过低等。

1.冷却液消耗异常

冷却系统是密封的,在正常情况下,不需经常添加冷却液,否则说明有冷却液消耗异常故障。冷却液消耗异常的主要原因是冷却液泄漏。

冷却液消耗异常时应先检查有无泄漏痕迹,根据泄漏部位查明原因。如果无外部泄漏痕迹,冷却液可能会进入燃烧室或进入油底壳内,应检查发动机的各缸工作情况,检查润滑油中是否有水,若有水则可能是气缸垫损坏、气缸盖或气缸体有裂纹、气缸盖或气缸体平面的平面度误差过大。

2.发动机过热

发动机在运行中,若水温表指针长时间指向高温(100 ℃以上)范围,并出现冷却液沸腾(俗称"开锅")现象,如图 6-2-4 所示,即为发动机过热。发动机过热可分为运行中突然过热和经常过热。

图 6-2-4 冷却液沸腾

(1)突然过热

发动机工作中突然出现过热现象,一般是风扇传动带断裂或风扇电路故障、水泵轴与叶轮脱转、节温器主阀门脱落等。

(2)经常过热

发动机工作中经常出现过热现象,其原因可归纳为两方面:一是冷却系统冷却强度不足;

二是发动机传热损失过大。

由冷却系统的组成和各部分的功用不难分析出导致冷却强度下降的原因：缺少冷却液、风扇传动带打滑、风扇叶片角度调整不当、散热器堵塞或散热片倾倒过多、节温器故障或水泵故障致使冷却液循环不良、水套积垢严重等。发动机过热时,应首先对上述可能原因进行排查。

若发动机过热,但冷却系统无故障,则可能是发动机传热损失过大所致,其原因可能是点火过迟、混合气过稀或过浓、燃烧室积炭过多、润滑油不足等。发动机传热损失过大通常伴有动力不足、油耗大、进气管回火、排气管放炮、爆燃等异常现象,这些异常现象可作为确定故障诊断范围的依据。此外,汽车顺风行驶或高温季节长时间低速大负荷行驶等,也会引起发动机过热。

有些车主或维修技师常常通过拆掉节温器后让发动机运行,并观察冷却液温度的变化来判断节温器是否存在故障,这种方法不可取,因为有些车辆拆下节温器后反而会引起发动机过热。因为节温器通过控制大小循环流量来确保发动机的温度在正常范围内,当无节温器时,由于冷却液流速加快,二者之间的温差大大缩减,冷却液在散热器中的流速更快。节温器原本可以用来控制冷却液的流速,使其在散热器中停留更多的时间,从而使冷却液在重新进入发动机前,温度下降得更多；没有了节温器的控制,更多的高温冷却液快速通过散热器后直接回到发动机。因此,遇到发动机过热的故障,拆下节温器并不能解决该问题。

注意,若只是水温表指示温度过高,但发动机无其他异常现象,则应检查水温传感器和水温表是否有故障。

3.发动机工作温度过低

在汽车行驶中,若水温表长时间指示在发动机正常工作温度以下,即可判定为发动机工作温度过低。

一般情况下,发动机不可能因发生故障而导致冷却强度增大或传热损失减少,从而使发动机工作温度过低。发动机工作温度过低,通常是自然因素或冷却系统的冷却强度调节装置失效所致。为此,发动机出现工作温度过低的现象时,应进行如下检查：

①环境温度较低时,检查百叶窗是否关闭、是否采取了有效的保温措施。

②检查风扇控制装置是否失效。如果冷却系统装有风扇离合器或电动风扇,可在发动机工作温度过低时,通过观察风扇的运转状态来确定风扇控制装置是否失效。

③检查节温器是否正常。在发动机工作温度过低时,通过触试散热器温度来判断冷却液是否进行大循环,以诊断节温器是否正常。

④如果水温表指示温度低,但发动机工作中无其他异常现象,应对水温表和水温传感器进行检查。

复习题

1. 节温器是如何工作的？如何检查节温器的好坏？
2. 如何检查和调整风扇传动带松紧度？
3. 冷却系统常见故障有哪些？如何诊断？

任务实施　冷却液冰点和冷却系统泄漏测试

一、操作内容

1.常规工具的选用及使用方法；
2.冷却系统部件认知；
3.冷却液冰点的检测及冷却系统泄漏测试。

二、操作工单

1.下列描述为冷却液冰点检测仪的测量步骤，请填写正确的序号。
(　)打开压力盖，取待测溶液数滴，置于检测棱镜上。
(　)轻轻合上盖板，避免气泡产生，使溶液遍布棱镜表面。
(　)记录冷却液的冰点，如不符合要求，建议更换冷却液。
(　)将仪器进光板对准光源或明亮处，眼睛通过目镜观察视场。
(　)打开盖板，用软布仔细擦净检测棱镜。
(　)转动目镜调节手轮，使视场的蓝白分界线清晰，分界线的刻度值即为溶液的浓度。

2.请查阅维修手册，写出图6-2-5中的工具名称。

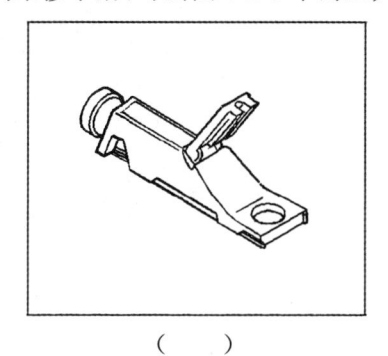

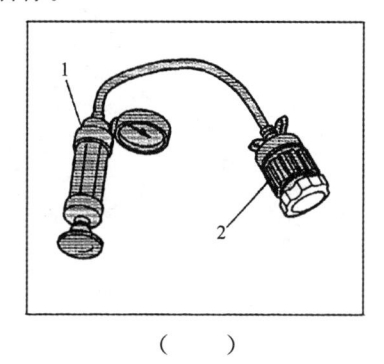

(　　)　　　　　　　(　　)

图6-2-5　维修工具

3.冷却系统部件检查记录
(1)冷却液位置：＿＿＿＿＿　(2)需补充量：＿＿＿＿＿
(3)水箱盖压力值：＿＿＿＿＿　(4)冷却液防冻数值：＿＿＿＿＿
(5)风扇结构形式：＿＿＿＿＿　(6)风扇起始转动温度：＿＿＿＿＿
(7)节温器安装位置：＿＿＿＿＿　(8)节温器开启时温度：＿＿＿＿＿

三、其他说明

1.安全注意事项
(1)为了避免烫伤，在发动机和散热器未冷却时，禁止拆卸散热器盖；
(2)禁止使用压缩空气去测试散热器压力，防止损坏散热器；
(3)拆卸冷却系统压力测试仪时，首先卸掉压力，防止冷却液飞溅伤人。

2.技术要求和标准
(1)操作方法符合维修手册的要求；
(2)不得擅自动用与实训无关的其他设备；
(3)根据维修手册的数据分析测量结果。

项目7

润滑系统的认知及检修

任务 7.1
润滑系统的认知

学习目标

知识目标

1. 了解润滑系统的功用；
2. 熟悉润滑系统各组成部件及功能。

技能目标

能够进行润滑系统拆装。

素养目标

1. 具备查询信息和使用维修手册的基本能力；
2. 能够与他人密切合作，规范、安全地完成学习任务；
3. 养成自主学习、规范操作的工作习惯及环保意识。

相关知识

一、润滑系统的功用

发动机工作时，曲轴轴颈与轴承、凸轮轴与轴承、活塞和活塞环与缸壁、配气机构各运动副、正时链条齿轮副等零部件，都在很小的配合间隙下做高速的相对运动。如果相对运动零件的表面得不到良好的润滑，金属表面之间的摩擦不仅增大了发动机的转动阻力，加速运动配合零件工作表面的磨损，而且摩擦所产生的高热会将零件工作表面在极短的时间内烧损，致使发动机无法运转。

润滑系统在发动机工作时连续不断地把数量足够、温度适当且洁净的润滑油(也称为机油)输送到各传动件的摩擦表面，在摩擦表面形成油膜，实现液体摩擦，减小摩擦阻力，降低功率消耗，以达到提高发动机工作可靠性和耐久性的目的。

润滑系统中的润滑油除了润滑以外，还具有冷却、清洗、密封、防锈等功用。润滑油在润滑系统内不断循环，流经各零件表面时，可以带走零件表面的热量并清除零件表面的金属屑等杂质，起到冷却和清洗的作用。润滑油附着在气缸壁、活塞和活塞环等零件上，形成油膜，填充了零件之间的间隙，减少了漏气，提高了零件的密封效果。同时，还可以保护零件免受水、空气和燃气的直接作用，防止零件受到化学腐蚀。

二、发动机的润滑方式

发动机工作时，由于各运动零部件的位置、相对运动速度、承受的机械负荷和热负荷等状况不同，对润滑强度的要求也不同。为保证润滑可靠，并尽可能简化润滑系统的结构，在发动机润滑系统中，根据各部位的工作特点采取了不同的润滑方式，一般可分为压力润滑、飞溅润滑和润滑脂润滑等。

1. 压力润滑

压力润滑是以一定的压力把润滑油供入摩擦表面的润滑方式，如图7-1-1所示。发动机上一些机械负荷大、相对运动速度高的零部件，一般都采用此种润滑方式，如主轴颈与主轴承、连杆轴颈与连杆轴承、凸轮轴轴颈与凸轮轴轴承等。采用压力润滑的润滑效果比较可靠，但必须设有专门的油道输送润滑油。

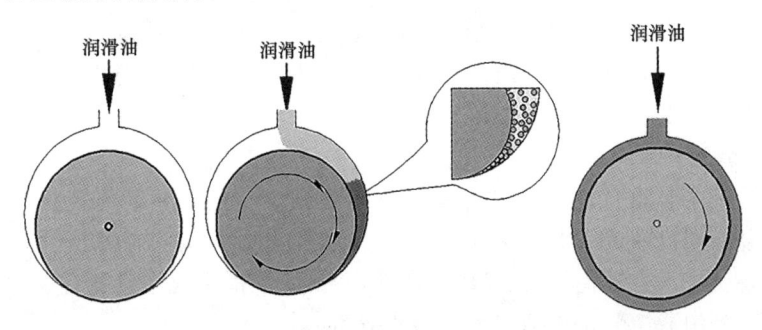

图 7-1-1 压力润滑

2. 飞溅润滑

利用发动机工作时运动部件溅泼起来的油滴或油雾润滑摩擦表面的润滑方式称飞溅润

滑，如图7-1-2所示。发动机上的一些外露部位、机械负荷较小的零部件或相对运动速度较低的零部件，一般采用飞溅润滑方式，如活塞与气缸壁、凸轮与挺杆、活塞销与衬套等。采用飞溅润滑可靠性较差，但结构比较简单。在活塞与气缸壁间采用飞溅润滑，还可以防止由于润滑油压力高而进入燃烧室参与燃烧，导致润滑油消耗异常，燃烧室积炭加剧，发动机工作恶化等。

3. 润滑脂润滑

发动机的某些辅助装置，如水泵及发电机轴承等，采用定期加注润滑脂的方法对摩擦表面进行润滑，这种方式称润滑脂润滑，如图7-1-3所示。近年来，在发动机上采用含有耐磨润滑材料（如尼龙、二硫化钼等）的轴承来代替加注润滑脂的轴承。

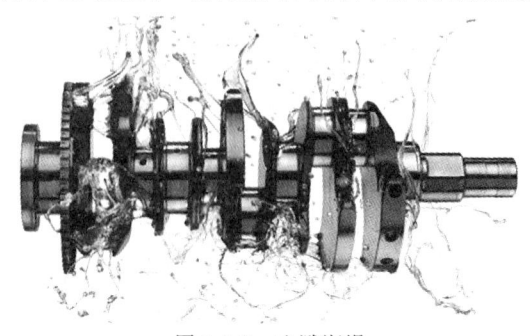

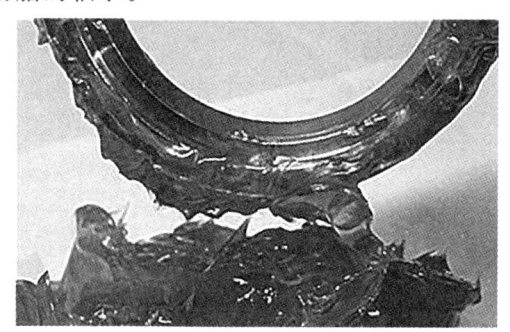

图 7-1-2　飞溅润滑　　　　　　图 7-1-3　润滑脂润滑

三、润滑系统的组成

为保证发动机得到正常的润滑，现代汽车发动机润滑系统的组成及油路的布置方案大致相似，只是由于润滑系统的工作条件和具体结构不同而稍有差别。

典型的汽车润滑系统主要包括以下部件：建立机油压力和保证机油循环的机油泵、储存机油的油底壳、测量机油油位的油尺、润滑油管路及发动机机体上加工的润滑油道组成的循环油路、限制最高机油压力的限压阀（限压阀可能集成于机油泵）、防止杂质进入主油道的机油滤清装置、提供机油压力信息的机油压力指示灯等。有些发动机（或车辆）上还设置有机油冷却器、机油油位传感器、机油寿命系统等。

1. 油底壳

油底壳也称为机油盘，安装在发动机底部，主要用于储存润滑油，如图7-1-4所示。早期汽车发动机的油底壳采用薄钢板冲压而成，现在汽车发动机的油底壳一般由铝合金铸造而成，以提高散热性能。油底壳中通常设计有挡油板，减轻油面波动，有些发动机的油底壳中集成有吸油管。油底壳底部安装有磁性的放油螺塞，以吸附机油中的铁屑，防止其进入主油道。有些发动机的油底壳中还安装有机油油位传感器。

2. 机油滤清装置

发动机工作一段时间后，机油中会混有零部件磨损产生的金属磨屑及机油本身生成的胶质。这些杂质会随同机油进入润滑系统，加剧发动机零部件的磨损，还可能堵塞油管或油道。为了防止这些杂质进入主油道，延长发动机的使用寿命，润滑系统中设置有机油滤清装置。常见发动机润滑系中的滤清装置包括集滤器和滤清器。

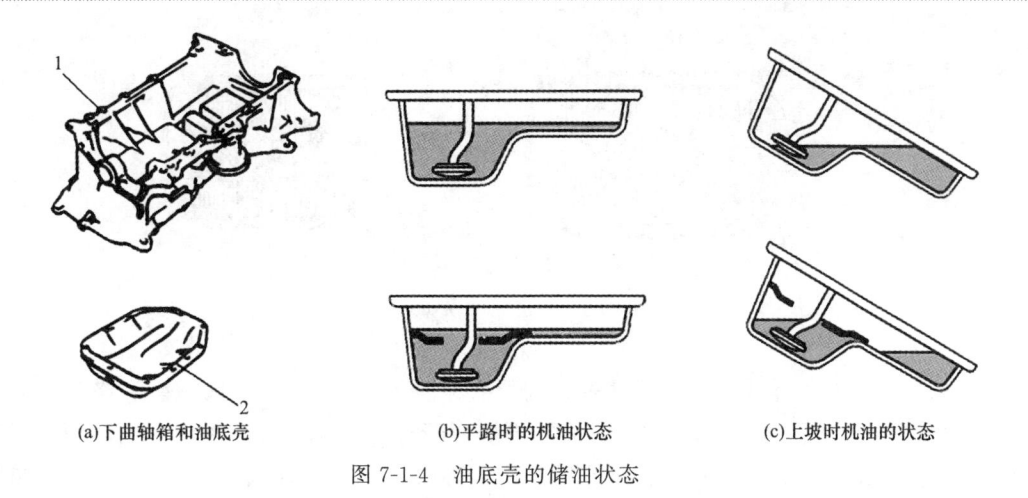

(a)下曲轴箱和油底壳　　　　(b)平路时的机油状态　　　　(c)上坡时机油的状态

图 7-1-4　油底壳的储油状态
1—下曲轴箱；2—油底壳

(1)集滤器

集滤器一般是滤网式,装在机油泵前面,滤网位于油底壳中,吸油管与机油泵入口相连接。它的主要作用是防止大颗粒杂质进入机油泵。集滤器可分为浮式和固定式,汽油发动机通常采用固定式集滤器,如图 7-1-5 所示。固定式集滤器位于机油液面以下,可防止油面上的泡沫被吸入润滑系统,润滑可靠,结构简单。安装集滤器时,吸油管与机油泵连接处必须使用新的 O 形圈,且在其上涂抹适量洁净机油,以免因漏气导致机油压力下降。集滤器的安装如图 7-1-6 所示。

图 7-1-5　固定式集滤器
1—滤网；2—吸油管

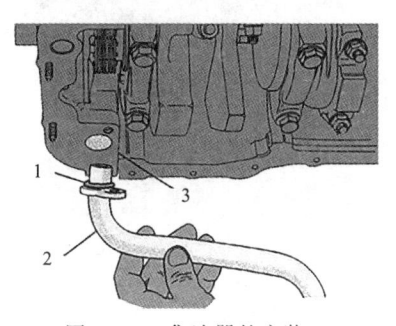

图 7-1-6　集滤器的安装
1—O 形圈；2—吸油管；3—机油泵

(2)滤清器

滤清器多采用纸质滤芯,它能够清除微小杂质(直径小于 0.001 mm)和水分。机油在高压的作用下渗透纸质滤芯,利用机油通过细小的孔眼或缝隙时,将大于孔眼或缝隙的杂质留在滤芯的外部。机油滤清器有全流式与分流式。全流式滤清器串联于机油泵和主油道之间,因此能过滤进入主油道的全部机油；分流式滤清器与主油道并联,仅过滤机油泵输出的部分机油。

目前,轿车普遍采用全流式滤清器,并加装旁通阀。发动机工作时,从机油泵输出的润滑油经过进油口进入滤清器壳体与滤芯之间,经过滤芯滤除杂质后,清洁润滑油由出油口进入主油道,当滤芯堵塞时,旁通阀打开,润滑油不经滤芯直接进入主油道,以防止断流,如图 7-1-7 所示。重型汽车采用双滤清器,其中之一为分流式滤清器作细滤器用,另一个全流式滤清器为粗滤器。

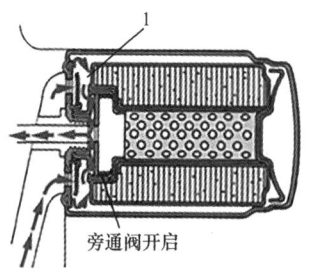

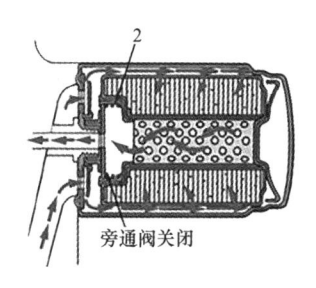

图 7-1-7 机油滤清器旁通阀
1—隔膜；2—弹簧

常见滤清器有整体式和分体式两种结构形式。整体式滤清器不可分解，维修时只能整体更换，如图 7-1-8 所示；分体式滤清器只需要更换内部滤芯，如图 7-1-9 所示。机油滤清器通常与机油一同更换，更换时，先目视检查机油滤清器螺纹及橡胶密封圈（防止橡胶密封圈漏装或旧的橡胶密封圈未拆卸），并给橡胶密封圈涂抹洁净的机油，然后选用合适的专用工具按照规定的力矩拧紧滤清器。滤清器的安装如图 7-1-10 所示。注意：整体式机油滤清器一旦拆卸（或拧松），就必须更换；否则，机油滤清器处容易出现泄漏。

图 7-1-8 整体式滤清器
1—滤清器壳；2—纸质滤芯

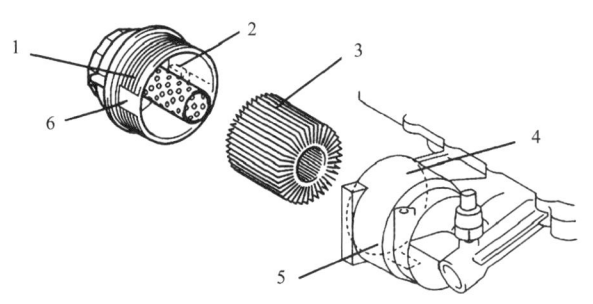

图 7-1-9 分体式滤清器
1—滤清器盖；2—加强肋；3—滤芯；
4—壳体；5—壳体上的螺纹缺口；6—盖上的缺口

图 7-1-10 滤清器的安装
1—橡胶密封圈；
2—滤清器螺纹

3.机油泵

机油泵的作用是给主油道提供数量足够、压力适当的机油，保证机油在润滑系统内循环流动。根据机油泵的结构形式，通常分为转子式和齿轮式两类，齿轮式机油泵又分为外接齿轮式和内接齿轮式。

(1)转子式机油泵

转子式机油泵简称为转子泵,由泵体、内转子、外转子、泵盖、限压阀等部件组成,如图7-1-11所示。内、外转子安装于机油泵泵壳内,转子轴伸出泵壳,其外端装有机油泵链轮。机油泵用螺栓安装在曲轴箱内,由曲轴通过传动链驱动。在维修时,垫圈、O形密封圈、开口销不允许重复使用。

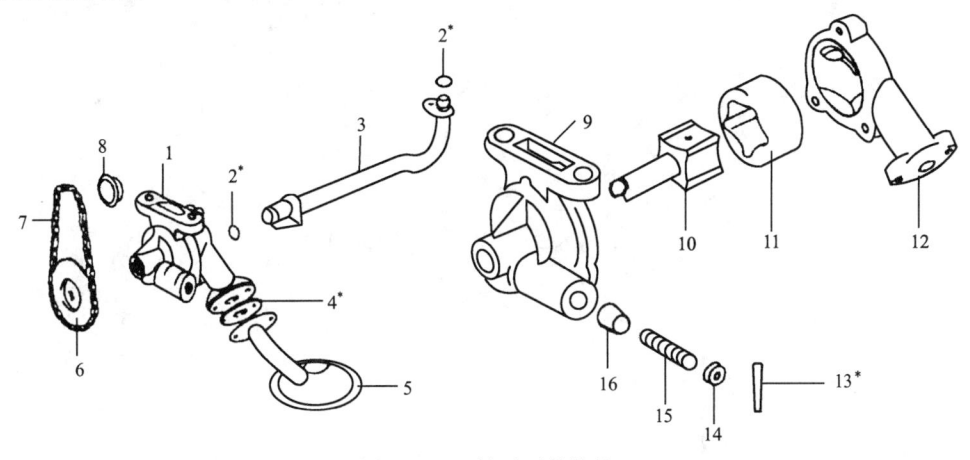

图 7-1-11 转子泵的结构

1—机油泵总成;2*—O形密封圈;3—出油管;4*—垫圈;5—集滤器;6—机油泵链轮;7—传动链;
8—中间轴齿轮;9—泵体;10—内转子;11—外转子;12—泵盖;13*—开口销;14—弹簧座;
15—限压阀弹簧;16—限压阀(*为不能重复使用的零件)

转子泵的工作原理如图7-1-12所示。泵体或泵盖上加工有进油槽和出油槽。内转子固定在转子轴上,由曲轴直接或间接驱动。外转子自由地安装在泵体内,与内转子之间有一定的偏心距,由内转子带动一起沿同方向转动。内转子一般有4个或4个以上的凸齿,外转子的凹齿数比内转子的凸齿数多1个。发动机工作时,曲轴驱动内转子转动,内转子带动外转子旋转,2个转子相互啮合时既不干涉也不脱离。内、外转子间的接触点将外转子的内腔分成了多个工作腔,当某一工作腔转过进油口时,容积增大,产生真空,机油经进油口被吸入工作腔内;当该工作腔转过出油口时,容积减小,油压上升,机油经出油口被压出。

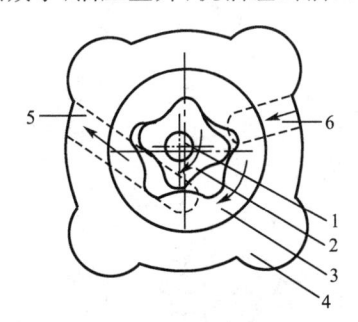

图 7-1-12 转子泵的工作原理

1—转子轴;2—内转子;3—外转子;4—泵壳;5—出油孔;6—机油孔

转子式机油泵的优点是结构紧凑,供油量大,供油均匀,噪声小,吸油真空度较高。因此,当机油泵安装在曲轴箱以外或安装位置较高时,采用转子式机油泵比较合适。其缺点是内、外转子啮合表面的滑动阻力比齿轮泵大,因此,功率消耗较大。

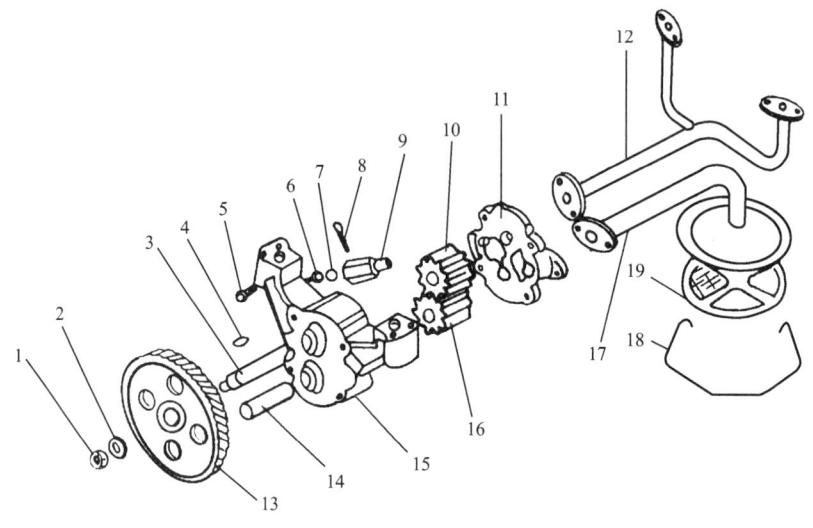

（2）齿轮式机油泵

①外接齿轮式机油泵

外接齿轮式机油泵由泵体、主动轴、从动轴、主动齿轮、从动齿轮及泵盖等组成，如图7-1-13所示。外接齿轮式机油泵安装在曲轴箱内，由曲轴或凸轮轴经中间传动机构驱动。

图 7-1-13　外接齿轮式机油泵

1—螺母；2—锁片；3—主动轴；4—半圆键；5—弹簧座；6—限压阀弹簧；7—球阀；
8—开口销；9—阀体；10—主动齿轮；11—泵盖；12—出油管；13—传动齿轮；14—从动轴；
15—泵体；16—从动齿轮；17—吸油管；18—卡簧；19—集滤器滤网

外接齿轮式机油泵的工作原理如图7-1-14所示。发动机工作时，带动机油泵齿轮旋转，进油腔的齿轮脱离啮合，使进油腔容积增大，产生一定的真空度，润滑油便从进油口被吸入进油腔。随着齿轮的旋转，齿间的润滑油被带到出油腔，出油腔内油压升高，润滑油边经出油口被压送到润滑油道中。

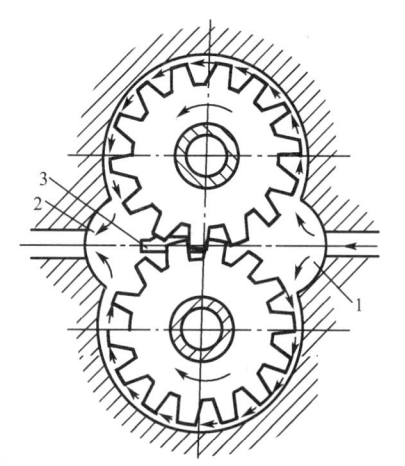

图 7-1-14　外接齿轮式机油泵的工作原理
1—进油腔；2—出油腔；3—泄压槽

为保证齿轮传动的连续性，当前一对轮齿还未脱离时，后一对齿轮已经进入啮合，封闭在轮齿径向间隙内的机油压力急剧升高。为了减小齿轮受到的推力，降低机油泵轴衬套的磨损，特在泵盖上加工一道泄压槽，使轮齿径向间隙内被挤压的机油通过泄压槽流入出油腔。

机油泵的使用性能取决于齿轮与泵体的配合间隙,间隙过大,油泵的泵油能力下降。这些间隙通常可以使用塞尺和直尺来检查。

齿轮端面与泵盖端面间隙的检测如图 7-1-15 所示,其标准值主动齿轮一般为 0.08~0.14 mm,从动齿轮为 0.06~0.12 mm。极限值主动齿轮为 0.18 mm,从动齿轮为 0.15 mm。若超过允许值则更换油泵总成。

图 7-1-15 齿轮端面与泵盖端面间隙的检测

齿轮的啮合间隙可以通过塞尺在齿轮圆周上每隔 120°测量一次,如图 7-1-16 所示。间隔间隙应为 0.08~0.20 mm,齿轮上三点的啮合间隙相差不应超过 0.10 mm;齿顶与壳体之间的间隙,一般不得超过 0.05 mm;泵盖端盖的平面度不得大于 0.05 mm。

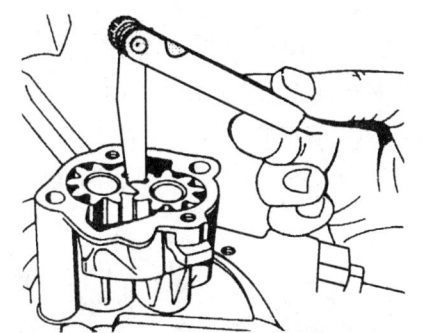

图 7-1-16 齿轮啮合间隙的检测

②内接齿轮式机油泵

内接齿轮式机油泵一般由泵体、月牙板、主动内齿轮、从动外齿轮及泵盖等部件组成,如图 7-1-17 所示。泵体固定在发动机机体前端,内齿轮为主动齿轮,由曲轴直接驱动;外齿轮为从动齿轮,它与内齿轮啮合;月牙板始终保持与内、外齿轮接触,形成密封腔,以便齿轮将机油带到出油腔。

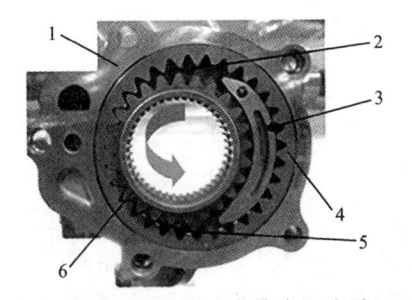

图 7-1-17 内接齿轮式机油泵

1—机油泵体;2—出油腔;3—月牙板;4—从动外齿轮;5—进油腔;6—主动内齿轮

曲轴驱动内齿轮转动,进油腔的容积由于内、外齿轮逐渐脱离啮合而增大,腔内产生一定的真空，机油从油底壳经吸油管被吸入进油腔，随后又被齿轮带到出油腔。出油腔的容积由于齿轮逐渐进入啮合而减小，机油压力升高，机油经出油口被压入发动机机体上的润滑油道，在发动机工作时，机油泵齿轮不停地旋转，机油便连续不断地进入润滑油道，经过滤清之后被送到各润滑部位。

外齿轮与泵体之间的间隙、齿轮与月牙板之间的间隙及齿轮端面间隙会影响机油泵的使用性能，间隙过大，润滑油压力降低，泵油量就会减少。这些间隙的检查参照外接齿轮式机油泵。

因为内接齿轮式机油泵由曲轴直接驱动，无须中间传动机构，所以零件数量少，制造成本低，占用空间小，使用范围广。但是这种机油泵在内、外齿轮之间有一处无用的空间，使机油泵的泵油效率降低。另外，如果曲轴前端轴颈太粗，机油泵外形尺寸随之增大，发动机驱动机油泵的功率损失也相应有所增加。

4.限压阀

机油泵的供油量与其转速有关，而机油泵的转速又与发动机转速成正比。因此，在设计机油泵时，都是使其在低速时有足够大的供油量。但是，在高速时机油泵的供油量明显偏大，机油压力也显著偏高。另外，在发动机冷起动时，机油黏度大，流动性差，机油压力也会大幅度升高。为了防止油压过高，需要在润滑油路中设置限压阀，控制最大机油压力。限压阀一般安装在机油泵或缸体的主油道上。

当限压阀安装在机油泵上时，限压阀位于机油泵的出口处，主要由弹簧和柱塞组成。当主油道机油压力高于设置值时，弹簧被压缩，机油泵出口的机油流回到机油泵的进口一侧，实现泄压，如图7-1-18所示。限压阀弹簧的预紧力决定主油道的最大机油压力。若限压阀安装在主油道上，则当油压达到规定值时，多余的机油经过限压阀流回油底壳。

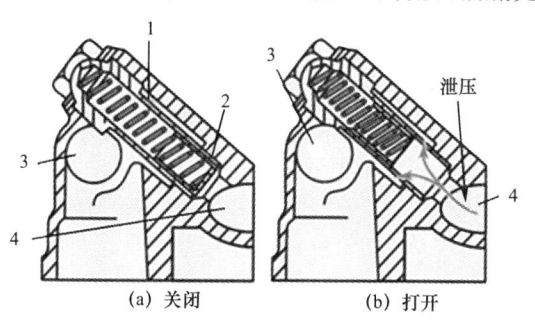

图 7-1-18　限压阀
1—弹簧；2—柱塞；3—机油泵进油口；4—机油泵出油口

5.润滑系统的油路

上汽大众桑塔纳发动机的润滑系统油路，如图7-1-19所示，其润滑系统循环路线如图7-1-20所示。当发动机工作时，机油从油底壳经集滤器被机油泵送入机油滤清器，若油压太高，则机油经机油泵上的限压阀返回到机油泵入口。机油经滤清器滤清之后进入发动机主油道，滤清器盖上设有旁通阀，当滤清器堵塞时，润滑油不再经过滤清器，而由旁通阀直接进入主油道。主油道的部分机油经5条分油道进入主轴承，润滑主轴颈，然后进入油底壳；这些机油一部分又经曲轴上的斜油道进入连杆轴承，润滑连杆轴颈，然后也进入油底壳。主油道内的机油还通过一条分油道进入凸轮轴轴承润滑油道，凸轮轴润滑油道分别通向各凸轮轴轴承，然后润滑气门组件，最后经气缸上的通气孔进入油底壳。主油道内的机油还经另一条分油道进入分油道润滑中间轴轴承。其余部位采用飞溅润滑,润滑完毕的润滑油流回油底壳。

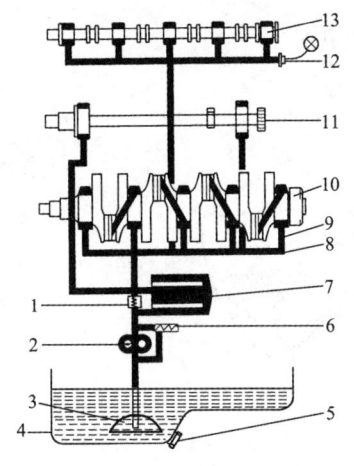

图 7-1-19　润滑系统的油路

1—旁通阀;2—机油泵;3—集滤器;4—油底壳;5—放油塞;6—限压阀;7—机油滤清器;
8—主油道;9—分油道;10—曲轴;11—中间轴;12—机油压力开关;13—凸轮轴

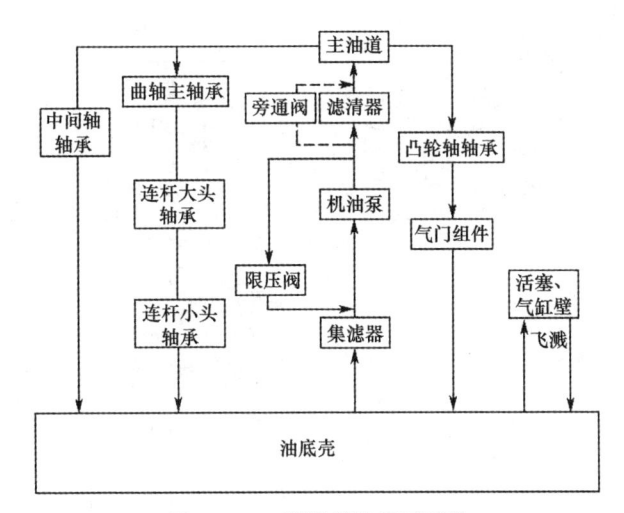

图 7-1-20　润滑系统循环路线

6.机油冷却器

在高性能、大功率的强化发动机(例如涡轮增压发动机)上,由于热负荷大,必须装设机油冷却器。机油冷却器布置在润滑油路中,其工作原理与散热器相同。

发动机机油冷却器分为风冷式和水冷式两类。风冷式机油冷却器很像一个小型散热器,利用汽车行驶时的迎面风对机油进行冷却。这种机油冷却器散热能力大,多用于赛车及热负荷大的增压汽车上。但是风冷式机油冷却器在发动机起动后需要很长的暖机时间才能使机油达到正常的工作温度,所以普通轿车上很少采用。

水冷式机油冷却器外形尺寸小,布置方便,且不会使润滑油冷却过度,润滑油温度稳定,因而在轿车上应用较广。图 7-1-21 所示为布置在机油滤清器上的机油冷却器。以水冷式机油冷却器为例,机油在冷却器芯内流动,从散热器出水管引来的冷却液在冷却器芯外流过,两种流体在冷却器内进行热交换,使高温机油得以冷却降温。

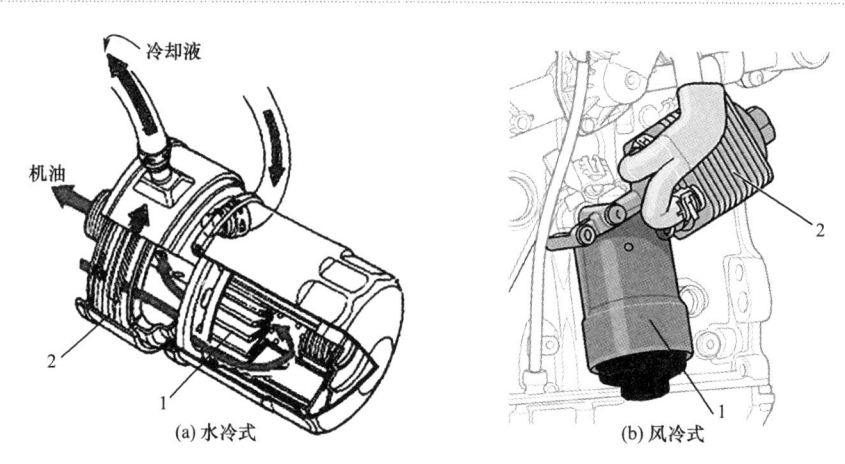

图 7-1-21 机油冷却器的位置
1—机油滤清器；2—机油冷却器

7.机油压力指示灯

正常工作润滑系统内的机油都具有一定的压力，目前所有汽车都装有机油压力表或者机油压力指示灯，用来帮助判断润滑系统的工作状况，如图 7-1-22 所示。一旦发动机机油绝对压力降到 120~148 kPa，机油压力指示灯就会点亮。

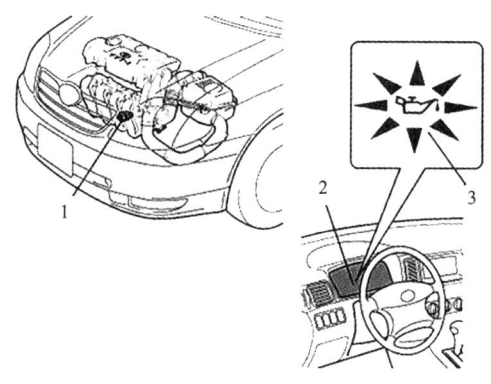

图 7-1-22 机油压力指示灯的位置
1—机油传感器；2—仪表盘；3—机油压力指示灯

传统的机油压力指示灯由机油压力开关直接控制接地，点火开关控制正极。机油压力开关安装在主油道上，它是一个常闭开关，给机油压力指示灯提供搭铁，只有在正确的机油压力下它才能断开，机油压力指示灯才熄灭。因此，点火开关置于 ON 时，发动机不起动，机油泵没有工作，机油压力很低，机油压力指示灯点亮。起动发动机后，机油泵工作，机油压力指示灯熄灭。

8.机油油位传感器

油底壳内设置有机油油位传感器，当机油液面下降到一定高度时，传感器内部的电路导通，仪表板上的机油压力指示灯将点亮。

机油油位传感器是一个常闭型开关，它利用自身搭铁，并通过 1 根与 ECM 相连接的导线传递机油油位信息。当机油液面上升到一定高度时，传感器内部的开关断开，ECM 检测到高电平信号；当机油液面下降到一定高度时，传感器内部开关闭合，给 ECM 一个低电平信号，ECM 通过高速 CAN 总线向车身控 BCM 发送一条信息，然后 BCM 通过低速 CAN 总线向组合仪表(IPC)发送一条信息，请求点亮发动机机油压力指示灯，如图 7-1-23 所示。

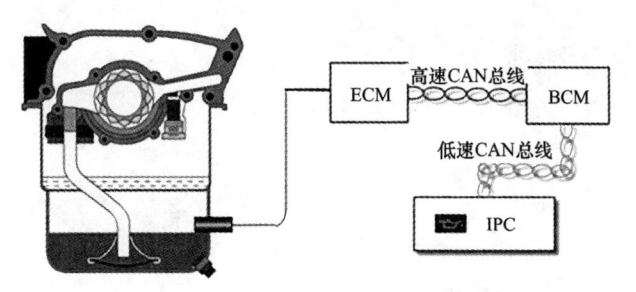

图 7-1-23　机油油位传感器的工作原理

复习题

1. 润滑系统的功用是什么？画出常见润滑系统的组成框图并说明其油路。
2. 发动机的润滑方式有哪些？

任务 7.2
润滑系统的检测

学习目标

知识目标
1. 了解发动机润滑油的分类等级；
2. 熟悉机油型号的选择标准。

技能目标
1. 能够进行机油及机油滤清器更换；
2. 能够进行机油压力测试。

素养目标
1. 具备查询信息和使用维修手册的基本能力；
2. 能够与他人密切合作，规范、安全地完成学习任务；
3. 养成自主学习、规范操作的工作习惯及环保意识。

相关知识

一、润滑油

发动机机油在润滑系统内循环流动,工作条件十分恶劣。机油与高温的金属壁面及空气频繁接触,不断氧化变质。窜入曲轴箱内的燃油蒸气、废气以及金属磨屑和积炭等,使机油受到严重污染。另外,机油的工作温度变化范围很大,发动机机油温度分布如图7-2-1所示。在发动机起动时,为环境温度;在发动机正常运转时,曲轴箱中机油的平均温度可达95℃或更高。因此,发动机的机油必须具备以下条件:

①在很宽的温度范围内形成一层有承载能力且耐破裂的油膜。
②机油的黏度不能在低温时变得过稠,也不许在高温时变得过稀。
③必须有一个很低的凝固点,即使在低温时也能保持其润滑能力。
④必须具有抗老化且抗沉积等使用性能。

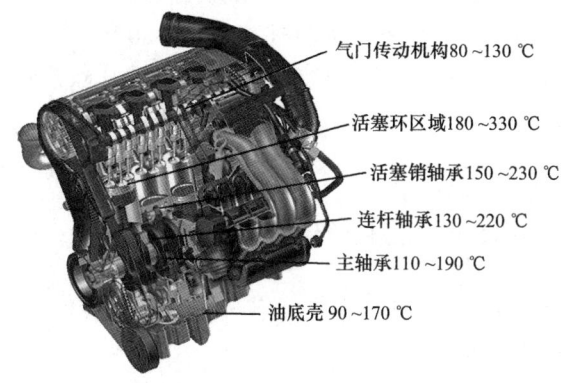

图 7-2-1　发动机机油温度分布

1. 机油指标说明

(1)黏度指数

黏度是指液体润滑油流动时内摩擦力的量度,黏度值随温度的升高而降低,这个特性简称黏温性,通常用黏度指数来衡量。

黏度指数是表示润滑油黏度随温度变化的特性约定量值。黏度指数高表示润滑油的黏度受温度变化的影响较小,反之亦然。也就是说润滑油的黏度指数越高,润滑油在使用过程中,其黏度随温度变化的改变越小。合成润滑油的黏度指数一般高于矿物油,所以其黏温性能比较好。如果润滑油的黏度指数比较低,当温度升高时润滑油的黏度会迅速下降,导致润滑油流失,影响润滑;然而当温度降低时润滑油的黏度又会迅速升高,甚至丧失流动性,也会影响润滑。

(2)闪点

闪点是机油蒸气能被点燃的温度,闪点值越低,那么高温时机油蒸发消耗的趋势就越大。闪点作为衡量机油质量的指标,闪点越高越好,一般用℃表示。

(3)流动点

流动点是指低温机油在倾斜表面5 s内不发生流动时的温度再加上2.8 ℃的温度值。对于冬天使用的机油,这一指标尤其重要。流动点的温度越低越好,流动点一般用℃表示。

2. API 使用级别和 SAE 黏度等级

国际上广泛采用美国工程师协会（SAE）制定的黏度分类法和美国石油协会（API）的使用分类法，这两种分类方法同时也获得了国际标准化组织（ISO）的认可。其中 API 已将机油的使用级别、黏度级别等设计成圆形图标进行标记，如图 7-2-2 所示，上、中、下三层分别表示不同的含义：

图 7-2-2　API 图标

（1）图标上部标示机油的使用性能水平（API 使用性能）

字母"S"加上另一个字母表示用于汽油发动机的机油，目前汽油发动机机油的使用级别有 SF，SG，SH，SJ，SL，SM，SN 等；字母"C"加上另一个字母和数字表示用于柴油发动机的机油，目前柴油发动机机油的使用级别有 CC，CD，CD-Ⅱ，CE，CF-4 等。级别越靠后，使用性能越好。

（2）图标中部标示机油的黏度（SAE 黏度等级）

SAE 按照机油的黏度等级，把机油分为冬季用机油和非冬季用机油。冬季用机油一般有 6 种型号，即 SAE 0W，SAE 5W，SAE 10W，SAE 15W，SAE 20W 和 SAE 25W，数字越小，适用的环境温度越低。非冬季机油通常有 4 种型号，即 SAE 20，SAE 30，SAE 40 和 SAE 50，数字越大，适用的环境温度越高。现代汽车一般使用四季用机油，即在春、夏、秋、冬四季都可以使用的机油，例如 SAE 5W-30，SAE 5W-40。以 SAE 5W-30 为例解释四季用机油的含义：

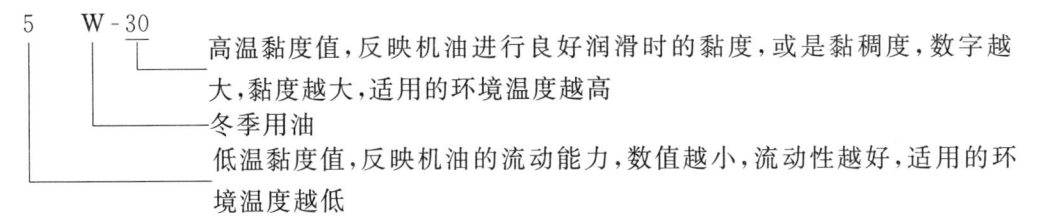

```
5   W - 30
│   │   └─ 高温黏度值，反映机油进行良好润滑时的黏度，或是黏稠度，数字越大，黏度越大，适用的环境温度越高
│   └───── 冬季用油
└───────── 低温黏度值，反映机油的流动能力，数值越小，流动性越好，适用的环境温度越低
```

（3）图标下部标示是否节省能量

"Energy Conserving"（能量节省）标示在图标的底部，反映该机油是否具有节省能量的品质。

3. 合成机油

合成机油是利用化学合成方法制成的润滑剂，其主要特点是有良好的黏度和温度特性，可以满足大温差的使用要求；有优良的热氧化安定性，可长期使用。使用合成机油，发动机的燃油经济性会稍有改善，并可降低发动机的冷起动转速。

4. 机油添加剂

使用添加剂是一种改良和维持机油性能的方法，目的是在基础油中掺入添加剂，以便在发动机机油中获得润滑所需要的但在基础油中所不具备的特性。机油添加剂主要具有以下作用：降低凝固点；减小温度对机油黏度的影响；提高润滑油膜的强度；防止泡沫的产生；防止在发动机部件上产生由浮在机油中的脏污形成沉淀；延缓机油的氧化（老化）及防止腐蚀。主要的机油添加剂包括黏度改良剂、清洁剂、分散剂、抗磨剂、磨损修复剂、流动点抑制剂、抗氧化剂、泡沫抑制剂、腐蚀抑制剂等。随着使用时间的推移，添加剂会失去其功效或完全消耗掉，因此必须定期更换机油。

二、润滑系统维护

1.机油型号选择

更换机油是车辆日常维护中最重要的工作之一。更换机油时,需要选择厂商推荐的 SAE 黏度等级和 API 使用级别标准的机油:

①根据发动机的强化程度选用合适的机油使用级别(API)。

②根据地区的季节气温选用合适的机油黏度等级(SAE),如图 7-2-3 所示。

汽油发动机									
SAE 0W-30*									
SAE 5W-30*									
SAE 10W-30*									
SAE 5W-40*									
SAE 10W-40*									
SAE 15W-40*									
SAE 20W-50*									
℃	-30	-20	-10	0	10	20	30	40	50
℉		-22	0	20	40	60	80	100	110

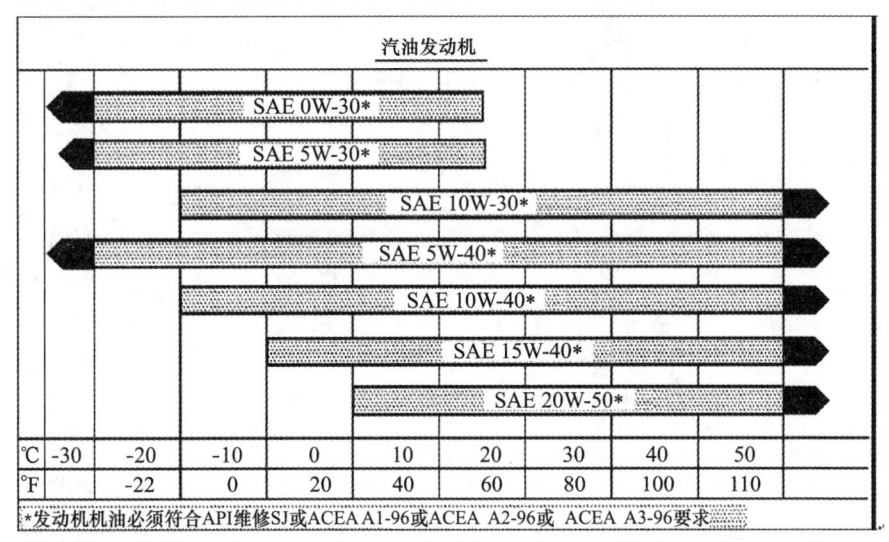

*发动机机油必须符合API维修SJ或ACEA A1-96或ACEA A2-96或 ACEA A3-96要求。

图 7-2-3 机油黏度等级

2.机油更换周期

随着发动机工作时间的累积,机油的中胶质、金属磨屑等杂质不断增加,机油使用性能不断下降,因此,需要定期更换机油和机油滤清器。汽车或发动机厂商都会推荐机油更换周期,更换周期以行驶里程或者时间来表示。大多数汽车厂商推荐的机油更换周期为 5 000～8 000 km 或者 6 个月。但是,如果存在以下情况,更换周期就应相应缩短:

①行驶环境恶劣。

②作为牵引拖车使用。

③短距离或频繁起动,特别是低温条件下。

④长时间怠速运转。

现代车辆基本都设置了机油寿命系统来满足发动机在不同的运行环境和运行状况下,换油周期不同的要求。

机油寿命系统通过组合仪表上的机油寿命指示灯或信息中心,提示驾驶员更换机油和机油滤清器。机油寿命以发动机转速和发动机温度为基础,根据行驶状况,系统计算出机油寿命快要结束的时间,提示需要更换机油。为了保证机油寿命系统正常工作,每次更换机油后必须重新设置系统。

3.油位检查

机油尺上有上刻度线和下刻度线,适宜的润滑油油面位置应在这两条刻度线之间。检查时汽车要停放在平地上,发动机熄火 3 min 后,待润滑油流回油底壳后,抽出机油尺并将其擦净,再插回到底,重新抽出机油尺,在机油尺上就可以观察到润滑油油面位置,如图 7-2-4 所示。若润滑油油面处于机油尺下刻度线的下方,则应从加机油口处加注润滑油,直到油面位置符合要求为止。若油面位置超过上刻度线,则应放出多余的润滑油。

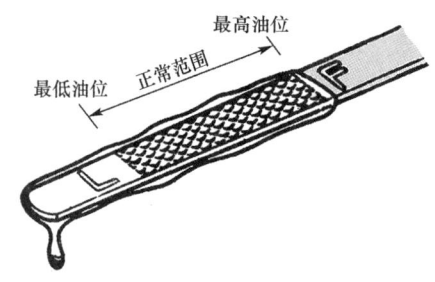

图 7-2-4 机油油位检查

添加润滑油时,一定要添加相同牌号的润滑油,以免引起润滑油变质。若无同一牌号的润滑油,则应全部更换。

4. 机油更换

更换机油前应该适当预热发动机,使机油和污染物的排放更彻底。换油时,在放油螺塞下面放一个接油容器,然后小心地旋下放油螺塞,让污染物随着机油一起排出。当机油停止往下滴时,安装放油螺塞,然后更换机油滤清器。重新向发动机中加入符合规格的机油,起动发动机,热车以后,检查机油液位,并检查是否泄漏,特别要注意检查机油滤清器安装处是否有泄漏。

5. 机油压力测试

机油压力是保障发动机正常运转的基础,它不但影响各运动部件的润滑,而且关系到 VVT 系统(液压式)、液压挺柱等的正常工作,因此,机油压力测试是发动机的重要检查项目之一。进行机油压力测试时,通常在机油压力开关处安装机油压力表,汽油机机油压力一般为 196~392 kPa;柴油机机油压力一般为 294~599 kPa。机油压力测试如图 7-2-5 所示,其主要步骤包括:

①将车辆停驻在水平表面上,等待 2~3 min,使机油回流并测量机油油位是否过低。
②起动发动机预热,并确认车辆压力表或指示灯没有显示压力低或无机油压力。
③点火开关置于 OFF 位置。
④拆下机油压力开关或一个发动机气缸体机油道塞。
⑤安装适配器和机油压力表并测量发动机机油压力。
⑥起动发动机,将读数与规格进行比较。

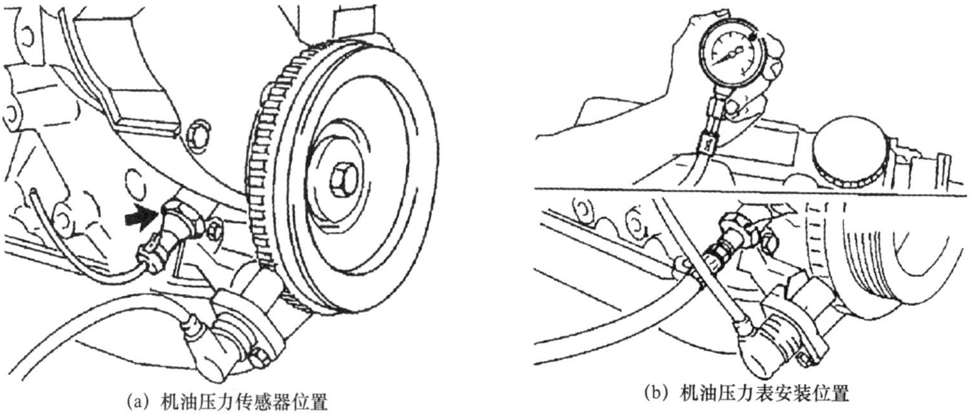

(a) 机油压力传感器位置　　(b) 机油压力表安装位置

图 7-2-5 机油压力测试

6.机油泄漏检查

发动机的很多部位可能出现机油泄漏,大致可分为内部泄漏和外部泄漏两种。

①内部泄漏:主要是由内部间隙过大所致,如曲轴与轴承的间隙、凸轮轴与轴承的间隙、油泵的内部间隙等,通过机油压力的测试可以判断是否存在泄漏。

②外部泄漏:主要是由外部密封损坏所致,如油封及密封垫处泄漏、机油油道连接处松动等,可以采用目视检查方法检测外泄漏。

7.曲轴箱通风检查

在发动机工作时,总有部分可燃混合气和废气经活塞环窜到曲轴箱内,窜到曲轴箱内的汽油蒸气凝结后将使机油变稀,性能变坏。废气内含有水蒸气和二氧化硫,水蒸气凝集在机油中形成泡沫,破坏机油供给,这种现象在冬季尤为严重;二氧化硫遇水生成亚硫酸,亚硫酸遇到空气中的氧生成硫酸,这不仅会使机油变质,而且也会使零件受到腐蚀。由于可燃混合气和废气窜到曲轴箱内,曲轴箱内的压力将增大,易造成曲轴油封及其密封垫泄漏。流失到大气中的机油蒸气会加大发动机对大气环境的污染。为防止曲轴箱压力过高,延长机油使用期限,减少零件磨损和腐蚀,防止发动机漏油,就必须实行曲轴箱通风。

曲轴箱通风包括自然通风和强制通风。自然通风是指将从曲轴箱抽出的气体直接导入大气中的通风方式,在曲轴箱连通的气门室盖或润滑油加注口接出一根下垂的出气管,管口切成斜口,切口的方向与汽车行驶的方向相反。利用汽车行驶和冷却风扇的气流,在出口处形成一定真空度,将气体从曲轴箱抽出,如图7-2-6所示。

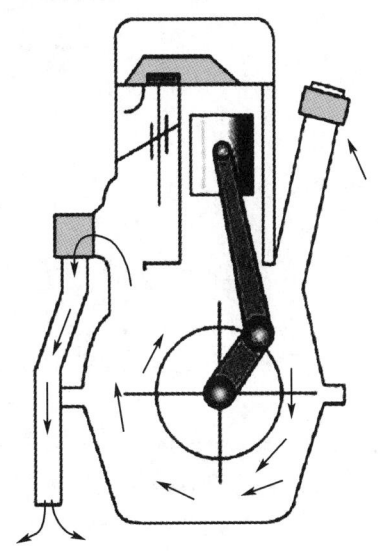

图7-2-6 自然通风

现代汽车采用强制式曲轴箱通风系统,又称PCV(Positive Crankcase Ventilation)系统。利用进气管的真空度将曲轴箱窜气吸入气缸燃烧,防止曲轴箱气体排放到大气中,同时可以避免曲轴箱压力过高以及窜气对机油的腐蚀,如图7-2-7所示。当发动机工作时,进气管真空度吸引新鲜空气经空气滤清器、进气软管进入气门室罩,再由气缸盖和缸体上的孔道进入曲轴箱。在曲轴箱内新鲜空气和曲轴箱气体混合后经气缸盖罩、PCV阀和曲轴箱气体软管进入进气管,最后经进气门进入燃烧室燃烧掉。根据发动机工况不同,PCV阀的开度不同,对曲轴箱通风进行控制,如急速工况时,进气管真空度增大,单向阀吸座蒸气经阀孔通风量少;大负荷工况时,真空度减小,单向阀离座,蒸气经阀断面通风量大,如图7-2-8所示。

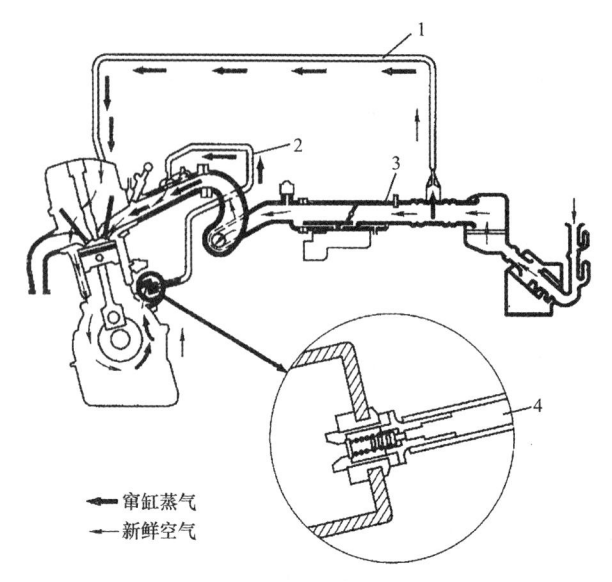

图 7-2-7　强制式曲轴箱通风
1—通气管；2—通风软管；3—进气管；4—PCV 阀

(a)怠速及小负荷　　　(b)大负荷

图 7-2-8　PCV 阀

三、润滑系统常见故障诊断

润滑系统常见故障有机油压力过低、机油压力过高、机油消耗异常和机油变质。

1. 机油压力过低

在使用中，机油压力表指示压力长时间低于正常标准即为机油压力过低。

（1）机油压力始终过低

机油压力传感器通常安装在主油道中，如果机油压力表和机油压力传感器正常，而机油压力表指示压力过低，可根据润滑系统的组成和油路对故障可能原因进行分析。如果将油路按油流方向以机油压力传感器为界分成前、后两部分，导致机油压力过低的原因则可分成两方面：一是机油压力传感器前的油路不畅（如滤清器堵塞）或供油不足（如机油量不足）；二是机油压力传感器后的油路泄油过快（如曲轴轴承间隙过大）。尽管不同发动机的润滑系统组成和油路有一定的差别，但按上述思路，不难对机油压力过低故障进行诊断。

机油压力始终过低时，通常先抽出机油尺检查机油量。若机油量充足，则可拆下机油压力传感器，短时间起动发动机观察喷油情况。若机油压力传感器安装座孔喷油无力，则应依次拆检机油滤清器、旁通阀、限压阀、集滤器、油管路和机油泵；若喷油有力，则应检查机油压力表和机油压力传感器是否正常。

此外，发动机工作中，如果机油压力始终过低，且有曲轴主轴承异响、连杆轴承异响或凸轮轴轴承异响等现象，应对上述产生异响的轴承间隙进行检查。试验证明，曲轴主轴承间隙每增大 0.01 mm,机油压力就会降低 0.01 MPa。

(2)刚起动时压力正常,运转一段时间后机油压力迅速降低

诊断这类故障,可通过分析发动机润滑系统发生的变化,来确定可能的故障原因。发动机刚起动时,由于起动前大部分机油流回油底壳,因此油底壳内油量比较充足。而运转一段时间后,由于部分机油被泵入油道进行循环,因此油底壳内的油量减少。

此外,刚起动时机油温度较低,而运转一段时间后,机油温度随发动机温度升高。而温度对润滑系统的影响主要是机油黏度,随温度升高机油黏度下降。如果机油黏度过低,在各轴承间隙一定时,对机油的节流作用变弱,机油压力也会降低。

(3)机油压力突然降低

此故障一般是机油严重泄漏或机油泵损坏所致。此时应立即使发动机熄火,以免造成严重机械事故。

2.机油压力过高

在使用中,机油压力表指示压力长时间高于正常标准即为机油压力过高。

按机油压力始终过低故障的分析思路,如果机油压力表和机油压力传感器正常,机油压力传感器前给主油道供油过多(如限压阀故障)或传感器后油路不畅(如油路堵塞),均会导致机油压力过高。可能的原因有限压阀故障、传感器之后的油道堵塞、轴承间隙过小、机油黏度过大、机油压力表或机油压力传感器损坏等。

对于新装配的发动机,若出现机油压力过高,则应重点检查曲轴主轴承、连杆轴承、凸轮轴轴承的配合间隙。若点火开关打开但不起动发动机,机油压力表指针不回位,则应重点检查机油压力表和机油压力传感器。

3.机油消耗异常

机油消耗异常的原因一般是外部泄漏或机油进入燃烧室被燃烧。若机油消耗异常,则应首先检查有无漏油部位,若无漏油部位,则可能是由于烧机油严重导致。机油进入燃烧室通常有两个渠道:一是因活塞、活塞环及气缸间密封不良导致机油进入燃烧室;二是由于气门导管间隙过大或气门油封损坏导致,机油由气门杆与导管进入燃烧室。活塞与气缸间的密封情况可通过测气缸压力或观察曲轴箱窜气情况等方法检查,以此可区别机油进入燃烧室的渠道,以便有针对性地查明故障原因。另外,发动机曲轴箱通风装置不良,也会导致机油消耗异常。

4.机油变质

由于高温和氧化作用,即使正常情况下,机油也会变质,这种现象称为"老化"。老化的机油含有酸性化合物,不但使机油变黑、黏度下降,而且腐蚀机件。

在使用中,若不到换油周期,机油就出现老化(变质),则应查明原因予以排除。机油变质的原因一般是机油被污染、机油质量差、滤清器失效、机油温度过高等。

机油被污染通常是油底壳中有水或汽油进入,可通过沉淀和气味判断机油中是否有水或汽油。此外,曲轴箱通风不良,窜入曲轴箱的废气、可燃混合气也会污染机油。

复习题

1.润滑系统有哪些常见故障?如何诊断?
2.润滑系统维护包括哪些内容?如何进行?
3.曲轴箱通风是如何实现的?有何作用?

任务实施 机油压力检测

一、操作内容

1. 常规工具及检测仪的选用；
2. 润滑系统组成部件认知；
3. 检测机油压力。

二、操作工单

1. 判断下列说法是否正确

(1) 机油压力的单位换算关系：1 bar＝1 000 kPa。( )

(2) 发动机上的机油压力测试孔只有一个，其位于发动机气缸盖左侧。( )

(3) 压力表连接测试孔后，应排出油管内部的空气，否则会影响读值。( )

2. 机油压力测量

(1) 怠速状态下，第一次压力测量值为( )。

第二次压力测量值为( )

(2) 判断两次压力值是否正常( )。

(3) 安装机油测试孔封闭螺栓的扭矩为( )。

3. 安装机油测试孔封闭螺栓时，要求必须更换新件，原因是：

_____

三、其他说明

1. 安全注意事项

(1) 佩戴安全防护眼镜，防止油液飞溅伤害眼睛；

(2) 场地必须干燥整洁，无湿滑，以防学员滑倒；

(3) 起动车辆前，确保手刹拉起且排挡杆处于 P 挡位。

2. 技术要求和标准

(1) 操作流程符合维修手册要求；

(2) 测量机油压力时，机油温度不应低于 80 ℃。

项目8 点火系统的认知及检修

任务 8.1
传统点火系统的认知及检测

学习目标

知识目标
1. 了解传统点火系统的组成部件结构；
2. 熟悉点火系统主要部件的工作原理。

技能目标
1. 能够识别点火系统组成部件；
2. 会更换火花塞。

素养目标
1. 具备查询信息和使用维修手册的基本能力；
2. 能够与他人密切合作，规范、安全地完成学习任务；
3. 养成自主学习、规范操作的工作习惯及环保意识。

相关知识

一、点火系统概述

汽油发动机工作的三个要素:足够的压缩压力;足够的可燃混合气及正确的点火正时和足够的点火能量。气缸内的可燃混合气在压缩冲程终了时,利用电火花点燃,燃烧后产生强大能量,推动活塞运动,使发动机完成做功冲程。能适时在燃烧室内产生电火花的装置,称为点火系统。汽油发动机的点火系统主要有传统点火系统、无触点电子点火系统和微机控制点火系统三种类型。

传统点火系统由蓄电池或发电机作为电源,经点火线圈和断电器转变为高压电,再经分电器分送到各缸火花塞,使其电极间产生电火花。

无触点电子点火系统取消了传统点火系统中断电器的触点,用电子信号发生器产生点火信号,控制点火系统工作。它可以避免由触点引起的各种故障,减少保养和维护工作。还可以增大初级电流,提高次级电压和点火能量,改善混合气的燃烧状况,提高发动机的动力性和经济性,并减少排放污染。

微机控制点火系统由微机控制装置根据各传感器提供的信号,确定点火时刻,并发出点火控制信号,可以在各种工况下,使发动机实际点火提前角接近理想点火提前角。如在急速时,最佳点火提前角的主要目标是运转平稳、排放污染最低、油耗最小;在部分负荷时,主要目的是降低油耗和提高行驶安全性;在大负荷时,重点是提高输出转矩和避免工作中产生爆燃。

二、传统点火系统的组成

传统点火系统由蓄电池、点火开关、分电器、点火线圈、高压线和火花塞等组成,其结构如图 8-1-1 所示。

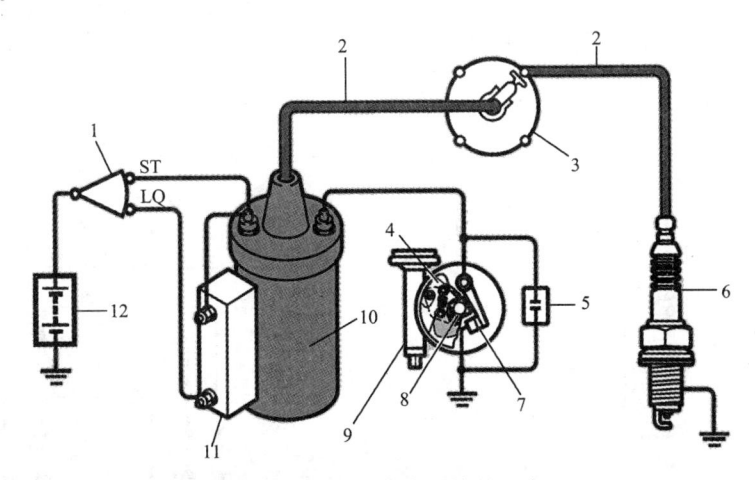

图 8-1-1 传统点火系统的组成

1—点火开关;2—高压线;3—配电器;4—离心点火提前调节机构;5—电容器;6—火花塞;7—断电器触点;8—断电器凸轮;9—真空点火提前调节机构;10—点火线圈;11—电阻;12—蓄电池

1. 点火线圈

点火线圈由一次绕组、二次绕组等组成。它将电源电压变换为 15~20 kV 的高压电,其工作原理与自耦变压器类似。

2.分电器

分电器由断电器、配电器、电容器和点火提前调节机构组成。

(1)断电器

它由安装在分电器底板上的断电器触点和由分电器轴驱动的断电器凸轮(简称凸轮)组成。凸轮的凸角数与发动机气缸数相等。断电器用来控制点火线圈一次电路的通断。

(2)配电器

它由分电器盖和分火头组成。分电器盖内有与发动机气缸数相同的旁电极。当分火头旋转时,它上面的导电片依次和旁电极接通,将点火线圈产生的高压电按气缸的工作顺序分别送到各缸火花塞。

(3)电容器

它与断电器触点并联,用来减小触点间的火花,延长触点的使用寿命,提高点火线圈二次电压。

(4)点火提前调节机构

它由离心点火提前调节机构和真空点火提前调节机构组成,随发动机转速和负荷变化,自动调节点火提前角。

3.火花塞

火花塞将点火线圈产生的高压电引入燃烧室,并在其电极间产生电火花,点燃混合气。

三、传统点火系统工作原理

传统点火系统工作原理如图 8-1-2 所示。发动机工作时,分电器轴连同凸轮一起在发动机凸轮轴的驱动下旋转,凸轮旋转时交替地使断电器触点打开与闭合。在点火开关接通的情况下,当触点闭合时,点火线圈一次绕组中有电流流过。流过一次绕组的电流称为一次电流 I_1,一次电流所流过的路径称为一次电路,或低压电路。

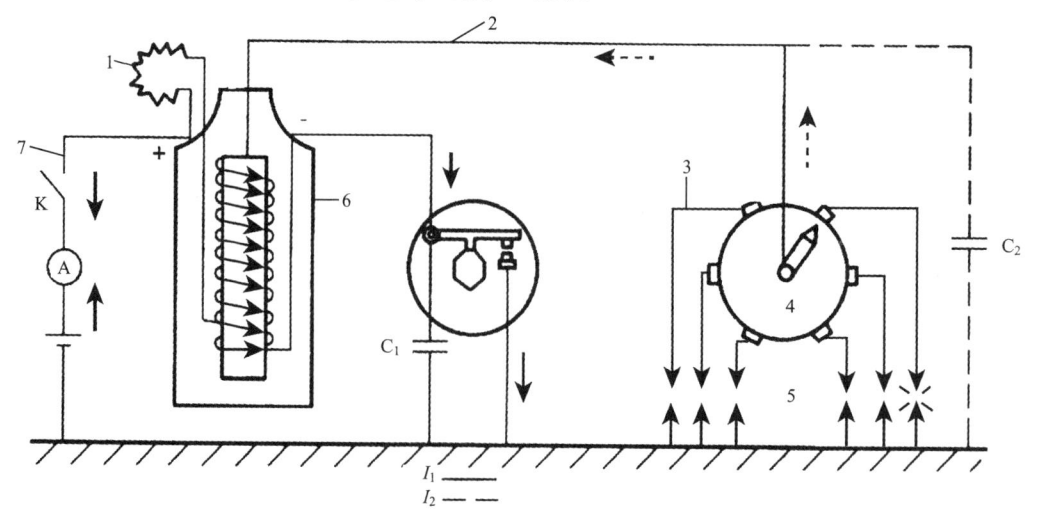

图 8-1-2 传统点火系统的工作原理简图

1—附加电阻;2—中心高压线;3—断电器分缸高压线;4—配电器;5—火花塞;6—点火线圈;7—附加电阻

其路径如下：蓄电池正极—点火开关—点火线圈"＋"接线柱—附加电阻—点火线圈一次绕组—点火线圈"－"接线柱—断电器触点—搭铁—蓄电池负极。

电流通过一次绕组时，在铁芯中产生磁场。当断电器凸轮将触点打开时，一次电路被切断，一次绕组中的电流迅速下降到零，引起磁通突降，在一次绕组中产生自感电动势，达200～300 V。因此，二次绕组中将在互感的作用下产生与二次绕组和一次绕组匝比成正比的高压电动势，达15～20 kV。该电动势击穿火花塞间隙，产生电火花，点燃混合气。二次绕组上产生的电压称为二次电压U_2，二次绕组所在的电路称为二次电路（高压电路）。其路径为：二次绕组—附加电阻—点火开关—蓄电池正极—蓄电池负极—搭铁线—火花塞旁电极—火花塞中心电极—高压分缸导线—分火头—中央高压导线—二次绕组。

发动机工作期间，断电器凸轮每转一周，各缸按点火顺序轮流点火一次。

四、汽车发动机对点火系统的基本要求

1. 能迅速产生足以击穿火花塞间隙的高压电

击穿火花塞间隙所需要的高压电，通常汽油发动机在满载、低速时需10 kV左右；起动时则需17 kV。为了保证可靠点火，考虑到各种不利因素，应留有一定的电压储备量。由于电压过高又将造成绝缘困难，因此，二次电压常限制在17～25 kV。

2. 电火花应具备足够的能量

汽油发动机正常工作时需要的电火花能量为1～5 mJ，起动时则需100 mJ。因此，通常要求电火花能量储备为50～80 mJ，且保证电火花持续时间不少于500 μs。

3. 点火时间应适应发动机工况

汽油机的正常燃烧过程分为着火延迟期、速燃期、补燃期三个阶段。图8-1-3所示为汽油机燃烧过程的示功图，横坐标φ为曲轴转角，纵坐标P为气缸压力。图中实线表示点火后气缸压力变化的情况，虚线表示不点火时气缸压力变化的情况。

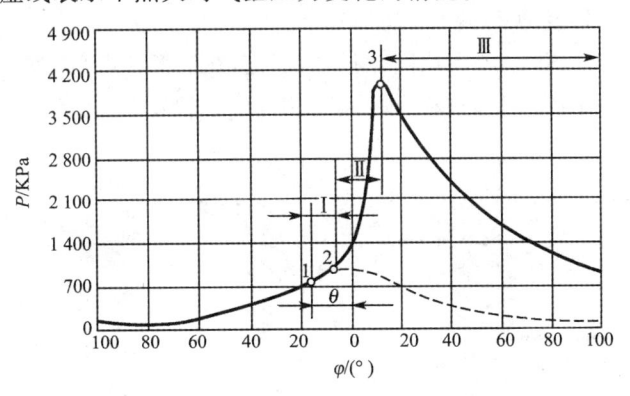

图8-1-3 汽油机燃烧过程示功图

（1）着火延迟期

从开始点火（1点）到形成火焰核心（2点）的时期，称为着火延迟期。这一时期时间是恒定的，不受发动机工况变化的影响，主要进行物理、化学准备，它约占全部燃烧时间的15%。由于可燃混合气存在着火延迟，必须使点火提早到上止点前进行，使气缸内压力在上止点附近达到最大值。火花塞在跳火瞬时到活塞行至上止点时所转过的曲轴转角，称为点火提前角，用θ表示。它对发动机的动力性、经济性和排放性影响极大。

(2) 速燃期

从形成火焰核心(2点)开始,到气缸内出现最高压力(3点)为止,这段时间称为速燃期(又称火焰传播期)。在此时期内,火焰由中心迅速向外传播,直到烧遍整个燃烧室。火焰传播的速度受混合气的浓度及混合涡流强弱影响,火焰传播期时间是随发动机的转速和负荷变化而变化的。燃料热能的绝大部分在此时期放出,气缸中的压力、温度迅速上升,这一时期是燃烧过程的主要阶段。最高压力点(3点)的到达时刻,对发动机的动力性、经济性及压力升高率等都有重大影响。若过早到达3点,则会使压缩过程负功增大;若过迟到达3点,则膨胀功将减小,同时,燃烧高温时期的传热表面增加。3点的位置可以用点火提前角来调整。

最高压力点(3点)发生在压缩上止点后10°时,才可以最有效地将热能转化为推动力。当发动机转速增加时,曲轴转角相对增加,则需要提前点火提前角,以保证最大燃烧爆发力发生在上止点后10°;当发动机负荷增加时,空气密度增加,火焰传播期减小,需要推迟点火提前角,以保证最大燃烧爆发力发生在上止点后10°。

(3) 补燃期

从速燃期终了到燃料基本燃烧完的这一段时间称为补燃期(又称后燃期)。部分未来得及燃烧的燃料和燃烧不完全的产物继续燃烧,而燃烧产物中的部分 CO_2 和 H_2O 又会因高温分解成 CO、H_2、O_2 等,并在膨胀过程温度下降时氧化放出热量。

点火正时的目的主要在于:急速时,主要目标是运转平稳、排放污染最低、油耗最小;在部分负荷时,主要要求降低油耗和提高行驶安全;在大负荷时,重点是提高最大转矩和避免工作中产生爆燃。点火提前角与发动机转速和负荷有关,转速高或负荷小时,提前角应大些;反之,提前角应小些。点火提前角应能自动调节,以适应发动机的各种工况。

五、传统点火系统的主要元件及检测

1. 点火线圈

(1) 点火线圈的作用及原理

点火线圈的作用是产生高压火花,利用电磁理论,在线圈断电后磁场会迅速减弱使磁通量增大,同时在线圈中感生出一个足够能量的高压电(15~20 kV),如图8-1-4所示。

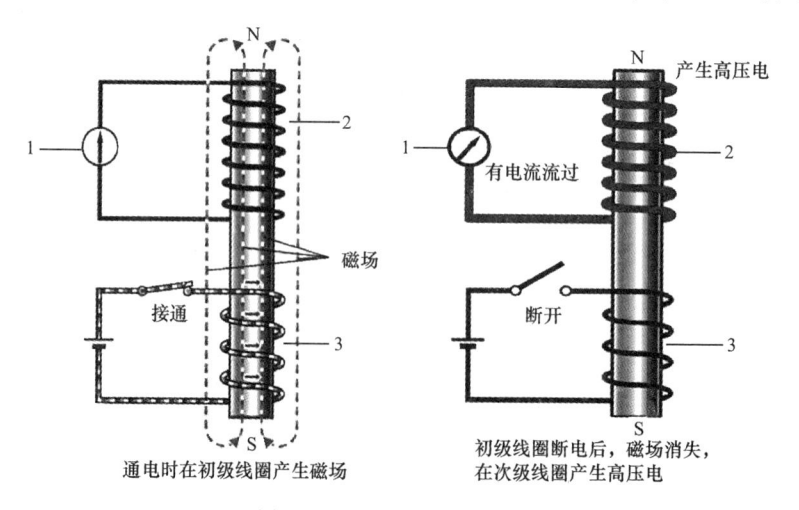

图 8-1-4 点火线圈的作用及原理
1—电流表;2—次级线圈;3—初级线圈

(2)点火线圈的种类

以下是常见点火线圈的种类,如图 8-1-5 所示。

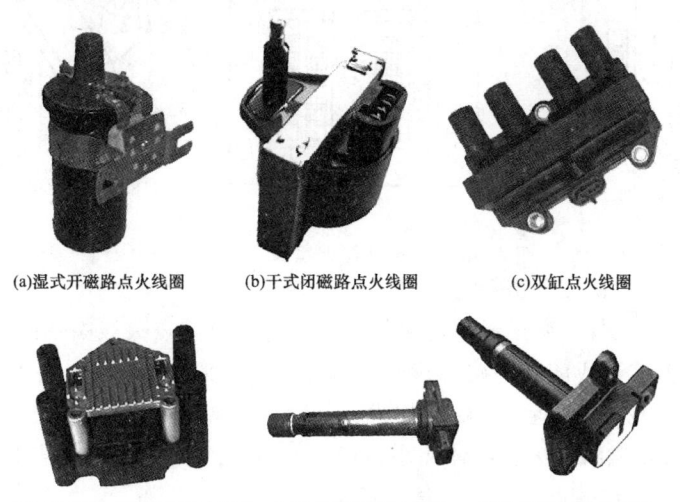

(a)湿式开磁路点火线圈　(b)干式闭磁路点火线圈　(c)双缸点火线圈

(d)与点火器一体式双缸点火线圈　(e)独立开磁路点火线圈　(f)独立闭磁路点火线圈

图 8-1-5　点火线圈的种类

(3)点火线圈结构

点火线圈按磁路结构形式的不同,分为开磁路和闭磁路两种。开磁路在传统点火系统中广泛采用。

①开磁路点火线圈

开磁路点火线圈的结构如图 8-1-6 所示。主要由瓷座、铁芯、初级绕组、次级绕组、导磁钢套以及外壳等组成。点火线圈的中心是用硅钢片叠成的铁芯,在铁芯外面套上绝缘的纸板套管,纸质套管上绕有直径为 0.06～0.10 mm、绕 11 000～26 000 匝的次级绕组;初级绕组用直径为 0.5～1.0 mm、绕 230～370 匝的高强漆包线,绕在次级绕组的外面,以利于散热。绕组和外壳之间装有导磁钢套,底部有瓷质绝缘支座,上部有绝缘盖,点火线圈内部浸以石蜡和松香的混合物,以增强绝缘,并防止潮气侵入。

②闭磁路点火线圈

闭磁路点火线圈由铁芯、初级绕组和次级绕组等组成,结构和外形如图 8-1-7 所示。

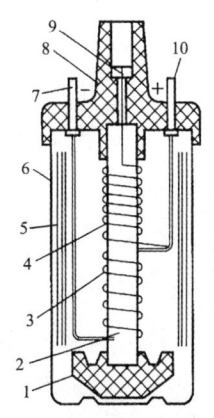

图 8-1-6　开磁路点火线圈的结构

1—瓷座;2—铁芯;3—初级绕组;4—次级绕组;5—导磁钢套;
6—外壳;7—"－"接线柱;8—胶木盖;9—高压接线柱;10—"＋"接线柱

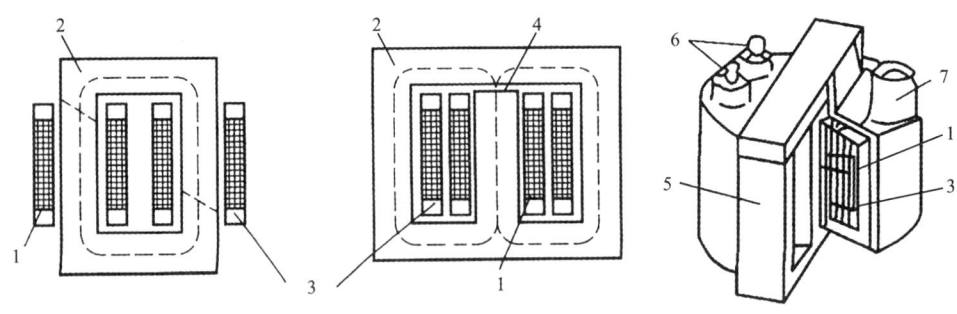

图 8-1-7 闭磁路点火线圈的结构

1—初级绕组;2—口字形铁芯;3—次级绕组;4—空气隙;5—日字形铁芯;6—低压接线柱;7—高压线插孔

闭磁路点火线圈有"口"字形和"日"字形之分。与开磁路点火线圈不同的是绕组在铁芯中形成的磁通,通过铁芯形成闭合磁路,故称为闭磁路点火线圈。与开磁路点火线圈相比,闭磁路点火线圈漏磁少,磁路的磁阻小,能量损失小,其能量转换率可高达 75%(开磁路点火线圈只有 60%)。其次,闭磁路点火线圈体积小,可直接装在分电器上,不仅结构紧凑,还可有效地降低次级电容,在无触点的点火系统中被广泛采用。

(4)点火线圈的检测

在点火开关闭合时,用万用表直流电压挡检查点火线圈初级绕组"+"接线柱是否为蓄电池电压。若无电压,则应检查蓄电池至点火线圈初级绕组"+"接线柱之间的电压是否断路。在点火开关断开时,用万用表电阻挡测量初级绕组和次级绕组的电阻值。如果测出的电阻不在规定的范围之内,说明点火线圈内部有短路或断路的故障。即使点火线圈的电阻符合要求,但并不一定说明点火线圈的性能就一定良好,必要时,可将点火线圈从车上拆下后再试验进行性能测试。

2.分电器

分电器由断电器(断电器凸轮、触点)、配电器(分电器盖、分火头)、电容器和点火提前调节装置(离心提前装置、真空提前装置)等组成,如图 8-1-8 所示。分电器适时断开和接通点火线圈的负极产生高压火,并对高压火进行分配。

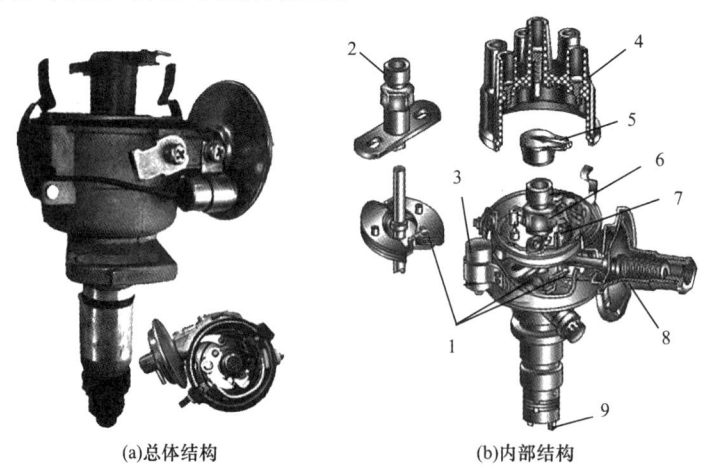

(a)总体结构　　(b)内部结构

图 8-1-8 分电器结构

1—离心提前装置;2—断电器凸轮总成;3—电容器;4—分电器盖;
5—分火头;6—断电器凸轮;7—断电器触点;8—真空提前装置;9—分电器驱动轴

(1)断电器

断电器的作用是周期性接通和切断点火线圈初级绕组的电路,使初级电流和点火线圈铁芯中的磁通量发生变化,以便在点火线圈的次级绕组中产生高压电。断电器是由一对铂质的触点和断电器凸轮组成的。

(2)配电器

配电器用来将点火线圈中产生的高压电,按发动机的工作次序轮流分配到各气缸的火花塞。它主要由胶木制成的分电器盖和分火头组成,如图 8-1-9 所示。

(a) 分电器盖　　　　　　　　　(b) 分火头

图 8-1-9　配电器

(3)电容器

电容器安装在分电器的壳体上,目前发动机点火系统所用的电容器一般均为纸质电容器。如图 8-1-10 所示,其极片为两条狭长的金属箔带,用两条同样狭长的很薄的绝缘纸与极片交错重叠,卷成圆筒形,在浸渍蜡绝缘介质后,装入圆筒形的金属外壳中加以密封。一个极片与金属外壳在内部接触,另一极片与引出外壳的导线连接。安装电容器时,将电容器的引线与断电器接线柱相连,电容器外壳固定在分电器外壳上搭铁,使电容器与断电器触点并联。减少触点断开时的火花保护触点,当触点断开时加速初级电流的消失,增强次级电压。触点打开磁场消失时,初级线圈产生 200~300 V 的自感电动势,该电动势会在触点间形成火花烧蚀触点。

图 8-1-10　电容器

1—绝缘纸;2—金属箔带;3—导线;4—金属壳;5—接地线

(4)点火提前调节装置

实现点火提前必须在压缩行程接近终了,活塞到达上止点之前便使断电器触点分开。从触点分开到活塞到达上止点这段时间越长,曲轴转过的角度越大,即点火提前角越大。因此,调节断电器触点分开的时刻,即改变触点与断电器凸轮或断电器凸轮与分电器轴之间的相对位置,便可以调节点火提前角。

离心点火提前调节装置:利用旋转离心力改变断电器凸轮与分电器轴之间的相对位置的方法。发动机转速变化时自动地调节点火提前角。

真空点火提前调节装置:在发动机工作时,它随着负荷(节气门开度)的变化,自动调节点火提前角,它是利用改变断电器触点与凸轮之间相位关系的方法进行调节的,在发动机负荷增大时自动地减小点火提前角。

3.火花塞

(1)火花塞的作用

火花塞的作用是把高压电引入气缸内,在电极间产生火花点燃混合气。火花塞的工作条件极其恶劣,它要受到高温、高压以及燃烧产物的强烈腐蚀。因此要求火花塞必须具有足够的机械强度、良好的耐热性能和良好的绝缘性能,火花塞的材料能抵抗燃气的腐蚀。

(2)火花塞的结构

火花塞主要由壳体、绝缘体、中心电极、旁电极、内置电阻等组成。其结构如图 8-1-11 所示。中心电极要求具有良好的耐高温、耐腐蚀性能,所以一般采用含少量铬、锰、硅的镍基合金制成,其中以镍锰合金应用最多。为了提高耐热性能,也有采用镍包铜电极材料的。

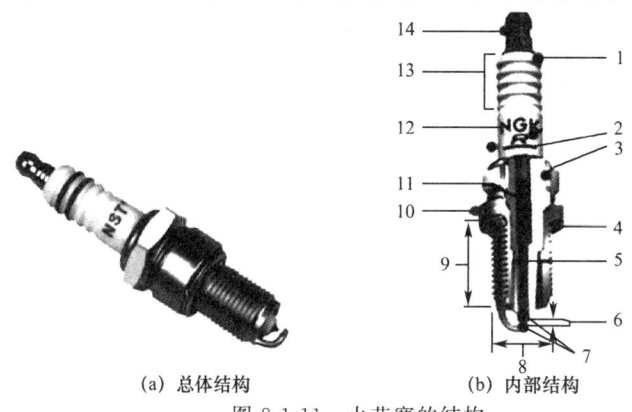

(a) 总体结构　　(b) 内部结构

图 8-1-11　火花塞的结构

1—绝缘体;2—R 加入电阻;3—特殊粉末填充;4—密封垫圈;5—嵌入铜芯;6—火花塞间隙;7—中心电极、旁电极;8—螺纹直径;9—螺纹长度;10—壳体;11—内置电阻;12—产品编号;13—防飞弧的沟状波纹;14—终端螺母

火花塞中心电极与旁电极之间的间隙,称为火花塞间隙。火花塞间隙对火花塞及发动机的工作性能均有很大影响。间隙过小,火花微弱,并容易产生积炭而漏电;间隙过大,火花塞击穿电压增高,发动机不易起动,且在高速时容易发生"缺火"现象。因此,火花塞间隙的大小应适当。在传统点火系统中,火花塞间隙一般为 0.6~0.7 mm,但若采用电子点火时,则间隙增大到 1.0~1.2 mm。

(3)火花塞的分类

火花塞按其散热性分为热型、中型、冷型三大类,如图 8-1-12 所示。可以通过外观或火花塞上的编号进行区分。发动机工作时,火花塞发火部位吸收热量并向冷却系统散发的性能,称为火花塞的热特性。火花塞的热特性对发动机的性能具有十分重要的影响。

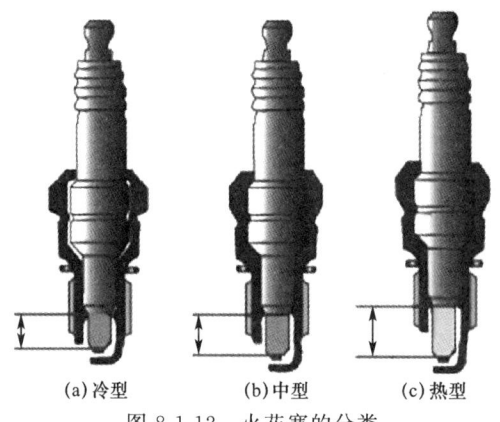

(a) 冷型　　(b) 中型　　(c) 热型

图 8-1-12　火花塞的分类

火花塞绝缘体裙部的温度若保持在500～600℃，落在绝缘体裙部的油粒能立即被烧掉，不容易产生积炭。这个温度称为火花塞的自净温度。裙部温度低于自净温度，落在绝缘体裙部的油粒不能立即烧掉，形成积炭而漏电，火花塞间隙不能跳火或火花微弱。裙部温度过高超过800～900℃时，混合气与炽热的绝缘体接触时，在火花塞跳火之前自行着火，称为炽热点火。炽热点火将使发动机出现早燃、爆燃、回火等不正常现象。火花塞绝缘体裙部越长，其受热面积越大，传热距离越长，散热越困难，火花塞裙部的温度越高，这种火花塞称为"热型"火花塞，它适用于低速、低压缩比的小功率发动机。相反，火花塞绝缘体裙部越短，其受热面积越小，传热距离越短，散热越容易，火花塞裙部的温度越低，这种火花塞称为"冷型"火花塞，它适用于高速、高压缩比大功率的发动机。裙部长度界于冷型与热型之间的火花塞，称为普通型火花塞。

我国对火花塞的热特性参数是以火花塞绝缘体裙部的长度来标定的，并分别用热值(1～11的自然数)来表示，1、2、3为低热值热型火花塞；4、5、6为中热值中型火花塞；7以上者为高热值的冷型火花塞。见表8-1-1。

表 8-1-1　　　　　　　　　　火花塞的热特性参数

热值代号	3	4	5	6	7	8	9
裙部长度/mm	15.5	13.5	11.5	9.5	7.5	5.5	3.5
热特性	热型	中型			热型		

火花塞的电极结构型式如图8-1-13所示。

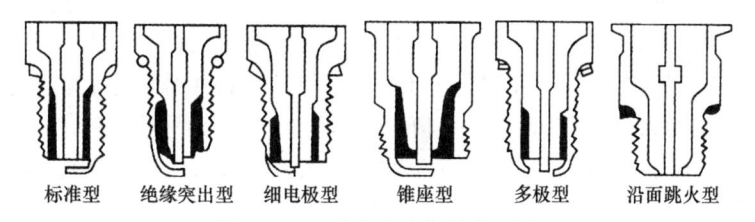

图 8-1-13　火花塞电极结构型式

(4)火花塞的检测

测量火花塞的电极间隙，应在该车型维修手册中规定的范围内。观察电极的外观，通过对外观的检查能发现发动机的工作状态及运行情况：工作正常的火花塞电极应为褐色，电极为白色说明所使用燃油中有水分，如果电极间隙为黑色且有积炭，说明发动机燃烧不好或火花塞选用型号不对。

4.缸线

(1)缸线的作用

缸线即高压导线，它将点火线圈产生的高压电流传送到分电器，再从分电器转送相应气缸的火花塞。

(2)缸线的结构

高压导线必须具备电流损耗小、高压电传输过程产生的电磁干扰小两个条件。电流损耗会使高压火花变弱，影响发动机的燃烧和动力。高压电在传输过程中所产生的电磁干扰会影响到电子元件的正常工作，所以缸线一般都会设计成有一定的电阻，以避免电磁干扰。普通缸线由于包覆材质所限，约有5 kΩ的电阻值。

由于缸线的工作环境非常恶劣，所以缸线除了需要保证良好的电流传导性外，本身还需要适合各种恶劣环境的高强度。因此线芯在橡胶材料外面采用了玻璃纤维的编织层，这种玻璃纤维能使线芯整体抗拉力强度高达普通高压线3倍以上。

六、汽油机的非正常燃烧

汽油机的非正常燃烧现象主要包括爆燃与表面点火。

1.爆燃

当火花塞点火后,在正常火焰传来之前,燃烧室内离火花塞较远的末端混合气自燃并急速燃烧,产生爆炸性冲击波和尖锐的金属敲击声的现象称为爆燃,爆燃也叫爆震。

汽油机发生爆燃的原因主要是末端混合气受到不正常的热辐射或压缩等原因,使本身的温度不断升高,出现一个或数个火焰中心,以 100～300 m/s(轻微爆燃)直到 800～1 500 m/s 或以上(强烈爆燃)的速度传播火焰,产生高频冲击波撞击燃烧室,发出尖锐金属敲击声,迅速将末端混合气燃烧完毕。

汽油机爆燃时有以下外部特征:

①气缸内有金属敲击声(敲缸)。

②发动机过热(冷却液温度表显示温度过高)。

③在轻微爆燃时,发动机功率略有增加;在强烈爆燃时,发动机不仅功率下降,油耗上升,还会造成机件过载、烧损等危害。

2.表面点火

由燃烧室内炽热部分(排气门头部、火花塞电极、金属凸出点或积炭等)点燃混合气的现象称为表面点火或炽热点火。

表面点火发生在火花塞点火之前的现象称为早火。由于它提前点火而且热点表面比电火花大,使燃烧速率加快,气缸压力和温度升高,从而使发动机工作粗暴;并且还会因压缩功增大,向气缸壁传热增加,致使发动机功率下降,使火花塞、活塞等零件过热。

表面点火发生在火花塞点火之后的现象称为后火。后火对发动机性能的影响主要体现在其点火时刻的无规律性,破坏燃烧过程的稳定性。

表面点火和爆燃之间也会相互影响。强烈的爆燃,必然增加向气缸壁的传热,从而促成燃烧室炽热点的形成,导致表面点火。表面点火又使气缸压力升高率和最高燃烧压力增大,使未燃混合气受到较大的压缩和传热,从而促使爆燃发生。

复习题

1.汽油机点火系统有几种类型?对汽油机点火系统有哪些基本要求?

2.简述传统点火系统的工作原理。

3.点火线圈有何功用?如何检查其好坏?

4.火花塞类型有哪些?有何特点?

任务 8.2
电子控制点火系统的认知

学习目标

知识目标
1. 了解电子控制点火系统的组成与结构；
2. 熟悉电子控制点火系统的工作原理。

技能目标
能够识别电子控制点火系统组成部件。

素养目标
1. 具备查询信息和使用维修手册的基本能力；
2. 能够与他人密切合作，规范、安全地完成学习任务；
3. 养成自主学习、规范操作的工作习惯及环保意识。

相关知识

电子控制点火系统与传统蓄电池点火系统相比具有点火可靠、使用方便等优点,是目前国内外汽车上广泛采用的点火系统。电子控制点火系统根据工作原理又可分为磁脉冲式点火系统、霍尔式点火系统和微机控制点火系统。

一、磁脉冲式点火系统的组成及工作原理

1.磁脉冲式电子点火系统的工作过程

图 8-2-1 为丰田汽车常用的磁脉冲式无触点电子点火装置。

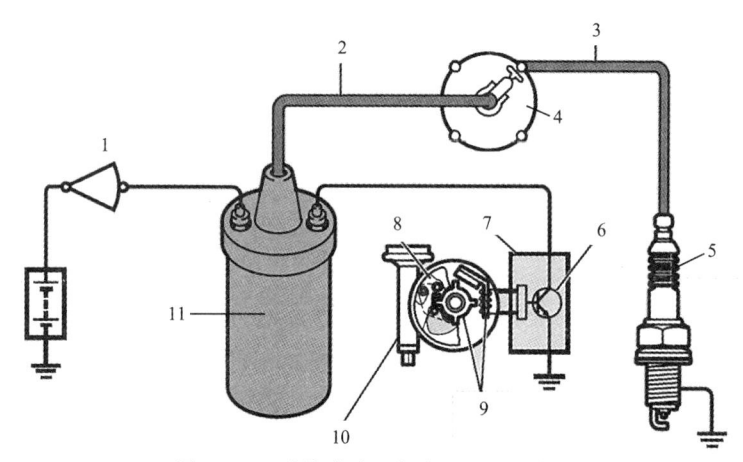

图 8-2-1 磁脉冲式无触点电子点火装置

1—点火开关;2,3—高压线;4—配电器;5—火花塞;6—晶体管;
7—点火器;8—离心式点火提前装置;9—信号发生器;10—真空点火提前装置;11—点火线圈

2.磁脉冲式点火信号发生器的工作原理

磁脉冲式点火信号发生器的工作原理如图 8-2-2 所示。

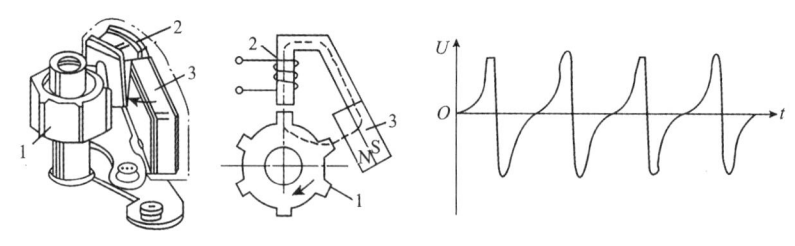

图 8-2-2 磁脉冲式点火信号发生器的工作原理

1—信号转子;2—传感器线圈;3—永磁铁

信号转子凸齿与发动机的气缸数相同,永久磁铁的磁通经信号转子凸齿、线圈铁芯构成磁路。当信号转子由分电器轴带动旋转时,转子凸齿与线圈铁芯间的空气间隙将发生变化,磁路的磁阻随之改变,使通过线圈的磁通量发生变化,因而在线圈内感应出交变电动势。

磁脉冲式点火信号发生器具有点火信号电压的大小随发动机转速的变化而变化的特点。发动机转速升高时,点火信号发生器磁路的磁阻变化速率提高,相应磁通量的变化速率也提高,传感线圈产生的信号电压也就随之增大。

3. 磁脉冲式电子点火器的工作原理

磁脉冲式电子点火器的工作原理如图 8-2-3 所示。接通点火开关时,蓄电池的电压使 VT_1 导通,其直流电路为蓄电池(或发电机)正极→点火开关→R_3→R_1→VT_1→信号线圈→搭铁→蓄电池(或发电机)负极。

当点火信号发生器产生正向脉冲时,信号电压与 VT_1 的正向电压降叠加后,高于 VT_2 的导通电压,VT_2 导通。VT_2 的导通使 VT_3 的基极因电位下降而截止,VT_3 截止时,VT_4 因 R_5 的偏置而导通,VT_5 因 R_7 的正向偏置而导通。于是初级电流回路为蓄电池(或发电机)正极→点火开关→点火线圈附加电阻→R_1→点火线圈初级绕组→VT_5→搭铁→蓄电池(或发电机)负极,点火线圈储能。

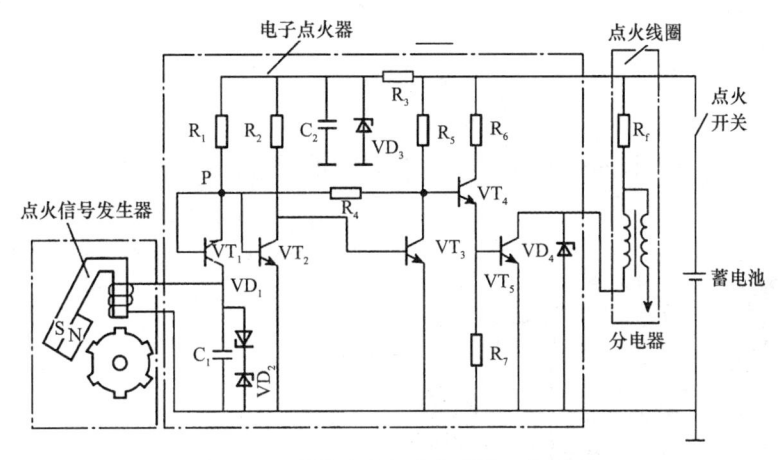

图 8-2-3 磁脉冲式电子点火器工作原理

当点火信号发生器产生反向脉冲时,信号电压与 VT_1 的正向电压降叠加后,使 VT_2 的基极电位降低,VT_2 的截止使 VT_3 的基极因电位上升而导通。VT_3 的导通使 VT_4 的基极因电位下降而截止,晶体管 VT_5 因没有正向偏置电压而截止。于是初级电流被切断,在次级绕组中产生高压,经配电器按点火次序分配到各缸火花塞点火,点燃可燃混合气使发动机做功。

电路中晶体管 VT_1 的基极和发射极相连,相当于发射极为正、集电极为负的二极管,起温度补偿作用。其原理如下:当温度升高时,VT_2 的导通电压会降低,使 VT_2 提前导通而滞后截止,从而导致点火推迟;VT_1 与 VT_2 的型号相同,具有同样的温度特性系数。故在温度升高时,VT_1 的正向导通电压也会降低,使 P 点电位 UP 下降,正好补偿了温度升高对 VT_2 工作电位的影响。而使 VT_2 的导通和截止时间与常温时相同。

电路其他元件的作用:R_3、VD_3 为电源稳压电路,使 VT_2 导通时不受电源系统电压波动的影响;VT_1、VT_2 为信号稳压,削平高速时感应线圈产生的峰值电压;VT_4 的作用是防止初级电流被切断时产生的高压击穿 VT_5;C_1 是信号滤波,C_2 是电源滤波;R_4 为正向反馈电阻,加速 VT_2 的导通和截止。

二、霍尔式点火系统的组成及工作原理

霍尔效应式电子点火系统由内装霍尔信号发生器的分电器、点火器、点火线圈和火花塞等组成。霍尔式电子点火系统电路如图8-2-4所示。

1.霍尔效应

霍尔效应即在物质中任何一点产生的感应电场强度与电流密度和磁感应强度之矢量积成正比的现象。

霍尔效应的原理如图8-2-5所示。当电流通过磁场中的半导体基片（霍尔元件）且电流方向与磁场方向垂直时，在垂直于电流和磁场的半导体基片的横向侧面上将产生一个电压 U_H（称为霍尔电压）。霍尔电压的高低与通过的电流和磁感应强度成正比，可用下式表示：

$$U_H = \frac{R_H}{d}IB$$

式中　R_H——霍尔系数；

　　　d——基片厚度；

　　　I——电流；

　　　B——磁感应强度。

由上式可知，当通过的电流 I 为一定值时，霍尔电压 U_H 与磁感应强度 B 成正比，即霍尔电压随磁感应强度的大小而变化。

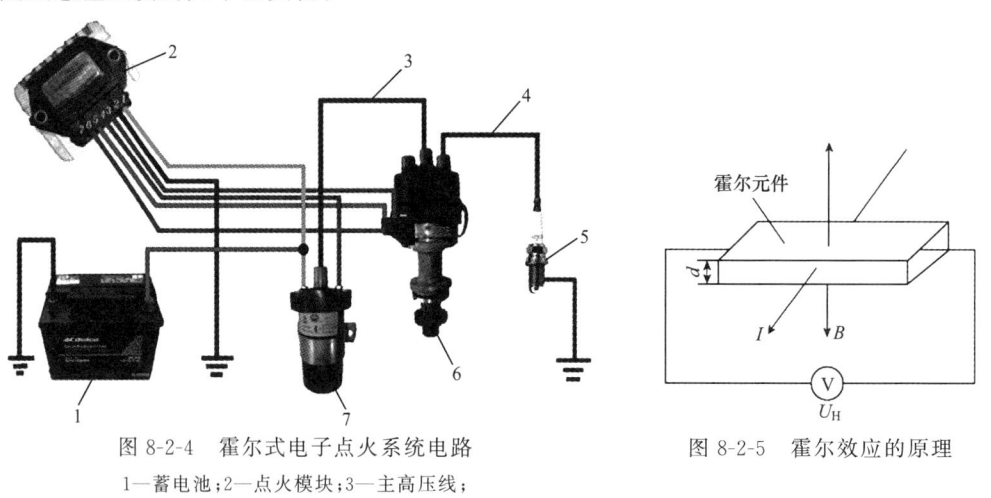

图8-2-4　霍尔式电子点火系统电路
1—蓄电池；2—点火模块；3—主高压线；
4—分高压线；5—火花塞；6—分电器；7—点火线圈

图8-2-5　霍尔效应的原理

2.霍尔信号发生器

由霍尔触发器、永久磁铁和分电器轴驱动的带缺口的转子挡磁叶片组成，如图8-2-6所示。霍尔触发器（也称霍尔元件）是一个带集成电路的半导体基片，安装在分电器内。

图8-2-6　霍尔信号发生器
1—永久磁铁；2—带缺口的转子；3—霍尔触发器

在与分火头制成一体的触发叶轮的四周,均布着与发动机气缸数相同的缺口,当触发叶轮由分电器轴带着转动,转到触发叶轮的本体(没有缺口的地方)对着装有霍尔集成块的地方时(叶片在气隙内),通过霍尔集成块的磁路被触发叶轮短路,此时霍尔集成块中没有磁场通过,不会产生霍尔电压;当触发叶轮转到其缺口对着装有霍尔集成块的地方时(叶片不在气隙内),永久磁铁所产生的磁场,在导板的引导下垂直穿过通电的霍尔集成块,于是在霍尔集成块的横向侧面产生一个霍尔电压U_H,此电压是mA级,信号很微弱,需要由集成电路进行放大、脉冲整形信号处理,最后以整齐的矩形脉冲(方波)信号U_g输出,如图8-2-7所示。

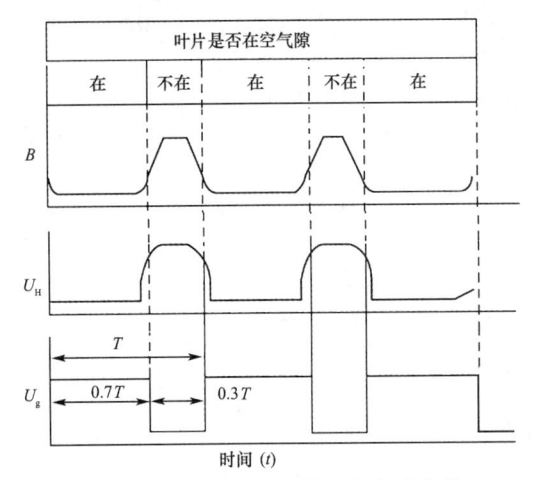

图8-2-7 霍尔发生器输出的方波信号

3.霍尔式电子点火器的工作原理

霍尔式电子点火器一般由专用点火集成块IC和一些外围电路组成,比较接近微机控制的点火系统(但还是有根本的区别)。除了具有控制点火线圈初级电流的通断外,还具有其他辅助控制,如限流控制、停车断电保护等功能。这使该点火系统显示出更多的优越性,如点火能量高,在发动机转速范围内基本保持恒定,高速不断火,低速耗能少,起动可靠,等等。图8-2-8为霍尔式电子点火器的工作原理。

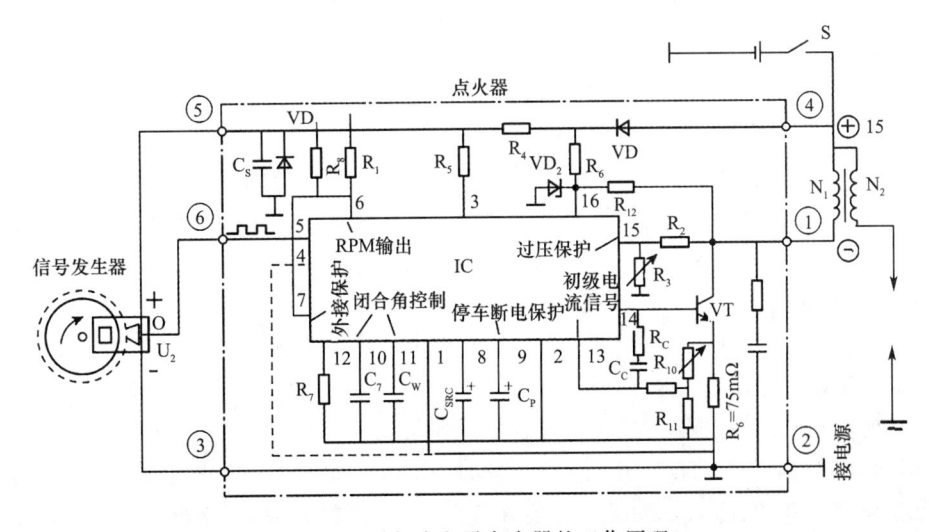

图8-2-8 霍尔式电子点火器的工作原理

霍尔式电子点火器的基本工作过程如下:接通点火开关,发动机转动,当霍尔信号发生器输出信号为高电位,该信号通过点火器插座⑥端子和③端子进入点火器。此时,点火器通过内部电路,驱动点火器大功率晶体 VT 导通,接通初级电路。其电路是蓄电池(或发电机)"+"极→点火开关→点火线圈初级绕组 N_1→点火器大功率晶体管 VT→反馈电阻 R_3→搭铁→蓄电池(或发电机)"−"极。

当霍尔信号发生器输出信号 U_g 下跳为低电位时,点火器大功率晶体 VT 立即截止,切断点火线圈初级电路,次级绕组产生高压电。

三、微机控制点火系统的组成与原理

1.微机控制点火系统的组成

微机控制点火系统主要包括各种传感器、电子控制单元(电控单元、ECU)、执行器(点火器、点火线圈、火花塞)等,如图 8-2-9 所示。

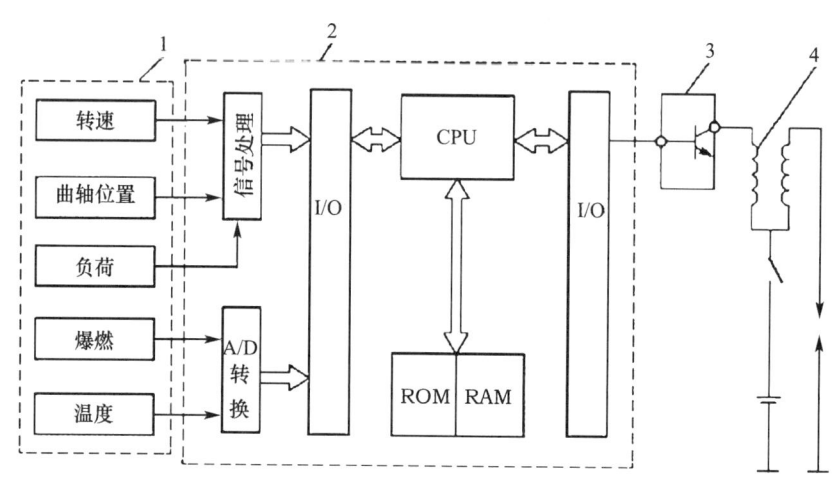

图 8-2-9 微机控制点火系统的组成
1—传感器;2—ECU;3—点火控制装置;4—点火线圈

传感器(包括各种开关)主要有空气流量计(或绝对压力传感器)、曲轴位置传感器、发动机转速传感器、节气门位置传感器、冷却液温度传感器、车速传感器、爆燃传感器以及空调开关信号等。

电子控制单元的作用是根据发动机各传感器输入的信息及内存的数据,进行运算、处理、判断,然后输出指令(信号)控制有关执行器(如点火器)动作,实现对点火系统的精确控制。执行器根据电子控制单元或其他控制元件的指令(信号),执行各自的功能。

2.微机控制点火系统的工作原理

微机控制点火系统工作时,发动机电子控制单元接收曲轴位置传感器发出的曲轴位置(G)信号,并根据空气流量信号(或进气歧管压力信号)和发动机转速信号确定基本点火时刻(基本点火提前角)。与此同时,接收其他各传感器发出的信号,对点火提前角进行修正。如发动机冷车起动时,由于发动机怠速控制装置的作用,怠速转速高,点火提前角增大;暖机过程中,随着冷却液温度的升高,发动机转速逐渐降低,点火提前角应随之减小。

四、微机控制点火系统分类

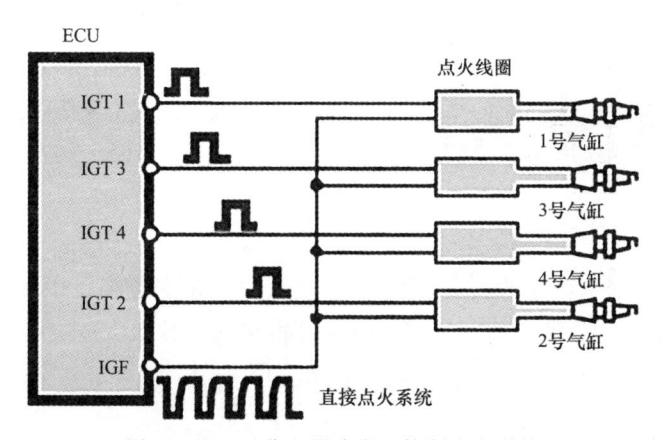

微机控制点火系统可分为有分电器式和无分电器式两种形式。

1.有分电器式微机控制点火系统

PCM 根据各输入信号,确定点火时刻,并将点火正时信号 IGT 送至点火器,当 IGT 信号变为低电压时,点火线圈中初级线圈被切断,次级线圈中感应出高压电,再由分电器送至相应缸火花塞点火,如图 8-2-10 所示。为了产生稳定的次级线圈电压和保证系统可靠工作,在点火器中设有闭合角控制回路和点火确认信号安全保护电路。

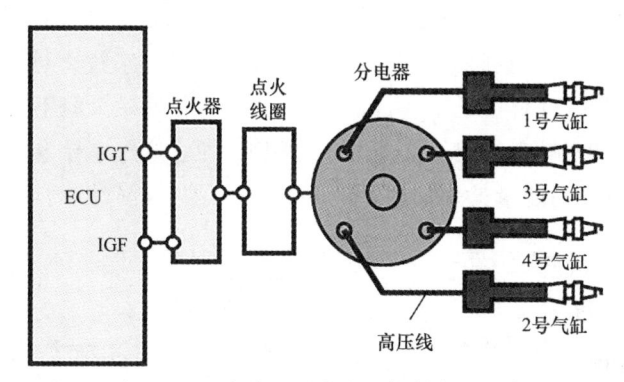

图 8-2-10　有分电器式微机控制点火系统

2.无分电器式微机控制点火系统

无分电器式微机控制点火系统是将在点火线圈中所产生的次级高电压直接分配给各缸的火花塞的系统,如图 8-2-11 所示。它与普通的分电器系统相比,具有以下优点:

①安装容易。取消了分电器,使得安装在发动机上的部件小型化。

②可靠性提高。取消了运动件,无机械摩擦,没有分火头部的放电现象。

③点火性能提高。点火提前角调节幅度及耐压性提高,没有由分火头转动半径引起的点火提前角幅度及耐压性的限制。

图 8-2-11　无分电器式微机控制点火系统

根据点火线圈的数量和高压电分配方式的不同,无分电器的微机控制点火系统又可分为分组点火方式和独立点火方式两种类型。

(1)分组点火

分组点火的微机控制点火系统如图 8-2-12 所示。在设计上将两个同时到达气缸上止点位置的活塞(一个为压缩行程的上止点,另一个为排气行程的上止点)分为一组,共用一个点火线圈。系统中点火线圈的总数量等于气缸数的一半。

以六缸发动机为例,1、6 缸,2、5 缸及 3、4 缸的活塞分别同时到达上止点,习惯上将这两个同时达到上止点位置的气缸称为"对应缸"。设计时将六个缸按"对应缸"关系分为三组,每一组共用一个点火线圈,同一组中两个缸的火花塞与共用的点火线圈次级绕组串联。当点火线圈初级电路断电时,一个气缸接近压缩行程的上止点,火花塞跳火可点燃该气缸内的混合气,称为有效点火;而另一气缸接近排气行程的上止点,火花塞跳火但不起点燃混合气的作用,称为无效点火。由于处于排气行程气缸内的压力很低,加之废气中导电离子较多,其火花塞很容易被高压电击穿,消耗的能量就非常少,所以不会对压缩行程气缸的点火能量产生影响。

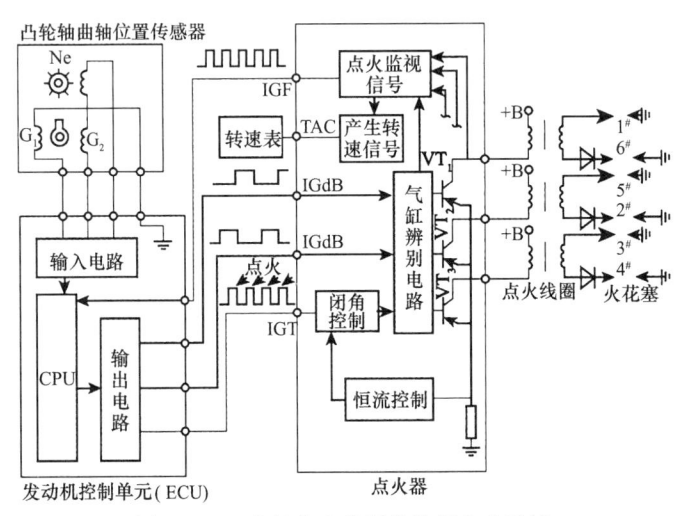

图 8-2-12 分组点火的微机控制点火系统

采用分组点火的微机控制点火系统,其结构和控制电路较简单,所以应用也比较多。但由于保留了点火线圈与火花塞之间的高压线,能量损失略大。此外,串联在高压回路的二极管,可用来防止点火线圈初级电路导通的瞬间所产生的二次电压(1 000~2 000 V)加在火花塞上后发生的误点火。

(2)独立点火

独立点火方式取消了公共的点火线圈,每一气缸的火花塞各配一个独立的点火线圈来提供点火高压,其组成和工作原理与分组点火方式基本相同,如图 8-2-13 所示。

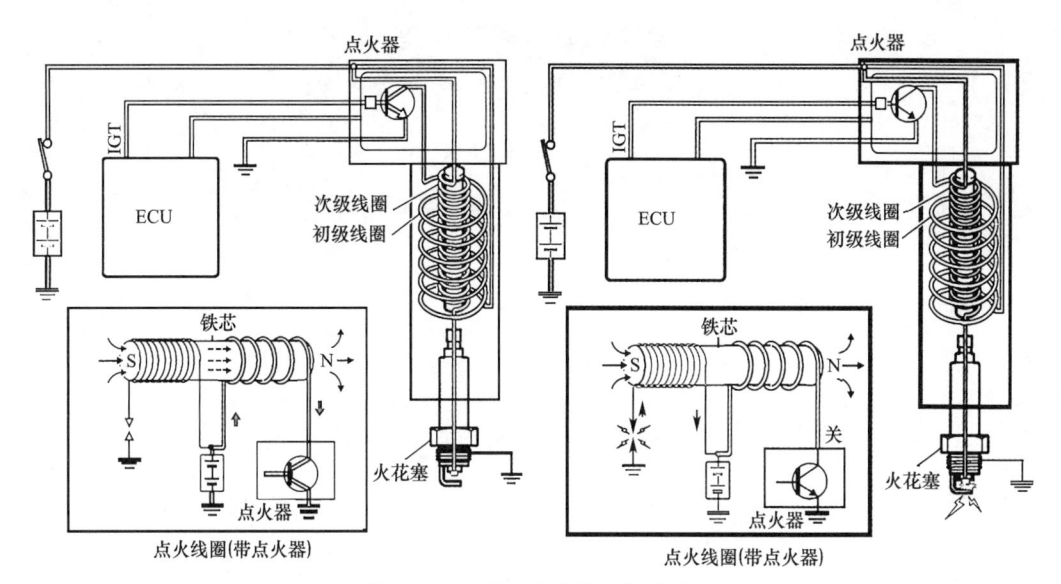

图 8-2-13 独立点火的工作原理

由于每缸都有各自独立的点火线圈,所以即使发动机的转速很高,点火线圈也有较长的通电时间(闭合角大),可提供足够高的点火能量。与有分电器电控点火系统相比,在发动机转速和点火能量相同的情况下,单位时间内通过点火线圈初级电路的电流要小得多,点火线圈不易发热,使点火线圈的体积大大减小,可以直接将点火线圈压装在火花塞上。

独立点火的微机控制点火系统工作时,电控单元 ECU 根据各种传感器的信号综合计算,最后确定各缸点火提前角的精确时刻,向点火模块发出指令 IGT$_1$、IGT$_2$、…、IGT$_6$,由点火模块直接控制各缸点火线圈初级电路的搭铁,并产生次级高压直接传给火花塞,与此同时,点火模块向电控单元 ECU 提供信号反馈 IGF。独立点火的微机控制点火系统如图 8-2-14 所示。

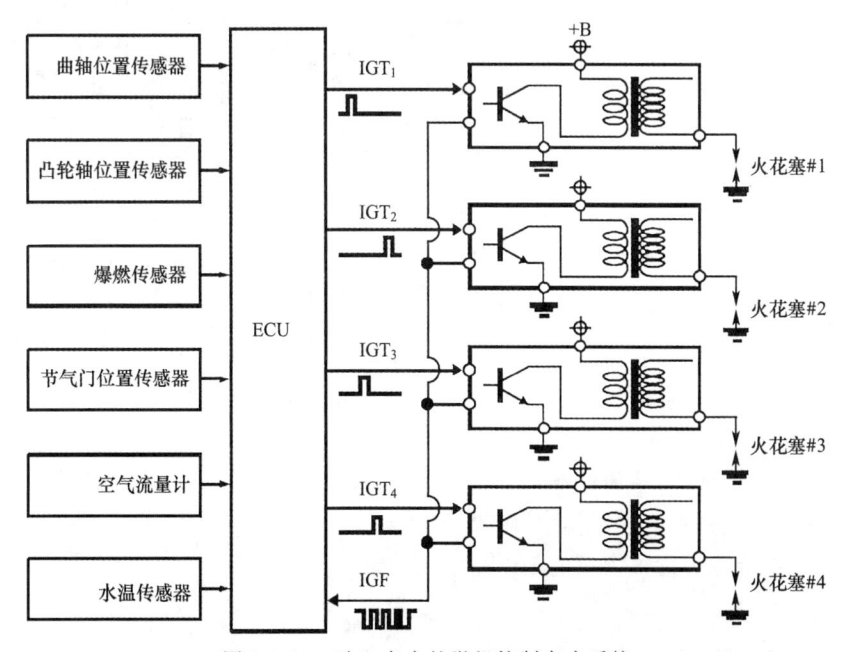

图 8-2-14 独立点火的微机控制点火系统

复习题

1. 电控点火系统有哪些功能？
2. 电控点火系统由哪些基本元件组成？是如何工作的？
3. 电控点火系统有几种类型？各有何特点？
4. 电控点火系统与普通电子点火系统有何区别？

任务实施　火花塞拆装与检查

一、操作内容

1. 常规工具及检测仪的选用；
2. 点火系统组成部件认知；
3. 火花塞拆装检查。

二、操作工单

1. 将火花塞间隙及阻值测量结果填入表 8-2-1，并判断是否正常。

表 8-2-1　　　　　　火花塞间隙及阻值测量结果

发动机型号/点火方式				
气缸	1	2	3	4
火花塞型号				
火花塞间隙/mm				
火花塞阻值/kΩ				
正常/异常				

2. 根据维修手册，请简述火花塞积炭产生的原因。

三、其他说明

1. 安全注意事项

(1) 工具及零部件轻拿轻放，摆放整齐，搬运过程中防止跌落。

(2) 安装火花塞时，先慢慢用手拧上几圈，然后再用火花塞套筒紧固。

2. 技术要求和标准

(1) 操作方法符合维修手册的要求。

(2) 根据维修手册的数据分析测量结果。

(3) 紧固力矩可降为标准力矩的 50%。

项目9

电源系统的认知及检修

任务 9.1
蓄电池的认知及检测

学习目标

知识目标

1. 了解蓄电池的基本结构和型号；
2. 了解蓄电池的基本工作原理。

技能目标

1. 能够进行蓄电池更换；
2. 能够进行蓄电池技术状况检查。

素养目标

1. 具备查询信息和使用维修手册的基本能力；
2. 能够与他人密切合作，规范、安全地完成学习任务；
3. 养成自主学习、规范操作的工作习惯及环保意识。

相关知识

为了满足汽车驾驶和舒适等方面的要求,现代车辆上装有许多的电气装置。车辆不但在行驶时要用电,停车时也需要用电,因此汽车上必须装有电源。常规车辆上所使用的电源系统都是低压直流电源系统(通常为 12 V 或 24 V),如图 9-1-1 所示。

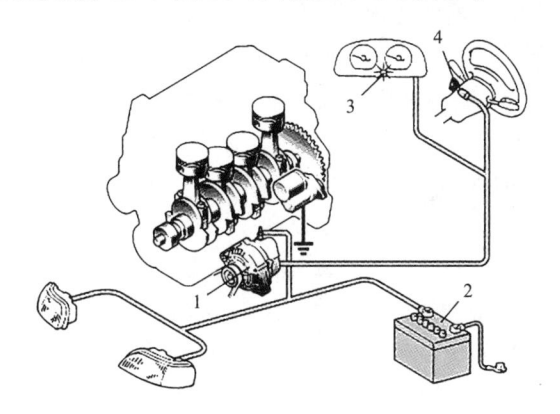

图 9-1-1　汽车电源系统
1—发电机;2—蓄电池;3—充电指示灯;4—点火开关

汽车上的直流电源系统一般包含有发电机和蓄电池两个电源,发电机和蓄电池采用并联方式连接。在发动机停机、起动或发电机不发电情况下,蓄电池作为电源向全车用电设备供电;在发动机正常工作时,则由发电机作为电源向全车用电设备供电,并同时对蓄电池充电。

一、蓄电池的作用

目前,汽车上使用的蓄电池主要有两种类型,一种是铅酸蓄电池,一种是镍碱蓄电池。其中铅酸蓄电池由于价格便宜、内阻小等特点,在汽车上得到广泛应用。铅酸蓄电池包含有普通蓄电池、免维护蓄电池、干荷电蓄电池及胶体电解质蓄电池等几种类型,普通蓄电池的外部形状如图 9-1-2 所示。根据车辆设计的不同,蓄电池的安装位置也不尽相同,大多数汽车的蓄电池安装在发动机舱内,有的安装在后备箱内,有的安装在后排座椅的下面,也有的安装在车架附近,如图 9-1-3 所示。

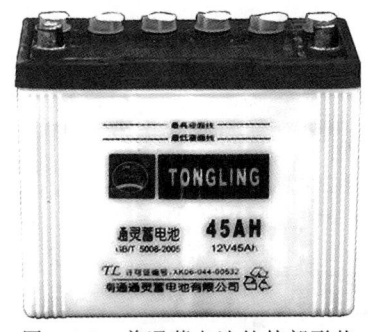

图 9-1-2　普通蓄电池的外部形状 　　　图 9-1-3　蓄电池的一般安装位置

蓄电池是一种可逆的直流电源,在对外供电的过程中起到电源的作用,在对其进行充电时又作为负载存在。蓄电池的作用主要表现在以下几个方面:

①在发动机起动期间,为起动机提供大电流,同时向点火系统、电子燃油喷射系统及其他用电设备供电;

②当发电机不发电时,由蓄电池向用电设备供电;

③当发动机停止运转或低怠速运转时,由蓄电池向用电设备供电;

④当电负荷超过发电机供电能力时,蓄电池将协助发电机供电;

⑤蓄电池相当于一个大容量的电容器,在整车电气系统中起到电压稳定器的作用,能够缓和电气系统中的冲击电压,保护汽车上的电子设备;

⑥在发电机正常工作时,蓄电池将发电机发出多余的电能存储起来,即蓄电池被充电。

二、普通铅酸蓄电池

汽车用普通铅酸蓄电池由若干个单格电池组成。每个单格电池由正极板、负极板、隔板、电解液、电池盖板、加液孔塞和电池外壳组成,其电压为 2.1 V。目前装有汽油发动机的汽车上通常使用由 6 个单格电池串联组成的 12 V 蓄电池,部分装有柴油发动机的汽车上则使用由两个 12 V 蓄电池串联而成的 24 V 电源电池。普通铅酸蓄电池的基本结构如图 9-1-4 所示。随着汽车上用电设备的不断增加,汽车电源电压有升高的趋势,可能会达到 36 V 或 48 V。

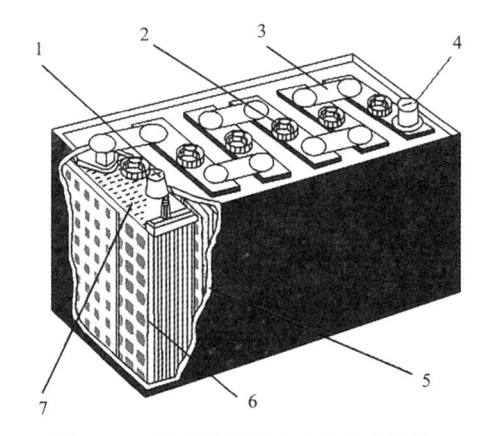

图 9-1-4 普通铅酸蓄电池的基本结构

1—正极板;2—加注口旋塞;3—连接条;4—负极板;5—壳体;6—隔板;7—单格电池

1. 极板

蓄电池极板由栅架和活性物质组成,活性物质填充在铅锑合金的栅架上,如图 9-1-5 所示。

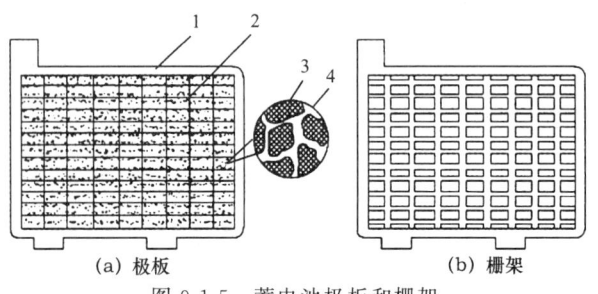

图 9-1-5 蓄电池极板和栅架

1—栅架;2—活性物质;3—颗粒;4—空隙

极板是蓄电池的核心部分,它分正极板和负极板。正极板上的活性物质是深棕色二氧化铅(PbO_2),负极板上的活性物质是青灰色海棉状铅(Pb)。蓄电池充放电过程中,电能和化学能的相互转换,就是依靠极板上活性物质和电解液中硫酸的化学反应来实现的。PbO_2和Pb形成的原电池的电动势大约为2 V。

由于单片极板上的活性物质数量少,所存储的电量少,为了增大蓄电池的容量,通常将多片正、负极板分别并联,用横板焊接,组成正、负极板组,如图9-1-6所示。

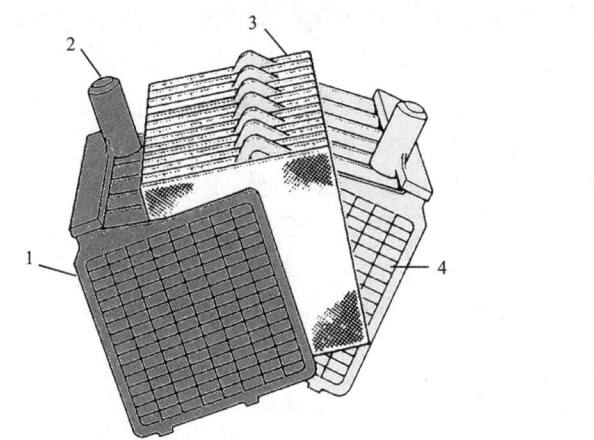

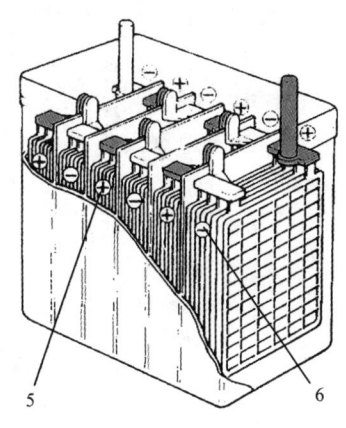

图 9-1-6　蓄电池极板组
1—正极板；2—极板同极连接片和连接点；3—隔板和玻璃纤维板；4—负极板；5—正极板组；6—负极板组

横板上联有极桩,各片间留有间隙。安装时正、负极板相互嵌入,中间插入隔板。在每个单格电池中,负极板的数量总比正极板多一片。这样就使正极板都处于负极板之间,使其两侧放电均匀,否则由于正极板的机械强度差,单面工作会使两侧活性物质体积变化不一致,而造成极板拱曲。

栅架的作用是容纳活性物质并使极板成形,通常由铅锑合金浇注而成。在栅架的铅锑合金中,锑的含量为5%～8%,加入锑是为了提高栅架的机械强度并改善浇铸性能。但铅锑合金耐电化学腐蚀性能比纯铅差,锑易从正极板栅架中解析出来,引起蓄电池自行放电和栅架的膨胀、溃烂,缩短蓄电池的使用寿命。为降低传统栅架的副作用,在免维护蓄电池中已采用铅、低锑合金栅架(含锑2%～3%)和铅-钙-锡合金栅架(无锑栅架)。

2.隔板

为了减小蓄电池的内阻和尺寸,蓄电池内部正、负极板应尽可能地靠近,但为了避免彼此接触造成短路,正、负极板之间要用隔板隔开。隔板的结构组成如图9-1-7所示。

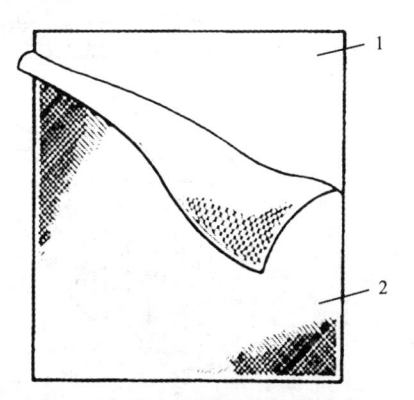

图 9-1-7　蓄电池隔板的结构组成
1—隔板；2—玻璃纤维板

隔板材料应具有多孔性且化学性能稳定，以便电解液渗出，并具有良好的耐酸性和抗氧化性。隔板的材料有木质、微孔橡胶、微孔塑料等。木质隔板价格便宜，但耐酸性能差，已很少使用；微孔橡胶隔板性能好，寿命长，但生产工艺复杂，成本较高，推广使用受到限制；微孔塑料隔板孔径小，孔率高，薄而软，生产效率高，成本低，因此目前广泛使用。

3. 电解液

电解液是蓄电池内部发生化学反应的主要物质，由专用硫酸和蒸馏水按一定的比例配制而成。蓄电池电解液的相对密度一般为 1.24～1.30（电解液的温度为 25 ℃），使用中密度应根据地区、气候条件和制造厂的要求而定，见表 9-1-1。在配置电解液时必须使用耐酸的器皿，并且只能将硫酸缓慢地倒入蒸馏水中，并不断搅拌。

表 9-1-1　　　　　　　　　不同地区气候条件下的电解液相对密度

不同地区的冬季气候条件	完全充足电的蓄电池在 25 ℃时的电解液相对密度	
	冬季	夏季
温度低于零下 40 ℃	1.30	1.26
温度在零下 40 ℃以上	1.28	1.24
温度在零下 30 ℃以上	1.27	1.24
温度在零下 20 ℃以上	1.26	1.23
温度在 0 ℃以上	1.23	1.23

4. 壳体

蓄电池的壳体主要用来盛放电解液和极板组，要求其应耐酸、耐热、耐震动冲击。主要有硬橡胶外壳和聚丙烯塑料外壳两种，如图 9-1-8 所示。

5. 联条

由于每个单格电池所能产生的电动势大约为 2 V，为了获得更高的电动势，通常要将多个 2 V 的单格电池串连起来。在实际应用中，蓄电池各单格电池之间均采用铅质联条串联。传统的联条连接方式是安装在蓄电池盖上，这样不仅浪费材料，还使蓄电池内阻增大，并且易出现不正常的放电现象，所以这种连接方式已被穿壁式连接所取代，如图 9-1-9 所示。采用穿壁连接方式所用联条的尺寸很小，并安装在蓄电池内部，有效地避免了传统联条连接方式的弊端。

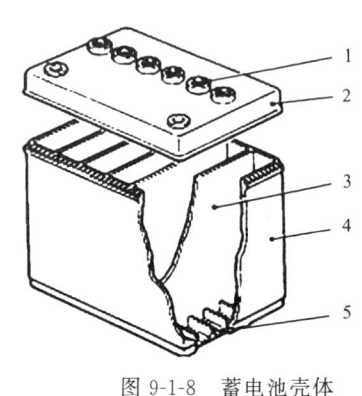

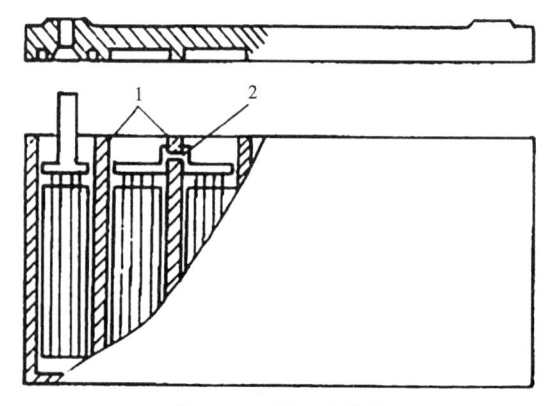

图 9-1-8　蓄电池壳体
1—注入口；2—盖；3—隔板；4—蓄电池壳体；5—联条

图 9-1-9　蓄电池联条
1—间壁；2—联条

6.加液孔

每个单格电池都有一个加液孔,其上装有加液孔盖,如图 9-1-10 所示。旋下加液孔盖,可以加注电解液或检测电解液密度;旋入孔盖便可防止电解液溅出。孔盖上设有通气孔,该小孔应保持畅通,以便随时排出蓄电池内化学反应放出的氢气(H_2)和氧气(O_2),防止外壳胀裂和发生事故。

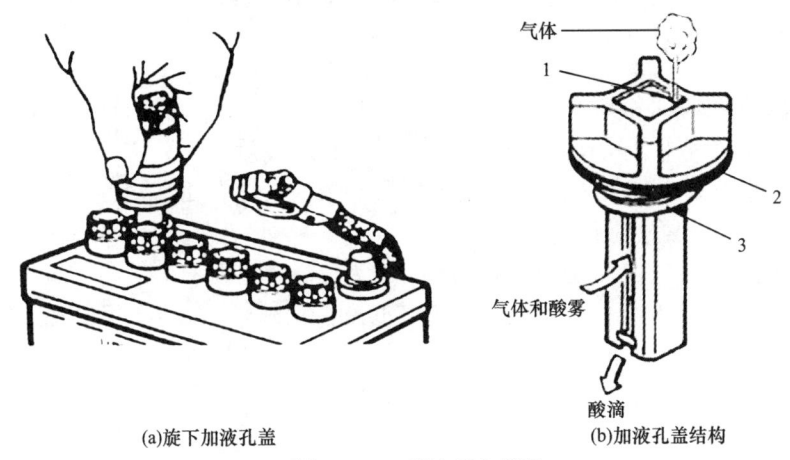

(a)旋下加液孔盖　　(b)加液孔盖结构

图 9-1-10　蓄电池加液孔

1—通气孔;2—密封圈;3—螺纹

三、免维护蓄电池

免维护蓄电池因其诸多的优点而成为目前汽车上使用最为普遍的铅酸蓄电池。

1.免维护蓄电池的结构特点

(1)极板栅架采用铅钙锡合金材料制成,彻底消除锑的副作用。

极板栅架采用铅低锑合金(含锑 2%～3%)材料制作的蓄电池称为少维护蓄电池。锑的存在,不仅会在电化学反应中不断地从正极板析出并迁移到负极板表面为自放电创造条件,而且使蓄电池电动势降低,充电电流增大,水的电解速度加快。

(2)采用袋式聚氯乙烯隔板,将正极板装在隔板袋内,既能避免活性物质脱落,又能防止极板短路。

(3)通气孔塞采用新型安全通气装置,孔塞内装有氧化铝过滤器和催化剂钯。过滤器能阻止水蒸气和硫酸气体通过,避免其与外部火花接触而发生爆炸,催化剂能促使氢离子和氧离子结合生成水再回到池内而减少水耗。

(4)外壳用聚丙烯塑料热压而成,槽底无筋条,极板组直接安放在壳底上,使极板上部容积增大 33%左右,电解液储存量增大。

有些免维护蓄电池在内部装有一只指示荷电状况的相对密度计。如图 9-1-11 所示,如果相对密度计顶部的圆点呈绿色,蓄电池荷电充足(大约 65%充电);如果圆点模糊,蓄电池荷电不足。如果圆点呈黄色,给蓄电池再充电也无济于事;如果此"眼睛"是透亮的,是电解液不足。这两种情况都必须更换蓄电池。

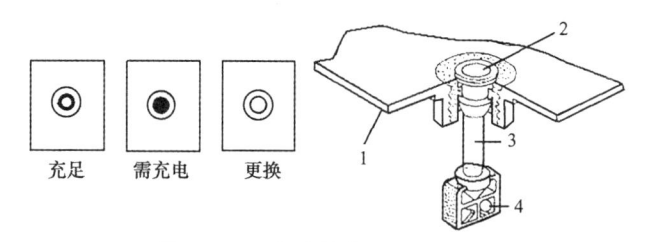

图 9-1-11　免维护蓄电池电量指示

1—蓄电池上盖；2—观察镜；3—荷电状态指示器；4—绿色小球

2. 免维护蓄电池的使用特点

(1) 在整个使用过程中无须补加蒸馏水，减少了维护工作量。

(2) 电池盖上设有安全通气装置，可阻止水蒸气和硫酸气体的通过，减少了电解液的消耗，并能减弱电桩和附近机件的腐蚀。

(3) 自放电少，可储存 2 年以上；使用寿命长，约为普通蓄电池的 4 倍。

(4) 耐过充电性能好，免维护蓄电池的过充电电流在充满电时可接近零，减少了电和水的损耗。

(5) 内阻小，起动性能好。

四、蓄电池的基本工作原理

蓄电池的工作原理就是化学能与电能的相互转化。当蓄电池将化学能转化为电能而向外供电时，称为放电过程；当蓄电池与外界直流电源相联而将电能转化为化学能储存起来时，称为充电过程，如图 9-1-12 所示。

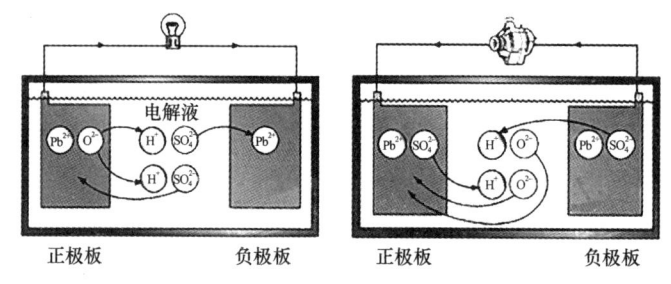

(a) 蓄电池作为电源对外放电　　(b) 蓄电池作为负载被充电

图 9-1-12　蓄电池的工作原理

蓄电池充放电过程中的化学反应是可逆的，即

$$PbO_2 + 2H_2SO_4 + Pb \underset{充电}{\overset{放电}{\rightleftharpoons}} PbSO_4 + 2H_2O + PbSO_4$$

正极板　电解液　负极板　　　正极板　电解液　负极板

五、蓄电池规格和型号

按 JB/T 2599—2012《铅酸蓄电池名称、型号编制与命名办法》规定，蓄电池的产品型号一般都标注在外壳上，由三部分组成，各部分之间用破折号分开，即

Ⅰ — Ⅱ — Ⅲ

第"Ⅰ"部分：表示串联的单体蓄电池数，用阿拉伯数字表示。

第"Ⅱ"部分：包含两方面内容，都用汉语拼音字母标识，前面第一项表示蓄电池的类型，后面用来表示蓄电池的特征，部分蓄电池的特征见表 9-1-2。

表 9-1-2　　　　　　　　　　　部分蓄电池的特征

序号	1	2	3	4	5
蓄电池特征	干式荷电	湿式荷电	免维护	密封式	胶体式
型号	A	H	W	M	J

(1)电池类型：根据其主要用途划分，起动型铅蓄电池用"Q"表示，代号 Q 是汉字"起"的第一个拼音字母。

(2)电池特征：为附加部分，仅在同类用途的产品具有某种特征，而在型号中又必须加以区别时采用。当产品同时具有两种特征时，应按表顺序将两个代号并列标志。

第"Ⅲ"部分：表示蓄电池 20 h 放电率的额定容量，用阿拉伯数字表示，单位是 A·h(安·时)，在型号中单位略去。有时在额定容量后面用一个字母表示特殊性能，G—表示高起动率，S—表示塑料外壳，D—表示低温起动性能好。

例如：6-QW-75，表示由 6 个单格电池组成，额定电压 12 V，额定容量为 75 A·h 的起动用免维护蓄电池。

六、蓄电池的使用与维护

1.蓄电池的正确使用

由于放电电流过大会直接影响蓄电池的容量，汽车上规定每次使用起动机(蓄电池大电流放电)的时间不应超过 5 s，再次起动时应间歇 10～15 s，以便使电解液充分渗透，使更多活性物质参加反应，否则会导致蓄电池容量减小，使用寿命缩短。连续三次起动不成功时，应查明原因，排除故障后再起动发动机。安装和搬运蓄电池时，应轻搬轻放，不可敲打或在地上拖拽。蓄电池在汽车上应固定牢靠，以防行车时振动和移位。要经常检查蓄电池的电解液和蓄电池的放电情况，如发现电解液不足或蓄电池充电不足，要及时进行补充或充电。

冬季用起动机起动汽车时，由于放电电流大、温度低，从而使蓄电池容量大大减小，这就是为什么在冬季起动时总会感到蓄电池电量不足的主要原因之一。由于温度对蓄电池的放电容量及端电压影响较大，所以北方冬季要注意蓄电池的保暖工作，具体包括如下几个方面：

(1)冬季应特别注意保持蓄电池处于充足电状态，以免电解液密度降低而结冰。

(2)冬季补加蒸馏水，应在充电前进行，以使蒸馏水较快地与电解液混合而不致结冰。

(3)冬季蓄电池容量降低，在起动冷态发动机前，应进行预热，以减少起动阻力矩。

(4)冬季气温低，充电较困难，可以适当调高调节器的调节电压，以改善蓄电池的充电状态，但仍要防止过度充电。

2.蓄电池的维护

及时清除蓄电池表面的灰尘污物，电解液溅到蓄电池表面时，应用抹布蘸10%浓度的苏打水或碱水擦净，电极桩和电线夹头上出现氧化物时应及时清除(可用开水冲刷去除)。经常疏通加液孔盖上的通气孔。检查各单格内电解液的液面高度，如发现不足及时补充。根据季节情况，及时调整电解液密度。对于放完电的蓄电池应在 24 h 内及时进行充电。对于长期停驶车辆的蓄电池,每两个月应进行一次补充充电。常用车辆的蓄电池,放电程度冬季达25%、夏季达50%时即应充电,必要时及时进行补充充电。

拆卸蓄电池电缆时,应先拆下蓄电池负极,再拆下蓄电池正极;安装蓄电池电缆时,应先安装蓄电池正极,再安装蓄电池负极,以免拆卸过程中造成蓄电池短路。

七、蓄电池技术状况检测

蓄电池技术状况检测包括:蓄电池端电压的检测、蓄电池放电程度的检查、电解液液面高度的检查及电解液密度的测量。

1.蓄电池端电压的检测

蓄电池端电压可以用万用表的电压挡进行检测,,如图9-1-13所示。将万用表置于直流20 V挡位;用万用表的正表笔接蓄电池的正极柱,负表笔接负极柱,读出指示电压值,电压值低于10.4 V,表明蓄电池电量不足,需进行保养充电。蓄电池端电压还可以通过放电计进行检测,如图9-1-14所示。高率放电计测量时,将放电叉的两触针紧压在蓄电池单格的正、负极桩上,测量5 s,观察放电计的电压,记录电压值。此时为蓄电池大电流放电情况下的端电压,正常状态蓄电池端电压应在9 V以上,且能稳定5 s。

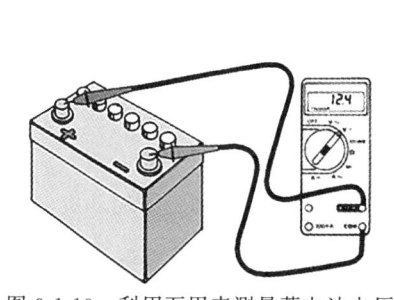

图9-1-13　利用万用表测量蓄电池电压 　　图9-1-14　利用放电计测量蓄电池电压

2.放电程度的检查

电解液密度与放电程度的关系是密度每下降0.01 g/cm^{3}相当于蓄电池放电6%,当判定蓄电池在夏季放电超过50%,冬季放电超过25%时不宜再使用,应及时进行充电,否则会使蓄电池早期损坏。放电程度可通过用密度计(图9-1-15)测量电解液密度来估算和用高率放电计测量单格电池电压来判定放电程度。

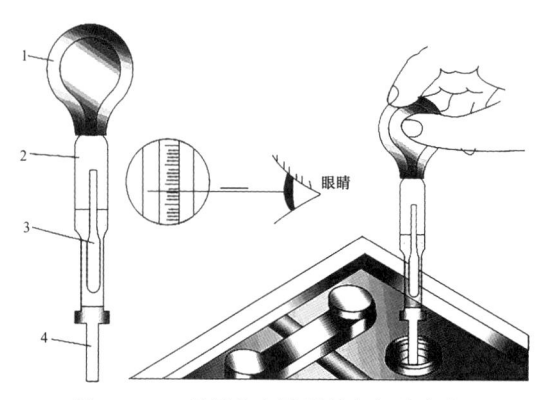

图9-1-15　利用密度计测量电解液密度
1—橡皮管;2—玻璃管;3—浮子;4—橡皮吸管

3. 电解液液面高度的检查

必须定期检查电解液的高度,如果液面过低,必须且只能添加蒸馏水。蓄电池的壳体为透明或半透明材料制成的,在上面有正常液位范围标记,如图 9-1-16 所示。电解液的液位必须在该范围之内。在极冷气候下,加注蒸馏水时,蓄电池必须立即加以充电,直到电解液充分搅动,以防冻结。

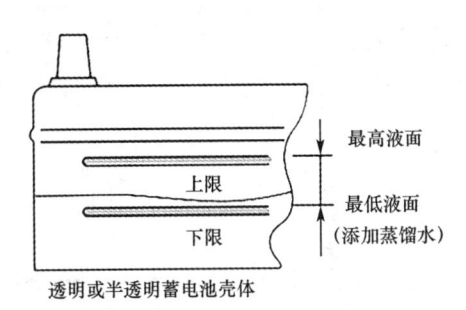

图 9-1-16 透明壳体的蓄电池液位检查

在不透明壳体的蓄电池中,电解液液体必须保持在隔板以上 10～15 mm 的高度,以保证没过各电解槽中的极板,如图 9-1-17 所示。

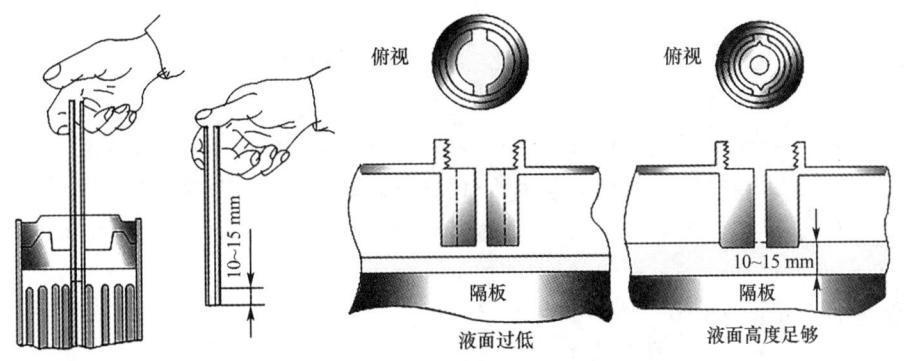

图 9-1-17 不透明壳体的蓄电池液位检查

八、蓄电池的充电方法

蓄电池的常规充电方法有定流充电和定压充电两种,非常规充电有脉冲快速充电。不同的充电种类应根据具体情况合理地选择充电方法。

1. 定流充电

蓄电池在充电过程中,充电电流保持恒定不变的充电方法称为定流充电。在进行定流充电时,随着蓄电池电动势的逐渐提高,应逐步增加充电电压,当蓄电池单格电压上升至 2.4 V(电解液开始冒气泡)时,将充电电流减半后保持恒定,直到蓄电池完全充足电为止。在定流充电时,应注意如下几个方面:

①定流充电时,各蓄电池需串联连接,如图 9-1-18 所示,所以定流充电又称串联充电。

②由于充电时,每个单体电池充满电需要达到 2.7 V 电压,所以串联的单体电池总数不应超过 $n=U_c/2.7$(U_c 为充电机的额定电压)。

③串联的蓄电池最好容量相同,否则充电电流的大小必须按照容量最小的蓄电池来选定,而容量大的蓄电池则充电太慢。

④定流充电采用两阶段充电:第一阶段以规定的电流进行充电,在此阶段中,正、负极板上的 $PbSO_4$ 基本上还原成活性物质;第二阶段,将充电电流减半(防止电解 H_2O),一直到充电终止,如图 9-1-19 所示。

定流充电具有适应性广,可以任意选择和调整充电电流,可普遍用于初充电、补充充电和去硫化充电等优点。定流充电的缺点就是充电时间太长,且需经常调节充电电流。

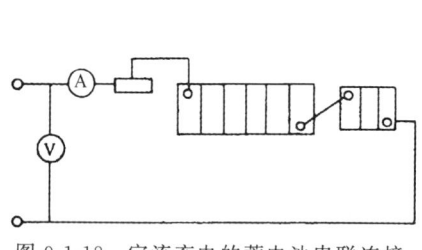

图 9-1-18 定流充电的蓄电池串联连接

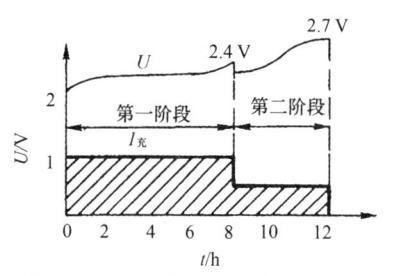

图 9-1-19 定流充电两阶段充电法

2.定压充电

在充电过程中,电源电压始终保持恒定不变的充电方法,称为定压充电。定压充电具有以下特点:

①定压充电时,各蓄电池需并联连接(图 9-1-20),所以定压充电又称并联充。

②由于是并联连接,所以定压充电要求所有充电的蓄电池电压必须相同。

③在定压充电开始时,充电电流很大,随着蓄电池电动势的不断增高,充电电流逐渐减小。充电终了,充电电流将自动减小至零,因而不需要人照管(汽车上的发电机对蓄电池的充电即为定压充电),如图 9-1-21 所示。

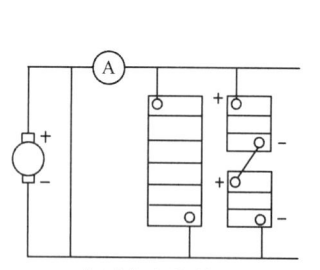

图 9-1-20 定压充电的蓄电池并联连接

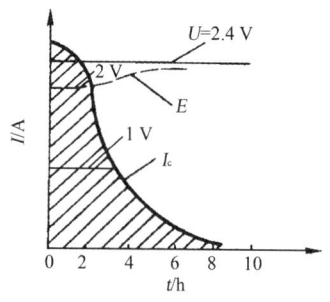

图 9-1-21 定压充电的充电特性曲线

④在定压充电过程中,充电电压对充电的效果影响很大,如果充电电压合适,蓄电池充足电后,充电电流可自动减小到 0。如果充电电压低,蓄电池将永远也充不满电,对蓄电池的使用寿命会产生很大的影响。如果充电电压过高,在蓄电池充满电后还会继续充电,此时的充电即为过充电,过充电将会消耗电解液中的水分,也会影响蓄电池的使用寿命。一般单体电池充电电压约需 2.5 V,对于 12 V 蓄电池来说,充电电源应选择在 15 V 左右。

定压充电的优点是充电速度快,充电时间短(开始充电后 4～5 h 内蓄电池就可以获得本身容量的 90%～95%),比定流充电的时间大大缩短,且不需人工调整和照管,所以特别适合对具有不同容量的蓄电池进行充电。

定压充电时,由于充电电流大小不能调整,所以不能保证蓄电池彻底充足电,只能用于补充充电,而不能用于初充电和去硫化充电。

3. 脉冲快速充电

脉冲快速充电亦为分段充电法。整个充电过程为:正脉冲充电、停充(25 ms)、负脉冲(瞬间)放电或反充、再停充、再正脉冲充电。

该充电方法显著的特点是充电速度快,即充电时间大大缩短。一次初充电只需 5 h 左右,补充充电仅需 1 h 左右。采用这种方法充电,还可以使蓄电池容量增加,使极板"去硫化"明显。但其缺点是充电速度快,析出的气体总量虽减少,可其出气率高,对极板活性物质的冲刷力强,故易使活性物质脱落,因而对蓄电池的使用寿命会有一定影响。

4. 充电注意事项

①严格遵守各种充电方法的充电规范;

②充电过程中,要密切观察各单格电池的电压和密度变化,及时判断其充电程度和技术状况;

③在充电过程中,密切注意电池的温度;

④初充电时应连续进行,不能长时间间断;

⑤配制和灌入电解液时,要严格遵守安全操作规则和器皿的使用规则;

⑥充电时要经常备用冷水、10%苏打溶液或 10%的氨水溶液;

⑦充电室要安装通风装置,并要严禁有明火;

⑧充电设备不应和蓄电池放置在同一工作间,充电时应先接牢电池线,停止充电时应先切断电源,严防火花发生。

复习题

1. 如何正确使用和维护蓄电池?
2. 试述定流充电的工艺过程。
3. 检测蓄电池的技术状况主要有哪些检测项目?

任务 9.2
发电机的认知及检测

学习目标

知识目标

1. 了解交流发电机的基本结构；
2. 熟悉交流发电机的工作原理。

技能目标

能够进行交流发电机工作状态检测。

素养目标

1. 具备查询信息和使用维修手册的基本能力；
2. 能够与他人密切合作，规范、安全地完成学习任务；
3. 养成自主学习、规范操作的工作习惯及环保意识。

相关知识

一、发电机的作用及类型

1.发电机的作用

发电机的作用是将来自发动机的机械能转变成电能。发动机通过皮带来驱动发电机,发电机的皮带轮带动转子转动发出交流电来,再经整流器整流将交流电变成直流电。

2.发电机的类型

汽车所使用的发电机多为交流发电机,其种类繁多,分类方法也很多。主要的分类方法有以下几种:

①按磁场绕组接地形式分为内搭铁和外搭铁。

②按整流器二极管的数量分为六管、八管、九管、十一管。

③按发电结构分为普通交流发电机、内装电子调节器的整体式交流发电机、带真空泵的交流发电机及无刷交流发电机。

3.发电机的安装位置

交流发电机通常都安装在发动机上,由曲轴前端的皮带轮来驱动,如图9-2-1所示。

图9-2-1 交流发电机在汽车上的安装位置

二、发电机的结构

汽车交流发电机的结构基本相同,主要由转子、定子、整流器、前端盖、后端盖、带轮及风扇等组成(对于整体式交流发电机,其内部还包含电压调节器)。其外形和结构分别如图9-2-2和图9-2-3所示。

图 9-2-2　汽车交流发电机的外形

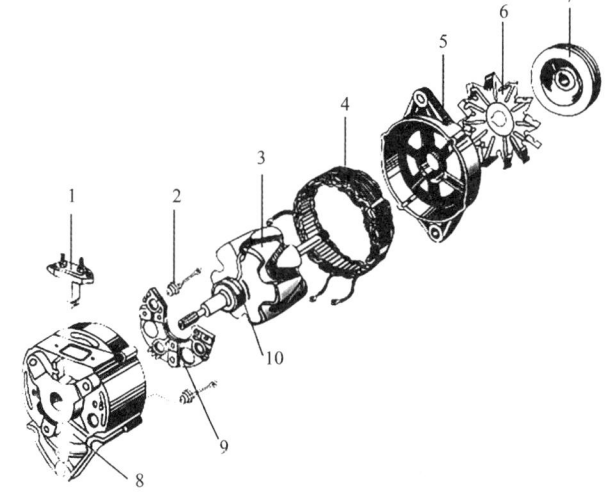

图 9-2-3　汽车交流发电机的结构
1—电刷及电刷支架；2—硅二极管；
3—转子；4—定子；5—前端盖；6—风扇；
7—带轮；8—后端盖；9—整流器；10—滑环

1. 转子

交流发电机转子的作用就是建立磁场（即"励磁"），如图 9-2-4 所示。它主要由两块爪极、励磁绕组、磁轭轴和集电环等组成，如图 9-2-5 所示。由低碳钢制成的两块爪极压装在转子轴上，在两块爪极的内腔装有导磁用的铁芯（称为磁轭），其上绕有励磁绕组。励磁绕组的两端引线分别焊在彼此绝缘的两个集电环上（也称滑环，与轴绝缘）。两个集电环与装在后端盖上的两个电刷相接触。这两个电刷引出的接线柱即为发电机的"F"（"磁场"）接线柱和"E"（或"搭铁"）接线柱。当这两个接线柱与直流电源相接时，便有电流流过励磁绕组（该电流称为发电机的励磁电流），产生磁通，从而形成相互交错的 N、S 磁极，如图 9-2-6 所示，磁极的对数一般为四至八对，国产交流发电机的磁极对数多为六对。

图 9-2-4　交流发电机的转子

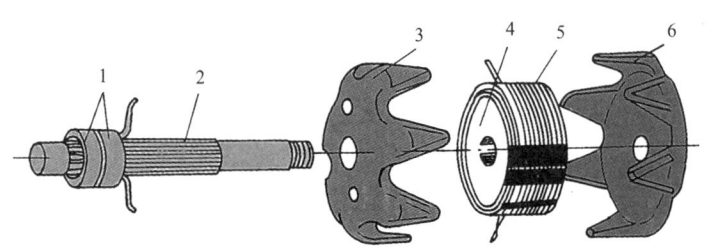

图 9-2-5　交流发电机的转子组成
1—集电环；2—转子轴；3,6—爪极；4—磁轭；5—励磁绕组

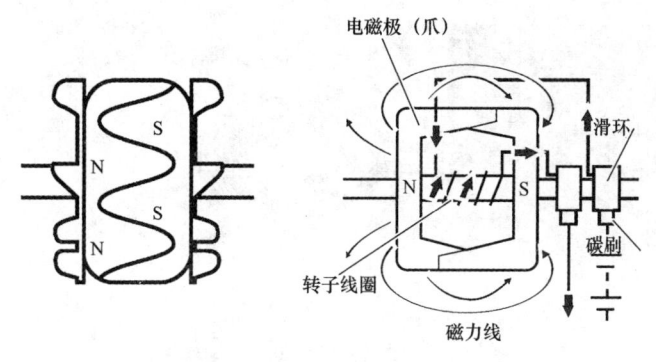

图 9-2-6 转子磁场的磁力线分布与磁场电路原理

2.定子

定子又称电枢,其作用就是产生交流电动势(即"发电")。它由定子铁芯和三相定子绕组组成。定子铁芯一般由一组相互绝缘的且内圆带有嵌线槽的圆环状硅钢片叠制而成,定子槽内置有三相对称绕组。三相绕组的联结有星形(Y)联结和三角形(△)联结两种接法,如图9-2-7所示。其中所谓三角形接法就是将三组线圈头尾相接,这种接法高速时发电量大,但低速时发电量小,不能满足汽车发电机在高、低速下都要保证充足发电的要求,所以三角形接法很少使用。

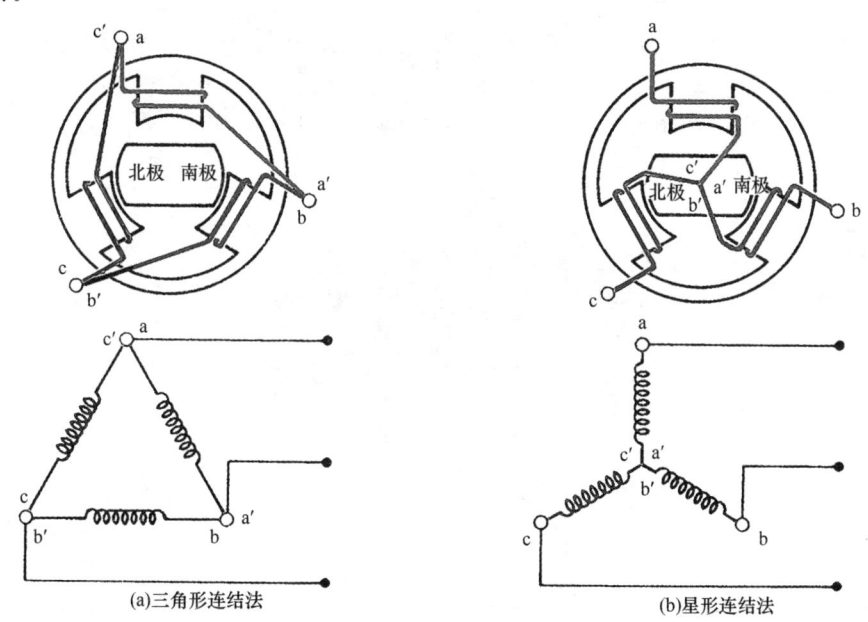

(a)三角形连结法　　(b)星形连结法

图 9-2-7 三相绕组的两种接法

目前车用交流发电机都普遍采用星形(Y)连结,即每相绕组的首端分别与整流器的硅二极管相接,作为交流发电机的交流输出端,每相绕组的尾端接在一起,形成中性点 N,定子绕组结构和星形连结如图 9-2-8 所示。

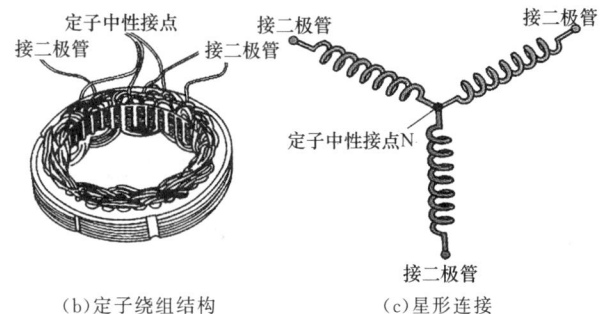

(a)定子绕组的外形　　(b)定子绕组结构　　(c)星形连接

图 9-2-8　交流发电机的定子绕组

在三相对称绕组中所产生的电动势是对称电动势,即电动势的大小相等、电位差互差 120°(电角度)。因此,为保证三相绕组中所产生的电动势是对称电动势,三相绕组在定子槽中的绕法必须满足:

①每相绕组线圈的个数、每个线圈的匝数、每个线圈的大小都必须相等,这样可保证每相绕组所产生的电动势大小相等。

②三相绕组的三个首端在定子槽内的排列必须间隔 120°[单位"度"俗称"电角度",是"相位差"的单位,法定计量单位为 rad,1°=(π/180)rad]。

3.整流器

整流器的主要作用就是整流,即将定子绕组产生的三相交流电变成直流电输出;另外,还可阻止蓄电池的电流向发电机倒流。它一般由六个硅二极管(其中三个正二极管、三个负二极管)接成三相桥式全波整流电路。图 9-2-9 为整流器的外形图。

图 9-2-9　整流器

硅整流二极管分为正极管子和负极管子。压装在元件板上的三只二极管,引线为二极管的正极,外壳为二极管的负极,俗称"正极管子",管底涂有红色标记;压装在后端盖上的二极管,其引线为二极管的负极,外壳为二极管的正极,俗称"负极管子",管底涂有黑色标记。三只正二极管的外壳与元件板接在一起成为发电机的正极,用螺栓引至后端盖外部作为发电机的火线接线柱,标记为"B"(也称为 B 端子)。而三只负二极管的外壳与发电机的后端盖接在一起成为发电机的负极(也称为 E 端子)。如图 9-2-10 所示。元件板必须与后端盖绝缘,并固定在后端盖上,为维修方便,有些车型的发电机将 3 只负二极管压装在另一个元件板上。

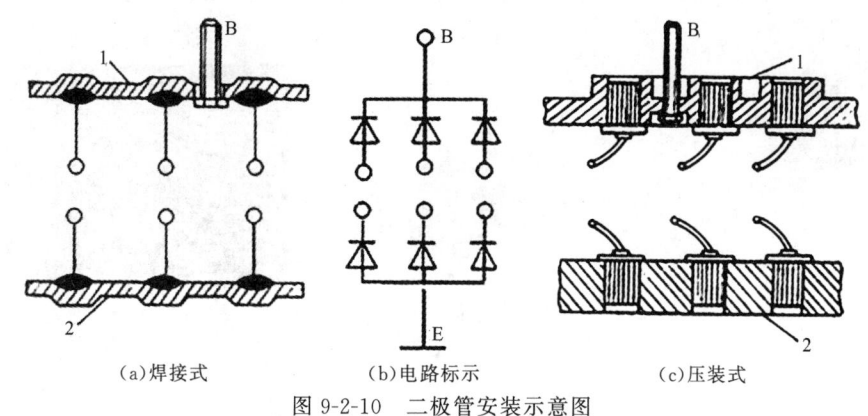

(a)焊接式　　　(b)电路标示　　　(c)压装式

图 9-2-10　二极管安装示意图

1—正整流板(安装正二极管)；2—负整流板(安装负二极管)

有些交流发电机的整流器采用 9 只二极管，增加的是 3 只小功率磁场二极管，专门用来供给励磁电流，这样可以提高发电机的电压调节精度。采用磁场二极管后，仅用简单的放电警告灯即可以指示发电机的发电情况，节省了 1 只放电警告灯继电器。

另外，有些发电机为了提高中性点电压，提高发电机输出功率，增加了两只二极管对中性点电压进行整流，汇入发电机的输出端。同时具备上述两种功能的发电机整流器共有 11 只硅二极管，图 9-2-11 为几种不同发电机的整流器。

(a)8只二级管　　　(b)9只二级管　　　(c)11只二级管

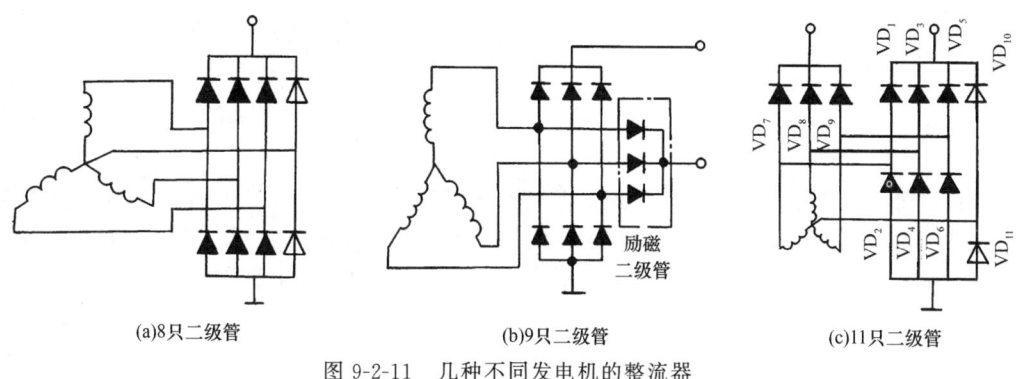

图 9-2-11　几种不同发电机的整流器

4.电刷与电刷架

交流发电机有两只电刷，安装在电刷架的方孔内，利用弹簧的压力使其与集电环保持良好的接触。两只电刷有正负之分，用于转子绕组供电的电刷称为正电刷，其引至发电机后端盖上的接线柱称为"F"(或"磁场")接线柱，用于转子绕组搭铁的电刷称为负电刷，其引至发电机后端盖上的接线柱称为"E"(或"搭铁")接线柱。

电刷与电刷架的结构有外装式和内装式两种，其构造如图 9-2-12 所示。搭铁电刷的引出线用螺钉直接固定在后端盖上(标记"—")的方式称为内搭铁；如果搭铁电刷的引出线与机壳绝缘接到后端盖外部的接线柱上(标记为"F_2")，这种方式称为外搭铁。

(a)内装式　　　(b)外装式

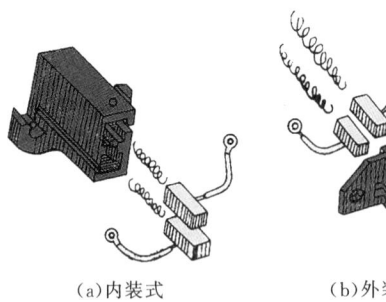

图 9-2-12　电刷与电刷架的构造

5.带轮及风扇

交流发电机的前端装有带轮,由发动机通过风扇传动带驱动发电机旋转。在带轮的后面装有叶片式风扇,前后端盖上分别有出风口和进风口。当发动机带动发电机高速旋转时,可使空气流经发电机内部,对发电机进行冷却。对于一些高挡轿车,其发电机的功率大、体积小,为了提高散热强度,一般装有两个风扇,且将风扇叶直接焊在转子上。

6.前后端盖

交流发电机的前端盖、后端盖是由非导磁材料铝合金制成的,漏磁少,并具有轻便、散热性能好等优点。在后端盖内装有电刷架和电刷。汽车上使用的发电机的前后端盖上通常设有通风口。当传动带轮和风扇一起旋转时,使空气高速流经发电机内部进行冷却。

三、发电机的工作原理

1.发电原理

交流发电机产生交流电的基本原理是电磁感应原理,利用产生磁场的转子旋转,使穿过定子绕组的磁通量发生变化,在定子绕组内产生交流感应电动势。

给转子绕组(励磁绕组)供电,就会在转子中形成磁场(转子成为磁铁),磁铁(磁通)在线圈中旋转,将在线圈中产生电(电动势)。这样产生的电流为大小和方向都不断变化的交流电流。如图 9-2-13 所示,线圈中产生的电流和磁铁位置存在一定的关系,最大电流产生在磁铁的南极和北极最靠近线圈时。电流方向随磁铁转动半圈而变化一次。以这种方式形成的正弦波形电流,称为"单相交流电"。图中每 360°为一循环。

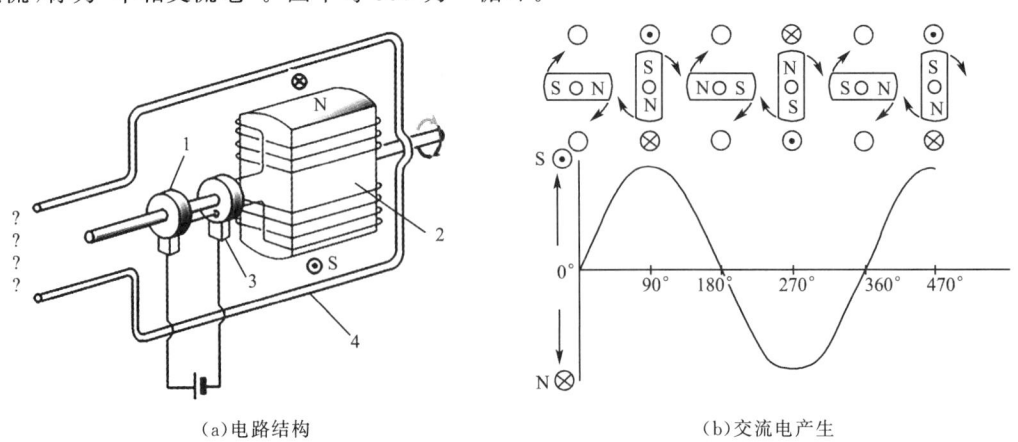

(a)电路结构　　　(b)交流电产生

图 9-2-13　单相交流电的产生
1—滑环;2—转子芯;3—电刷;4—定子芯

为了发出足够的电能,一般汽车交流发电机均采用三相定子绕组。如图 9-2-14 所示为三相交流发电机的工作原理图。当励磁绕组有电流通过时,励磁绕组便产生磁场,转子轴上的两个爪极分别被磁化为 N 极和 S 极。当转子旋转时,磁极交替地在定子铁芯中穿过,形成一个旋转的磁场,磁力线和定子绕组之间产生相对运动,在三相绕组中产生交流感应电动势。在交流发电机中,由于转子磁极呈鸟嘴形,其磁场的分布近似正弦规律,所以在发电机定子绕组中产生的交流感应电动势也近似正弦规律。

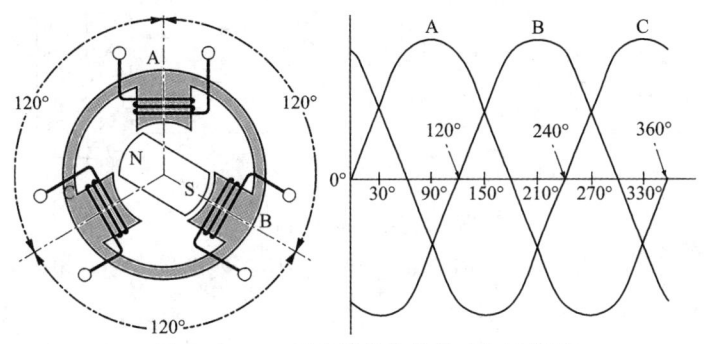

图 9-2-14 三相交流发电机的工作原理图

2. 整流原理

汽车的电器在工作时需要直流电,蓄电池充电时也要使用直流电,而交流发电机发出的电为三相交流电,如果不将其转变成直流电,就不能在汽车上应用。将交流电变成直流电的过程称作整流。整流的方法有很多种,汽车交流发电机所采用的整流方法为硅二极管整流法。

硅整流二极管具有单向导电性:当给硅整流二极管加上正向电压(正极电位高于负极电位)时导通,硅整流二极管呈现低电阻状态;当给硅整流二极管加一反向电压(正极电位低于负极电位)时截止,硅整流二极管呈现高电阻状态。利用硅整流二极管的这种单向导电特性,制成了交流发电机的硅整流器,将交流电变为直流电。硅整流器实际上是一个由六只硅整流二极管组成的三相桥式整流电路,如图 9-2-15(a)所示,三相交流电动势及整流后输出电压如图 9-2-15(b)所示。

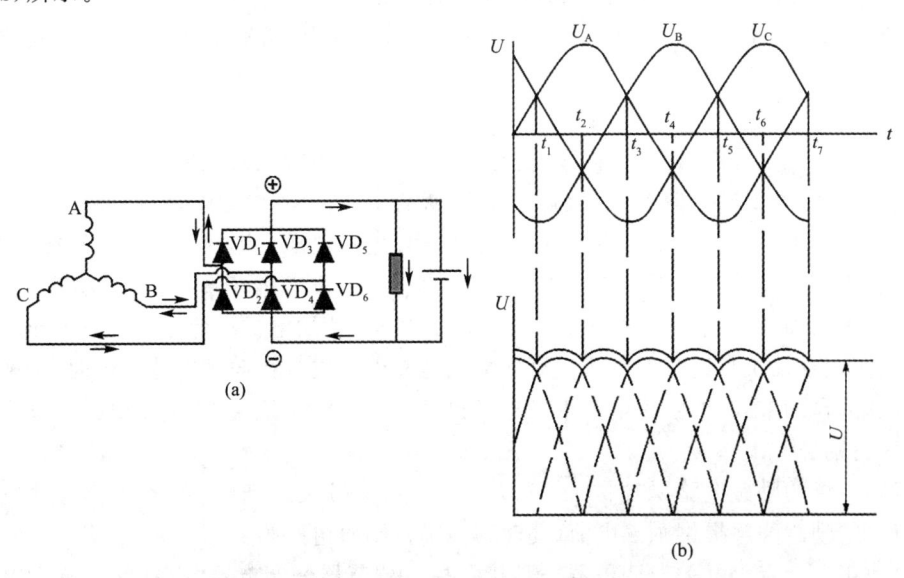

图 9-2-15 三相桥式整流电路、三相交流电动势及整流后输出电压

三相桥式整流电路的整流原理如下(图 9-2-16)。

(a) $t_1 \sim t_2$　　　　　　　　(b) $t_2 \sim t_3$

(c) $t_3 \sim t_4$　　　　　　　　(d) $t_4 \sim t_5$

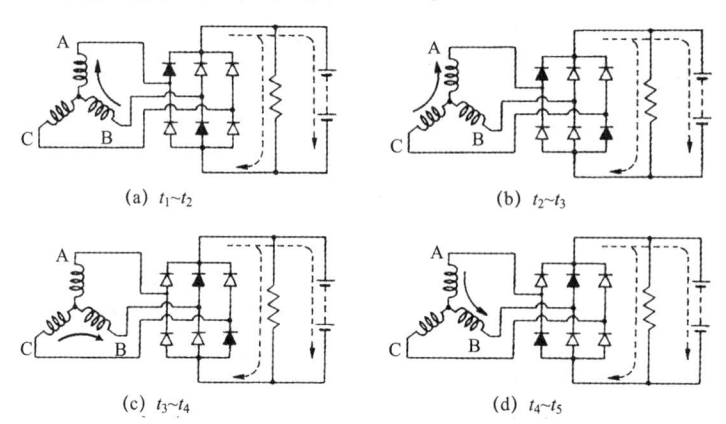

图 9-2-16　整流过程

①由于三个正极管子(VD_1、VD_3、VD_5)的正极分别接在发电机三相绕组的首端,而它们的负极同接在元件板上,因此这三个正极管子的导通原则是:在某一瞬间,正极电位最高者导通。

②由于三个负极管子(VD_2、VD_4、VD_6)的负极也分别接在发电机三相绕组的首端,而它们的正极同接在后端盖上,所以这三个负极管子的导通原则是:在某一瞬间,负极电位最低者导通。

③在每一瞬间,同时导通的管子只有两个,即正、负极管子各一个。

根据上述原则,其整流过程如下:

①在 $t_1 \sim t_2$ 时间内,A 相的电压为最高,而 B 相的电压为最低,故 VD_1、VD_4 处于正向电压下而导通,负载两端得到的电压 U_{AB}(为线电压的瞬时值,不计管子导通时的压降)。

②在 $t_2 \sim t_3$ 时间内,A 相的电压仍为最高,而 C 相的电压变为最低,于是 VD_1、VD_6 导通,负载两端的电压为 U_{AC}。

③在 $t_3 \sim t_4$ 时间内,VD_3、VD_6 导通,负载两端的电压为 U_{BC}。

④在 $t_4 \sim t_5$ 时间内,VD_3、VD_2 导通,负载两端的电压为 U_{BA}。

如此依次类推,循环反复,就在负载两端得到一个比较平稳的脉冲直流电压 U,如图 9-2-15(b)所示。

3.励磁方式

在无外接直流电源的情况下,由于交流发电机转子的爪极剩磁较弱,所以发电机在低速运转时,加在硅二极管上的正向电压很小。此时二极管的正向电阻较大,较弱的剩磁产生的很小的电动势很难克服二极管的正向电阻,因而无法使发电机电压迅速建立起来。这样,发电机低速充电的要求就不能满足。为了克服这一缺点,汽车上的发电机必须与蓄电池并联,由蓄电池为励磁绕组提供励磁电流(称为他励方式),以增强磁场,使发电机在低速转动时电压能够迅速上升,从而实现发动机怠速时发电机便可向蓄电池充电。发电机向蓄电池充电时,励磁方法由他励方式变为自励方式,即励磁电流由发电机自己提供。简单地说,交流发电机的励磁方式是先他励,后自励。

交流发电机的励磁电路,如图 9-2-17 所示。当点火开关接通时,蓄电池便通过电压调节器向发电机的励磁绕组提供励磁电流(此时为他励),励磁电路为:

蓄电池正极→点火开关→调节器"＋"接线柱→调节器→调节器"F"接线柱→发电机的正电刷("F"接线柱)→发电机励磁绕组→负电刷→搭铁。

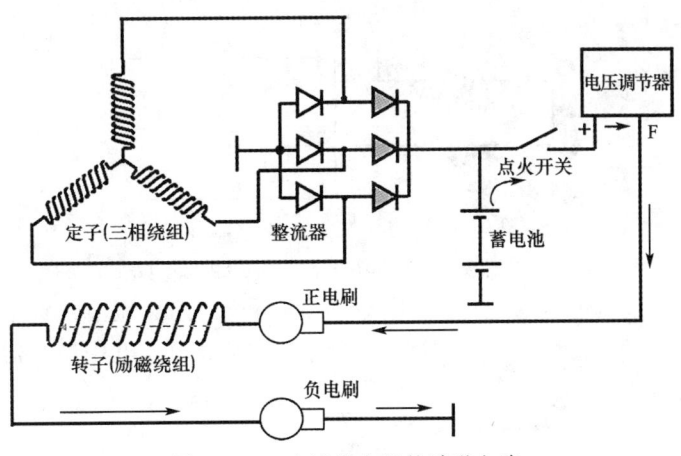

图 9-2-17　交流发电机的励磁电路

当发动机起动后,发电机的输出电压略高于蓄电池电压时,发电机自己给励磁绕组提供励磁电流(此时为自励),励磁电路为:

发电机正极→点火开关→调节器"+"接线柱→调节器→调节器"F"接线柱→发电机的正电刷("F"接线柱)→发电机励磁绕组→负电刷→搭铁,此时发电机开始自励发电。

四、电压调节器

在汽车的发动机起动运转之后,汽车上用电设备的电能都是由发电机提供的,并且汽车上的用电设备都需要在一个较为稳定的电压状态下工作。但是,由于交流发电机的转子是由发动机通过皮带驱动旋转的,且发动机和交流发电机的转速比较大,为 1.7～3,所以交流发电机转子的转速变化范围非常大,这样将引起发电机的输出电压变化范围也很大,无法满足汽车用电设备的工作要求。因此,交流发电机必须配用电压调节器。电压调节器的主要作用就是使交流发电机的输出电压在发动机的所有工况下都保持恒定。根据电磁感应原理,发电机的感应电动势为

$$E_\Phi = Cn\Phi$$

式中　C——发电机的结构常数;
　　　n——发电机转子的转速;
　　　Φ——转子的磁极磁通量。

由上述公式可知,交流发电机产生的感应电动势 E_Φ 与发电机转子转速 n 和磁通量 Φ 成正比。由于当发动机运转时,发电机的转子转速 n 将随发动机转速在很大范围内变化,因此,如果要在转速 n 变化时维持发电机电压恒定,就必须相应地改变磁极磁通量 Φ,而磁极磁通量 Φ 取决于磁场电流的大小,所以在发电机转速变化时,只要自动调节磁场电流,就能使发电机电压保持恒定。电压调节器就是利用自动调节磁场电流使磁极磁通量改变这一原理来调节发电机电压的。

在电路中进行电流调节的方法基本上有三种:一是更改电路中的电压;二是更改电路中的电阻值;三是控制电路的通与断。电压调节器采用的是后两种方法。电磁振动式电压调节器调节磁场电流的方法是通过触点开闭,使磁场电路的电阻改变来调节磁场电流;电子式电压调节器调节磁场电流的方法是利用功率管的开关特性,使磁场电流接通与切断来调节磁场电流,如图 9-2-18 所示。

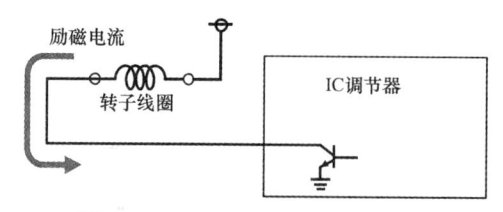

图 9-2-18　电压调节器的工作原理

电压调节器除了要具有调节磁场电流的功能外,还必须要有感知发电机电压变化的装置,也就是说先要感知发电机电压的变化,根据这个变化再决定怎么调节磁场电流。在电磁振动式电压调节器中,感知发电机电压变化的元件是线圈。在电子式电压调节器中感知发电机电压变化的元件是稳压管。

五、充电指示灯控制电路

以前的汽车仪表通常都装有电流表或电压表,其作用都是用来监测充电系统的工作是否正常。而现在这两种方式都已被淘汰。目前国内外大多数汽车上,均装有充电指示灯(用作报警装置),用来监测充电系统的工作情况。一般情况下,当接通点火开关时,充电指示灯亮,而当发动机起动后,交流发电机正常工作时,充电指示灯熄灭。因此,当发动机正常工作时,若充电指示灯突然点亮,则表示充电系统有故障,以及时提醒驾驶员进行维修。

六、发电机性能检测

1. 不解体性能测试

对于 12 V 交流发电机,其正常的发电电压应在 14 V 左右(13.5～14.5 V);对于 24 V 交流发电机,其正常的发电电压应在 28 V 左右(27.5～28.5 V)。交流发电机不解体性能测试的主要项目就是在不同转速、不同电负荷下的输出电压的测量,如图 9-2-19 所示。

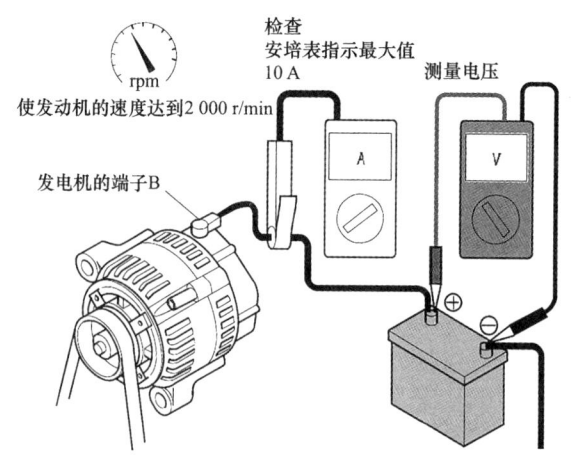

图 9-2-19　不解体性能测试

以 12 V 交流发电机为例,对其进行不解体性能测试的一般方法如下。

起动并运转发动机,直至发动机达到正常的工作温度和怠速转速(约 2 000 r/min),将万用表调至直流电压挡(20 V),把正、负表笔分别连接到蓄电池的正、负极柱上,万用表的电压指示应在 14 V 左右,打开前照灯,观察万用表,电压值会有小幅度下降(约为 13.5 V),逐渐加速发动机,应该看到,随着发动机转速的升高,发电机的输出电压也应随之升高,当输出电压升高到约 14.5 V 时,再继续提高发动机转速,发电机的输出电压将不再升高,基本维持在 14.5 V 左右。对于 24 V 交流发电机,其输出电压的测试值基本为 12 V 交流发电机输出电压的 2 倍。

在测试过程中,如果输出电压过低或过高都是异常的,说明交流发电机、调节器或充电电路有故障,应进行逐项排除。

在对交流发电机解体前,如果有条件的话,应先在万能试验台上进行空载电压和负载电流的测试,进一步检查交流发电机的故障程度。

(1)测量各接线柱之间的电阻

利用万用表的(R×1)挡测量"F"与"一"之间的电阻值,测量"+"与"一"之间和"+"与"F"之间的正、反向电阻值,也可以判断交流发电机内部的技术状况,其标准值见表 9-2-1。

若"F"与"一"之间的阻值过大,表明电刷与集电环接触不良,或励磁绕组断开;若阻值过小,则表明励磁绕组有匝间短路的情况。

若"+"与"一""+"与"F"之间的正向电阻小于规定值,则表示有硅二极管发生短路;如接近表中的数值,但负载电流测试时电流很小,则说明有的硅二极管发生断路。

表 9-2-1　　　　　交流发电机各接线柱之间的电阻值　　　　　　　　　　　Ω

交流发电机型号	"F"与"一"之间的电阻值	"+"与"一"之间的电阻值		"+"与"F"之间的电阻值	
		正向	反向	正向	反向
JF11 JF13 JF21	5～6	40～50	>1 000	50～60	>1 000
JF22 JF23 JF26	19.5～21	40～50	>1 000	50～60	>1 000

(2)空载转速的测试

空载电压的测试在万能试验台上进行,接线方法如图 9-2-20 所示。先将开关 S_1 闭合,由蓄电池给发电机提供励磁电流(他励),接着起动电动机,逐步提高电动机的转速。当转速升高到 500～800 r/min 时,发电机开始自励;继续提高转速,同时观察电压表的读数;当转速上升到规定值时,若电压低于额定值,则表明发电机有故障。

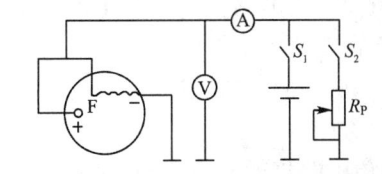

图 9-2-20　交流发电机的空载和满载测试

(3)满载转速的测试

交流发电机的某些故障在没有电流输出的情况下不会表现出来,所以在对发电机进行空载转速测试后,还应进行满载转速测试。

如图 9-2-20 所示,当交流发电机的空载转速达到额定值时,接通开关 S_2,提高发电机转速,改变电阻 R_P,不断增大负载电流。如果发电机在输出额定电流的情况下,其电压能够达到或超出额定值,说明发电机性能良好;如果发电机在输出额定电流的情况下,其电压低于额定值,表明发电机有故障。

2.解体性能检测

(1)转子的检测

测量励磁绕组的阻值,励磁绕组的阻值很小,一般为几欧姆,若为无穷大,则断路。用万用表可检测励磁绕组是否短路和断路,如图 9-2-21 所示。若阻值低于标准值,则说明励磁绕组短路;若阻值为无穷大,则说明励磁绕组断路。

用万用表可检测励磁绕组是否搭铁,如图 9-2-22 所示。每个集电环与转子轴之间,其阻值都是无穷大,若阻值很低,则说明励磁绕组搭铁。

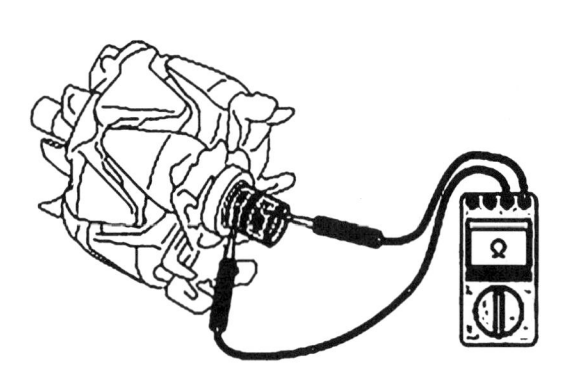

图 9-2-21 励磁绕组断路、短路的测量 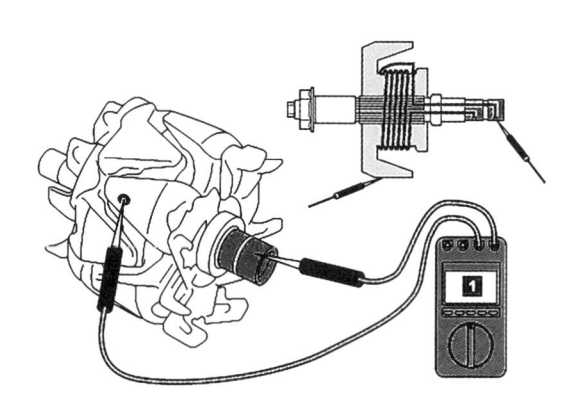　　　　图 9-2-22 励磁绕组搭铁的测量

无论励磁绕组是短路、断路还是搭铁,都必须更换转子。但是,目前汽车发电机的转子很少以单个部件销售,所以通常情况下,当励磁绕组需要更换时,一般都直接更换发电机总成。

(2)集电环(滑环)及电刷的检测

集电环的检测项目主要包括集电环与转子轴间的绝缘性测试、集电环表面磨损情况的检查及脏污情况检查;电刷的检查主要是电刷厚度的检查。

①集电环与转子轴间的绝缘性测试

集电环与转子轴间的绝缘性测试与励磁绕组是否搭铁的测量项目是相同的,如图 9-2-22 所示。

②集电环表面磨损情况的检查

集电环表面磨损情况的检查主要是测量集电环与电刷间的接触面的磨损程度,可通过游标卡尺进行测量,如图 9-2-23 所示。用游标卡尺测量滑环的外径,如果测量值超过规定的磨损极限(集电环厚度一般应大于 1.5 mm),更换发电机总成。

③集电环表面脏污情况的检查

集电环表面脏污,会导致励磁电路接触不良,严重时甚至会断路,所以对集电环表面脏污的情况必须进行检查,如图 9-2-24 所示。首先目测检查,如果表面脏污严重,应用细砂纸轻轻打磨,以去除表面的脏污层,然后用万用表的电阻挡测量同一个集电环工作面的不同两点,应导通;再将表笔分别置于两个集电环的工作面,也应导通。

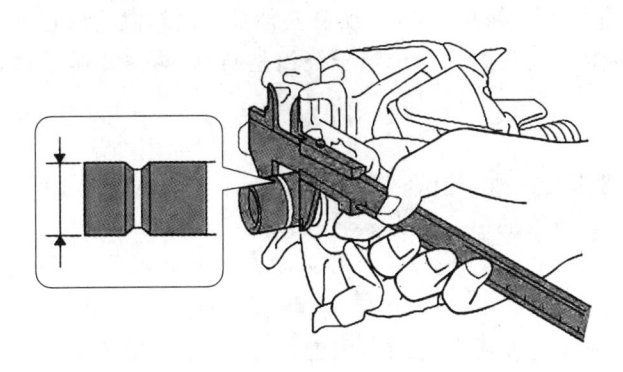

图 9-2-23　集电环表面磨损情况的检测 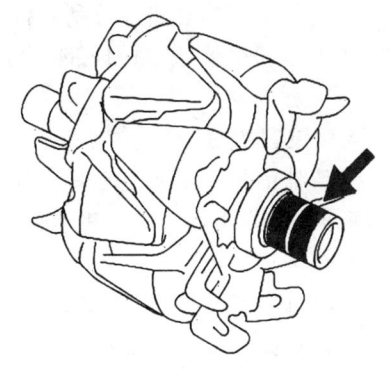　　　　图 9-2-24　集电环表面脏污情况目视检查

④电刷厚度的检测

电刷厚度的检查通常利用游标卡尺进行测量，电刷的标准高度一般为 14 mm，磨损至 7 mm 时，应进行更换，如图 9-2-25 所示。

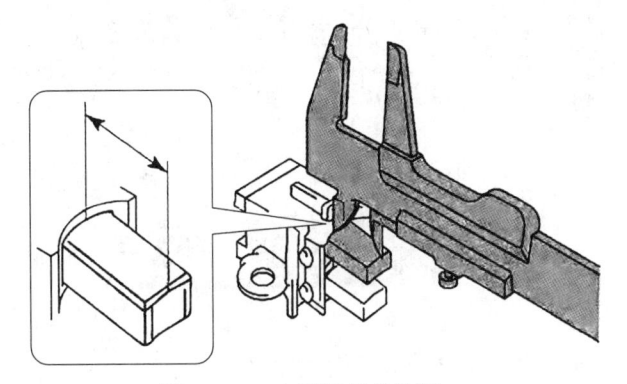

图 9-2-25　电刷厚度的检测

3.定子的检测

定子检测的项目主要是定子绕组是否断路和搭铁。可用万用表进行检测。检测定子绕组是否断路，如图 9-2-26 所示。检测时，每次任取两个首端，三次测量，每次测量的阻值都应小于 0.5 Ω；如果阻值有无穷大的情况，说明励磁绕组断路，需更换定子总成。

检测定子绕组是否搭铁，如图 9-2-27 所示。三次测量，阻值均应为无穷大，如果有不是无穷大的情况，说明定子绕组搭铁，一般需要更换发电机总成。

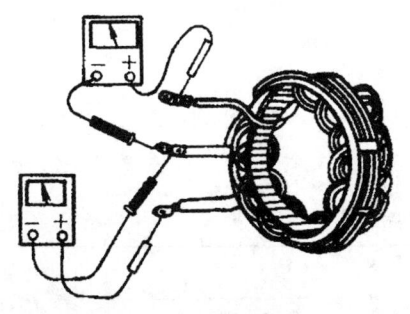

图 9-2-26　定子绕组断路的检测 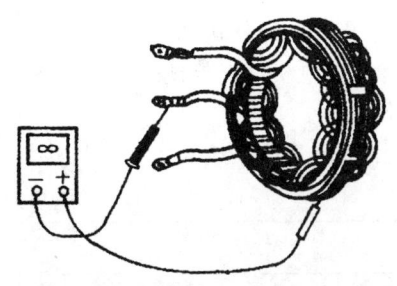　　　　图 9-2-27　定子绕组搭铁的检测

由于正常定子绕组的阻值非常小，所以利用万用表很难检测出定子绕组的短路情况。所

以对于定子绕组的短路一般利用排除法进行检查判断,即如果所有其他部件的检测均属正常,但输出电压却很低,其原因可能是定子绕组匝间短路。无论定子绕组是断路、短路还是搭铁,均需更换总成。

4.整流器的检测

整流器的检测主要是对其上的二极管进行检查、测试。首先将二极管与定子绕组之间的连线断开,用万用表的两个表笔分别接到二极管的引线与壳体上,如图 9-2-28 所示,检测二极管的正向与反向电阻。二极管的正向电阻应在 8~10 Ω,反向电阻应在 1 000 Ω 以上。如果正、反向电阻的测量均为 0,说明二极管短路;如果正、反向电阻的测量均为无穷大,说明二极管断路。更换二极管需要在压床上进行,或在台虎钳上使用专用工具,但不得使用锤子敲击,以免损坏元件。压装二极管时,过盈量控制在 0.07~0.09 mm。

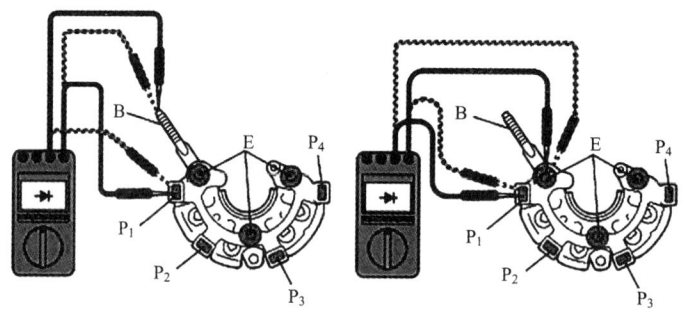

图 9-2-28 整流器二极管的检测

复习题

1.交流发电机由哪几部分组成?各自起什么作用?
2.交流发电机有哪几种励磁方式?简述其励磁过程。
3.交流发电机的工作性能如何检测?

任务实施 蓄电池及发电机性能检测

一、操作内容

1.常规工具及检测仪的选用;
2.电源系统组成部件认知;
3.蓄电池、发电机性能检测。

二、操作工单

1.将蓄电池测量结果填入表 9-2-2,并判断是否正常。

表 9-2-2　　　　　　　　　　蓄电池性能检测表

蓄电池型号(说明含义)	
端电压/测量仪器	
检测结果分析	

2.将发电机测量结果填入表 9-2-3,并判断是否正常。

表 9-2-3　　　　　　　　　发电机性能检测表

发电机型号		
电压输出检测	怠速(无负荷)	转速 2 000 r/min 加载状态
检测结果分析		

3.根据维修手册查询,请简述发电机不发电的原因

三、其他说明

1.安全注意事项

(1)工具及零部件轻拿轻放,摆放整齐,搬运过程中防止跌落;

(2)起动发动机前,检查挡位是否在 P 挡或空挡,观察车辆前方及后方是否有人,提示附近人员。

2.技术要求和标准

(1)操作方法符合维修手册的要求;

(2)根据维修手册的数据分析测量结果。

项目10

起动系统的认知与检修

任务 10.1
起动系统的认知

学习目标

知识目标

1. 了解起动机的基本结构和型号；
2. 掌握起动系统的工作原理。

技能目标

能够识别起动系统组成部件。

素养目标

1. 具备查询信息和使用维修手册的基本能力；
2. 能够与他人密切合作，规范、安全地完成学习任务；
3. 养成自主学习、规范操作的工作习惯及环保意识。

相关知识

汽车发动机都是靠外力起动的,外力起动的方式包括手动起动和电力起动两种方式。由于电力起动具有操作简便、起动迅速可靠、重复起动能力强等诸多优点,所以在现代汽车上得到了普遍采用。目前汽车发动机的起动方式都采用电力起动。

起动系统的基本组成部件主要有蓄电池、点火开关、起动继电器、起动机,有的还包括空挡起动开关(自动变速器车辆)、离合器开关(手动挡车辆)和防盗起动控制系统等。如图10-1-1所示。起动机在点火开关和起动继电器的控制下,将蓄电池的电能转化为机械能,带动发动机飞轮齿圈使曲轴转动,完成发动机的起动。

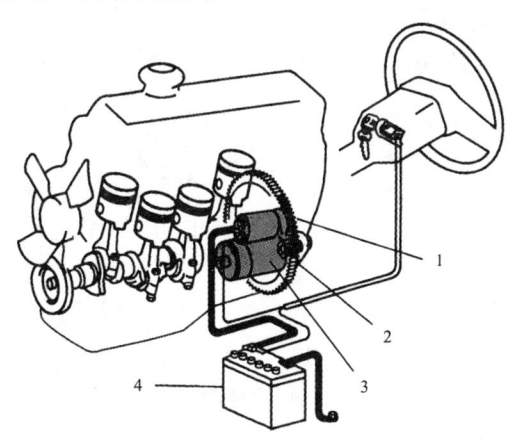

图 10-1-1 起动系统的组成
1—飞轮齿圈;2—驱动齿轮;3—直流电动机;4—蓄电池

一、起动机的组成

起动机俗称起动马达,是起动系统的主要组成部分。起动机主要由串励式直流电动机(电枢、励磁线圈)、传动机构(驱动齿轮、单向离合器)和电磁开关三部分组成。图10-1-2所示为常规起动机的结构。

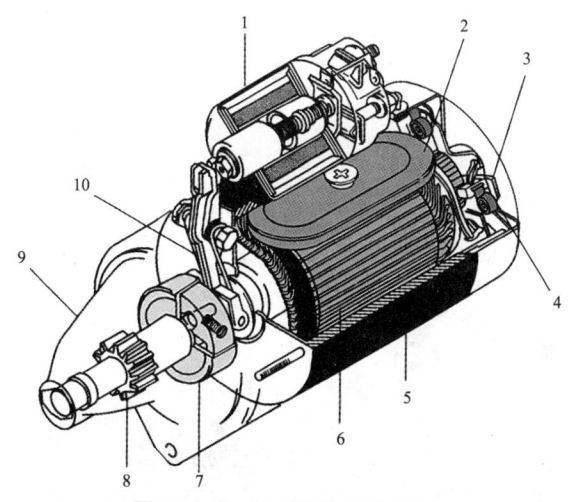

图 10-1-2 常规起动机的结构
1—电磁开关;2—励磁线圈;3—电刷;4—电刷弹簧;5—外壳;
6—电枢;7—单向离合器;8—驱动齿轮;9—驱动机构外壳;10—拨叉

1.串励式直流电动机

起动机中的直流电动机一般均采用串励式,所谓"串励"就是指电枢绕组与磁场绕组串联,如图 10-1-3 所示,定子磁场绕组一端与电磁开关触点端＋B 连接,另一端接正电刷与换向器接触。

图 10-1-3 串励式直流电动机

(1)串励式直流电动机的工作原理

直流电动机的基本工作原理是通电的导体在磁场中会受电磁力作用,电磁力的方向遵循左手定则。如图 10-1-4 所示,两片换向片分别与环状线圈的两端连接,电刷一端与两换向器片相接触,另一端分别接蓄电池的正极和负极。当电路接通时,在图 10-1-4(a)阶段,线圈 *abcd* 的电流方向:蓄电池正极→励磁绕组→正电刷→换向器片 A→环状线圈(a→b→c→d)→换向器片 B→负电刷→搭铁,此时励磁绕组中产生电磁场,磁场磁极如图中所示,由左手定则可知,环状线圈中的 *ab* 边与 *cd* 边所受磁场力 F 的方向如图中所示,此时线圈产生的转矩方向为逆时针;当线圈转过半周后,在图 10-1-4(b)阶段,线圈 *abcd* 的电流方向发生改变,电流方向为:蓄电池正极→励磁绕组→正电刷→换向器片 B→环状线圈(d→c→b→a)→换向器片 A→负电刷→搭铁,此时环状线圈中的 *ab* 边与 *cd* 边所受磁场力 F 的方向也随之发生改变,如此,环状线圈在电磁力矩作用下始终按逆时针方向连续转动。这样在电源连续对电动机供电时,其线圈就不停地按同一方向转动。

为了增大输出力矩并使运转均匀,实际的电动机中电枢采用多匝线圈,随线圈匝数的增多换向片的数量也随之增多。

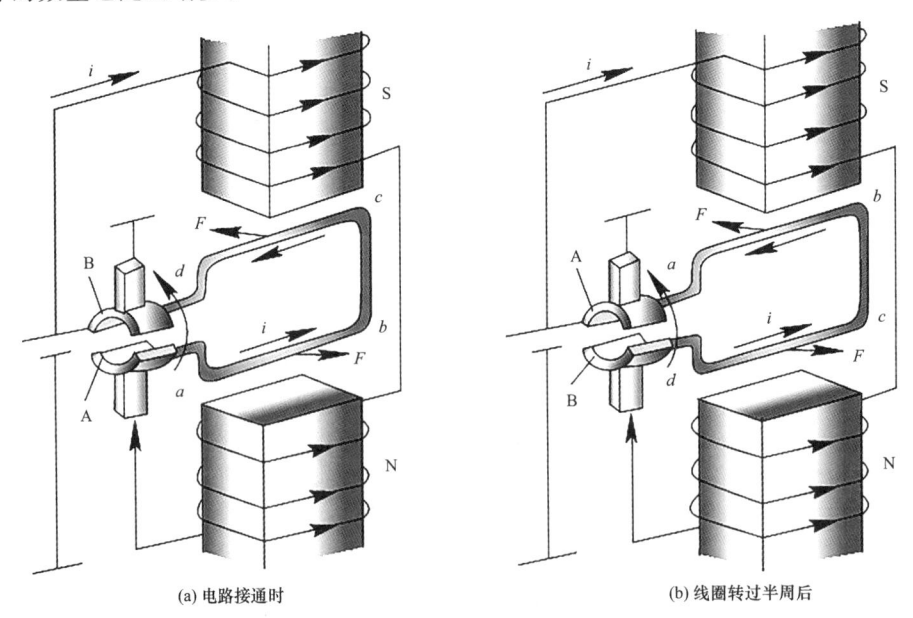

(a) 电路接通时　　　　　(b) 线圈转过半周后

图 10-1-4　直流电动机的工作原理

(2)串励式直流电动机的构造

直流电动机的构造是由电枢、磁极、前端盖、后端盖、机壳、电刷等组成,如图 10-1-5 所示。

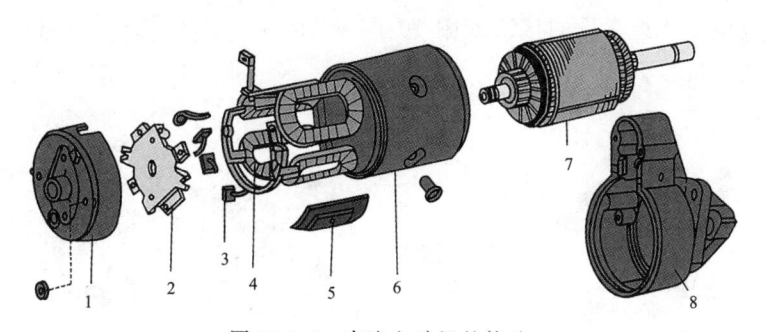

图 10-1-5　直流电动机的构造
1—前端盖；2—电刷架；3—电刷；4—磁场绕组；5—磁极铁芯；6—机壳；7—电枢；8—后端盖

①电枢

电枢俗称起动机的转子，由电枢轴、电枢绕组、换向器、铁芯等组成，其作用是产生电磁转矩，其结构如图 10-1-6 所示。电枢铁芯由硅钢片叠成后固定在轴上，铁芯外围均开有线槽，用以放置电枢绕组。为了得到较大的转矩，尽可能地提高电枢电流（一般为 200～600A），电枢绕组都是用较粗的矩形裸铜线绕制而成，在铜线与铁芯之间、铜线与铜线之间用绝缘纸隔开。电枢绕组的两端均匀地焊在换向器片上。换向器的作用是将电源提供的直流电转化成电枢绕组所需要的交流电，以保证电枢绕组所产生的转矩方向不变。换向器由铜片和云母片相间叠压而成，铜片之间用云母片绝缘。

图 10-1-6　电枢的构造
1—电枢轴；2—铁芯；3—电枢绕组；4—换向器

②磁极

磁极俗称起动机的定子，由铁芯和励磁绕组构成，其作用是产生磁场。为增大磁场强度，大多数起动机采用四个磁极。通过螺钉将磁极铁芯固定在电动机的外壳上，励磁绕组和磁极磁路如图 10-1-7 所示。励磁绕组也是采用较粗的矩形裸铜线绕制而成的（电流达到 200～600 A）。

(a) 励磁绕组排列　　(b) 磁极磁路

图 10-1-7　励磁绕组和磁极磁路

励磁绕组与电枢绕组常见的接法如图 10-1-8 所示,由于励磁绕组与电枢绕组串联,故称为串励式直流电动机。

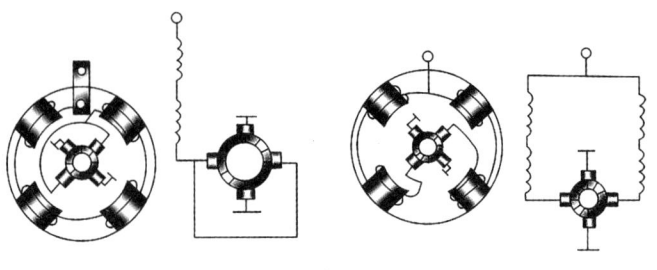

(a)四个励磁绕组串联　　　　(b)励磁绕组两两串联后再并联

图 10-1-8　励磁绕组与电枢绕组常见的接法

③电刷与电刷架

电刷与电刷架的作用是将电流引入电动机使电枢产生定向转矩。电刷一般是用铜和石墨粉压制而成的,有利于减小电阻且增加耐磨性。电刷装在电刷架中,借弹簧压力压在换向器上,如图 10-1-9 所示。一般电动机内装有四个电刷,其中两个电刷直接搭铁,称搭铁电刷或负电刷,另外两个电刷称为正电刷。

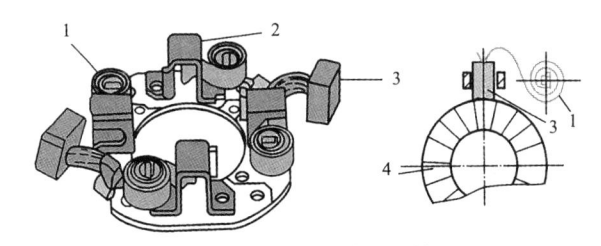

图 10-1-9　电刷与电刷架
1—电刷弹簧;2—电刷架;3—电刷;4—换向器

④轴承

由于起动机每次的工作时间都很短,且承受的载荷为冲击载荷,所以起动机轴承一般都采用青铜石墨轴承或铁基含油轴承。但是在减速式起动机中,由于电枢轴转速很高,电枢轴承一般都采用滚柱轴承或滚珠轴承。

2.传动机构

传动机构的作用是在起动发动机时使起动机小齿轮与飞轮齿圈啮合,将起动机的转矩传递给发动机曲轴;在发动机起动后又能使起动机小齿轮自动空转或与飞轮齿圈脱离啮合。传动机构一般由驱动齿轮、单向离合器、拨叉等组成。如图 10-1-10 所示。

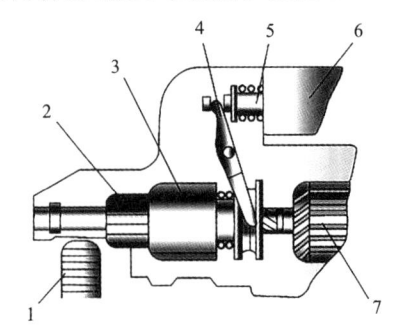

图 10-1-10　传动机构的组成
1—飞轮;2—驱动齿轮;3—单向离合器;4—拨叉;5—活动铁芯;6—电磁开关;7—电枢

在传动机构的部件组成中,单向离合器是满足汽车发动机对起动机传动机构要求的最关键部件。汽车发动机对起动机传动机构有以下要求:

①起动机的驱动齿轮与发动机的飞轮齿圈啮合时要平稳,不能发生冲击现象。

②由于起动机的驱动齿轮与发动机的飞轮齿圈速比很大(一般大于15),因此发动机起动后,驱动齿轮应能自动打滑或脱离啮合,以免发动机带动起动机电枢高速旋转,造成电枢绕组"飞散"的事故。

③因为起动机是由点火开关控制的,所以当发动机工作时,要防止点火开关误操作,使起动机的驱动齿轮再次与发动机的飞轮齿圈啮合,导致起动机与发动机的飞轮齿圈的损坏。

在满足上述三项汽车发动机对起动机传动机构的要求中,单向离合器所起到的作用是在起动时将电枢产生的电磁转矩传递给发动机飞轮;在发动机起动后,单向离合器立即打滑,以避免出现飞轮带动电枢高速旋转,造成电枢绕组"飞散"。

单向离合器的类型主要有以下三种:

(1)滚柱式单向离合器

滚柱式单向离合器的原理是通过改变滚柱在楔形槽中的位置来实现分离和结合,其结构如图10-1-11所示。

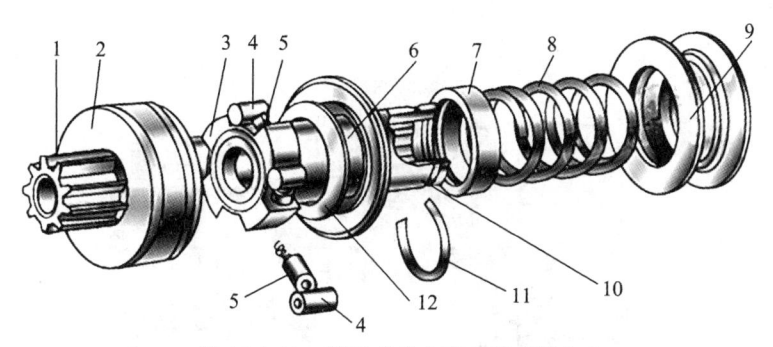

图 10-1-11 滚柱式单向离合器的结构
1—驱动齿轮;2—外壳;3—十字块;4—滚柱;5—弹簧和压帽;6—护盖;
7—弹簧座;8—弹簧;9—移动衬套;10—传动套筒;11—卡环;12—垫圈

单向离合器的外壳2与驱动齿轮1为一体,外壳2与十字块3之间形成四个楔形槽,每个槽中有一个滚柱4,十字块3与传动套筒10为一体,传动套筒10内侧带键槽,套在电枢轴的花键部位上。

其工作过程如下:当起动机开始工作时,拨叉拨动移动衬套9,使驱动齿轮1与发动机飞轮齿圈啮合,电磁转矩由电枢轴传到传动套筒10与十字块3,使十字块3同电枢轴一同旋转。此时,再加上飞轮齿圈给驱动齿轮的反作用力,滚柱在摩擦力矩的作用下,滚入楔形槽的窄端而卡死,如图10-1-12所示,于是驱动齿轮1和传动套筒10为一个整体,带动飞轮,起动发动机。当发动机起动后,发动机飞轮带动驱动齿轮1旋转,外壳2的转速高于十字块3的转速,此时,滚柱滚向楔形槽的宽端而打滑(图10-1-12起动后的状态)。这样发动机的转矩就不能通过驱动齿轮1传递给电枢,防止电枢因高速飞转而造成电枢绕组"飞散"的事故。

(a)起动时　　(b)起动后

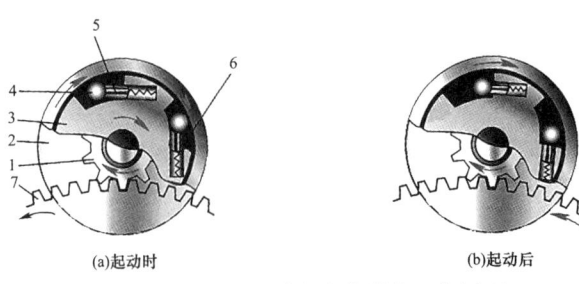

图 10-1-12　滚柱式单向离合器的工作原理

1—驱动齿轮；2—外壳；3—十字块；4—滚柱；5—弹簧和压帽；6—楔形槽；7—飞轮

（2）摩擦片式单向离合器

摩擦片式单向离合器的原理是通过主、从动摩擦片的压紧和放松来实现分离，其结构如图 10-1-13 所示。传动套筒 10 套在电枢轴的螺旋花键上，在传动套筒 10 的外表面上加工有螺旋花键，套着内接合鼓（主动鼓）9，内接合鼓上有四个轴向槽，用来插放主动摩擦片 8 的内齿。由传动套筒 10、内接合鼓 9 和主动摩擦片 8 共同组成单向离合器的主动部分。从动摩擦片 6 的外齿插放在与驱动齿轮成一整体的外接合鼓 1 的槽中，二者共同组成单向离合器的从动部分。主、从动摩擦片相间组装，螺母 2 与摩擦片之间装有弹性圈 3、压环 4 和调整垫圈 5。

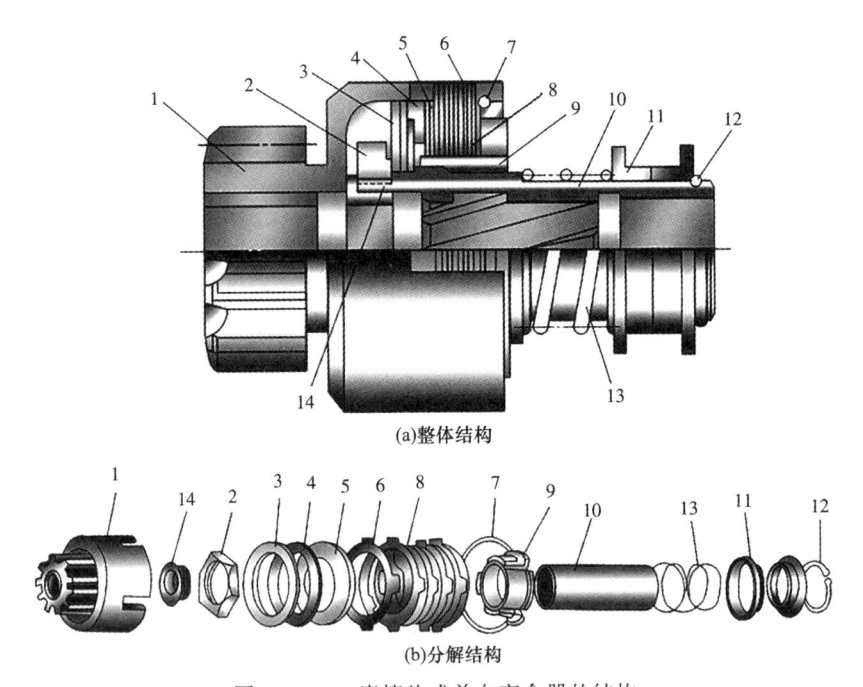

(a)整体结构

(b)分解结构

图 10-1-13　摩擦片式单向离合器的结构

1—驱动齿轮（外结合鼓）；2—螺母；3—弹性圈；4—压环；5—调整垫圈；6—从动摩擦片；
7—卡环；8—主动摩擦片；9—内接合鼓；10—传动套筒；11—滑套；12—卡环；13—缓冲弹簧；14—挡圈

起动机工作时，起动机电枢轴带动传动套筒 10 转动，由于惯性的作用，内接合鼓 9 随着传动套筒 10 的旋转而左移，使主、从动摩擦片紧压在一起，利用摩擦力将电枢转矩传递给飞轮。发动机起动后，起动机的驱动齿轮被飞轮带着转动，转速高于电枢的转速，于是内接合鼓又沿传动套筒上的螺旋线右移，使主、从动摩擦片相互脱离而打滑，避免了因电枢高速飞转而造成电枢绕组"飞散"的事故。

当发动机的起动阻力过大时,曲轴不能立刻转动,此时内接合鼓 9 在传动套筒 10 作用下,继续向左移动,导致弹性圈 3 在压环 4 的压力下弯曲,当弹性圈 3 弯曲到与内接合鼓 9 的左端面接触时,内接合鼓 9 便停止左移,于是主、从动摩擦片之间开始打滑,限制了起动机的最大输出转矩,防止了起动机过载。

摩擦片式单向离合器的最大输出转矩是可调节的,增减调整垫圈 5 的片数,可以改变内接合鼓 9 左端面与弹性圈 3 之间的间隙,调节起动机的最大输出转矩。

摩擦片式单向离合器可以传递较大的转矩,应用于大功率起动机上。但是在使用过程中,摩擦片磨损后,传递的转矩将会下降,因此需要经常调整。

(3)弹簧式单向离合器

弹簧式单向离合器的原理是通过扭力弹簧的径向收缩和放松来实现分离和接合的,其结构如图 10-1-14 所示。驱动齿轮与套筒是一体的,套在电枢轴前端的光滑部分,传动套筒套在电枢轴的花键上。在驱动齿轮套筒与传动套筒的外圆上有扭力弹簧,扭力弹簧的内径略小于两套筒的外径。

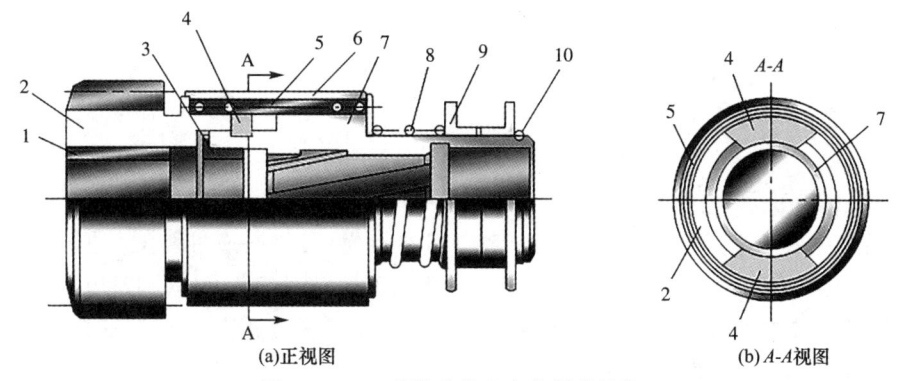

图 10-1-14 弹簧式单向离合器的结构
1—衬套;2—驱动齿轮和套筒;3—限位套;4—扇形块;5—离合弹簧;
6—护套;7—传动套筒;8—缓冲弹簧;9—滑套;10—卡环

当起动机工作时,电枢轴带动传动套筒旋转。由于弹簧与套筒之间存在摩擦力,使弹簧扭紧,抱紧两套筒传递转矩。当发动机起动后,由于飞轮齿圈对驱动齿轮的作用力改变了方向,使弹簧放松,于是驱动齿轮只能在电枢轴的光滑部分高速空转,防止了电枢超速运转带来的危险。弹簧式单向离合器结构简单,成本低,使用寿命长,但由于扭力弹簧的轴向尺寸较长,一般只应用在大功率起动机上。

3.电磁开关

起动机的控制机构是指电磁开关,其作用是用来接通和切断串励式直流电动机与蓄电池之间的电路(电流为 200~600 A),控制起动机小齿轮与发动机飞轮齿圈的啮合与分离。对于汽油发动机,有些起动机的电磁开关还具有在起动发动机时短路点火线圈附加电阻的作用,以提高起动时的点火电压。

如图 10-1-15 所示,电磁开关主要由吸引线圈(或称吸拉线圈)、保持线圈(或称保卫线圈)、活动铁芯、接触盘(也称接触片)等组成。在电磁开关的外壳体上通常设有三个接线柱,一个是与蓄电池正极直接相连的"+B"端子,一个是与电动机连接的电动机"+"端子,还有一个就是与起动控制电路相连的起动端子,即"STA"端子。

(a)整体结构　　　　　　　　　　(b)内部透视结构

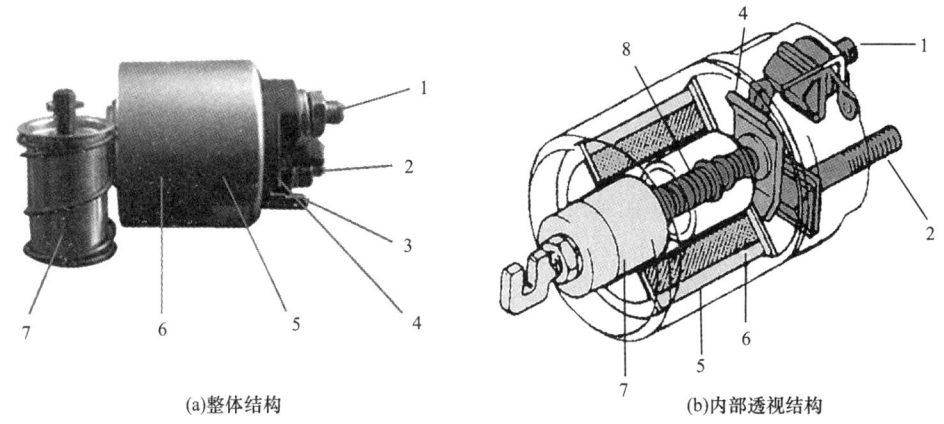

图 10-1-15　电磁开关的结构

1—"＋B"端子；2—电动机"＋"端子；3—"STA"端子；4—接触盘；
5—保持线圈(壳体内)；6—吸引线圈(壳体内)；7—活动铁芯；8—回位弹簧

二、起动机的控制电路

如图 10-1-16 所示，电磁开关中的吸引线圈 5 与电动机串联，保持线圈 1 与电动机并联，直接搭铁。活动铁芯一端通过接触盘 3 控制主电路的导通；另一端通过拨叉 8 控制驱动齿轮 9 与飞轮齿圈 10 啮合。图中的"B"为起动机电磁开关上的"＋B"接线柱(接蓄电池的起动电缆线)；"N"为电磁开关上的电动机"＋"接线柱；"S"为电磁开关上的"STA"起动接线柱(接点火开关 STA 挡或起动继电器)。

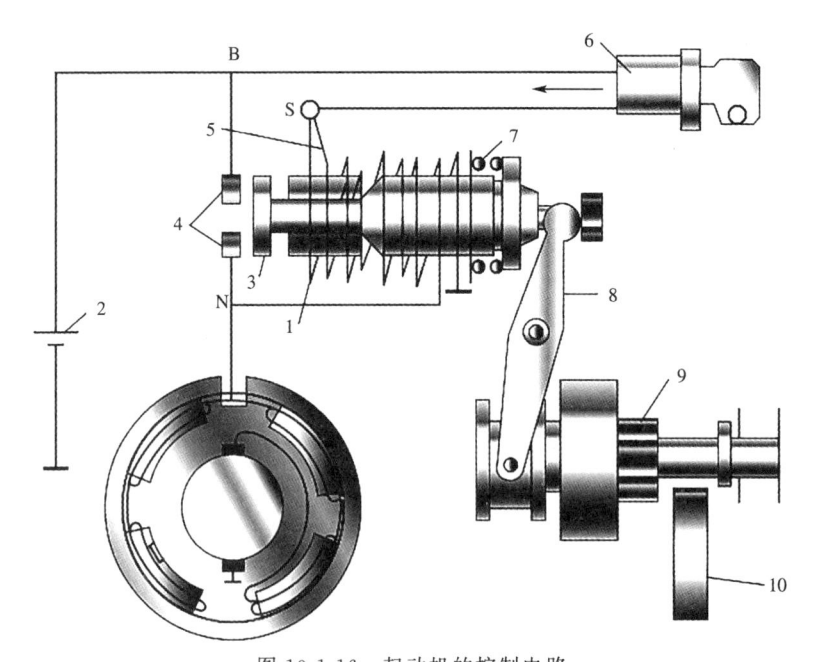

图 10-1-16　起动机的控制电路

1—保持线圈；2—蓄电池；3—接触盘；4—主触点；5—吸引线圈；
6—点火开关；7—回位弹簧；8—拨叉；9—驱动齿轮；10—飞轮齿圈

起动时，将点火开关旋至起动 STA 挡，电磁开关通电，其第一阶段电路如图 10-1-17 所示。在此阶段，有两路电路同时通电，一路是：蓄电池正极→点火开关起动挡→"STA"端子→吸引线圈→励磁线圈→正电刷→电枢→负电刷→搭铁（电动机带动驱动齿轮缓慢旋转）。另一路是：蓄电池正极→点火开关起动挡→"STA"端子→保持线圈→搭铁。此时，吸拉线圈与保持线圈的电流方向相同，磁场方向相同，活动铁芯在两个线圈磁场力的共同作用下克服回位弹簧的作用向右移动，于是拨叉推动驱动齿轮向与发动机飞轮啮合的方向移动（向左）。同时，接触盘向"＋B"端子触点和电动机"＋"端子触点方向移动（向右）。

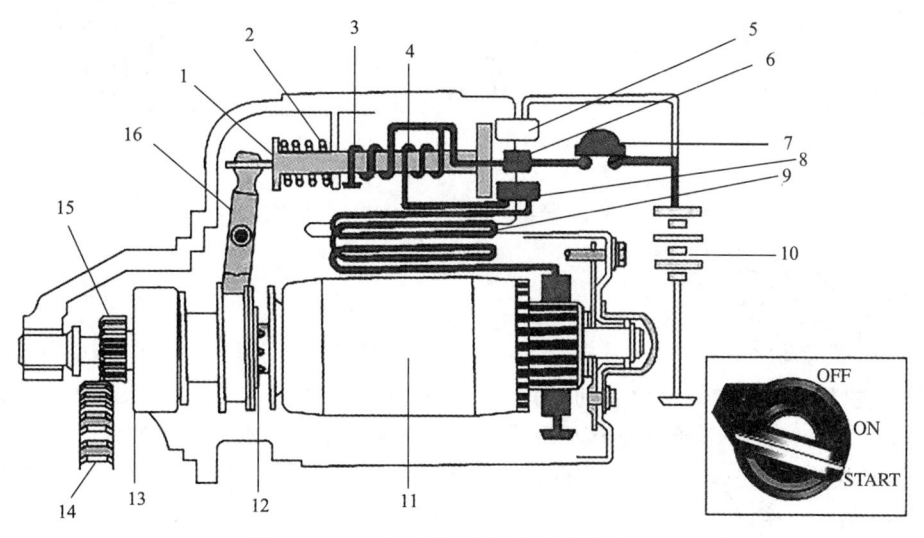

图 10-1-17 起动机的起动过程电路一

1—活动铁芯；2—复位弹簧；3—保持线圈；4—吸引线圈；5—"＋B"端子；
6—"STA"端子；7—点火开关；8—电动机"＋"端子；9—励磁线圈；10—蓄电池；
11—电枢；12—螺纹花键；13—单向离合器；14—飞轮齿圈；15—驱动齿轮；16—拨叉

第二阶段如图 10-1-18 所示，接触盘继续向右移动，与"＋B"端子触点和电动机"＋"端子触点接合，此时活动铁芯的继续移动使驱动齿轮与飞轮齿圈完全啮合。蓄电池正极→点火开关起动挡→"STA"端子→保持线圈→搭铁。（产生的电磁力保持接触盘和活动铁芯工作位置稳定）。蓄电池正极→"＋B"端子触点→接触盘→电动机"＋"端子触点→励磁线圈→正电刷→电枢→负电刷→搭铁。（主电路接通，电机带动驱动齿轮高速旋转）。吸拉线圈由于接触盘触点的闭合而短路撤出工作。

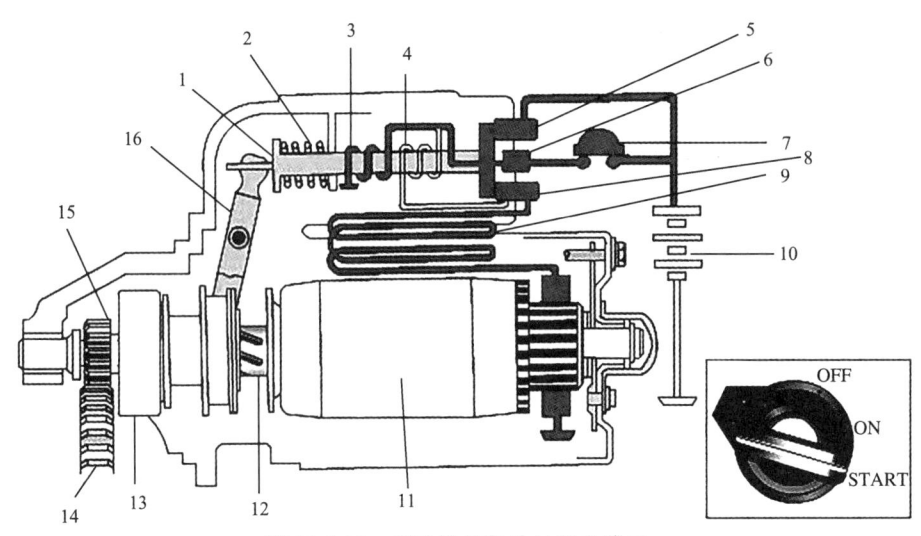

图 10-1-18　起动机的起动过程电路二

1—活动铁芯；2—复位弹簧；3—保持线圈；4—吸引线圈；5—"+B"端子；
6—"STA"端子；7—点火开关；8—电动机"+"端子；9—励磁线圈；10—蓄电池；
11—电枢；12—螺纹花键；13—单向离合器；14—飞轮齿圈；15—驱动齿轮；16—拨叉

在发动机起动之后，点火开关应回至"ON"挡。在点火开关回至"ON"挡瞬间，起动挡电源断开，接触盘与触点继续接合，此时的电路如图 10-1-19 所示：蓄电池正极→"+B"端子触点→接触盘→电动机"+"端子触点→励磁线圈→正电刷→电枢→负电刷→搭铁。电动机带动驱动齿轮仍高速旋转，此时，由于发动机已经运转，因此驱动齿轮须自由打滑。蓄电池正极→"+B"端子触点→接触盘→电动机"+"端子触点→吸引线圈→保持线圈→搭铁。由于吸引线圈和保持线圈的电流方向相反，产生的电磁力相互抵消，使接触盘和活动铁芯迅速复位。

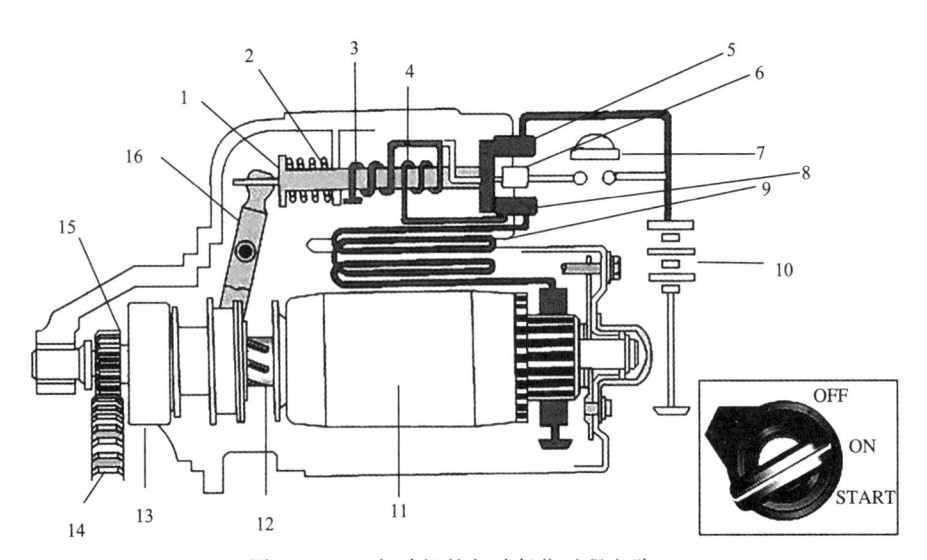

图 10-1-19　起动机的起动复位过程电路一

1—活动铁芯；2—复位弹簧；3—保持线圈；4—吸引线圈；5—"+B"端子；6—"STA"端子；
7—点火开关；8—电动机"+"端子；9—励磁线圈；10—蓄电池；11—电枢；
12—螺纹花键；13—单向离合器；14—飞轮齿圈；15—驱动齿轮；16—拨叉

如图 10-1-20 所示，最终由于起动电路无电流通过，起动机处于静止状态。

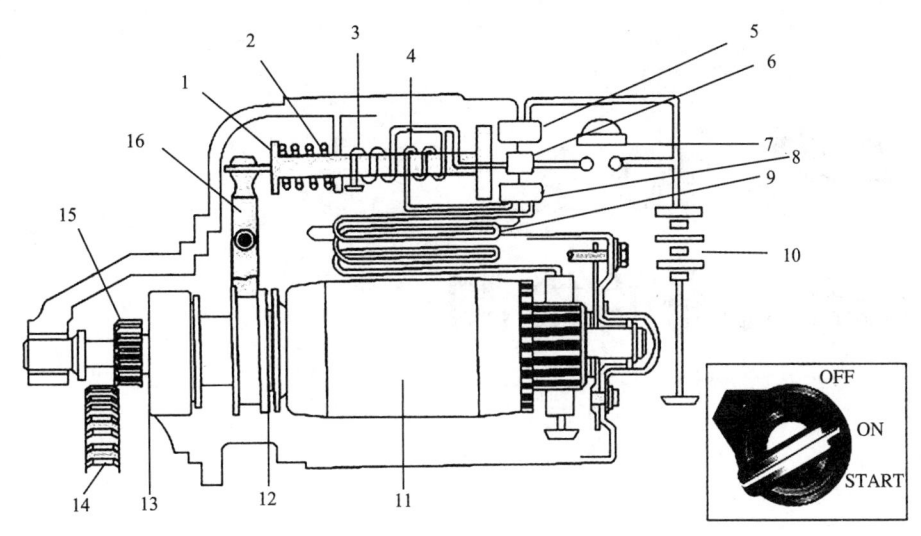

图 10-1-20　起动机的起动复位过程电路二
1—活动铁芯；2—复位弹簧；3—保持线圈；4—吸引线圈；5—"＋B"端子；
6—"STA"端子；7—点火开关；8—电动机"＋"端子；9—励磁线圈；10—蓄电池；
11—电枢；12—螺纹花键；13—单向离合器；14—飞轮齿圈；15—驱动齿轮；16—拨叉

通常的起动机控制电路可按图 10-1-21 的两种方式来表示。

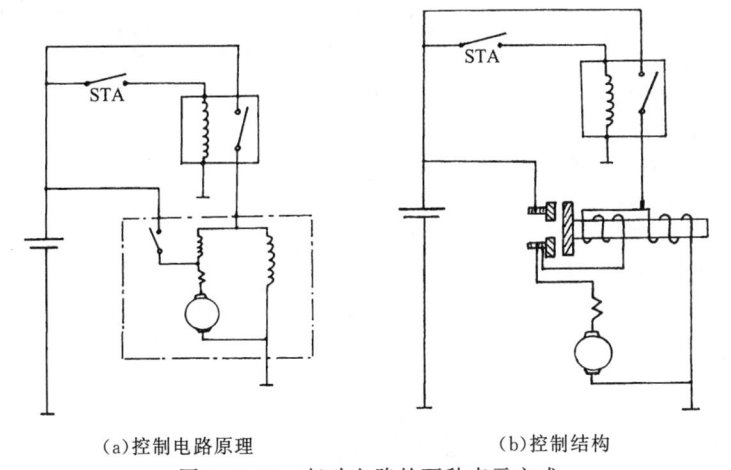

(a) 控制电路原理　　(b) 控制结构
图 10-1-21　起动电路的两种表示方式

复习题

1. 起动机由哪几部分组成？各自起什么作用？
2. 简述起动机的工作过程。

任务 10.2
起动系统的检测

学习目标

知识目标
1. 了解起动机的型号;
2. 掌握起动系统的检修方法。

技能目标
能够对起动系统进行检测。

素养目标
1. 具备查询信息和使用维修手册的基本能力;
2. 能够与他人密切合作,规范、安全地完成学习任务;
3. 养成自主学习、规范操作的工作习惯及环保意识。

相关知识

一、起动机的类型

目前,汽车上应用的起动机主要有普通式起动机(直接起动式起动机)、减速式起动机、永磁式起动机三种类型。

1. 普通式起动机

如图 10-2-1 所示,普通式起动机通常采用串励式直流电动机和滚柱式单向离合器。

2. 减速式起动机

减速式起动机的结构特点主要是在电枢轴和驱动齿轮之间装有一级减速齿轮(一般速比为 3～5),大大提高了起动转矩,有利于低温起动。在同样输出功率下,减速式起动机的体积和质量比普通起动机均减小 30%～50%,便于安装。减速式起动机有外啮合式、内啮合式及行星齿轮式三种类型。

(1) 外啮合式减速起动机

如图 10-2-2 所示,为丰田汽车采用的外啮合式减速起动机的结构。该起动机的传动中心距离为 30 mm 左右,在电枢轴与驱动齿轮之间,利用惰轮作为中间传动部件,且电磁开关铁芯与驱动齿轮同轴心,电磁开关直接推动驱动齿轮与飞轮齿圈啮合,从而省去了拨叉。该类型起动机的减速传动效率高,成本适中,广泛应用于小功率的起动机上。

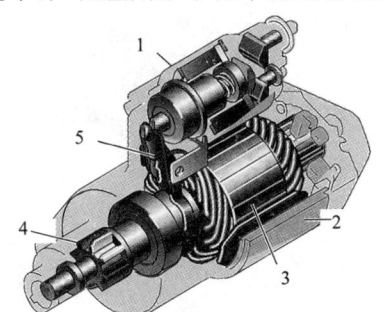

图 10-2-1 普通式起动机的结构
1—电磁开关;2—轭铁;3—电枢;4—小齿轮;5—驱动杆

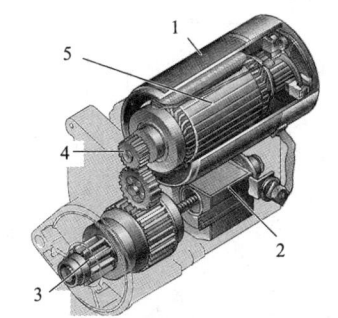

图 10-2-2 外啮合式减速起动机的结构
1—轭铁;2—电磁开关;3—小齿轮;4—主动齿轮;5—电枢

(2) 内啮合式减速起动机

内啮合式减速起动机减速传动效率较高,但成本也高,应用比较少。

(3) 行星齿轮式减速起动机

如图10-2-3所示,为行星齿轮式减速起动机的结构。该种起动机的传动中心距离为零,输出轴与电枢轴同心,能有效减小整机尺寸,由于该种起动机的减速比可达4.5:1,因此能够大大减少起动电流,并且增扭效果最为明显。

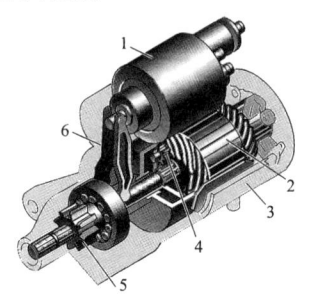

图 10-2-3　行星齿轮式减速起动机的结构
1—电磁开关;2—电枢;3—轭铁;4—行星齿轮;5—小齿轮;6—驱动杆

3. 永磁式起动机

如图10-2-4所示,为永磁式起动机的结构。永磁式起动机除了以永磁材料作为磁极(一般有2～3对磁极),在其他方面与有励磁绕组的起动机都一样。该起动机具有质量轻、结构简单等优点。但由于永磁式电动机的机械特性较差,所以永磁式电动机必须配有减速机构,即永磁式起动机一般都是永磁式减速起动机。

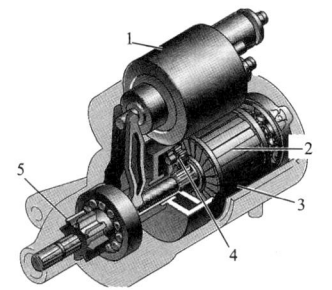

图 10-2-4　永磁式起动机的结构
1—电磁开关;2—电枢;3—永磁铁;4—行星齿轮;5—小齿轮

二、起动机的型号

对于国产的汽车起动机,其规格型号都按照《汽车电气设备产品型号编制方法》的规定进行标识,各区域表示的含义如下:

①产品代号,QD表示起动机;QDJ表示减速式起动机;QDY表示永磁式起动机(包括永磁减速式起动机)。

②电压等级代号,1表示12 V;2表示24 V。

③功率等级代号,其含义见表10-2-1。

④设计序号。

⑤变型代号。

表 10-2-1　　　　　　　　　　起动机功率等级

功率等级代号	1	2	3	4	5	6	7	8	9
功率/kW	—	1～2	2～3	3～4	4～5	5～6	6～7	7～8	>8

例如:QDJ133表示额定电压为12 V、功率为2～3 kW、第三次设计的减速式起动机。

三、起动机性能测试

1. 起动机不解体性能测试

(1) 吸引线圈的性能测试

如图 10-2-5 所示,断开电动机励磁线圈引线,连接蓄电池与电磁开关("STA"端子与蓄电池正极连接,电动机"+"接线柱与蓄电池负极连接),驱动齿轮应能伸出,否则有故障存在。

(2) 保持线圈的性能测试

在进行吸引线圈性能测试的接线基础之上,再将起动机壳体与蓄电池负极连接,在驱动齿轮移出之后从电动机"+"接线柱上拆下导线,如图 10-2-6 所示,驱动齿轮应仍能保持在伸出位置,否则表明保持线圈损坏或搭铁不正确。

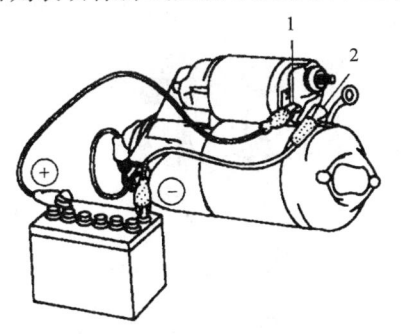

图 10-2-5 起动机吸引线圈性能测试
1—"STA"端子;2—电动机"+"端子

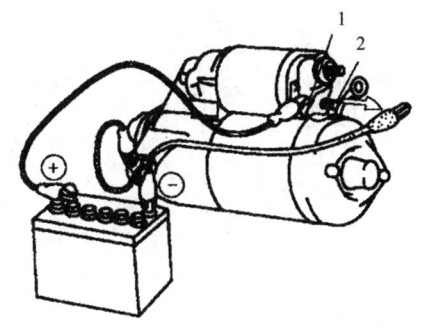

图 10-2-6 起动机保持线圈性能测试
1—"STA"端子;2—电动机"+"端子

(3) 驱动齿轮回位测试

在进行保持线圈性能测试的基础之上,拆下蓄电池负极接外壳的接线夹后,如图 10-2-7 所示,驱动齿轮应能迅速返回原始位置。

(4) 起动机空载测试

起动机空载测试如图 10-2-8 所示,起动机应平稳运转,且驱动齿轮应移出,电流表数值应符合标准值,断开"STA"端子后,起动机应立即停转,同时驱动齿轮缩回。

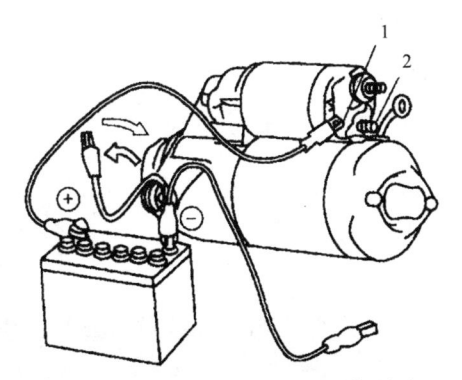

图 10-2-7 起动机驱动齿轮回位测试
1—"STA"端子;2—电动机"+"端子

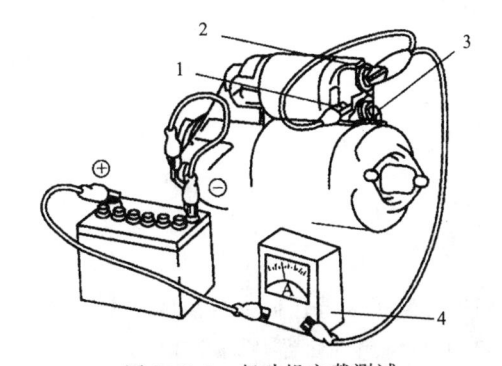

图 10-2-8 起动机空载测试
1—"STA"端子;2—"+B"端子;3—电动机"+"端子;4—电流表

2.起动机的解体检测

(1)励磁绕组短路检测

励磁绕组的截面面积大,通电电流较大,易出现短路、搭铁故障,断路故障较少。由于励磁绕组的截面面积较大,因此电阻值很小,利用欧姆表难以测试出其短路状况,通常的测试方法如图10-2-9所示,利用2 V直流电进行检查,电路接通后,将改锥依次放在每个磁极上,检查各磁极吸力是否相同,若某一磁极吸力太小,则表明该磁场绕组匝间短路。

如图10-2-10所示,用万用表的电阻挡测量绕组端电刷与外壳间的导通情况,若导通,则搭铁(正常情况下应绝缘)。

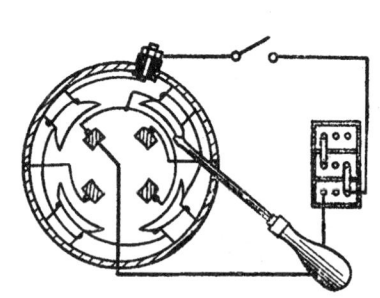

图10-2-9　励磁绕组的短路检测

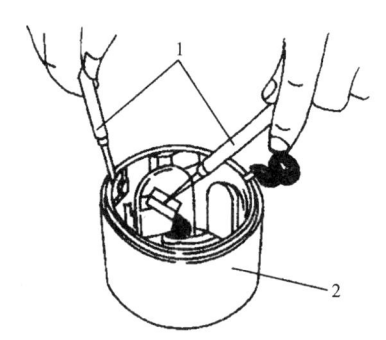

图10-2-10　励磁绕组的搭铁检测
1—万用表笔;2—起动机外壳体

(2)励磁绕组断路检测

如图10-2-11所示,用万用表的电阻挡测量绕组两端(电动机"＋"端子引线和正电刷)的导通情况,若不导通,则说明励磁绕组存在断路故障。

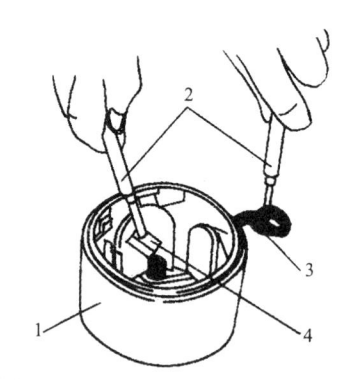

图10-2-11　励磁绕组的断路检测
1—外壳;2—万用表笔;3—引线;4—电刷

如果发生了以上任何一种故障情况,都需要更换励磁绕组(定子),或更换起动机总成。

(3)电枢绕组的短路故障检测

如图10-2-12所示,用万用表的电阻挡测量换向器每个铜条与电枢轴之间的导通情况,若导通,则说明有搭铁故障,应更换电枢。如图10-2-13所示,接通电枢检验仪的电源,将薄钢片放在电枢铁芯上方的线槽上,若电枢短路,则电枢绕组中会产生感应电流,钢片在交变磁场的作用下,在槽上振动。若发生短路故障,应更换电枢。

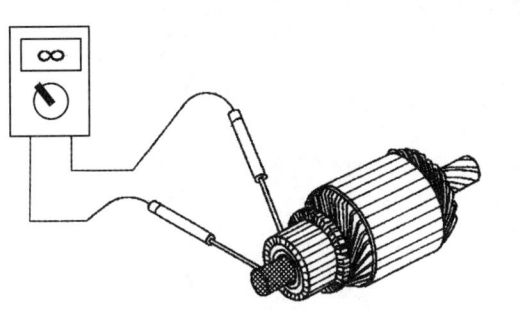

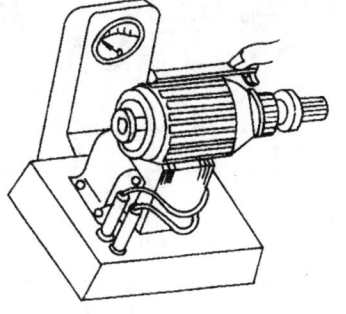

图 10-2-12　电枢绕组的搭铁检测　　　　图 10-2-13　电枢绕组的短路检测

（4）电枢绕组的断路故障检测

如图 10-2-14 所示，用万用表的电阻挡测量换向器上相邻两个铜条之间的电阻，应为 0 Ω，否则说明换向器存在断路故障。

（5）电枢轴的检测

电枢轴的主要检查内容是对其弯曲度的检测。如图 10-2-15 所示，将电枢放在偏摆仪上，用百分表测量电枢轴的圆跳动量，使用极限一般为 0.5 mm。

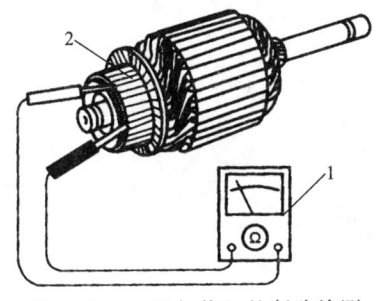

图 10-2-14　电枢绕组的断路检测
1—万用表；2—换向器

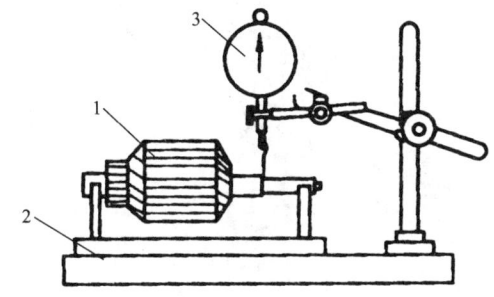

图 10-2-15　电枢轴的弯曲度检测
1—电枢；2—偏摆仪；3—百分表

（6）换向器的检测

如图 10-2-16 所示，检测换向器的最小直径，如果测得的换向器直径小于规定的最小值，应更换电枢。如果换向器表面粗糙、脏污，可用细砂纸打磨，清理干净后，用百分表测量其表面的圆跳动量，如图 10-2-17 所示。换向器表面圆跳动量的使用极限值为 0.03 mm。

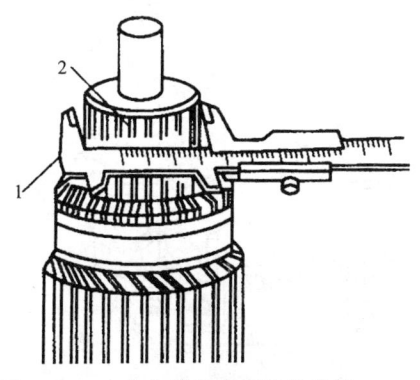

图 10-2-16　换向器最小直径的检测
1—游标卡尺；2—换向器

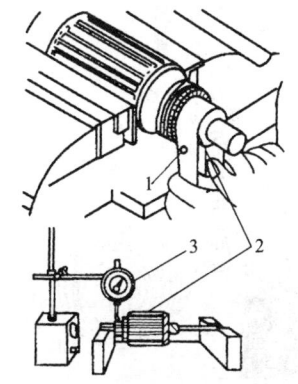

图 10-2-17　换向器的弯曲度检测
1—砂纸；2—换向器；3—百分表

检查换向器绝缘云母片的深度，标准值为 0.5～0.8 mm，使用极限值 0.2 mm。超过极限值时应用锉刀修理，修整时锉刀要与换向器外圆母线平行，如图 10-2-18 所示。

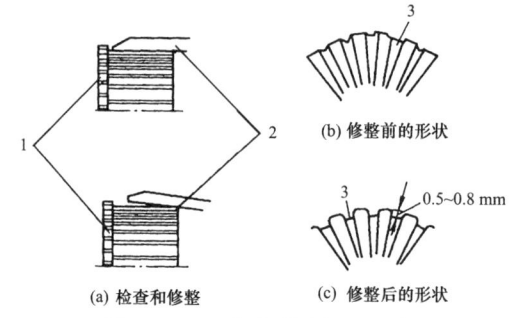

图 10-2-18　换向器磨损的检修
1—换向器；2—锉刀；3—绝缘云母片

(7) 电刷和电刷架的检测

如图 10-2-19 所示，利用游标卡尺对电刷长度进行测量。电刷长度应不小于新电刷的 2/3，否则应更换。电刷与换向器的接触面积应大于 75% 以上，且在电刷架内活动自如。

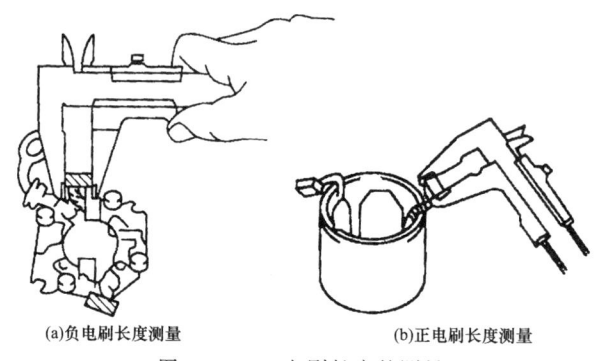

图 10-2-19　电刷长度的测量

如图 10-2-20 所示，用弹簧称测量电刷弹簧的拉力，应为 18～22 N，不符合规定，应更换新弹簧。

如图 10-2-21 所示，检查电刷架，利用万用表的欧姆挡测量正电刷架 A 和负电刷架 B 之间的电阻值，不应导通，如果导通，应更换电刷架总成。

图 10-2-20　电刷弹簧的检测

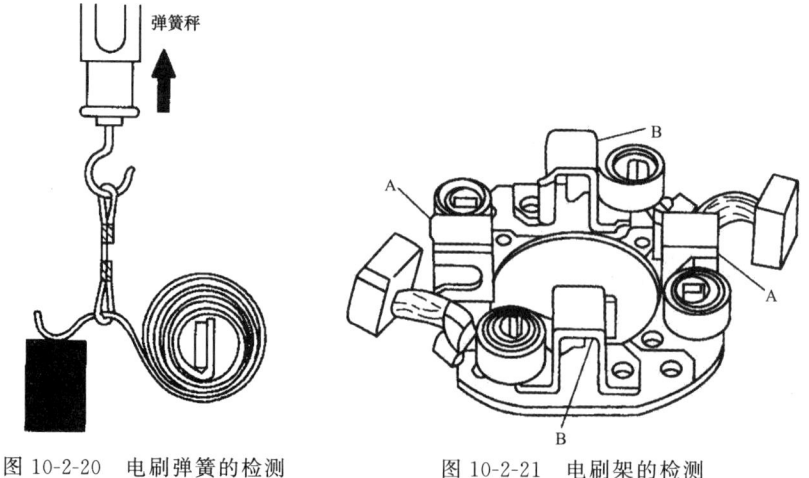

图 10-2-21　电刷架的检测
A—正电刷架；B—负电刷架

(8)电磁开关的检测

如图10-2-22所示,检测保持线圈,断开励磁绕组正极端子,用万用表测量"STA"(起动)端子与电磁开关壳体间的电阻,应约为0Ω,否则,说明保持线圈断路。

吸引线圈的检测,如图10-2-23所示,断开励磁绕组正极端子,用万用表测量"STA"(起动)端子与励磁绕组接线柱间的电阻,应约为0Ω,否则,说明吸引线圈断路。

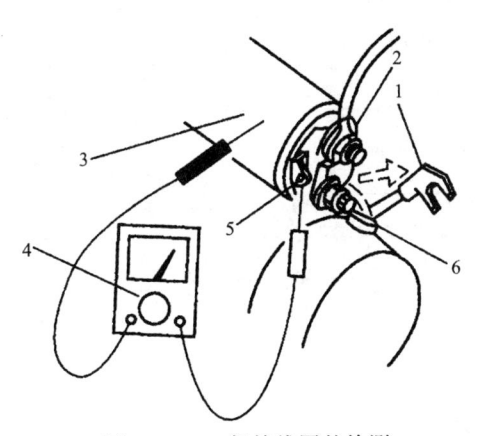

图10-2-22 保持线圈的检测
1—励磁绕组"+"端子;2—"+B"接线柱;3—电磁开关;
4—万用表;5—"STA"端子;6—励磁绕组接线柱

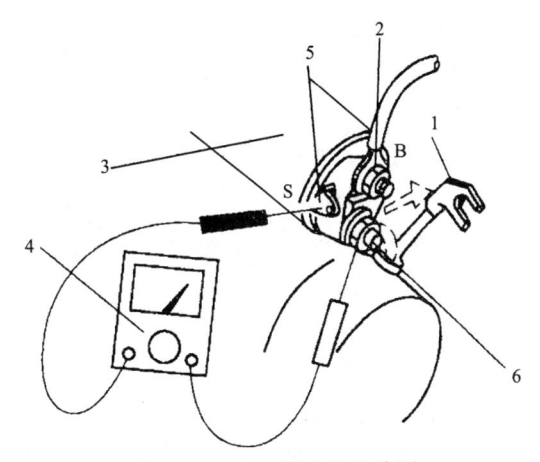

图10-2-23 吸引线圈的检测
1—励磁绕组"+"端子;2—"+B"接线柱;3—电磁开关;
4—万用表;5—"STA"端子;6—励磁绕组接线柱

(9)单向离合器的检测

如图10-2-24所示,进行测试,单向离合器应能承受制动试验时的最大扭矩而不打滑,滚柱式能在25.5 N·m、摩擦式能在117~176 N·m不打滑。

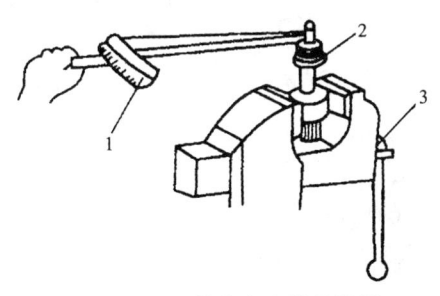

图10-2-24 单向离合器的检测
1—扭力扳手;2—单向离合器;3—台钳

复习题

1. 起动机的类型有哪些?各有何特点?
2. 如何对起动机进行性能检测?

任务实施 起动机的性能检测

一、操作内容

1. 常规工具及检测仪的选用；
2. 起动系统组成部件认知；
3. 起动机性能检测。

二、操作工单

1. 将起动机性能检测结果填入表 10-2-2，并判断是否正常。

表 10-2-2　　　　　　　　　　起动机性能检测结果

起动机型号(说明含义)	
吸引线圈阻值	
保持线圈阻值	
单向离合器工作状态	

2. 根据实际测量结果，填写起动机正极电压降。

所测起动机起动时的电压降范围是否小于 0.5 V？（　　　）

若不符合，原因可能是：(1)＿＿＿＿＿＿；(2)＿＿＿＿＿＿

3. 根据维修手册查询，请简述起动机不工作的原因。

三、其他说明

1. 安全注意事项

(1) 断开蓄电池负极前，确保车辆点火开关在"OFF"处；

(2) 工具及零部件轻拿轻放，摆放整齐，搬运过程中防止跌落；

(3) 起动发动机前，检查挡位是否在 P 挡或空挡，观察车辆前方及后方是否有人，提示附近人员；

(4) 规范使用举升机，举升部位为车辆专用举升支点，机械保护装置未操作到位时严禁人员进入被举升车辆下方。

2. 技术要求和标准

(1) 操作方法符合维修手册的要求；

(2) 紧固件规格可根据情况降为标准规格的 50%。

项目11

发动机机械性能检测

任务
发动机机械性能检测

学习目标

知识目标

1. 了解发动机机械性能检测方法；
2. 了解发动机失火的原因及检测方法。

技能目标

能够进行发动机气缸压力检测。

素养目标

1. 具备查询信息和使用维修手册的基本能力；
2. 能够与他人密切合作，规范、安全地完成学习任务；
3. 养成自主学习、规范操作的工作习惯及环保意识。

相关知识

发动机工作不正常可能是发动机自身的问题,也可能是其他系统的问题造成的。当发动机运转不正常时,需要随时检查发动机的运行条件。发动机许多运行方面的故障并不是发动机机械部件引起的,在检查发动机机械部件之前,可以先对发动机点火系统和燃油供给系统等作检测。发动机常见的故障有机油消耗过多、失火、动力下降、排气泄漏、异响等。

一、发动机尾烟检查

发动机尾烟能够在一定程度上反映发动机的运行状况,通过尾烟检查,可以大致判断出发动机的故障范围。

1. 蓝烟

排气冒蓝烟表明发动机烧机油。机油进入燃烧室主要有两条途径:一是曲轴箱内的机油经过活塞、活塞环进入燃烧室,主要原因是活塞环开口位置不正确,活塞过度磨损,活塞环失去张力;二是气门室内的机油经过气门导管进入燃烧室,主要原因是气门油封失效。如果排气冒蓝烟仅仅在发动机起动后短时间内出现,通常是发动机的气门油封失效了。

2. 黑烟

排气冒黑烟的原因是过多的燃料进入燃烧室,且燃烧不充分。典型的故障原因有空气滤清器堵塞、发动机控制系统故障、喷油器泄漏、燃油压力调节器失效等。

3. 白烟

发动机在低温天气排气冒白烟或白气是正常的,白烟或白气是废气中的水蒸气遇冷凝结而成的,发动机每燃烧1L汽油大约生成1L水。如果尾气中水蒸气的含量过多,可能是冷却液渗漏到燃烧室中,产生水蒸气。典型的故障原因有气缸垫失效、气缸盖有裂纹,甚至气缸体有裂纹。

二、发动机机械噪声检查

1. 发动机异常噪声

发动机异常噪声简称发动机异响。根据异响的位置不同,通常将异响分成两大类:发动机上部异响和发动机下部异响。

发动机上部异响一般表现为哒哒声(也有例外),它们与凸轮轴的转速有关。凸轮轴的转速是曲轴的一半,因此曲轴每转两圈,异响出现一次。例如,当发动机的转速为600 r/min时,凸轮轴的转速为300 r/min,则上部异响在1 s内出现5次。配气机构(包括凸轮轴、气门挺柱、推杆、摇臂、气门、导管等)磨损或变形、气门积炭、正时链条松动等都会导致发动机上部异响。

发动机下部异响一般表现为撞击声,造成发动机下部撞击的原因主要有活塞撞击、连杆轴承撞击、活塞销撞击、飞轮松动或破裂、燃烧室积炭等。在压缩和做功行程,气缸处于压力之下,有些异响将会更加明显。发动机下部异响也与发动机转速有直接的联系,并且发动机每转一圈出现一次。例如,在转速为 600 r/min 时,发动机下部异响 1 s 内会出现 10 次。发动机异响可能会随着负荷或温度的变化而变化。

发动机异响诊断一般比较困难,下面是一些常见的异响现象。

(1)气门哒哒撞击声

气门哒哒撞击有两种类型:一类是气门间隙不正确引起的,包括气门间隙调整不正确和配气机构磨损或损坏。只要发动机运转,这一类异响就一直存在,且转速越高,频率越高。另一类是由于液压挺柱缺少机油,这类异响通常出现在怠速时,怠速的机油压力最低,液压挺柱供油不足。

(2)挠性盘异响

开裂的挠性盘之间互相撞击,发出异响。这种异响与发动机主轴承或连杆轴承异响非常相似。

(3)附件传动皮带异响

松动的附件传动皮带在工作时会发出强烈的拍打振动声音,这种声音与轴承异响相似。附件传动皮带松动通常是皮带过长或张紧度不够引起的。

(4)活塞销异响

活塞销的间隙大,活塞销就可能与活塞或连杆撞击而出现异响。这一类异响通常不受气缸负荷影响。如果活塞销的间隙太大,在怠速时,活塞销会双重撞击。活塞销异响时,可以通过逐个断开气缸听异响会不会发生改变来判断。

(5)活塞敲缸异响

活塞敲缸一般是由于活塞的尺寸偏小、活塞形状结构不合理或气缸孔径偏大造成的。在发动机冷态或急减速时,活塞敲缸现象更加明显。随着发动机的运转,活塞受热膨胀,活塞敲缸声会消失。

(6)正时链条异响

过于松动的正时链条会撞击正时链条罩盖,发出严重的异响。正时链条异响听起来常常像连杆轴承异响。

(7)连杆轴承异响

连杆轴承故障引起的异响常常对发动机负荷很敏感,发动机负荷增大或减小都会使连杆轴承异响发生明显改变。连杆轴承异响通常采用断缸测试来判断,当某一个气缸断开时,异响减轻或消失,则可大致判断该缸的连杆轴承出现了故障。

(8)主轴承异响

主轴承异响通常不会只与某一个气缸的工作状况相关,发动机负荷改变时,主轴承异响的变化比较明显,有时甚至会消失。

(9)爆震异响

标号不适当或受到污染的燃油将造成爆震和撞击噪声,但是,过高辛烷值会造成积炭故障,因为过高辛烷值燃油的燃烧速度较慢。积炭通常在低温时造成嗒嗒噪声,但是当发动机温度正常以后会消失。有些时候,发动机积炭可以采用免拆清洗的方法清除。

2.典型异响原因分析

典型异响原因分析见表 11-1-1。

表 11-1-1　　　　　　　　　　　　典型异响原因分析

典型异响	可能的故障点或原因
哒哒声	1.火花塞松动； 2.发动机附件松动（例如压缩机、发电机、液压转向助力泵等）； 3.摇臂松动； 4.摇臂轴磨损； 5.凸轮轴磨损； 6.排气泄漏
噼啪声	1.活塞销磨损； 2.活塞磨损； 3.过大的气门间隙； 4.正时链条撞击正时链条盖
撞击声	1.主轴承磨损； 2.连杆轴承磨损； 3.推力轴承磨损； 4.液力变矩器紧固螺栓松动； 5.挠性板开裂
咯吱声	1.进气谐振腔损坏； 2.附件支座松动； 3.附件传动皮带或张紧轮松动
咔嗒声	1.连杆轴承磨损； 2.活塞销磨损； 3.正时链条磨损
呜呜或嘎嘎声	1.滚珠、滚柱、滚针轴承损坏； 2.附件传动皮带或正时皮带磨损； 3.动力转向泵损坏
沉闷的撞击声	1.发动机支座松动或损坏； 2.十字轴式传动轴万向节或球笼式等速万向节损坏

三、发动机失火检查

失火也叫缺火，点火能量小、燃烧质量差、燃烧不完全或完全不燃烧等不正常的燃烧状况都称为失火，燃烧不正常可能是由于空燃比超差（过浓或过稀）、发动机机械故障、点火系统故障等引起的。失火主要表现为急速抖动、加油有突突声、急加速无力、排出的尾气有刺鼻恶臭，伴随着发动机故障灯点亮，同时 ECM 储存相应的故障代码。失火故障代码一般是根据曲轴位置传感器的信号来判定的。

ECM 检测到失火故障可能有两种情况：一是发动机确实燃烧不良，曲轴位置传感器的信号超出 ECM 中的设置值；二是发动机燃烧良好，但由于皮带、飞轮、平衡、干扰等方面的因素导致曲轴位置传感器信号异常，ECM 误认为失火。机械故障可能导致发动机气缸压缩压力偏低、充气效率下降、空燃比偏差、冷却液或机油进入燃烧室、曲轴转速信号异常等，这些都可能导致失火故障代码出现。

气缸压缩压力低，燃烧室内的可燃混合气燃烧不充分，甚至不能燃烧，活塞在做功行程对曲轴的推力小，曲轴加速度（或转速）达不到规定值，ECM记录并储存失火故障代码（DTC）。发动机进气不足和气缸泄漏是气缸压缩压力低的两个主要原因。进气不足一般是由于气门间隙大或空气滤清器堵塞引起的。气门间隙过大应该检查凸轮轴、摇臂、挺柱等是否磨损，液压挺柱供油是否充分。气缸泄漏通常发生在气门或活塞（含活塞环）等部位，可以采用气缸压力湿式检查法来判断。气门泄漏通常是气门间隙太小、气门杆卡滞、气门积炭、气门烧蚀、液压挺柱泵升过量、气门导管磨损、气门弹簧损坏等引起的。活塞泄漏一般会伴随有机油消耗过多。另外，轴承损坏、连杆弯曲、正时错误也会导致发动机失火故障。

发动机排气背压高，充气效率下降，进入燃烧室的可燃混合气减少，活塞做功行程对曲轴的推力减少，这也将导致ECM存储失火故障代码。排气背压是可以测量的，在后面的内容将详细介绍。

空燃比偏差，即混合气太浓或太稀。太浓或太稀的混合气都会导致燃烧困难从而影响发动机的转速。造成混合气空燃比偏差的因素很多，机械故障方面如燃油压力不正确、喷油器堵塞、进气歧管真空泄漏等。

冷却液或机油进入燃烧室，混合气燃烧环境变恶劣，做功行程发动机转速下降，ECM会储存失火相关故障代码。若冷却液进入燃烧室，冷却液液面会明显下降，并且火花塞有冷却液浸泡的迹象，气缸体或气缸盖有裂纹、气缸垫泄漏是冷却液进入燃烧室的主要原因。发动机烧机油最显著的现象是排气冒蓝烟，并且火花塞有机油油迹，通常是因为活塞环开口位置不当、气门油封损坏等引起的。

ECM检测到了失火故障，有时候并不是发动机真正失火，而是发动机转速信号异常使ECM误认为失火。机械故障、电气故障、电磁干扰都可能导致发动机转速信号异常。机械故障包括飞轮或平衡轴安装不正确、皮带异常或开裂、曲轴跳动量过大、曲轴变磁阻转子损坏等。

1. 发动机失火基本检查

综上所述，发动机失火是一种综合性的故障，当诊断仪显示故障代码时，应该遵循由易到难原则，先检查初步信息，然后针对特定的类别进行检查，具体诊断方法参见表11-1-2。

表11-1-2　　　　　　　　　　　　失火基本检查

故障现象	操作
失火初步信息	利用基本诊断信息即故障代码进行检查。因为故障代码可帮助确定哪一缸或哪些缸失火，然后检查： 1. 发动机飞轮或曲轴配重松动或安装不正确； 2. 附件传动系统部件是否磨损、损坏或错位； 3. 听发动机是否有内部异响； 4. 检查进气歧管是否泄漏； 5. 检查冷却液耗量是否异常； 6. 检查机油耗量是否异常； 7. 检查气缸压力是否正常； 8. 检查机油压力是否合适

(续表)

故障现象	操作
进气歧管泄漏	进气歧管真空泄漏,可能会导致发动机失火,需要检查: 1.真空软管是否安装不当或损坏; 2.进气歧管或衬垫是否有故障或安装不当; 3.进气歧管是否有裂缝或损坏; 4.节气门或衬垫是否安装不当或损坏; 5.进气歧管是否翘曲; 6.气缸盖密封面是否翘曲或损坏
冷却液消耗异常	如发现冷却液消耗异常,需要检查: 1.冷却液是否外漏; 2.气缸盖衬垫是否故障; 3.气缸盖是否翘曲; 4.气缸盖是否有裂缝; 5.发动机机体是否损坏; 6.气缸盖螺栓长度是否不正确; 注意:冷却液消耗不一定导致发动机过热
机油消耗异常	1.如发现机油消耗异常,需要检查: (1)拆卸火花塞并检查火花塞是否有油污; (2)进行气缸压力测试或气缸泄漏测试; 2.若气缸压力测试显示气门或气门导管磨损,则检查: (1)气门油封是否磨损、变脆或安装不当; (2)气门导管是否磨损或气门杆是否磨损; (3)气门或气门座是否磨损或烧蚀。 3.若气缸压力测试显示活塞环磨损或损坏,则检查: (1)活塞环是否断裂或安装不当; (2)活塞环端隙是否太大; (3)缸径磨损或锥度是否太大; (4)气缸是否损坏或活塞是否损坏。 注意:烧机油不一定导致发动机失火
发动机内部异响	1.如发现发动机内部异响,需要检查: (1)当发动机运转时,确定噪声是否与凸轮轴转速或曲轴转速有关,采用正时灯,若每闪一次有2次爆震,则与曲轴转速相关,若每闪一次有1次爆震,则与凸轮轴转速相关; (2)进行气缸压力测试或气缸泄漏测试。 2.若气缸压力测试显示气门或气门导管磨损,则检查: (1)气门油封是否磨损、变脆或安装不当; (2)气门导管是否磨损; (3)气门杆是否磨损; (4)气门或气门座是否磨损或烧蚀。 3.若气缸压力测试显示活塞环磨损或损坏,则检查: (1)活塞环是否断裂或安装不当; (2)活塞环端隙是否太大; (3)缸径磨损或锥度是否太大; (4)气缸是否损坏; (5)活塞是否损坏

(续表)

故障现象	操作
无发动机内部异响	1.无发动机内部异响时,需要检查: (1)正时链条或链轮是否磨损; (2)正时链条或链轮是否安装不当。 2.拆卸发动机气门室盖,检查: (1)气门摇臂螺栓是否太松; (2)推杆是否弯曲; (3)气门弹簧是否故障; (4)液压挺柱是否泄漏故障; (5)气门磨损或气门座位置是否不正确; (6)凸轮是否磨损

2.静态气缸压力检测

静态气缸压力检测是一种基本的、行之有效的发动机故障诊断方法。运转平稳的发动机各个气缸的压力相差不大。发动机气缸漏气一般需要检查进排气门、活塞环(或有缺陷的活塞)、气缸垫等。为了获得准确的测量结果,测量气缸压力时,发动机需要预热到正常的工作温度。发动机静态气缸压力的检测步骤如下:

①预热发动机使其达到正常工作温度。
②检查蓄电池的电量是否充满电。
③中止点火系统,建议断开点火线圈初级回路线束连接器或熔丝。
④中止燃油喷射系统,建议断开喷油器线束连接器或熔丝。
⑤拆下所有的火花塞,减小压缩阻力,保证发动机转速。
⑥在一缸火花塞安装孔安装气缸压力表,如有必要进行调零,如图 11-1-1 所示。

图 11-1-1　安装气缸压力表

⑦完全开启节气门,保证发动机进气充分。
⑧对于机械拉线式节气门,将加速踏板完全踩下或在节气门处直接转动节气门翻板。
⑨对于电子节气门,拆卸节气门。
⑩起动起动机,使发动机完成 3 至 5 个压缩行程,记录气缸压力表的最大读数。

⑪检查其他所有气缸的压缩压力,记录读数。

将测量结果与维修手册的数据规格进行对比分析,确认各个气缸的压力是否满足要求,最大缸压与最小缸压的差值是否在合理的范围之内。在我国 GB 18565—2016《道路运输车辆综合性能要求和检验方法》的规定中,要求在用汽车发动机各气缸压力应不小于原设计值的85%,每缸压力与各缸平均压力的差:汽油机应不大于8%;柴油机应不大于10%。

若某一个或多个气缸显示压缩压力低,可通过火花塞孔向燃烧室内注入少量发动机机油(大约 15 mL),提高活塞环的密封性,按照前面的步骤再次测量气缸压缩压力,这种方法叫作气缸压力湿式检查法。测量结果分析如下:

①正常情况:每个气缸的压缩力能快速、平稳地积聚到规定的压缩力。
②气门泄漏:注入机油后,压缩压力没有明显改善。
③活塞环泄漏:在第一个行程中压缩压力低,在以后的行程中压缩压力将提高,但达不到正常水平。
④气缸垫泄漏:若两个相邻的气缸均出现压缩压力低于正常值的情况,并在向气缸注入机油后并不能提高压缩压力,原因有可能是两个气缸之间的气缸垫泄漏。

3.动态气缸压力检测

动态气缸压力检测,即发动机在运转的时候连接气缸压力表进行气缸压力测量。动态气缸压力检测通常用来判断发动机工作状况。发动机怠速的转速通常在 600~900 r/min,起动过程中的发动机转速一般在 80~250 r/min,然而,动态气缸压力测得的缸压值会远低于静态气缸压力测得的缸压值。因为怠速时节气门开度很小,发动机转速越高,气门开启的时间越短,进入气缸的空气量越少,充气效率越低,测得的气缸压力值越低。大多数发动机动态气缸压力检测的参考范围见表 11-1-3。

表 11-1-3　　　　　　　　　动态气缸压力检测的参考范围

静态缸压	860~1 033 kPa
怠速动态缸压	206~413 kPa
2 000 r/min 缸压	103~206 kPa

正常情况下,动态气缸压力测得各个气缸的缸压是均等的。动态气缸压力检测重点关注的是各个气缸压力之间差异,而不是各个气缸的缸压值是否在规定的范围之内。动态气缸压力测试时,一个或几个气缸的缸压低,可能原因有气门弹簧折断、气门导管磨损、凸轮轴凸轮磨损、气门推杆或摇臂弯曲。

动态气缸压力检测具体操作步骤如下(该操作紧接静态气缸压缩压力检测操作步骤):
①拆下待测气缸的火花塞,并根据情况将该气缸的火花塞高压线接地,以防止损坏点火线圈。
②断开待测气缸喷油器的线束接头。
③安装气缸压力表。
④起动发动机,怠速运行,记录气缸压力表。
⑤急速操作节气门,使发动机转速上升到 2 000 r/min,再次记录气缸力压表读数。

四、气缸泄漏检测

气缸泄漏检测是一种很好的判断发动机运行状况的方法。进行气缸泄漏检测时,首先在火花塞孔位置安装气缸泄漏检测仪,然后通过气缸泄漏检测仪往气缸内注入适量压缩空气,接

着观察气缸泄漏检测仪压力表的变化,并且注意观察泄漏点。具体检测步骤如下:

①预热发动机,使冷却系统温度和压力上升到正常的工作状态;

②拆卸蓄电池负极;

③转动曲轴,确保被测气缸的活塞处于压缩上止点;

④根据维修手册的要求,安装气缸泄漏检测仪;

⑤往气缸内注入适量的压缩空气;

⑥观察气缸泄漏检测仪上压力表的变化,并且注意发动机周围的气体泄漏声音;

⑦气缸泄漏检测仪压力分析见表11-1-4。

表 11-1-4 气缸泄漏检测仪压力分析

测量结果	发动机状况
泄漏量＜10%	密封良好
10%≤泄漏量＜20%	密封性能可以接受
20%≤泄漏量＜30%	密封性差
泄漏量≥30%	严重泄漏,且有确切的故障

⑧泄漏部位分析:

a.机油加注口发出漏气声,表明活塞环泄漏。

b.散热器内冷却液有气泡冒出,表面气缸垫泄漏或气缸盖有裂纹。

c.节气门或进气歧管处发出漏气声,表明进气门泄漏。

d.排气管路发出漏气声,表明排气门泄漏。

五、排气系统检查

1.排气背压检测

排气不畅会导致发动机动力下降,发动机排气不畅的常见原因主要有三元催化器堵塞、消声器堵塞、排气管损坏或凹陷。

三元催化器堵塞通常是点火系统故障或燃油喷射系统故障引起的。点火系统出现故障,进入燃烧室的燃油不能充分燃烧,未燃烧的燃油进入排气系统后继续燃烧,导致三元催化器温度高于正常温度,高温使三元催化器内部的活性物质熔化、脱落、黏结,进而堵塞排气通道,如图 11-1-2 所示。同理,有故障的供油系统也可能导致过量的未充分燃烧的燃油进入三元催化器。

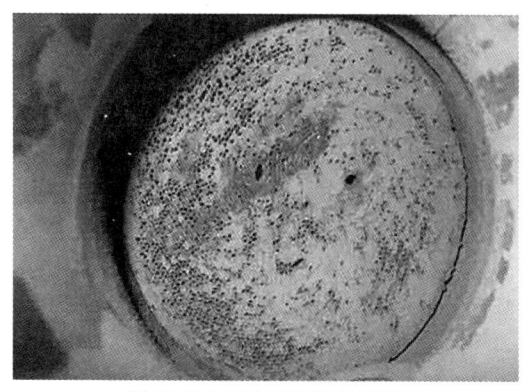

图 11-1-2 三元催化器堵塞

消声器堵塞有两种情况,常见的是三元催化器脱落的活性物质进入消声器,造成堵塞;消声器内部的隔板损坏也会造成排气不畅。有些发动机的排气管采用双层钢管结构,从外观上发现不了内层钢管的故障或缺陷(例如塌陷),而当内层钢管出现故障或缺陷时,发动机会出现排气不畅。

如果发动机排气不畅,排气系统中压力就会上升,这种压力称为排气背压。高怠速(2 000~2 500) r/min时进气歧管的真空度能够反映排气背压的大小,如果发动机排气不畅,当转速稳定在(2 000~2 500) r/min之间时,进气歧管的真空度会逐步降低。当发动机排气管路不畅通,转速比较高时,排气管路内会残余一部分废气。这部分废气很快(通常在 1 min 内)就会在排气管路中聚集,排气管路的压力会越来越高,最终,气缸内部出现排气不尽。因此,在进气行程开始时,活塞往下运动,气缸内过多的残余废气会阻止进气歧管的气体进入气缸,导致进气歧管内的真空度逐渐减小。如果排气管路堵塞严重,造成发动机在非怠速状态下出现进气不足,可能导致车辆行驶困难。

排气系统是否堵塞可以通过测量发动机的排气背压来判断。排气背压的检查方法有两种:一种是测量进气歧管真空度;另一种是直接测量排气管路的压力,直接测量排气背压需要将排气背压表安装在排气管路中。

排气系统背压表一般安装在氧传感器安装位置,如图 11-1-3 所示。在怠速时,发动机的排气背压最大值应该小于 10 kPa;发动机转速为 2 500 r/min 时,最大排气背压不能大于 14 kPa。

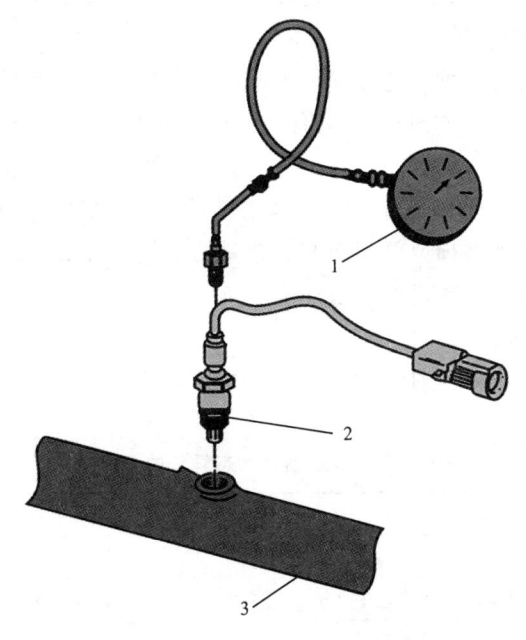

图 11-1-3　安装排气系统背压表
1—排气系统背压表;2—加热型氧传感器;3—排气歧管

2.排气泄漏检查

排气系统泄漏会在泄漏的区域出现污点,用手靠近泄漏区域可以感觉到泄漏,同时可能会伴随爆裂声或者嘶嘶声。排气泄漏一般是由于部件错位或者安装不正确造成的,例如连接螺栓紧固力矩不正确、排气管吊架松动。排气系统管路连接处、氧传感器安装处等部位易发生泄漏,应重点检查。

六、真空检测

真空意味着其压力低于大气压力,一般使用真空度来表示压力低于大气压力的程度,单位通常是千帕或毫米汞柱。发动机正常运转时,进气歧管会形成高真空。进气行程,活塞从上止点往下运动,进气歧管内的气体被吸入气缸,由于节气门会阻碍外界空气进入进气歧管,进气歧管中的气压降低,从而形成真空。节气门开度保持不变,进气歧管的真空度随着发动机转速的上升而增大;发动机转速下降或者泵气效率低时,进气歧管的真空度会随之减小,因此真空度的变化可以间接反映发动机的工作状态是否良好。影响进气歧管的真空度的因素主要有:

①气缸的密封性:若气缸泄漏严重,它将不能产生足够的真空来吸入空气/可燃混合气;

②进气歧管的密封性:若进气歧管密封不严,真空度将低于正常值;

③真空管路的密封性:若真空软管及附件有泄漏,将导致进气歧管真空度低;

④节气门开度:当节气门开启,大气压力进入歧管,真空度将降低;

⑤发动机压缩压力:若发动机的压缩压力低,其真空度将相应减小;

⑥海拔高度:海拔高度每增加300 m,真空度降低大约3 kPa;

⑦凸轮升程和气门重叠角:凸轮升程高或气门重叠角大将造成真空度下降、真空度不稳定等情况;

⑧负荷:负荷变化时,真空度随之改变。

发动机通常需要检测起动、怠速、高怠速(2 500 r/min)三种不同工况的真空度。

1.起动工况真空度检测

起动工况真空度检测是一种快速而简便的检查活塞环和气门密封性的方法。为了获得准确结果,进行测量时,发动机需要预热,并且保持节气门关闭,断开燃油喷射系统和点火系统。正确连接真空表,起动起动机,观察并记录真空表的读数。发动机起动真空度通常在10~20 kPa,最小值不能低于8.4 kPa。如果起动真空度低于8.4 kPa,可能有以下几个方面的原因:起动机转速不够、活塞环磨损或气门泄漏。过量的空气经过节气门,导致真空表读数偏低,可能是因为节气门体密封不严或进气歧管泄漏。

2.怠速工况真空度检测

工作良好的发动机怠速运行时,真空度通常稳定在57~70 kPa。真空表读数或指针状态异常的分析见表11-1-5。

表11-1-5　　　　　　　　　真空表读数或指针状态异常的分析

真空表状态	原因
怠速时,真空度低于正常值,且读数稳定	点火时刻太迟或气门开启滞后
怠速时,指针在正常值和低于正常值之间波动	气门卡滞,一般是由于气门杆缺少润滑
怠速时,指针在正常值中间位置抖动	气门烧蚀或气门弹簧弹力减弱
怠速时,指针在正常值以下10~30 kPa波动	进气歧管泄漏
怠速时,指针大幅度高速抖动,指针的抖动范围超出了真空表上的正常范围	气缸垫泄漏
怠速时,指针在低于正常范围3.4~6.8 kPa抖动	空燃比不正确(混合气太浓或太稀)
怠速时,指针高速抖动;高速时,指针稳定	气门导管磨损严重
怠速时,开始时读数正常,逐渐下降3.4~6.8 kPa后稳定	气门烧蚀或密封不严
怠速时读数正常,高速时指针在40~80 kPa快速抖动	气门弹簧弹力不足

(续表)

真空表状态	原因
急速时,真空表读数正常,转速略高于急速时,指针从正常值缓慢下降6.8~10 kPa	点火时间太迟
急速时,真空表读数正常,转速略高于急速时,指针从正常值缓慢上升6.8~10 kPa	点火时间太早
急加速时,真空表读数减小至零,然后缓慢增大到正常值以下	排气不畅

复习题

1. 发动机产生异响的原因有哪些?
2. 发动机失火的原因有哪些?如何检查?
3. 发动机静态缸压检测与动态缸压检测方法有何区别?
4. 影响发动机真空度的因素有哪些?
5. 什么是发动机排气背压?如何检测?

任务实施 气缸压力检测

一、操作内容
1. 常规工具及仪器的选用;
2. 气缸压力测试。

二、操作工单
1. 将以下的气缸压缩压力检查步骤正确排序。

(1)(　　)起动发动机(约 4 s)。

(2)(　　)安装火花塞。

(3)(　　)拆下火花塞。

(4)(　　)拆下燃油泵继电器。

(5)(　　)比较压缩压力值。

(6)(　　)拆下继电器座盖。

(7)(　　)检查所有气缸的压缩压力。

(8)(　　)安装燃油泵继电器。

(9)(　　)拆下节气门。

(10)(　　)安装继电器支架盖。

(11)(　　)安装节气门。

(12)(　　)将气缸压缩压力表安装在待测气缸的火花塞孔内。

(13)(　　)根据实际操作,填写测量结果。

2.根据实际操作,填写测量结果表 11-1-6。

表 11-1-6　　　　　　　　　　　气缸压力检测结果

气缸	1 缸	2 缸	3 缸	4 缸	标准缸压
测量结果					
最大缸压差/%					
缸压分析					

三、其他说明

1.安全注意事项

(1)拉起驻车制动,且有两个车轮用车轮挡块前后挡住;

(2)正确连接尾气排放装置,保证实训场地通风良好;

(3)起动发动机前检查挡位是否在 P 挡或空挡,并观察车辆前方及后方是否有人;

(4)起动发动机应先报告协作同学及控制车辆附件的人员;

(5)避免触碰车辆排气系统及发动机转动部件,防止高温灼伤及转动部件造成意外伤害。

2.技术要求和标准

(1)操作方法符合维修手册的要求;

(2)紧固扭矩根据情况降为标准规格的 50%;

(3)气缸压力表在零位时起动,并通过 4 个压缩行程测量最终压力值;

(4)根据维修手册的数据分析测量结果。

参考文献

1. 邱宗敏,邢世凯.汽车发动机构造与维修(第五版)[M].大连:大连理工大学出版社,2020.
2. 刘红.汽车发动机构造与维修[M].北京:北京工业大学出版社,2018.
3. 孙俪.汽车拆装实训[M].北京:机械工业出版社,2019.
4. 李国富.汽车发动机构造与维修[M].长春:吉林大学出版社,2016.
5. 上海通用汽车有限公司网路发展&管理部.汽车发动机机械及检修[M].北京:高等教育出版社,2016.